공자사도행전

공자 사도행전

초판 1쇄 2020년 6월 30일

지은이 김종규
펴낸이 김기창
펴낸곳 도서출판 문사철

출판등록 제300-2008-40호
주소 서울 종로구 창경궁로 265 상가동 3층 3호
전화 02 741 7719 | **팩스** 0303 0300 7719
홈페이지 wwww.lihiphi.com
전자우편 lihiphi@lihiphi.com
디자인 은
인쇄 및 제본 천광인쇄사

ISBN 979 11 86853 79 5 (93150)
※ 값은 뒤표지에 있습니다.

공자 사도 행전

김종규 지음

서문

　　공자는 중국 춘추시대 말의 뛰어난 학자이면서 교육자였다. 그는 신분과 권력뿐 아니라 지식마저도 세습되던 당시의 기본틀을 깨고, 다양한 계층에까지 교육의 기회를 확대한, 당시로서는 개혁자이기도 했다. 필자는 공자를 성인으로 흠모하거나, 유교적 세계관을 지향하지 않는다. 하지만 유교는 역사적으로 동아시아에 커다란 영향을 미쳤기 때문에, 알게 모르게 필자의 삶의 많은 부분에는 유교적 가치가 내재되어 있을 것이다. 유교적 가치는 문화 유전자인 밈meme을 통해 내게 전달되었을 것이고, 의식과 행동의 많은 부분에 영향을 미치고 있을 것이다. 이 책은 '내 속에 있는 공자' 즉 내게 전달된 유교적 밈의 초기 모습을 더듬어보고 싶은 욕구에서 비롯되었다고 할 수 있다.

　　공자에 대해서는 헤아릴 수 없이 많은 연구가 이루어졌다. 반면, 공자의 사상을 후세에 전한 제자들에 대한 연구는 매우 적고, 단편적인 이야기들만이 여기저기 흩어져 전해진다. 필자는 다양한 문헌들에서 발견되는 제자들의 이야기를 모아 책으로 엮어보기로 했다. 필자는 이 책에서 인용한 많은 문헌들이 역사적 사실이라고 생각하지는 않는다.

또한 여기서 다루는 37명의 제자들 중 일부는 실존인물이 아닐 가능성도 있다. 문헌은 그 문헌이 생산될 당시 사람들의 생각과 희망이 반영된 결과물이기 때문이다. 심지어 공인된 역사서인 『사기』도 많은 부분은 전승되던 이야기를 채록하여 역사에 편입하였다. 『논어』에 등장하는 공자와 제자들 사이의 대화도 많은 부분 윤색되었을 것이라고 생각한다. 물론 일부 역사적 사실을 고갱이로 해서 만들어졌을 터이지만, 그 고갱이가 무엇인지 밝히는 것은 역사학자들의 몫이다. 따라서 여기서 활용한 전승이나 설화가 역사적 사실이냐 아니냐는 이 책의 관심사가 아니다. 어느 문헌이 더 역사적 사실에 가까운 것인지도 관심이 없다. 이야기를 풀어가면서 필요할 때 필요한 문헌을 인용할 뿐이다. 그 이야기들이 비록 역사적 사실이 아니라고 할지라도 나름대로의 가치는 가지고 있을 것이다. 소설가 이병주는 『산하』라는 소설에서 "햇볕에 바래면 역사가 되고 달빛에 물들면 신화가 된다."라고 하였는데, 진실이란 역사적 사실 속에, 설화의 이야기 속에 있기도 하고 없기도 한 그러한 것일까? 이야기를 나열만 할 수 없어 필자의 생각을 조금 곁들였다.

필자는 공자의 제자들을 하나의 무대에 등장하는 배우들이라고 상상하고, 각각의 캐릭터를 구성하였다. 『논어』의 내용을 기반으로, 제자들 각자의 역할을 그 비중과 의미에 따라 단역, 조연, 주연으로 나누고 그에 따라 이야기를 전개하였다. 재미있게 쓰고 싶었는데, 마무리하고 보니 자료만 잔뜩 늘어놓은 지루한 책이 되어버렸다. 많은 사람들이 찾는 책이 될 희망은 없고, 공부하는 사람들에게 참고서 역할이나 했으면 좋겠다. 고등학교 시절 영어나 수학 과목에는 거의 모든 학생들이 공부하는 유명한 참고서들이 있었다. 그 참고서들이 영어나 수학을 본격적으로 연구하는 학자들에 의해 만들어진 것이라고는 생각하지 않는다. 이 책을 엮은 필자는 이야기 작가도 아니고 유학의 전승과정에 대한 전문 연구자도 아니다. 그렇지만 이 책이 한 권의 참고서가 되어, 동양철학이나 한문학 관련 공부를 하는 학부생 및 석사과정 대학원생들이 논문을 준비할 때 작은 도움이나마 되었으면 하는 바람이 있다. 『논어』를 읽는 초심자들이 수시로 튀어나오는 공자 제자들에 관한 정보를 얻는 데 약간의 도움이 되었으면 하는 바람도 있다. 필자 또래의 세대가 이 책을 보고나서, 책을 한 권 내어볼 용기를 가지게 된다면 더 없이 기쁘겠다.

    이 책은 이해영 선생님과의 어느 식사 자리에서 시작되었다. 50대 초에 안동대학교 대학원에서 2년간 동양철학을 공부한 일이 있는데, 선생님은 당시 필자의 지도교수이셨다. 필자는 공자의 제자들 이야기, 『공자 사도행전』을 쓰고 선생님은 퇴계의 제자들 이야기, 『퇴계 사도행전』을 써서 선생님의 칠순과 필자의 회갑이 되는 2021년에 같이 출판하기로 했었다. 선생님께서 개인사정으로 작업을 중단하시는 바람에 우선 필자의 책만 당겨서 출판하기로 하였다. 선생님께서는 많은 조언을 해주셨고, 교정도 여러 차례 봐주셨다. 죄송한 마음과 감사한 마음이 겹친다. 초안을 순식간에 읽고 출판사를 추천해주신 안병걸 선생님, 선뜻 출판에 응해주신 문사철의 김기창 대표님, 몇 차례 조언을 해주신 박경환 선생님과 이상호 선생님께도 감사의 마음을 표한다.

차례

❖ 서문　4

제1부 단역

친인척　15

 1　공자의 사위 공야장 …………… 16
 2　공자의 조카사위 남용 …………… 20
 3　공자의 아들 백어 …………… 32
 4　공자의 조카 공멸 …………… 37

오해　40

 1　못난 아버지(?) 증석 …………… 40
 2　염치없는 아버지(?) 안로 …………… 46
 3　킬러의 동생(?) 사마우 …………… 49
 4　2인분의 제사상 신정 …………… 57

비호감　61

 1　자로의 정적 공백료 …………… 61
 2　무례한 의심쟁이 자금 …………… 65
 3　우둔한 질문쟁이 번지 …………… 68

　　　　4 어리바리한 메신저 무마기 ·················· 74
　　　　5 우직함의 대명사 자고 ······················ 81

군자　89

　　　　1 행정의 달인 자천 ·························· 89
　　　　2 근본주의 학파의 창설자 칠조개 ············ 101
　　　　3 못생긴 군자 담대멸명 ······················ 106
　　　　4 염치와 청빈의 원헌 ······················ 109
　　　　5 중원의 멋쟁이 공서화 ···················· 117

무명　122

　　　　1 자유로운 영혼 뢰 ·························· 122
　　　　2 태산과 비교된 임방 ······················ 127
　　　　3 『주역』의 전수자 상구 ···················· 130
　　　　4 관직을 거부한 공석애 ···················· 134
　　　　5 궤변론자와 동명이인 공손룡 ·············· 135
　　　　6 다혈질의 부자 공양유 ···················· 140

제2부 조연

공문 트로이카　145

　1 출세를 지향한 자장 …………………　151
　2 통 큰 사나이 자유 …………………　161
　3 석학이 된 자하 ……………………　167

염 씨 트리오　190

　1 한센병 환자 염백우 …………………　192
　2 개천에서 난 용 중궁 염옹 …………　194
　3 파문당한 뒤 복권된 염유 ……………　202

덕행 · 언어　215

　1 덕을 갖춘 은자 민자건 ………………　215
　2 효행의 대명사 증자 …………………　222
　3 공자의 임시 후계자 유약 ……………　242
　4 역사의 패배자 재아 …………………　249

제3부 주연

요절한 수제자 안연　265

　1 가난 …………………………………　266
　2 수제자 ………………………………　269

3 천하주유 …………………………… 278
　　4 요절 ………………………………… 281
　　5 기타 전승 …………………………… 287

외교의 달인 자공　293

　　1 상인 ………………………………… 295
　　2 경쟁 ………………………………… 298
　　3 스승 ………………………………… 301
　　4 정치 ………………………………… 308
　　5 말솜씨 ……………………………… 310
　　6 외교 ………………………………… 318
　　7 기타 전승 …………………………… 322

의리의 사나이 자로　339

　　1 출신 ………………………………… 342
　　2 용맹 ………………………………… 347
　　3 성격 ………………………………… 352
　　4 정치 ………………………………… 358
　　5 천하주유 …………………………… 363
　　6 죽음 ………………………………… 370
　　7 기타 전승 …………………………… 374

❖ 참고 문헌　377

제1부

단역

친인척

공자의 친인척으로 『논어』에 등장하는 제자로는 사위 공야장과 조카사위 남용이 있다. 공자의 아들 백어도 공자 학단에서 다른 제자들과 함께 공부했지만 전통적인 관습에 따라 공자의 제자로 보지는 않는다. 단지 아들이라는 이유로 공자 제자라는 위상에서 소외된 백어에 대해 안타까운 마음이 들어 여기에 같이 소개한다. 공자의 조카 공멸은 『논어』를 비롯한 선진先秦 시대의 문헌에는 보이지 않다가 전한시대 말 이후의 문헌에 설화 형태로 등장한다. 실존인물인지는 알 수 없지만 적어도 전한시대 사람들은 공자의 조카라고 믿었을 것이다. 사위와 조카사위가 있었으니 당연히 딸이나 질녀가 있었을 것이다. 필자가 찾아본 문헌 중에서 딸에 대한 이야기는 없었고, 질녀에 대한 이야기는 『예기』와 『공자가어』[1] 한 귀퉁이에 지나가듯 언급되어 있을 뿐이었다. 『예기』에는 재혼을 한 공자의 며느리 이야기도 언급되어 있다.

---

1   『공자가어(孔子家語)』는 일반적으로 중국 삼국시대 위(魏)나라의 왕숙(王肅)이 편찬한 것으로 알려져 있다. 이하 『가어』라 약칭한다.

1 공자의 사위 공야장

『사기』「중니제자열전」[2]에는 공야장公冶長에 대해 다음과 같이 기록되어 있다.

> 공야장은 제나라 사람으로 자字는 자장子長이다. 공자는 "공야장은 사위로 삼을 만하다. 비록 지금 갇혀있지만 그의 죄가 아니다."라고 하고 그를 사위로 삼았다.[3]

이 내용은 『논어』「공야장」편 1장에 나오는 이야기다.[4] 공야장은 『논어』에서 여기 단 한 번만 등장한다. 몇 가지 의문이 생긴다. 공자는 공야장의 어떤 면을 보고 "사위로 삼을 만하다."고 했을까? 또 공야장은 무슨 죄목으로 옥에 갇혔을까? 『논어』「공야장」편 본문에는 여기에 대해 아무런 설명도 없다. 그런데 이 부분에 대한 『논어주소』 형병邢昺의 소疏에는 '구설에는 공야장이 새들의 말을 알아들었기 때문에 옥에 갇혔다고 하였지만 사리에 맞지 않는 허황된 말이므로 지금 취하지 않는다'[5]는 표현이 있다. 이 구설이란 중국 남북조시대 남조의 양梁나라 사람 황간皇侃(488~545)이 쓴 『논어의소論語義疏』라는 책에 소개된 이야기로 알려져 있다. 조선의 학자 정약용은 『논어고금주』에서 이 설화를 소개하고 있다.

---

2   이하 『사기』「중니제자열전」은 「제자열전」이라 약칭한다.
3   『史記』「仲尼弟子列傳」: 公冶長, 齊人, 字子長. 孔子曰, 長可妻也. 雖在縲絏之中, 非其罪也. 以其子妻之.
4   『論語』「公冶長」: 子謂公冶長, 可妻也. 雖在縲絏之中, 非其罪也. 以其子妻之.
5   『論語注疏』「公冶長」疏: 舊說, 公冶長解禽語, 故繫之縲絏. 以其不經, 今不取也.

어떤 책에 의하면 공야장이 위나라에서 노나라로 돌아오던 중, 두 나라 경계쯤에서 새들이 "청계로 가서 죽은 사람의 고기를 먹자."라고 지저귀는 소리를 들었다. 조금 뒤에 한 노파가 길에서 통곡하고 있는 것을 보고 공야장이 우는 이유를 물으니, 그 노파는 "아들이 어제 나갔다가 아직 돌아오지 않고 있습니다."라고 하였다. 공야장이 "조금 전에 새들이 '청계로 가서 죽은 사람의 고기를 먹자'고 지저귀는 소리를 들었는데, 혹시 할머니의 아들일지도 모르겠습니다."라고 말해주었다. 노파가 그 (죽은) 아들을 찾고 관가에 이 사실을 알리자 관가에서는 공야장을 (노파의 아들을 죽인 범인으로 의심하여) 옥에 가두었다. 관리는 공야장이 정말 새의 말을 알아듣는다면 풀어주겠다고 하였다. 옥에 갇힌 지 60일 후에 공야장이 "참새들이 지저귀는 소리는 '백련수 물가에서 수레가 뒤집혀 곡식이 쏟아졌는데, 황소는 뿔이 부러지고 곡식을 다 쓸어 담지 못했으니 쪼아 먹으러 가자'라는 소리입니다."라고 하였다. 관리가 사람을 시켜 가 보게 하였더니 공야장의 말 그대로였다. 그 뒤에 또 돼지와 제비의 말을 해석하는 등 여러 번의 시험을 거쳐 결국 풀려났다.[6]

공야장이 정말 새의 말을 알아듣는 능력을 지녔다면 당시 사윗감으로서는 상당한 '스펙'이었을 수도 있겠다. 딸이 고생하지 않고 살 수 있는 기반이 될 수도 있었을 테니까. 이 이야기는 공자가 공야장을 사

---

[6] 『論語古今註注』「公冶長」邢曰:別有一書云, 公冶長從衛還魯, 行至二界上, 聞鳥相呼, 往青溪貪死人肉. 須臾見一老嫗, 當道而哭, 冶長問之, 嫗曰, 兒前日出行, 于今不反. 冶長曰, 向聞鳥相呼, 往青溪貪肉, 恐是嫗兒也. 嫗得其兒, 告村司, 因錄冶長付獄. 主曰, 若必解鳥語, 便相放也. 在獄六十日, 冶長曰, 雀鳴嘖嘖唯唯, 白蓮水邊, 有車反覆黍粟, 牡牛折角, 收斂不盡, 相呼往啄. 主遣人往看, 果如其言. 後又解豬及燕語屢驗, 於是得放. (밑줄은 「정약용 (2010). **역주 논어고금주** (이지형 역주) (pp. 484-485). 서울 : 사암.」의 한자를 따랐다.)

친인척

위로 삼은 이유를 설명하기 위해 후세대 사람들이 만들어낸 이야기일 것이다. 정약용은 이 이야기를 반박하면서 "이 이야기가 사실이라면 어떻게 그의 죄가 아니라고 할 수 있겠는가?"[7]라고 하였다. 새의 말을 알아듣는다고 하는 것 자체가 괴이한 방술이므로 죄라는 의미일 것이다.[8]

『주례』「추관사구」에는 '이예는 가축 기르는 이들의 일을 도와 소와 말을 기르고, 새와 말을 한다'[9]라는 구절이 보이는데, 이족夷族의 포로들 중에는 새의 말을 알아듣는 사람이 있었다고 믿었기 때문에 생긴 구절일 것이다. 『수서』「경적지」에는 '잡다한 점과 해몽에 관한 책'이 한 권 있다고 소개하면서 그 주석에 '양나라 때에는 호랑이와 어울리고 새의 지저귀는 소리를 알아듣는 책, 왕고가 쓴 새의 말을 풀이한 책, 새가 집는 것으로 점을 치는 책, 새가 지저귀는 소리를 알아듣는 책 등이 각 한 권씩 있었는데 없어졌다'고 기록되어 있다.[10] 남북조시대까지는

---

7 『論語古今註注』「公冶長」駁曰:非也, 苟如此說, 豈得云非其罪也.

8 그렇지만 정약용은 『논어고금주』에서 새나 짐승의 말을 알아듣는 다양한 경우들을 소개하고 있다. 그는 "『주례』에는 '이예는 새와 말하는 것을 맡고, 맥예는 짐승과 말하는 것을 맡는다'는 구절이 있는데 무슨 법인지 모르겠다."고 하였다.[周禮, 夷隸掌與鳥言, 貊隸掌與獸言, 今不知何法.] 그는 또 "『후한서』「채옹전」은 '백예는 새가 지저귀는 소리를 알아들었고, 갈로는 소의 울음소리를 알아들었다'고 한다. 『춘추좌씨전』에는 '갈로는 소의 울음소리를 듣고 그 소의 새끼 세 마리가 모두 희생 제물로 쓰일 것임을 알았다'라고 한다."라고 전하고 있다.[蔡邕傳云, 柏翳綜聲於鳥語, 葛盧辨音於鳴牛. 左傳云, 介葛盧聞牛鳴, 知三犧皆犧.] — 밑줄은 「정약용 (2010). **역주 논어고금주** (이지형 역주) (pp. 484-485). 서울:사암.」의 한자를 따랐다.

『춘추좌씨전』의 기록은 희공(僖公) 29년의 전(傳)에 나오는 이야기다.[介葛盧聞牛鳴曰, 是生三犧, 皆用之矣, 其音云. 問之而信.] 그는 또 "당나라의 백귀년은 새소리를 잘 알았다."고도 전한다.[唐有白龜年者, 能解禽語.] 박학다식한 정약용답게 백귀년이 글씨를 이백에게 가르쳐준 이야기까지 덧붙인다.[異聞錄云, 龜年以書授李白.] 그러면서도 그는 이 모든 것을 "괴이한 방술로 바른 이치에 부합하지 않는다."고 비판하고 있다.[總是異術, 不合正理.]

9 『周禮』「秋官司寇」:夷隸掌役牧人, 養牛馬, 與鳥言.

10 『隋書』「經籍三, 子」:雜占夢書一券 (注:梁有 …… 和菟鳥鳴書, 王喬解鳥語經, 啸書, 耳鳴書 各一券 …… 亡)

새의 소리를 알아듣는 것과 관련된 책들이 존재했다는 이야기다.

동북아의 천신 사상에서 새는 하늘의 뜻을 전하는 메신저로 기능한다. 새가 하늘의 뜻을 나무 위에서 전하면 나무 아래에 있던 샤먼이 그 메시지를 받아 사람들에게 전한다. 우리나라의 솟대도, 일본 신사의 문에 해당하는 도리이鳥居도 이런 모티프에서 기원했을 가능성이 높다. 신라 왕관의 장식도 이런 모티프와 관련이 있을 가능성이 높다. 김병모(2000)는 신라 왕관의 장식과 나무 및 새의 상관성에 대해 주목한 바 있다.[11]

춘추시대의 동이東夷라면 지금의 산둥반도 일대에 있던 내족萊族 등 제나라 영역에 있던 다른 종족들을 의미하는데, 위의 「제자열전」에서 공야장이 제나라 사람이라는 것과도 관련이 있을 수 있다. 『가어』 「칠십이제자해」[12]에는 공야장이 노나라 사람이라고 되어있으므로,[13] 공야장이 춘추시대 말기에 노나라와 제나라의 국경 인근 출신이었을 가능성도 있겠다.

논어에 한 번 언급될 뿐인 공야장은 좋은 평가를 받고 공자의 사위로 등극했다. 공자의 사위가 된 공야장은 사후에도 좋은 대접을 받았다. 『논어주소』에 있는 형병邢昺의 소疏와 『사기집해』[14]에는 진晉의 학자 장화張華[15]의 말을 빌려, 공야장의 묘가 성양의 고막성 동남쪽 5리에 있

---

11 김병모 (2000). 금관의 의미. **중원문화연구, 4**, 317-322.
12 이하 『공자가어』 「칠십이제자해」는 「제자해」라 약칭한다.
13 『孔子家語』 「七十二弟子解」: 公冶長, 魯人, 字子長, 爲人能忍恥, 孔子以女妻之.
14 남북조시대의 남조 송나라의 배인(裵駰)이 『사기』에 주석을 붙인 책.
15 장화(張華): 서진시대 사람으로 『박물지』를 편찬했다.

었는데, 묘의 높이가 엄청나게 높았다고 특별히 언급하고 있다.[16, 17] 그 묘가 실제 공야장의 묘인지 여부를 떠나서 후세 사람들은 공자의 사위가 된 공야장을 대단한 인물로 평가했을 것이고, 공자의 사위가 자신들의 지역에 살았다고 주장하고 싶었을 것이다.

2 공자의 조카사위 남용

『사기』 「제자열전」에는 남용南容에 대해 다음과 같이 기록되어 있다.

남궁괄南宮括의 자字는 자용子容이다. 공자에게 "예羿는 활을 잘 쏘았고, 오奡는 배를 잘 움직일 수 있었지만 자신의 명대로 살지 못했고, 우禹임금과 후직后稷은 몸소 농사를 짓고 살았지만 천하를 차지했습니다."라고 물었지만 공자는 대답을 하지 않았다. 자용이 나간 뒤에 공자는 "이런 사람이 군자야. 이런 사람이 덕을 소중히 하지. 이런 사람은 나라에 도가 있을 때는 버려지지 않을 것이고, 나라에 도가 없을 때도 형벌을 받아 죽지는 않을 것이야."라고 했다. 『시경』의 '백규의 흠' 부분을 세 번 반복해서 읽자 공자는 그를 조카사위로 삼았다.[18]

....

[16] 『論語注疏』「公冶長」疏 : 張華云, 公冶長墓, 在陽城姑幕城東南五里所, 基極高.
[17] 『史記集解』「仲尼弟子列傳」集解 : 張華曰, 公冶長墓在城陽姑幕城東南五里所. 墓極高.
[18] 『史記』「仲尼弟子列傳」: 南宮括, 字子容. 問孔子曰, 羿善射, 奡盪舟, 俱不得其死然, 禹稷躬稼而有天下. 孔子弗答. 容出, 孔子曰, 君子哉若人. 上德哉若人. 國有道, 不廢, 國無道, 免於刑戮. 三復白珪之玷, 以其兄之子妻之.

「제자열전」의 이 내용은 『논어』에서 세 장에 걸쳐 나오는 남용에 관한 이야기를 종합한 것이다. 처음의 예·오와 우임금·후직을 대비시키고 공자로부터 군자라는 평가를 받은 부분은 「헌문」편 6장에 나오는 내용이고,[19] '이런 사람은 나라에 도가 있을 때는 버려지지 않을 것이고, 나라에 도가 없을 때라도 형벌을 받지는 않을 것이야'라는 표현은 「공야장」편 1장의 뒷부분에 있는 내용이며,[20] 『시경』 중에서 '백규의 흠' 부분을 세 번 반복해서 읽은 이야기는 「선진」편 5장에 나오는 내용이다.[21] 공자가 조카사위로 삼았다는 부분은 「공야장」편 1장과 「선진」편 5장에 중복되어 나타나는 이야기다. '백규의 흠'이라는 시는 『시경』 「대아大雅, 억편抑篇, 백규장白圭章」장에 나오는, '옥의 흠은 갈아서 없앨 수 있지만, 말의 흠은 없앨 수 없다'는 의미를 가진 시다.[22] 즉, 말을 조심해야 한다는 내용이다.

『논어』 세 장에 나오는 이야기를 요약하면 남용은 공자로부터 군자라는 평을 받았고, 말을 조심해야 한다는 시인 '백규의 흠'을 반복해서 외울 정도로 말을 신중하게 했으며, 그런 성격 덕분에 나라의 정세가 변하더라도 큰 곤란을 겪지는 않을 것으로 여겨지는 사람이었다. 그래서 공자는 이런 성격을 가진 남용을 신뢰하여 조카사위로 삼았다. 그런데 「공야장」편 1장은 공자가 사위로 삼은 공야장의 이야기와 같은 장으로 구성되어 있다. 사위로 삼은 공야장은 옥에 갇혔지만 그의 죄가 아니라고 했고, 조카사위로 삼은 남용은 정세가 바뀌더라도 큰 어려움을 겪

19　『論語』「憲問」: 南宮适問於孔子曰, 羿善射, 奡盪舟, 俱不得其死, 然禹稷躬稼而有天下. 夫子不答. 南宮适出, 子曰, 君子哉若人, 尙德哉若人.

20　『論語』「公冶長」: 子謂南容. 邦有道, 不廢. 邦無道, 免於刑戮. 以其兄之子妻之.

21　『論語』「先進」: 南容三復白圭. 孔子以其兄之子妻之.

22　『詩經』「大雅, 抑篇, 白圭」: 白圭之玷, 尙可磨也. 斯言之玷, 不可爲也.

지 않을 인물이라고 했다. 아무래도 남용과 결혼하는 여인이 고생을 덜 할 상황이다. 그런데 공자는 남용을 조카사위로, 공야장을 사위로 삼았다. 중세에 이를 두고 토론이 있었다. 『근사록』 「가도」편에는 누군가 이 문제를 가지고 정이천程伊川[23]에게 질문했다는 이야기가 전해진다.

"공자께서 공야장이 남용보다 못하다고 생각해서 형의 딸을 남용에게 시집보내고, 자신의 딸을 공야장에게 시집보내셨다고들 하는데 어떻습니까?" 하고 묻자, "이 또한 자신의 사사로운 마음으로 성인을 본 것이다. 무릇 사람들이 혐의를 피하려고 하는 것은 모두 내면이 부족해서다. 성인은 지극히 공정한데, 어찌 다시 혐의를 피하려고 하겠는가. 무릇 딸을 시집보내는 것은 그 각각의 재주를 헤아려 배필을 구하는 것이다. 혹 형의 자식이 썩 아름답지 못하면 반드시 서로 맞는 남자를 택해서 배필을 삼게 하는 것이고, 자기의 자식이 아름다우면 반드시 아름다운 남자를 택해서 배필을 삼게 하는 것이지, 어떻게 다시 혐의를 피하려고 하겠는가. 혹은 나이가 서로 비슷하지 않았거나, 혹은 결혼 시기의 차이가 있었는지 알 수 없지만 공자께서 혐의를 피했다고 하는 것은 크게 옳지 않다. 혐의를 피하는 일은 현자도 하지 않는데 하물며 성인이 그렇게 했겠는가." 라고 하였다. 성인이 하는 일은 지극히 공평무사해서 하늘의 도리를 편안히 행하는데, 어떻게 혐의를 피하겠는가? 무릇 사람들이 혐의를 피하는 것은 모두 내면이 부족해 스스로를 믿지 못하기 때문이다.[24]

----

[23] 정이천(程伊川): 중국 송나라의 철학자 정이(程頤). 이천은 그의 호다. 주자에게 큰 영향을 준 학자다.
[24] 『近思錄』「家道」: 又問, 孔子以公冶長不及南容 故以兄之子妻南容, 以己之子妻公冶長, 何也. 曰, 此亦以己之私心, 看聖人也. 凡人避嫌者, 皆內不足也, 聖人至公, 何更避嫌. 凡嫁女, 各量其才而求配. 或兄之子不甚美, 必擇其相稱者, 爲之配, 己之子美, 必擇其才美者, 爲之配, 豈更避嫌邪. 若孔子事, 或是年不相若, 或時有先後, 皆不可知, 以孔子爲避

요약하면 혹시 공자가 더 좋은 남자를 조카사위로, 그보다 조금 덜 좋은 남자를 자신의 사위로 삼은 것이 남의 눈을 의식해서 그런 것이 아니냐는 질문에, 정이천은 성인인 공자는 그런 데 신경 쓸 사람이 아니라고 대답한 것이다. 혹 결혼 적령기가 차이가 났을 수는 있지만 각각에 맞는 배필을 찾아준 것이라는 대답이다. 주요 인물의 혼사는 천년이 더 지나서도 세인의 관심을 끄는 주제가 될 수밖에 없는 모양이다.

그런데 「제자열전」의 내용에 약간의 의문이 생긴다. 「공야장」편 1장과 「선진」편 5장의 등장인물 이름은 남용南容인데 「헌문」편 6장의 등장인물 이름은 남궁괄南宮括이다. 두 곳에서는 '남'이라는 성이, 한 곳에서는 '남궁'이라는 복성이 쓰였다. 또 「공야장」편 1장과 「선진」편 5장에서는 공히 공자의 조카사위로 삼았다는 표현이 있고, 조카사위로 삼은 이유가 「공야장」편의 정세의 변화에도 큰 해를 당하지 않을 것이라는 것과 「선진」편의 말을 조심한다는 것은 일맥상통한다. 반면 「헌문」편 6장에서 고대 유명인을 비교하여 공자로부터 군자라는 평을 받았다는 내용은 앞의 두 장과 별로 연결되지 않는다. 『사기』「제자열전」에서 동일인으로 취급하지 않았다면 「공야장」편 1장과 「선진」편 5장에 등장하는 남용과 「헌문」편 6장의 남궁괄은 다른 인물로 보는 것이 상식이다. 「제자열전」에서 남용의 이름은 남궁괄南宮括이고, 그 사람의 자字는 자용子容이라고 했으므로, 일반적인 방식이라면 남궁괄은 남용이 아니라 '남궁용'으로 불려야 한다. 그런데도 사마천은 남궁괄이 『논어』「공야장」편 1장과 「선진」편 5장에서의 남용과 동일인이라고 했다. 「제자열전」의 남궁괄 에서 성이 '남궁' 씨가 아니라 '남' 씨라고 보면 '남용'이 되기

嫌, 則大不是. 如避嫌事, 賢者且不爲, 況聖人乎. 聖人所爲至公無私, 安行乎天理, 何嫌之可避. 凡人避嫌者, 皆內有不足而不能自信者也.

는 된다. 사마천이 동일인으로 본 나름대로의 이유가 있었을 것이니 다른 사람이라고 쉽게 단정하기도 어렵다.

와타나베 다카시渡辺卓(1973)는 몇 가지 이유를 들어 남용과 남궁괄은 다른 사람이라고 보았다.[25] 만약 와타나베의 주장이 옳다면 공자의 사위가 된 남용은 『논어』「공야장」편 1장과 「선진」편 5장에 등장하는 남용에 한정된다. 이 두 장에 나타나는 남용에 대한 평가는 말을 조심하는 사람이므로 정세가 바뀌어도 큰 해를 입지 않을 것이라는 정도가 될 것이다. 그러면 공자가 남용을 조카사위로 삼은 이유가 좀 더 현실적이 된다. 입이 무거워 정세가 바뀌더라도 큰 해를 당하지 않을 터이니 조카사위로 삼아도 형님의 딸이 큰 고생을 하지 않을 것 같다는 판단을 했다고 볼 수 있다. 필자에게는 이 판단이 더 그럴듯해 보인다.

남용과 남궁괄이 다른 사람이라는 와타나베의 입장을 받아들이면, 남궁괄이라는 고대부터 유명하던 이름이 민간에서의 전승 과정에서 공자의 제자로 둔갑했을 가능성이 있다. 문헌에는 훌륭한 신하로 활동한 사람들 중에 남궁괄이란 이름을 가진 사람이 두 명 있다. 『서경』「군석」편[26]과 『묵자』「상현하」편[27]에 의하면 주나라의 문왕과 무왕을 잘 보좌한 훌륭한 신하들 중에 남궁괄이란 사람이 있었다. 이 사람은 시기적으로 「제자열전」의 남궁괄과 동일인일 가능성은 전혀 없다. 또 한 명의 남궁괄은 전국시대 말에 여불위呂不韋가 천하의 학자들을 모아 편찬한 『여씨춘추』「시군람, 장리」편에 보인다. 노나라 목공穆公에게 선한 정

---

[25] 渡辺卓 (1973). 古代中國思想の硏究 (pp. 194-195). 東京:創文社.
[26] 『書經集傳』「君奭」經:惟文王, 尙克修和我有夏, 亦惟有若虢叔, 有若閎夭, 有若散宜生, 有若泰顚, 有若南宮括.
[27] 『墨子』「尙賢下」:是故昔者. 堯有舜. 舜有禹. 禹有皐陶. 湯有小臣. 武王有閎夭.泰顚. 南宮括.散宜生. 而天下和. 庶民阜.

치 여부가 나라의 성패를 가른다고 말한 사람이다.

신관이 나가고 남궁괄이 들어가 목공을 알현했다. 목공이 "방금 신관이 주공이 틀렸다고 하면서 이러이러하게 말했소."라고 하자 남궁괄은 "신관은 젊은 사람이라 잘 몰라서 그렇습니다. 주군께서는 성왕成王이 성주成周에다 도읍한 이야기를 모르십니까? 그 이야기에 따르면, '나 혼자 성주에 있더라도 선하면 쉽게 백성의 마음을 얻을 수 있고, 선하지 못하면 쉽게 벌을 받을 것이다'라고 했습니다. 그러니까 선한 사람은 얻게 되고, 선하지 못한 사람은 잃게 되는 것이 옛날의 법도입니다."라고 대답했다.[28]

노나라 목공은 전국시대인 기원전 415년에서 기원전 383년까지 재위했으니까 여기에 나오는 남궁괄이 기원전 479년에 73세로 사망한 공자의 제자일 가능성은 거의 없다. 공자 사후에 최소 64년을 더 살아야 목공을 보좌할 수 있다. 공자가 생전에 결혼을 주선한 조카사위가 공자 사후 64년이 지난 시점에 현직에서 활동하는 것은 거의 불가능한 일이다. 남궁괄이란 이름을 가진 훌륭한 인물들을 공자의 제자로 만들기 위해 남용과 남궁괄을 동일시했을 가능성이 있는 것이다.

남용의 다른 이름은 남궁괄만 있는 것이 아니다. 『가어』 「제자해」는 남용의 이름을 남궁도南宮韜라고 소개하고 있다.

남궁도는 노나라 사람으로 자가 자용子容이다. 지혜롭게 스스로 세상에

---

[28] 『呂氏春秋』「恃君覽, 長利」: 辛寬出, 南宮括入見. 公曰, 今者寬也非周公, 其辭若是也. 南宮括對曰, 寬少者, 弗識也. 君獨不聞成王之定成周之說乎. 其辭曰, 惟余一人, 營居於成周. 惟余一人, 有善易得而見也, 有不善易得而誅也. 故曰, 善者得之, 不善者失之, 古之道也.

대처해 나가서 세상이 맑을 때는 버려지지 않고, 세상이 혼탁해도 오염되지 않을 사람이었다. 그래서 공자는 조카사위로 삼았다.[29]

한편 『가어』 「제자행」에는 남궁도에 대한 자공의 인물평이 보이는데, 남궁도의 성과 이름에 대해 살짝 비틀어놓은 구절이 있다. "홀로 있을 때도 어진 것을 생각하고 사람들 앞에서도 인의를 말하며, 『시경』에 있는 '백규의 흠'이라는 구절을 하루에 세 번이나 반복하니 이는 '궁도宮縚'의 행실입니다."[30]라고 평한 것이다. '남궁도'라는 이름 전체에서 성을 뺀 이름을 '궁도'라고 적었다. 성이 '남' 씨고 이름이 '궁도'로 볼 수 있는 배치다. 『가어』의 편자로 알려진 왕숙王肅은 남궁도의 성을 '남' 씨로 처리하여 남궁도가 『논어』의 남용과 동일인임을 보여주려고 한 것이다. 이 논리를 따르면 남궁괄, 남궁도 모두 남용이 될 수 있다.

일단 「제자열전」과 「제자해」의 남궁괄과 남궁도가 남용과 동일인이라고 받아들이기로 하자. 『가어』 「곡례자공문」에는 공자가 남궁도의 처, 즉 자신의 질녀에게 상례에 대해 가르치는 이야기가 나온다.

남궁도의 처는 공자 형님의 딸이다. 시어머니 상을 당했을 때 공자는 "너는 머리를 너무 높게 묶지도 말고, 너무 넓게 묶지도 말아라. 개암나무 가지로 비녀를 삼는데, 길이는 한 자 정도로 하고, 묶는 끈은 여덟 치 정도로 해라."라고 상을 당한 며느리의 머리 모양[髽]에 대해 가르쳐주었다.[31]

....

[29] 『孔子家語』「七十二弟子解」: 南宮韜, 魯人, 字子容, 以智自將, 世淸不廢, 世濁不洿, 孔子以兄子妻之.
[30] 『孔子家語』「弟子行」: 獨居思仁, 公言仁義, 其於詩也, 則一日三覆白圭之玷, 是宮縚之行也.
[31] 『孔子家語』「曲禮子貢問」: 南宮縚之妻, 孔子兄之女. 喪其姑, 夫子誨之髽曰, 爾母從

이 이야기는 『예기』「단궁상」편에도 거의 그대로 기록되어 있는데, 「단궁상」편에는 남궁도의 처가 공자 형님의 딸이라는 말이 빠져 있다.[32] 어쨌든 이 내용이 기록될 즈음에는 공자의 조카사위 남용의 이름이 남궁도로 정착한 것임을 알 수 있다.

남용의 다른 이름은 또 있다. 『논어주소』「공야장」편의 남용 부분에 대한 형병邢昺의 소疏에는 『예기』「단궁」편에 대한 정현鄭玄[33]의 주석을 소개하고 있는데, 정현은 '남궁도南宮綯가 공자의 제자가 된 남궁열南宮閱과 동일인'이라고 하였다. 형병은 종합하여 '남궁도, 남궁괄, 남궁열이 모두 동일인'이라고 하였다.

『예기』「단궁」편에 대한 정현鄭玄 주注에는 "남궁도는 맹희자孟僖子의 아들 남궁열이다."라고 하였다. 『춘추좌씨전』의 노나라 소공昭公 7년의 기록에는 "맹희자가 운명할 때에 그 대부들을 불러 말하기를 '열說(南宮閱)과 하기何忌(孟懿子)를 공자에게 맡겨 그를 스승으로 섬기게 하라'고 했다."라고 되어있다. 남궁南宮을 씨氏로 삼았기 때문에 『세본世本』에 "중손확仲孫貜이 남궁도를 낳았다."라고 하였는데 바로 이 사람이다. 그렇다면 이름이 '도綯'이고, 또 다른 이름은 '괄括'이며, 또 다른 이름은 '열閱'이고, 자字는 자용子容이고 씨氏는 남궁南宮이니, 본래 맹씨孟氏의 후손이다.[34]

從爾, 毋扈扈爾. 蓋榛以爲笄, 長尺而總八寸.

32 『禮記』「檀弓上」: 南宮綯之妻之姑之喪, 夫子誨之髽曰, 爾毋從爾, 爾毋扈扈爾. 蓋榛以爲笄, 長尺而總八寸.

33 정현(鄭玄): 중국 후한 말기의 유학자.

34 『論語注疏』「公冶長」疏: 鄭注檀弓云, 南宮綯, 孟僖子之子南宮閱. 以昭七年左氏傳云, 孟僖子將卒, 召其大夫云, 屬說與何忌於夫子, 以事仲尼. 以南宮爲氏, 故世本云, 仲孫貜生南宮綯, 是也. 然則名綯, 名括, 又名閱, 字子容, 氏南宮, 本孟氏之後也.

이 주장에 따르면 남용, 남궁괄, 남궁도, 남궁열은 모두 같은 사람이 된다. 남궁열은 또 남궁경숙南宮敬叔이라고 불리기도 한다. 『춘추좌씨전』 노소공魯昭公 7년 조의 전傳에 남궁경숙이 공자의 제자가 된 기록이 나온다.

9월, 소공昭公이 초楚나라에서 돌아왔다. 맹희자孟僖子는 예로써 제후를 잘 보좌하지 못한 것을 잘못으로 여겨 예를 배웠는데, 예를 잘 안다는 사람이 있으면 찾아가 배웠다. 장차 죽게 되자 대부들을 불러, "예는 사람의 근본이니, 예가 없으면 사람 노릇을 제대로 할 수 없다. 내가 듣기로 장차 현달할 사람은 공구라고 하는데, 그는 성인의 후예로 집안이 송나라에서 멸망하였다고 한다. 그 조상인 불보하弗父何는 송나라를 소유할 수 있었지만 (동생인) 여공에게 주었고, 정고보正考父에 이르러서는 (송나라의) 대공·무공·선공을 보좌하여 삼명을 받아 (상경이 되었으나) 더욱 공손하였다. 그래서 그 솥에 새겨진 명문에 '첫 번째 명을 받고 (대부가 되어서는) 고개를 숙이고, 두 번째 명을 받고 (경이 되어서는) 허리를 굽히고, 세 번째 명을 받고 (상경이 되어서는) 몸을 굽히고서 담장을 따라 빠른 걸음으로 지나가니 감히 나를 모욕하는 사람이 없었다. 이 솥으로 밥도 짓고 죽도 끓여 먹고 살리라'하였으니 그 공손함이 이와 같았다. 장손흘臧孫紇이 말하기를 '성인의 후예 중에서 밝은 덕을 가진 사람이 만약 그 시대에 현달하지 않는다면 후손 중에서 반드시 현달한 사람이 나온다'고 하였으니 아마도 공자가 그 사람인 것 같다. 내가 만약 죽으면 반드시 열說(=남궁경숙)과 하기何忌(맹의자)를 공자에게 보내 섬기면서 예를 배워 그 지위를 안정되게 해라."라고 하였다. 그래서 맹의자孟懿子와 남궁경숙南宮敬叔이 공자를 섬기게 되었다. 공자는 "자신의 잘못을 보완할 수 있는 사람이 군자다. 『시경』에 '군자는 바른 것을 바르게 본받는다'고 하였는데 맹희자

는 본받을 만하다."고 하였다.[35]

맹희자가 죽기 전에 대부들에게 자신의 두 아들인 열說과 하기何忌를 공자의 제자로 보내라고 유언했다. 이 부분의 주석에 의하면 열은 남궁경숙南宮敬叔이고, 하기는 맹의자孟懿子다. 그래서 남궁열과 남궁경숙은 같은 사람이 된다. 노나라의 소공 7년이라면 기원전 535년의 사건이니 공자 열일곱 살 때의 일이다. 권력자가 과연 열일곱 살 소년에게 자신의 아들을 제자로 보냈을지는 의문이지만, 남궁경숙이 남용과 동일인이라는 기록은 있는 것이다. 이 이야기는 『사기』「공자세가」에도 채택되어 기록되었다.[36] 「공자세가」에는 이 내용 바로 앞에 공자 나이 17세[孔子年十七]라는 표현이 있는데, 『춘추좌씨전』 노소공魯昭公 7년 기록의 연도와 일치시키기 위해 여기에 배치한 것으로 추측된다. 「공자세가」에는 맹희자가 아들인 맹의자에게 공자의 제자가 되라고 유언하였고, 맹의자는 노나라 사람 남궁경숙과 함께 공자에게 예를 배우러 간 것으로 정리되어 있다. 「공자세가」는 『춘추좌씨전』의 내용을 살짝 비틀어서 맹의자는 맹희자의 아들이지만 남궁경숙은 맹희자의 아들이 아

---

35 『春秋左氏傳』 昭公 七年 傳：九月, 公至自楚. 孟僖子病不能相禮, 乃講學之, 苟能禮者從之. 及其將死也, 召其大夫曰, 禮 人之幹也, 無禮, 無以立. 吾聞將有達者曰孔丘, 聖人之後也, 而滅於宋. 其祖弗父何以有宋, 而授厲公. 及正考父, 佐戴·武·宣, 三命茲益共. 故其鼎銘云, '一命而僂, 再命而傴, 三命而俯, 循牆而走, 亦莫余敢侮. 饘於是, 鬻於是, 以餬余口. 其共也如是. 臧孫紇有言曰, 聖人有明德者, 若不當世, 其後必有達人. 今其將在孔丘乎. 我若獲沒, 必屬說與何忌於夫子, 使事之, 而學禮焉, 以定其位. 故孟懿子與南宮敬叔師事仲尼. 仲尼曰, 能補過者, 君子也. 詩曰, 君子是則是效, 孟僖子可則效已矣. - 밑줄의 한자 순서는 동양고전종합DB(http://db.cyberseodang.or.kr/)의 한자를 따랐다.

36 『史記』「孔子世家」：孔子年十七, 魯大夫孟釐子病且死, 誡其嗣懿子曰, 孔丘聖人之後, 滅於宋. 其祖弗父何始有宋, 而嗣讓厲公. 及正考父佐戴·武·宣公, 三命茲益恭, 故鼎銘云, 一命而僂, 再命而傴, 三命而俯. 循牆而走, 亦莫敢余侮. 饘於是, 粥於是, 以餬余口. 其恭如是. 吾聞聖人之後, 雖不當世, 必有達者. 今孔丘年少好禮, 其達者歟. 吾即沒, 若必師之. 及釐子卒, 懿子與魯人南宮敬叔, 往學禮焉. 是歲, 季武子卒, 平子代立.

닌 것으로 처리한 것이다. 사마천은 공자의 조카사위 남용과 동일인일 수 있는 남궁경숙을 권력자인 맹희자의 아들로 받아들이기 부담스러웠을 것이다.

『사기』「공자세가」에는 남궁경숙이 노나라 군주에게 건의해서 공자와 함께 주나라로 다녀온 것으로 설정되어 있다.[37] 만약 남궁경숙이 남용과 동일인이고, 이 기록이 사실이라면 남용은 공자와 노자의 만남을 주선한 셈이 된다. 『사기』「공자세가」에는 공자가 천하주유 중일 때 노나라 환공과 희공의 묘에 불이 났는데, 그 불을 끈 사람이 남궁경숙이라는 기록도 있다.[38] 남궁경숙이 공자와 천하주유를 함께 하지 않아야 가능한 사건이다.

『가어』「정론해」에도 맹희자의 아들들에 대한 기록이 있다.

남용열과 중손하기 형제가 이미 상복을 벗었지만, (아버지 상을 벗을) 당시 소공이 외국에 있어 아직 작위를 받지 못하고 있었다. 정공이 즉위한 후 그들을 임명하려고 하자 두 사람은 사양하면서 "주군의 신하인 선친께서 '무릇 예라고 하는 것은 사람의 근본이어서 예가 아니면 사람으로서 설 수 없는 것이니, 가로에게 명하여 저희 둘을 반드시 공자를 섬기면서 예를 배우고 그 직위를 정하라'고 시키셨습니다."라고 하자 정공이 허락하고, 두 사람을 공자에게 보냈다. 공자는 "잘못을 보완할 수 있는 사람이 군자다. 『시경』에 군자란 바른 것을 바르게 본받는 다고 하였는데 맹희자는 본받을 만한 사람이다. 자신의 잘못을 징계하여 후사를 가르쳤

---

[37] 『史記』「孔子世家」: 魯南宮敬叔言魯君曰, 請與孔子適周. 魯君與之一乘車, 兩馬, 一豎子俱, 適周問禮, 蓋見老子云.
[38] 『史記』「孔子世家」: 夏, 魯桓釐廟燔, 南宮敬叔救火. 孔子在陳, 聞之曰, 災必於桓釐廟乎. 已而果然.

으니 「대아」에 있는 '손자를 보내 도모하여 아들이 안정되는 데 도움이 되게 한다'는 것이 바로 이런 유형이다."라고 하였다.[39]

「정론해」에는 이 사건이 노나라 정공 원년의 일이라고 기록되어 있다. 노나라 정공 원년이라면 기원전 509년이고, 노나라 소공昭公 7년과는 26년의 차가 생긴다. 남용열과 중손하기가 맹희자의 사망 직후에 공자 문하에 들어간 것이 아니라 26년이 지나서 정공이 즉위한 후에 공자의 문하에 들어갔다고 했다. 『가어』의 편자로 알려진 왕숙王肅이 공자의 나이를, 제자들을 받을 만한 나이인 43세로 맞추기 위해 조정한 것이 아닌가 하는 생각이 든다. 또 열說이라는 이름 앞에 남용南容이라는 두 자를 붙여 남용과 맹희자의 아들 열이 같은 사람이라는 것을 강조했다.

이렇게 남용은 공자의 조카사위가 된 영광을 안았지만 남궁괄, 남궁도, 남궁열 혹은 남궁경숙과 동일인인지 아닌지가 계속 논란이 되어 왔다. 그는 본인의 정체성 문제로 후세에 혼란을 일으킨 제자라고 하겠다. 공자 사후의 기록들에서 공자의 조카사위인 남용의 역할이 다양하게 확대되는 과정에서 생긴 현상일 것이다.

---

[39] 『孔子家語』「正論解」: 南容說・仲孫何忌旣除喪, 而昭公在外, 未之命也. 定公旣位, 乃命之, 辭曰, 先臣有遺命焉曰, 夫禮, 人之幹也, 非禮則無以立, 囑家老, 使命二臣, 必事孔子而學禮, 以定其位. 公許之, 二子學於孔子. 孔子曰, 能補過者君子也. 詩云, 君子是則是效, 孟僖子可則傚矣. 懲己所病, 以誨其嗣, 大雅所謂, 詒厥孫謀, 以燕翼子, 是類也夫.

3   공자의 아들 백어

공자의 아들 백어伯魚는 공자의 제자들과 함께 공부했지만 사람들은 공자의 제자로 여기지 않는다. 아버지가 아들에게 학문을 직접 가르치지 않는다는 관습이 그런 입장을 만들었을 것이다. 당연히 『사기』 「제자열전」이나 『가어』 「제자해」는 백어를 공자의 제자로 소개하지 않았다. 백어의 출생과 관련된 기록은 『가어』 「본성해」에 소개되어 있다.[40] 공자는 19세에 송나라의 기관씨亓官氏(혹은 변관씨幷官氏)와 결혼해서 그 다음해 백어를 낳았다. 백어가 태어날 때 노나라 소공이 잉어를 공자에게 보냈는데 이를 기념하기 위해 이름을 잉어라는 의미의 리鯉라고 짓고, 자字도 이와 관련된 백어伯魚라고 했다고 한다. 백어는 나이 50세에 공자보다 먼저 사망했다. 20세에 낳은 아들이 50세에 사망했으니 백어의 사망 당시 공자는 69세였다는 이야기가 된다. 『사기』 「공자세가」도 백어가 50세에 사망했다고 하면서, 백어의 아들이 중용을 지은 자사라고 덧붙이고 있다.[41]

『논어』에는 백어가 두 번 등장한다.[42] 먼저 「선진」편 7장에 안연의 죽음과 관련해 언급된다.[43] 안연이 사망한 후, 안연의 아버지 안로는 공자에게 공자의 수레를 처분해 안연의 곽을 만들고 싶다는 뜻을 전달했다. 이때 공자는 자신의 아들인 백어가 죽었을 때도 관만 있었고 곽

---

[40] 『孔子家語』「本姓解」: 至十九, 娶于宋之幷官氏, 一歲而生伯魚, 魚之生也, 魯昭公以鯉魚賜孔子, 榮君之貺, 故因以名曰鯉, 而字伯魚, 魚年五十, 先孔子卒.

[41] 『史記』「孔子世家」: 孔子生鯉, 字伯魚. 伯魚年五十, 先孔子死. 伯魚生伋, 字子思, 年六十二. 嘗困於宋, 子思作中庸.

[42] 「선진」편 7장, 「계씨」편 13장

[43] 『論語』「先進」: 顔淵死, 顔路請子之車, 以爲之槨. 子曰, 才不才亦各言其子也, 鯉也死, 有棺而無槨, 吾不徒行, 以爲之槨, 以吾從大夫之後, 不可徒行也.

은 없이 장례를 치렀다고 말한다. 그 이유는 공자 자신이 대부의 지위에 있기 때문에 걸어 다닐 수 없었고, 그래서 수레를 처분할 수 없었다는 것이다. 그런데 『논어주소』 형병邢昺의 소疏는 하안何晏의 주注에서 언급한, '공자는 당시 대부로 있었고, 대부의 뒤를 따른다는 표현은 겸손하게 말한 것이다'라는 구절을 설명하면서 「공자세가」에 나오는 공자의 행적을 근거로, 당시 공자가 대부로 있었다는 데 대해 의문을 제기하고 있다. 형병은 공자보다 30세 연하인 안연이 32세에 사망할 당시 공자는 61세로 아직 천하주유 중이었기 때문에 대부의 지위에 있지 않았고, 백어가 50세로 사망할 당시에도 70세 전후로 역시 대부의 지위에 있지 않았다고 의문을 제기한다.[44] 근거는 알 수 없지만 형병은 안연이 32세에 사망했다고 했는데, 그렇다면 안연이 백어보다 먼저 사망한 것이 된다. 반면 『논어』 「선진」편 7장에는 안연보다 백어가 먼저 사망한 것으로 되어있고, 『사기』 「공자세가」에도 안연이 노나라 애공 14년, 즉 공자가 71세 때인 기원전 481년에 41세로 사망한 것으로 기록되어 있다.[45] 안연이 32세에 사망했다는 형병의 해석이 잘못된 근거에 의거하고 있거나, 『논어』 「선진」편 7장이 사실이 아니라 뒤에 만들어진 설화일 가능성이 있다는 의미가 된다. 백어는 『사기』 「제자열전」이나 『가어』 「제자해」에 이름을 올리지 못했을 뿐 아니라, 사망한 시점도 애매한 사람이 되어버렸다.

---

[44] 『論語註疏』「先進」疏:正義曰, 云, 鯉孔子之子伯魚也者, 世家文也. 云, 孔子時爲大夫 言從大夫之後, 不可以徒行, 謙辭也者, 案孔子世家, 定公十四年, 孔子年五十六, 由大司寇攝行相事. 魯受齊女樂, 不聽政三日, 孔子遂適衛. 歷至宋·鄭·陳·蔡·晉·楚, 去魯凡十四歲而反乎魯. 然魯終不能用. 孔子亦不求仕, 以哀公十六年卒, 年七十三. 今案顔回少孔子三十歲, 三十二而卒, 則顔回卒時, 孔子年六十一, 方在陳·蔡矣. 伯魚年五十, 先孔子死, 則鯉也死時, 孔子蓋年七十左右, 皆非在大夫位時.
[45] 『史記』「孔子世家」:魯哀公十四年春, …… 顔淵死, 孔子曰, 天喪予.

백어는 『논어』「계씨」편 13장에서 한 번 더 등장한다. 여기서 백어는 공자의 제자 진강陳亢의 관심 대상으로 등장한다.

진강이 백어에게 "당신은 선생님께 남다른 말씀을 들은 것이 있습니까?" 하고 물으니 백어는 "없습니다. 언젠가 혼자 서 계실 때 내가 종종걸음으로 뜰을 지나가는데, '시를 공부하고 있니?'라고 물으시기에 '아직 공부하지 못했습니다'라고 대답했더니, '시를 배우지 않으면 말을 잘 할 수가 없다'고 하셨습니다. 그래서 나는 물러나와 그때부터 시를 배웠습니다. 다른 날 또 혼자 서 계실 때 내가 종종걸음으로 뜰을 지나가는데, '예를 공부하고 있니?' 하시기에 '아직 공부하지 못했습니다'라고 대답했더니, '예를 배우지 않으면 사람으로서 설 수가 없다'고 하셨습니다. 그래서 나는 물러나와 그때부터 예를 배웠습니다. 이 두 가지를 들은 적이 있습니다."라고 대답했다. 진강이 물러나와 기뻐하면서 "하나를 물어서 세 가지를 얻었다. 시의 중요성을 들었고, 예의 중요성을 들었으며, 또 군자가 아들을 남달리 대하지 않는다는 것을 들었다."라고 말했다.[46]

공자가 자신의 아들인 백어에게 뭔가 특별한 교육을 하지 않을까 의심했던 진강이 백어에게 자신의 마음을 숨기고 슬쩍 물어본 것이다. 진강은 예상 밖으로 공자가 자신의 아들을 남달리 가르치지 않는다는 사실을 확인하고 좋아한다. 백어도 다른 제자들과 같은 방식으로 공자 문하에서 공부를 하고 있었다는 이야기다. 다만 뜰을 지나가는 아들에

---

46 『論語』「季氏」: 陳亢問於伯魚曰, 子亦有異聞乎. 對曰, 未也. 嘗獨立, 鯉趨而過庭, 曰, 學詩乎. 對曰, 未也. 不學詩, 無以言, 鯉退而學詩. 他日又獨立, 鯉趨而過庭, 曰, 學禮乎. 對曰, 未也. 不學禮, 無以立. 鯉退而學禮. 聞斯二者. 陳亢退而喜曰, 問一得三, 聞詩, 聞禮, 又聞君子之遠其子也.

게 무엇을 공부해야 할지를 알려준다. 아버지의 애틋한 마음이 느껴지는 대목이다.

실제 사건인지 알 수는 없지만 전한시대 말에 유향劉向[47]이 편찬한 『설원』「건본」편에는 공자가 백어에게 배움과 용모의 중요성을 가르쳤다는 이야기가 전해진다.

> 공자는 백어에게 "리鯉야, 군자는 배우지 않으면 안 되고, 사람을 만날 때는 꾸미지 않으면 안 된다. 꾸미지 않으면 좋은 용모를 지닐 수 없고, 좋은 용모를 지니지 않으면 공경함을 잃으며, 공경함을 잃으면 마음이 진실하지 않게 되고, 마음이 진실하지 않으면 예를 잃으며, 예를 잃으면 바로 설 수 없다. 멀리서도 빛이 나는 것은 꾸밈의 효과이고, 가까이서 더욱 밝은 것은 배움의 효과이다. 비유하자면 늪과 같은 것으로, 빗물이 흘러들면 왕골이나 부들이 자라는데, 위에서 보면 누가 원래의 맑은 물이 아닌 것을 알겠느냐"라고 했다.[48]

공자의 가르침이라고 말하기에는 지나치게 외부 지향적이고 실용적인 냄새가 나는 가르침이다. 『가어』「치사」편에도 공자가 백어에게 비슷한 가르침을 주었다는 이야기가 전해진다.[49] 또 『예기』

---

[47] 유향(劉向) : 중국 전한시대 말, 선제(宣帝)·원제(元帝)·성제(成帝) 시기에 활동한 학자.
[48] 『說苑』「建本」: 孔子曰, 鯉, 君子不可以不學, 見人不可以不飾. 不飾則無根貌, 無貌則失敬. 失敬則不忠, 不忠則失禮, 失禮則不立. 夫遠而有光者, 飾也, 近而逾明者, 學也. 譬之如汚池, 水潦注焉, 菅蒲生之, 從上觀之, 誰知其非源也.
밑줄의 한자는 동양고전종합DB(http://db.cyberseodang.or.kr/)의 한자를 따랐다.
[49] 『孔子家語』「致思」: 孔子謂伯魚曰, 鯉乎, 吾聞可以與人終日不倦者, 其唯學焉. 其容體不足觀也, 其勇力不足憚也, 其先祖不足稱也, 其族姓不足道也, 終而有大名, 以顯聞四方, 流聲後裔者, 豈非學之效也. 故君子不可以不學, 其容不可以不飾. 不飾無類, 無類失親, 失親不忠, 不忠失禮, 失禮不立. 夫遠而有光者, 飾也, 近而愈明者, 學也. 譬之汙池, 水

「단궁상」편50과 『가어』「곡례자공문」편51에는 백어가 어머니의 상을 당하고 정해진 기간이 끝났는데도 곡을 하자 공자가 지나치다고 나무랐고, 이 지적을 받은 백어가 곡을 그쳤다는 이야기도 전해진다.

『예기』「단궁하」편에는 백어의 부인에 관한 이야기가 전해지고 있다. 백어의 아들인 자사가 위나라에서 어머니가 돌아가셨다는 소식을 듣고 사당에 가서 곡을 했다. 이것을 본 자사의 제자가 서庶 씨와 재혼한 어머니의 죽음에 왜 공 씨 사당에서 곡을 하느냐고 질문했다. 아차, 싶었던 자사는 다시 다른 방으로 옮겨 곡을 했다고 전해진다.52 이 이야기에서 알 수 있는 것은 백어 사후에 백어의 부인, 즉 공자의 며느리는 위나라의 서 씨 성을 가진 사람과 재혼을 했다는 것이다. 『예기』에 공자의 며느리도 재혼을 했다고 되어있는데, 유교를 철저히 신봉한 조선시대 사대부들이 여성의 재혼을 금한 근거는 무엇이었는지 자못 궁금하다.

백어는 공자 학단에서 다른 제자들과 더불어 공부했지만 공자의 아들이라는 이유로 「제자열전」이나 「제자해」편에 이름을 올리지 못했다. 여기서라도 잠시 다루어본 것은 안타까운 마음이 들었기 때문이다.

....

潦注焉, 雚葦生焉, 雖或以觀之, 孰知其源乎.
50 『禮記』「檀弓上」: 伯魚之母死, 期而猶哭. 夫子聞之曰, 誰與哭者. 門人曰, 鯉也. 夫子曰, 嘻, 其甚也. 伯魚聞之, 遂除之.
51 『孔子家語』「曲禮子貢問」: 伯魚之喪母也, 期而猶哭. 夫子聞之曰, 誰也. 門人曰, 鯉也. 孔子曰, 嘻, 其甚也, 非禮也. 伯魚聞之, 遂除之.
52 『禮記』「檀弓下」: 子思之母死於衛, 赴於子思, 子思哭於廟. 門人至曰, 庶氏之母死, 何爲哭於孔氏之廟乎. 子思曰, 吾過矣, 吾過矣. 遂哭於他室.

4 공자의 조카 공멸

『사기』「제자열전」에는 공멸孔蔑이란 사람에 대한 언급이 없다. 다만 공충孔忠이라는 제자가 있을 뿐인데, 그가 공멸과 동일인인지는 명확하지 않다. 공멸에 대한 이야기는 『논어』를 비롯한 선진先秦 시대의 문헌에는 보이지 않다가 전한시대 말에 편찬된 『설원』「정리」편에 유가 계통의 설화 형태로 등장한다.

공자 제자 중에 공멸이란 사람이 있었는데 자천과 같이 벼슬을 하게 되었다. 공자가 공멸이 벼슬하는 곳을 지나다가, 벼슬을 하면서 얻은 것은 무엇이고, 잃은 것은 무엇인지 물었다. 공멸은 얻은 것은 없고 잃은 것이 세 가지라고 대답하였다. 첫째, 일이 너무 많아 배운 것을 익힐 수가 없으니 학문을 밝게 드러내기 어렵다는 것이고 둘째, 급여가 너무 적어서 죽조차도 친척들과 나눌 수가 없으니 친척들과의 관계가 더 소원해진 것이며 셋째, 일이 많고 급해서 조문과 문병을 할 수 없어 이 때문에 친구들과의 관계가 날로 소원해진 것이라고 대답했다. 이 말에 공자는 기분이 언짢아서 다시 자천에게 가서 벼슬을 하면서 얻은 것은 무엇이고 잃은 것은 무엇인지 물었다. 자천은 벼슬을 하면서 잃은 것은 없고 얻은 것이 세 가지라고 대답했다. 첫째, 글로 배웠던 것을 지금 실천해볼 수 있어 학문이 더욱 분명해진 것이고 둘째, 비록 급여가 적지만 죽이나마 친척들과 나눌 수 있어 친척들과 더욱 친해진 것이며 셋째, 공무가 비록 급하지만 밤에라도 바삐 조문하고 문병하니 친구들과의 관계가 더 좋아진 것이라고 대답했다. 이에 공자는 자천을 군자라고 칭찬하면서 "노나라에 군자가

없었다면 어디서 이런 덕을 얻었겠는가?"라고 하였다.[53]

    이 설화는 『논어』「공야장」편 2장에서 자천을 군자라고 칭찬한 이야기를 이 상황에서 나온 것으로 설정하고 있다.[54] 여기서는 공멸이 그냥 공자의 제자라고만 되어있다. 공멸은 전한시대까지는 공 씨 성을 가진 제자 정도로만 인식되고 있었을 가능성이 높다. 그 뒤 중국 삼국시대 왕숙이 편찬한 것으로 알려진 『가어』의 「제자해」에 '공불孔弗은 자가 자멸子蔑이다.'라는 기록이 나타나는데, 공자 제자로서의 공멸의 위치가 조금 더 구체화되었다.[55] 위의 이야기는 『가어』「자로초견」에도 소개되어 있는데,[56] 공멸을 '공자 형의 아들[孔子兄子]'이라고 소개하고 있다. 중국 삼국시대에는 공멸은 공자의 조카이면서 공자의 문하에서 공부한 사람으로 인식된 것이다. 「자로초견」편에는 공멸이 공자에게 처신 방법에 대해 묻는 내용도 있다.

----

[53] 『說苑』「政理」: 孔子弟子有孔蔑者, 與宓子賤皆仕. 孔子往過孔蔑, 問之曰, 自子之仕者, 何得, 何亡. 孔蔑曰, 自吾仕者未有所得, 而有所亡者三. 曰, 王事若襲, 學焉得習, 以是學不得明也, 所亡者一也. 奉祿少鬻, 鬻不足及親戚, 親戚益疏矣, 所亡者二也. 公事多急, 不得吊死視病, 是以朋友益疏矣, 所亡者三也. 孔子不說, 而復往見子賤曰, 自子之仕, 何得, 何亡也. 子賤曰, 自吾之仕, 未有所亡而所得者三, 始誦之文, 今履而行之, 是學日益明也, 所得者一也. 奉祿雖少鬻, 鬻得及親戚, 是以親戚益親也, 所得者二也. 公事雖急, 夜勤, 吊死視病, 是以朋友益親也, 所得者三也. 孔子謂子賤曰, 君子哉若人, 君子哉若人. 魯無君子也, 斯焉取斯.

[54] 『論語』「公冶長」: 子謂子賤, 君子哉. 若人, 魯無君子者, 斯焉取斯.

[55] 『孔子家語』「七十二弟子解」: 孔弗, 字子蔑.

[56] 『孔子家語』「子路初見」: 『孔子家語』「子路初見」: 孔子兄子有孔篾者, 與宓子賤偕仕. 孔子往過孔篾, 而問之曰, 自汝之仕, 何得何亡. 對曰, 未有所得, 而所亡者三. 王事若龍, 學焉得習, 是學不得明也. 俸祿少, 饘粥不及親戚, 是以骨肉益疏也. 公事多急, 不得吊死問疾, 是朋友之道闕也. 其所亡者三, 卽謂此也. 孔子不悅. 往過子賤, 問如孔篾. 對曰, 自來仕者, 無所亡, 其有所得者三. 始誦之, 今得而行之, 是學益明也. 俸祿所供, 被及親戚, 是骨肉益親也. 雖有公事, 而兼以弔死問疾, 是朋友篤也. 孔子喟然, 謂子賤曰, 君子哉若人, 魯無君子者, 則子賤焉取此.

공멸이 처신방법을 질문하자 공자는 "알고도 실천하지 않으면 모르는 것보다 못하고, 친하면서도 믿지 않으면 친하지 않는 것보다 못하다. 즐거운 일이 바야흐로 다가오면 즐거워하되 교만하지 말고, 걱정거리가 생기려하면 대비해 생각하되 근심하지는 말아라."라고 대답했다. 공멸이 "이것이 제가 행할 바입니까?" 하고 묻자 공자는 다시 "능하지 못한 것은 힘써 해야 하고, 갖추지 못한 것은 보충해야 하며, 자신이 할 수 없는 일이면 남을 의심하지 말고, 자신이 할 수 있다고 하여 교만하지 말아야 한다. 하루 종일 말을 하더라도 자신에게 걱정거리를 남기지 말아야 하고, 하루 종일 일을 하더라도 자신에게 근심거리를 남기지 말아야 한다. 이는 지혜로운 사람만이 할 수 있는 일이다."라고 대답했다.[57]

실제 공자와 공멸의 대화라고 믿기는 어렵지만, 공자의 말은 어쩐지 공멸을 그다지 높게 평가하지 않는 듯한 분위기를 풍긴다. 어쨌든 후한 시대를 지나 위진魏晉 시대가 되면서 공자의 가계에 대한 체계가 성립되었고, 공멸은 공자의 조카로 자리를 잡았을 것이다. 공자의 조카로 소개되면서 낮게 평가된 역을 맡게 된 것이 공멸의 입장에서는 유감이라면 유감일 수 있겠다.

....

57 『孔子家語』「子路初見」: 孔篾問行己之道. 子曰, 知而弗爲, 莫如勿知, 親而弗信, 莫如勿親. 樂之方至, 樂而勿驕, 患之將至, 思而勿憂. 孔篾曰, 行己乎. 子曰, 攻其所不能, 補其所不備. 毋以其所不能疑人, 毋以其所能驕人. 終日言, 無遺己之憂, 終日行, 不遺己患, 唯智者有之.

오해

공자의 제자들 중에는 훌륭한 자식을 두었다는 이유로 도리어 후세 사람들에게 못난 아버지, 심지어는 나쁜 아버지로 알려진 경우도 있고, 염치없는 사람이 되어버린 경우도 있다. 악명을 떨치던 사람의 동생으로 잘못 알려진 제자도 있다. 동일한 사람인데도 문헌에 따라 이름이 다르게 적힌 덕분에 공자를 모시는 문묘에 위패를 두 개 가지고 있던 제자도 있다. 그들의 이야기를 소개하려고 한다.

1 못난 아버지(?) 증석

『사기』「제자열전」에는 증석曾晳에 대해 다음과 같이 기록되어 있다.

증점曾蒧의 자字는 석晳이다. 공자를 모시고 있을 때, 공자가 "너의 뜻을 말해보아라."라고 하자 증석은 "봄옷이 장만되면 성인 5, 6명과 아이 6, 7명과 함께 기수에서 목욕하고, 무우舞雩에서 바람을 쐰 다음, 노래를 부르며 돌아오고 싶습니다."라고 대답하였다. 공자는 감탄하면서 "나는 증

석과 함께 하고 싶다."라고 하였다.[58]

이 소개는 『논어』「선진」편의 마지막 장인 25장에 나오는 내용이다.[59] 증석은 『논어』 전체에서 여기 한 번만 등장한다. 『논어』는 물론 『맹자』까지 읽어본 사람이라면 '증석이 논어에 한 번만 등장하나?' 하고 의아해 할 수도 있겠다. 아마 『맹자』를 읽을 때도 증석을 만났기 때문일 것이다. 『논어』의 장면에서 그는 자로·염유·공서화 등 쟁쟁한 제자들과 함께 공자를 모시고 앉아 있다. 그 때 공자는 제자들에게 각자의 정치적 이상에 대해 물었다. 자로·염유·공서화가 대답할 동안 증석은 비파를 연주하고 있었다. 스승님이 질문을 하고 있는데 딴 짓을 하고 있었으니 버르장머리가 없다고 볼 수도 있고, 아니면 당시 공자학단의 자연스러운 분위기였을 수도 있다. 어쩌면 공자와 나이 차이가 많이 나지 않아서 그랬을 수도 있겠다. 어쨌든 그는 비파 연주를 늦추다가 비파를 놓고 대답했다. "저는 앞의 세 사람과 다른 생각을 가지고 있습니다."라고 뜸을 들인다. 공자가 괜찮으니 계속해보라고 하자 그는 "어느 늦봄에 봄옷으로 갈아입고 성인 5, 6명과 아이 6, 7명과 함께 기수에서 목욕하고 무우에서 바람을 쐬다가 노래하면서 돌아오겠습니다."라고 대답한다. 자연을 즐기며 이웃들과 즐겁게 어울리겠다는 뜻이다. 물

---

58 『史記』「仲尼弟子列傳」: 曾葴, 字晳. 侍孔子, 孔子曰, 言爾志. 葴曰, 春服旣成, 冠者五六人, 童子六七人, 浴乎沂, 風乎舞雩, 詠而歸. 孔子喟爾歎曰, 吾與葴也.

59 『論語』「先進」: 子路·曾晳·冉有公西華侍坐. 子曰, 以吾一日長乎爾, 毋吾以也. 居則曰, 不吾知也, 如或知爾, 則何以哉. …… 點爾何如. 鼓瑟希, 鏗爾舍瑟而作, 對曰, 異乎三子者之撰. 子曰, 何傷乎, 亦各言其志也. 曰, 莫春者, 春服旣成, 冠者五六人, 童子六七人, 浴乎沂, 風乎舞雩, 詠而歸. 夫子喟然歎曰, 吾與點也. 三子者出, 曾晳後. 曾晳曰, 夫三子者之言, 何如. 子曰, 亦各言其志也已矣. 曰, 夫子何哂由也. 曰, 爲國以禮, 其言不讓, 是故哂之. 唯求則非邦也與, 安見方六七十, 如五六十而非邦也者. 唯赤則非邦也與, 宗廟會同, 非諸侯而何. 赤也爲之小, 孰能爲之大.

론 민생이 편안해야 가능한 장면일 것이다. 이런 증석의 말에 공자는 "나는 증석과 함께 하겠다."라고 칭찬한다. 그뿐이 아니다. 다른 제자들이 나가고 난 뒤 공자는 증석과 둘이서 앞서 말한 세 제자들의 품평을 같이 했다. 상당한 신뢰를 받은 제자였다는 의미다. 도가풍의 분위기도 품고 있어서 실제 일어난 사건인지, 뒤에 전승이 채록된 것인지는 알 수 없지만 『논어』의 이 장면에서 증석은 공자의 깊은 신뢰를 받고 있다.

『논어』에서는 이렇게 잘 나가던 증석이지만 『맹자』에서는 조금 못난 인물로 그려진다. 『맹자』「진심하」편 37장에서 증석은 금장琴張·목피牧皮와 함께 맹자로부터 광狂하다는 평가를 받았다. 뜻은 높아 옛사람들의 좋은 점을 본받아야 한다고 말하지만, 행실이 말에 걸맞지 않는 미숙한 인물이었다는 뜻이다.[60] 한편 『맹자』에서 증석은 아들 증자가 행하는 효의 대상으로 주로 등장한다. 「이루상」편 19장에서 증석은 증자의 효도를 받는 대상으로만 표현되어 있고,[61] 「진심하」편 36장에도 증석은 증자의 효성을 찬양하기 위한 소재로 표현되어 있다. 증석이 대추를 좋아했기 때문에 증석 사후에 증자가 대추를 먹지 않았다는 것이다.[62] 『맹자』에서 증자가 행하는 효의 대상만으로 전락한 증석의 이미지는 그 후로도 계속되었다. 그나마 전국시대 말에 편찬된 『여씨춘추』「맹하기, 권학」편에서는 자식을 신뢰하는 좋은 아버지의 모습으로 그려지고 있다. 증자가 늦게까지 돌아오지 않아 이웃들이 걱정하자 "내가

---

60 『孟子』「盡心下」: 敢問, 何如斯可謂狂矣. 曰如琴張曾晳牧皮者, 孔子之所謂狂矣. 何以謂之狂也. 曰, 其志嘐嘐然曰, 古之人古之人, 夷考其行而不掩焉者也.

61 『孟子』「離婁上」: 曾子養曾晳, 必有酒肉, 將徹, 必請所與, 問有餘, 必曰, 有.

62 『孟子』「盡心下」: 曾晳嗜羊棗, 而曾子不忍食羊棗. 公孫丑問曰, 膾炙與羊棗孰美. 孟子曰, 膾炙哉. 公孫丑曰, 然則曾子何爲食膾炙而不食羊棗. 曰, 膾炙所同也, 羊棗, 所獨也, 諱名不諱姓, 姓所同也, 名所獨也.

살아있는데 아들이 감히 위험한 상태에 빠지기야 하겠습니까?"[63]라고 대답한 것이다.

전한시대가 되면 증석의 이미지는 아예 나쁜 사람으로 바뀌어 있다. 전한시대 한영韓嬰[64]이 쓴 『한시외전』[65] 8권에는 증석의 아들 증자가 잘못을 저지르자 몽둥이로 때리는 폭력적인 아버지의 모습으로 묘사되어 있다.[66] 증자는 나중에 깨어나서 도리어 아버지 증석을 걱정하는 모습을 보인다. 이 이야기를 들은 공자는 증자가 잘못했다고 증자를 자신의 집에 들어오지 못하도록 하였다. 증자가 사람을 시켜 그 이유를 묻자 공자는 순임금의 예를 들면서, 아버지가 자식을 죽일 수도 있는 상황에서는 도망을 가서 아버지가 살인의 죄를 저지르지 않도록 하는 것이 효라고 가르친다. 증자에 대한 꾸중이지만 증석이 증자를 죽을 정도로 때렸다는 것을 전제로 한 것이다. 『설원』「건본」편에도 같은 이야기가 전해지는데 조금 더 구체적이다.[67] 『설원』에서는 증자가 저지른 잘못이 오이 밭을 매다가 오이의 뿌리를 자른 것이었다고 전한다. 또 증자가

---

63 『呂氏春秋』「孟夏紀, 勸學」: 曾點使曾參, 過期而不至, 人皆見曾點曰, 無乃畏邪. 曾點曰, 彼雖畏, 我存, 夫安敢畏.

64 한영(韓嬰): 중국 전한시대 문제(文帝)·경제(景帝) 때 활동한 학자.

65 이하 『외전』이라 약칭한다.

66 『韓詩外傳』券八: 曾子有過, 曾晳引杖擊之. 仆地, 有間乃蘇, 起曰, 先生得無病乎. 魯人賢曾子, 以告夫子. 夫子告門人, 參來. 汝不聞, 昔者舜爲人子乎. 小箠則待, 大杖則逃. 索而使之, 未嘗不在側, 索而殺之, 未嘗可得. 今汝委身以待暴怒, 拱立而去, 非王者之民. 其罪何如. 詩曰, 優哉柔哉, 亦是戾矣. 又曰, 載色載笑, 匪怒伊教.

67 『說苑』「建本」: 曾子芸瓜而誤斬其根, 曾晳怒, 援大杖擊之, 曾子仆地, 有頃蘇, 蹶然而起, 進曰, 曩者參得罪於大人, 大人用力教參, 得無疾乎, 退屛鼓琴而歌, 欲令曾晳聽其歌聲, 令知其平也. 孔子聞之, 告門人曰, 參來勿內也. 曾子自以無罪, 使人謝孔子. 孔子曰, 汝聞瞽叟, 有子名曰舜, 舜之事父也, 索而使之, 未嘗不在側, 求而殺之, 未嘗可得, 小箠則待, 大箠則走, 以逃暴怒也. 今子委身以待暴怒, 立體而不去, 殺身以陷父不義, 不孝孰是大乎. 汝非天子之民邪, 殺天子之民, 罪奚如. 以曾子之材, 又居孔子之門, 有罪不自知, 處義難乎.

아버지에게 자신이 멀쩡하다는 것을 알리기 위해 거문고를 연주하며 노래하는 모습도 보이고 있다. 『가어』「육본」에도 같은 이야기가 전해지는데, 사람을 알아보지 못할 정도로 맞았다는 말을 덧붙였다. 가장 구체적이고 극단적인 「육본」편의 이야기를 소개한다.

증자가 참외밭을 매다가 실수로 참외 뿌리를 잘라버렸다. 증석이 화가 나서 큰 몽둥이로 증자의 등을 때렸다. 증자는 땅에 엎어져 한참동안 사람을 알아보지 못할 지경이 되었다. 한참 뒤 깨어난 증자는 아무렇지도 않은 듯 일어나 증석에게 가서 "방금 제가 아버님께 죄를 지었는데, 아버님께서는 힘들게 저를 가르치셨습니다. 혹시 몸이 상하지 않으셨는지요?"라고 묻고는 자신의 방에 들어가 거문고를 타면서 노래하였다. 이렇게 한 이유는 증석이 거문고 소리를 듣고 아들의 몸이 괜찮다는 것을 알게 하기 위해서였다. 공자는 이 소식을 듣고 화가 나서 "삼(증자)이 오더라도 안에 들이지 말거라."고 하였다. 증자는 자신에게는 잘못이 없다고 생각하여 사람을 시켜 공자를 뵙기를 청했다. 공자는 증자에게 "너는 듣지 못했느냐? 옛날 고수의 아들 순임금이 아버지 고수를 섬길 때, 고수가 일을 시키려고 하면 항상 그 곁에 있지 않은 적이 없었지만, 고수가 순임금을 찾아 죽이려고 할 때는 한 번도 찾을 수가 없었다. 작은 회초리로 때릴 때에는 그대로 맞았지만 큰 몽둥이로 때리려고 할 때는 도망을 갔다. 그래서 고수는 아버지가 저질러서는 안 될 죄를 저지르지 않을 수 있었고, 순임금은 지극한 효를 잃지 않을 수 있었다. 지금 너는 아버지를 섬기는 데 있어서, 자신의 몸을 화난 아버지에게 맡기고, 죽을 지경이 되도록 피하지 않았다. 만약 정말 죽어 아버지를 불의의 늪에 빠뜨렸다면 그 보다 큰 불효가 어디에 있겠느냐? 너는 천자의 백성인데, 천자의 백성을 죽이는 죄가 얼마나 큰지 아느냐?"고 하였다. 증자가 듣고 "제 죄가 큽니다."라고

하고는 공자에게 사과하였다.[68]

전한시대 이후로는 증석의 이미지가 점점 나빠져, 사소한 일로 자식이 사람을 알아보지 못할 정도로 때린 못된 아버지로 묘사된 것이다.

조선시대 공자를 모시는 사당인 문묘에서 아들 증자가 성국종성공 郕國宗聖公으로 안연 바로 다음 자리를 차지하고 있었던데 비해, 그는 아들보다 한참 아래인 내무후萊蕪侯로 동랑의 4위 자리에 배향되어 있었다.[69] 자식이 자신보다 낫다고 하는 평을 들으면 기분이 좋아지는 것이 인지상정이다. 그렇지만 그런 평에도 정도가 있다. "당신도 훌륭하지만 자식이 더 훌륭하다."는 평을 들으면 아주 기분이 좋을 것이다. "당신은 평범한 사람인데 자식은 훌륭하다."고 해도 나쁘지 않다. 그런데 "당신 자식은 훌륭한데 당신은 왜 그 모양이냐?"라는 평을 듣는다면 기분이 좋을 것 같지 않다. 실제로는 그렇지 않은데 자식의 그늘에 가려 못난 부모가 된 경우라면 속이 상할 것도 같다. 증석은 『논어』에 딱 한 번 등장해 공자로부터 좋은 평을 받았지만 잘난 자식이 미화되는 과정에서 폭력적인 모습으로 그려졌다.

다행히 증석은 주자에 의해 복권되었다. 임종진(2006)은 "주자는 증점에게서 나타나는 비유가적 측면을 인지하고 또한 그와 관련된 문제

---

68 『孔子家語』「六本」: 曾子耘瓜, 誤斬其根. 曾皙怒, 建大杖以擊其背, 曾子仆地而不知人, 久之有頃乃蘇, 欣然而起, 進於曾皙曰, 嚮也參得罪於大人, 大人用力敎, 參得無疾乎. 退而就房, 援琴而歌, 欲令曾皙 而聞之, 知其體康也. 孔子聞之而怒, 告門弟子曰, 參來勿內. 曾參自以爲無罪, 使人請於孔子. 子曰, 汝不聞乎, 昔瞽瞍有子曰舜, 舜之事瞽瞍, 欲使之未嘗不在於側, 索而殺之, 未嘗可得, 小 棰則待過, 大杖則逃走, 故瞽瞍不犯不父之罪, 而舜不失烝烝之孝. 今參事父委身以待暴怒, 殪而不避. 殪死旣身死而陷父於不義, 其不孝孰大焉. 汝非天子之民也, 殺天子之民, 其罪奚若. 曾參 聞之曰, 參罪大矣, 遂造孔子而謝過.

69 『世宗實錄』「五禮, 吉禮序例, 神位」: 郕國宗聖公 …… 萊蕪侯, 曾點, 東四.

점도 경계하지만, 결국 증점의 사상적 위치를 유가 내에서 인정하는 것으로 재해석했으며, 이에 따라 증점은 주자 이후 유가학파에서 공식적으로 복권되었다고 볼 수 있다."고 하였다.[70] 주자에 의한 복권 이후에는 증석을 모함하는 이야기가 퍼지지 않은 것이 증석에게는 그나마 다행이라고 하겠다.

2 염치없는 아버지(?) 안로

『사기』「제자열전」에는 안로顔路에 대해 다음과 같이 기록되어 있다.

안무요顔無繇의 자字는 로路다. 안로는 안회의 아버지인데, 부자가 각기 다른 시기에 공자를 모셨다. 안회가 죽었을 때 안로는 가난했는데 (팔아서) 장례에 쓸 수 있도록 공자의 수레를 달라고 부탁했다. 공자는 "재주가 있거나 없거나 각자 자기 아들을 아끼는데, 내 아들 리鯉가 죽었을 때 관만 있었고 곽은 없었다. 내가 (수레를 처분해) 곽을 만들고 걸어서 다니기로 하지 않은 것은, 내가 대부의 반열에 있는 사람으로서 걸어서 다닐 수가 없기 때문이었다."라고 말했다.[71]

안로는 공자가 가장 신뢰하던 제자 안연, 즉 안회顔回의 아버지다.

---

[70] 임종진. (2006). 증점(曾點)의 사상적 좌표에 대한 검토 -주자(朱子)의 관점을 중심으로-. **퇴계학과 유교문화**, 39, 363-409.
[71] 『史記』「仲尼弟子列傳」: 顔無繇, 字路. 路者, 顔回父, 父子嘗各異時事孔子. 顔回死, 顔路貧, 請孔子車以葬. 孔子曰, 材不材, 亦各言其子也. 鯉也死, 有棺而無椁. 吾不徒行以爲之椁, 以吾從大夫之後, 不可以徒行.

『가어』「제자해」에는 안유顏由라는 이름으로 기록되어 있고, 자字는 계로季路라고 소개되어 있다. 또, 공자보다 6세 연하로 공자가 처음 가르칠 때 공자에게 배웠다고 기록되어 있다.[72]

위의「제자열전」에 소개된 이야기는『논어』「선진」편 7장에 나오는 이야기다.[73] 안로는『논어』전체를 통해 여기 한 번만 등장하는데, 조금 염치없는 사람 역을 맡았다. 아들 안회가 죽었을 때 그에게는 아들의 관을 준비할 여유밖에 없었다. 관 밖에 공간을 확보하는 데 쓰는 곽을 만들 돈은 없었던 것이다. 죽은 아들의 무덤에 곽을 만들어주고 싶었던 안로는 공자에게 가서 공자의 수레를 줄 수 없느냐고 부탁했다. 공자의 수레를 처분해서 곽을 만들고 싶다는 뜻이었다. 공자는 이 부탁을 거절했다. 자신이 대부의 반열에 있기 때문에 걸어서 다니는 것은 예법에 맞지 않으므로, 자신의 아들이 죽었을 때도 곽이 없었지만 수레를 처분하지 않았다고 설명했다.

『논어』「선진」편에서 조금 염치없는 역을 맡았던 안로는 후세에 성질 나쁜 사람으로 전해지게 되었다. 후한시대 왕충王充[74]이 쓴『논형』「자기」편에는 '안로는 용렬하고 고집이 셌지만, 안연은 걸출하여 무리에서 뛰어났다'라는 표현이 있다.[75] 실제 그러했을 가능성보다는 안연을 높이는 과정에서 상대적으로 박하게 평가되었을 가능성이 높다.

『한비자』「현학」편에는 안顏 씨의 유학이 전국시대 말, 유가 8분파

---

72 『孔子家語』「七十二弟子解」: 顏由, 顏回父, 字季路, 孔子始教學於闕里而受學, 少孔子六歲.
73 『論語』「先進」: 顏淵死, 顏路請子之車, 以為之槨. 子曰, 才不才, 亦各言其子也. 鯉也死, 有棺而無槨. 吾不徒行, 以為之槨, 以吾從大夫之後, 不可徒行也.
74 왕충(王充): 후한시대의 사상가. 공자와 맹자도 비판의 대상으로 삼았다.
75 『論衡』「自紀」: 顏路庸固, 回傑超倫.

의 하나로 융성했다고 되어있다.⁷⁶ 공자가 인정하던 안연은 일찍 죽었는데, 그 가문의 학문이 융성하여 전국시대 말에 유가의 한 분파를 이루었다? 어쩌면 안 씨 가문에는 공자 제자들이 많아서 가문 단위에서 한 분파를 창시했을 수도 있다. 『사기』 「제자열전」에 나오는 안 씨 성을 가진 제자들은 안회나 안로를 제외하고도 안행顔幸(字 子柳), 안고顔高(字 子驕), 안조顔祖(字 襄), 안지복顔之僕(字 叔), 안쾌顔噲(字 子聲), 안하顔何(字 冉) 6명이 소개되어 있다. 『가어』 「제자해」에는 안각顔刻(字 子驕), 안신顔辛(字 子柳), 안쾌顔噲(字 子聲), 안지복顔之僕(字 子叔), 안상顔相(字 子襄)이라는 5명의 제자들이 소개되어 있다. 이들 5명은 모두 「제자열전」의 제자들과 중복된다. 안쾌와 안지복은 이름이 같고, 안행과 안신, 안고와 안각, 안조와 안상은 자가 같거나 비슷해 동일인으로 추정된다. 안로를 포함해 7명 중 누가 안 씨 학파의 첫 수장이었을까? 우선 안각(안고)을 생각해볼 수 있다. 「제자해」에는 안각이 공자가 위나라에 있을 때 공자의 수레를 몰던 제자라고 되어있다. 그리고 공자가 위나라 영공이 총애하는 부인과 신하를 태운 수레를 뒤따를 때 홀대를 받고 부끄럽게 여기면서 "나는 덕을 좋아하기를 여색보다 더 좋아하는 사람을 아직 보지 못했다."라는 유명한 말을 이 제자에게 한 것으로 설정되어 있다.⁷⁷ 공자를 가까이서 수행했고, 자신의 심경을 비칠 정도의 제자니 안 씨 학파의 첫 수장이 되었을 가능성이 있다. 그렇지만 「제자해」에는 안각이 공자보다 50세 연하라고 되어있다. 안각이, 자신보다 44세 연상

---

76 『韓非子』 「顯學」: 自孔子之死也, 有子張之儒, 有子思之儒, 有顔氏之儒, 有孟氏之儒, 有漆雕氏之儒, 有仲良氏之儒, 有孫氏之儒, 有樂正氏之儒.

77 『孔子家語』 「七十二弟子解」: 顔刻, 魯人, 字子驕, 少孔子五十歲. 孔子適衛, 子驕爲僕. 衛靈公與夫人南子同車出, 而令宦者雍梁參乘, 使孔子爲次乘, 遊過市, 孔子恥之. 顔刻曰, 夫子何恥之. 孔子曰, 詩云, 覯爾新婚, 以慰我心. 乃歎曰, 吾未見好德如好色者也.

이면서 공자의 수제자 안연의 아버지인 안로를 제치고 학파의 첫 수장이 되었을 가능성은 거의 없다. 아무래도 안 씨 학파의 첫 수장은 안로였을 가능성이 높다. 안로는 유가의 첫 학파를 창시한 사람일 수도 있다는 이야기다.

아들보다 못한 대접은 조선시대 문묘에서도 이어진다. 조선시대 공자를 모시는 사당인 문묘에서 그는 곡부후曲阜侯로 서랑의 4위에 배향되어 있는데, 연국복성공兗國復聖公으로 공자 바로 옆자리를 차지한 아들보다 한참 아랫자리에 있다.[78] 안로는 실제로는 괜찮은 사람이었는데, 자식 때문에 평가 절하된 슬픈 운명의 아버지였을지도 모른다.

3   킬러의 동생(?) 사마우

『사기』「제자열전」에는 사마우司馬牛에 대해 다음과 같이 기록되어 있다.

> 사마경司馬耕의 자字는 자우子牛다. 말이 많고 조급한 성격이었다. 공자에게 어짊에 대해 물었는데 공자는 "어질다는 것은 말을 조심하는 것이다."라고 했다. 이에 사마우는 "말을 조심하는 것이 어진 것이라는 말씀입니까?"라고 되물었다. 공자는 "말을 실천하는 것이 어려우니 어떻게 조심하지 않겠어?"라고 대답했다. 사마우가 또 군자에 대해 물었다. 공자는 "군자는 근심하지 않고 두려워하지 않는다."라고 대답했다. "근심하지 않고 두려워하지 않으면 그 사람이 바로 군자란 말씀입니까?"라고 되물었다.

---

[78] 『世宗實錄』「世宗五禮, 吉禮序例, 神位」: 兗國復聖公 …… 曲阜侯, 顔無繇, 西四.

공자는 "내면을 살펴서 꺼림칙한 것이 없다면, 무엇 때문에 근심하고 두려워하겠어?"라고 대답했다.[79]

사마우와 공자의 문답은 『논어』「안연」편 3장과 4장에 나오는 이야기다.[80, 81] 이 문답에서 사마우의 성격이 잘 나타난다. 스승이 하는 말의 의미를 살피기보다는 주어진 실천 방안 한 가지가 어렵거나 군자 그 자체인지 되묻고 있다. 공자도 이런 사마우의 성격 때문에 그렇게 대답했을 것이다. 어쩌면 사마우의 성격을 표현하기 위해 논어를 기록한 사람들이 조금 과장해서 지어낸 이야기일 수도 있겠다. 사마우에 대한 이런 이미지가 전승되었기 때문에 사마천이 「제자열전」에서 '말이 많고 조급한 성격'이었다고 기록했을 것이다. 사마우에 대한 이런 평가는 『가어』「제자해」에서도 그대로 이어졌다.

사마여경은 송나라 사람으로 자字는 자우다. 자우는 성격이 조급했고 말하기를 좋아했다. 형인 사마환퇴가 악을 행하는 것을 보고 사마우는 늘 걱정을 했다.[82]

「제자해」편의 내용이 「제자열전」과 조금 다른 점은 사마우를 사마

---

[79] 『史記』「仲尼弟子列傳」: 司馬耕, 字子牛. 牛多言而躁. 問仁於孔子. 孔子曰, 仁者其言也訒. 曰, 其言也訒, 斯可謂之仁乎. 子曰, 爲之難, 言之得無訒乎. 問君子. 子曰, 君子不憂不懼. 曰, 不憂不懼, 斯可謂之君子乎. 子曰, 內省不疚, 夫何憂何懼.
[80] 『論語』「顔淵」: 司馬牛問仁, 子曰, 仁者其言也訒. 曰, 其言也訒, 斯謂之仁矣乎. 子曰, 爲之難, 言之得無訒乎.
[81] 『論語』「顔淵」: 司馬牛問君子, 子曰, 君子不憂不懼. 曰, 不憂不懼, 斯謂之君子矣乎. 子曰, 內省不疚, 夫何憂何懼.
[82] 『孔子家語』「七十二弟子解」: 司馬黎耕, 宋人, 字子牛. 牛爲性躁, 好言語. 見兄桓魋行惡, 牛常憂之.

환퇴의 동생이라고 언급한 것이다. 후한시대를 거치면서 사마우가 사마환퇴의 동생으로 굳어졌다는 것을 짐작할 수 있다.

『논어』「안연」편 5장에는 사마우의 형제와 관련해 사마우와 자하의 대화 내용이 나온다.[83] 사마우는 "다른 사람들은 모두 형제가 있는데 나만 형제가 없다."고 걱정한다. 자하는 "내가 듣기로는 생과 사는 명에 달렸고, 부귀는 하늘에 달렸어. 군자가 공경하는 마음으로 과실이 없고, 사람을 예로 공경한다면 세상의 모든 사람이 형제가 될 수 있어. 군자가 왜 형제가 없음을 근심하겠어?"라고 어른스럽게 위로해준다. 자하의 말이 지나치게 유려한 문장으로 되어있어 정말 자하가 한 말인지, 혹은 자하를 추종하는 후세 사람이 만든 말인지 조금 의심스럽기는 하지만 사해동포 개념이 등장하는 멋진 말이다.「안연」편 5장의 이 대화에는 사마우가 사마환퇴의 동생이라는 직접적인 표현이 없다. 그런데 『논어주소』「안연」편 5장의 "다른 사람들은 모두 형제가 있는데 나만 형제가 없다."라는 구절에 대한 하안何晏의 주注에는 후한시대의 정현鄭玄이 "사마우의 형 사마환퇴가 악행을 행하여 머지않아 죽을 것이기 때문에 '나는 형제가 없게 될 것이다'라고 한 것이다."라고 해설하였다고 소개하고 있다.[84] 후한시대에는 벌써 사마우가 사마환퇴의 동생이라는 믿음이 굳어져 있었다는 이야기다. 세월이 지나 남송시대의 주자도 "사마우는 형제가 있었지만 반란을 일으켜 장차 죽을 것을 걱정한 것이다."라고 설명하고 있다.[85] '형제가 없다'는 표현을 조금 무리하게 자신들의 믿음에 맞춘 느낌이 든다.

....

83　『論語』「顏淵」: 司馬牛憂曰, 人皆有兄弟, 我獨亡. 子夏曰, 商聞之矣, 死生有命, 富貴在天. 君子敬而無失, 與人恭而有禮, 四海之內皆兄弟也. 君子何患乎無兄弟也.
84　『論語註疏』「顏淵」注: 鄭曰, 牛兄桓魋行惡, 死亡無日, 我爲無兄弟.
85　『論語集註』「顏淵」注: 牛有兄弟而云然者, 憂其爲亂而將死也.

『가어』「제자해」, 정현의 해설, 주자의 해설을 그대로 받아들이면 사마우는 사마환퇴의 동생이다. 여기서 사마환퇴에 대해 살펴볼 필요가 있다. 사마환퇴는 공자와 악연으로 엮인 인물로 묘사된다. 『논어』「술이」편 22장에 공자와 사마환퇴의 관계를 보여주는 내용이 있다.[86] "하늘이 나에게 덕을 펼치는 사명을 주셨는데 환퇴가 나를 어찌 하겠는가?"라는 말이다. 앞뒤 맥락은 없지만 공자의 소명의식과 자신감이 잘 드러난 이 글에서 사마환퇴는 공자에게 위해를 가하려고 하는 사람으로 설정되어 있다. 『맹자』「만장상」편 8장에는 이 내용이 조금 더 구체적으로 표현되어 있다.

> 공자께서 노나라와 위나라에서 환영받지 못하여 송나라로 떠나셨는데, 송나라의 환사마桓司馬가 죽이려고 하자 미복 차림으로 송나라를 지나가셨다.[87]

이 글을 보면 사마환퇴가 공자를 죽이려고 한 사람이라는 것을 알 수 있다. 그 후 사마환퇴가 공자를 죽이려고 했다는 이야기에는 살이 붙어 사마환퇴가 공자를 죽이기 위해 공자가 있던 곳의 나무를 베었다는 이야기로 발전했다. 유가가 아닌 학파들은 이 이야기를 공자를 조롱하는 소재로 활용했다. 『장자』「천운」편,[88] 「산목」편,[89] 「양왕」편,[90] 「어부」

---

86 『論語』「述而」: 子曰, 天生德於予, 桓魋其如予何.
87 『孟子』「萬章上」: 孔子不悅於魯衛, 遭宋桓司馬將要而殺之, 微服而過宋.
88 『莊子』「天運」: 故伐樹於宋, 削迹於衛, 窮於商周, 是非其夢邪.
89 『莊子』「山木」: 孔子問子桑雽曰, 吾再逐於魯, 伐樹於宋, 削迹於衛, 窮於商周, 圍於陳蔡之間.
90 『莊子』「讓王」: 子路子貢相與言曰, 夫子再逐於魯, 削迹於衛, 伐樹於宋, 窮於商周, 圍於陳蔡.

편[91]에 이 이야기가 언급되어 있다. 『안자춘추』「외편, 불합경술자」편에도 안영의 말을 빌려 공자가 "나무가 뽑히는 일과 숨어 지내야 하는 일을 당하고도 부끄러움으로 여기지 않았다."고 비난하고 있다.[92] 『여씨춘추』「효행람, 신인」편에는 자로와 자공의 말을 빌려 이 이야기를 전하고 있다.

> 자로와 자공이 서로 말하기를 "선생님께서는 노나라에서 쫓겨나 위나라에 숨으셨고, 송나라에서는 선생님을 죽이려고 나무를 자르는 일까지 벌어졌으며, 진채지간에서는 궁핍한 형편에 처하셨다."라고 하였다.[93]

『사기』는 「송미자세가」와 「공자세가」에서 서로 다른 전승을 채택하고 있다. 「송미자세가」는 송나라 경공 25년 조의 기록에 '사마환퇴가 공자를 죽이려고 해서 공자가 미복으로 지나갔다'고 하는, 『맹자』「만장상」편 8장의 내용과 동일한 전승을 채택했다.[94] 반면 「공자세가」는 더욱 자세하게 적고 있는데, 사건이 일어난 시점과 상황 그리고 가해자가 누군지 자세히 밝히고 있다. 여기서는 나무를 벤 것이 아니라 뽑았다고 기술하고 있다.

> 공자는 조曹나라를 떠나 송宋나라로 가서 제자들과 큰 나무 아래에서 예

....

91 『莊子』「漁夫」: 孔子愀然而歎, 再拜而起曰, 丘再逐於魯, 削迹於衛, 伐樹於宋, 圍於陳蔡.
92 『晏子春秋』「外篇, 不合經術者」: 孔子拔樹削迹, 不自以爲辱.
93 『呂氏春秋』「孝行覽, 愼人」: 子路與子貢相與而言曰, 夫子逐於魯, 削跡於衛, 伐樹於宋, 窮於陳蔡.
94 『史記』「宋微子世家」景公 二十五年: 孔子過宋, 宋司馬桓魋惡之, 欲殺孔子, 孔子微服去.

에 대해 강습하고 있었다. 송나라의 사마환퇴司馬桓魋가 공자를 죽이려고 그 나무를 뽑아버리니 공자는 그곳을 떠났다. 제자들이 "빨리 떠나는 것이 좋겠습니다."라고 하자 공자는 "하늘이 나에게 덕을 펼치는 사명을 주셨는데 환퇴가 나를 어찌 하겠는가?"라고 하였다.[95]

사마천은 『논어』「술이」편 22장의 말을 이 상황에서 한 것으로 설정했다. 여기서 궁금한 점이 생긴다. 사마환퇴는 어떤 사람이며 왜 공자를 죽이려고 했을까? 『춘추좌씨전』 애공 14년 조의 전傳에는 송나라에서 있었던 내란 사건이 기록되어 있다. 이 내란에서 제후에 대항한 사람의 이름이 환퇴다. 그리고 사마우司馬牛라는 귀족의 이름이 나오는데 이 사람은 환퇴의 동생으로 알려져 있다. 사마우는 형에 의해 내란이 발생하자 어느 편에도 가담하지 않고 제나라에 망명했고, 형이 제나라로 오자 형을 피해 다시 오나라로 갔다가 쫓겨났으며, 마지막으로 노나라의 성곽 문 밖에서 죽었다고 기록되어 있다.[96] 공자의 제자 사마우가 송나라 내란의 주모자 사마환퇴의 동생이라는 이야기는 이 기록에 근거해 전승된 것으로 보인다. 노나라에서 공자에게 가르침을 받던 제자가 갈 곳이 없어 노나라 성곽 문 밖에서 죽었다는 것이 자연스럽지 못하다. 공자와 동문들이 손을 놓고 죽게 내버려뒀을 리는 없으니까. 사마환퇴의 동생 사마우와 공자의 제자 사마우가 동일인이 아닐 가능성이

---

[95] 『史記』「孔子世家」: 孔子去曹適宋, 與弟子習禮大樹下. 宋司馬桓魋欲殺孔子, 拔其樹, 孔子去. 弟子曰, 可以速矣. 孔子曰, 天生德於予, 桓魋其如予何.
[96] 『春秋左氏傳』哀公 十四年: 宋桓魋之寵害於公, 公使夫人驟請享焉, 而將討之. 未及. 魋先謀公 …… 向魋遂入于曹以叛. …… 向魋奔衛. …… 司馬牛致其邑與珪焉, 而適齊. …… 向魋出於衛地, 公文氏攻之, 救夏后氏之璜焉. 與之他玉, 而奔齊, 陳成子使爲次卿. 司馬牛又致其邑焉, 而適吳. 吳人惡之, 而反. 趙簡子召之, 陳成子亦召之, 卒於魯郭門之外, 阬氏葬諸丘輿.

높은 것이다.

적어도 맹자가 활동하던 전국시대 중기에는 환퇴가 공자를 죽이려는 의도를 가지고 있었다는 인식을 공유하고 있었다. 그렇지만 이 시기에는 환퇴가 왜 공자를 죽이려고 했는지에 대한 근거는 제시되지 않았다. 사마환퇴가 공자를 죽이려고 한 것이 역사적 사실이라면 그 이유는 무엇일까? 『사기』 「공자세가」에 따르면 공자가 송나라에서 사마환퇴의 공격을 받은 것은 노나라 정공이 사망하던 해(기원전 495)이거나 그 다음 해(기원전 494)여야 한다. 이 사건이 '이 해에 노나라 정공이 사망했다'라는 문장 바로 뒤에 이어지기 때문이다.[97] 이 시기는 사마환퇴가 송나라의 실력자였을 가능성이 높다. 공자 일행이 자신의 영역에서 많은 사람들을 이끌고 소요를 일으킬 수도 있다고 판단해 공격했을 가능성도 있겠다. 그런데 『맹자』에는 사마환퇴가 공자를 죽이려고 했다고 기록되어 있다. 죽이고 싶을 정도라면 다른 이유가 있어야 할 것 같다. 『가어』가 편찬되던 4세기 중엽에는 그 이유를 설명하는 단계에 도달했다. 즉 공자가 환퇴를 비난한 일이 있었다는 논리다. 『가어』 「곡례자공문」편에는 여기에 대한 그럴듯한 설명이 있다.

> 공자가 송나라에 있을 때, 환퇴가 스스로를 위하여 석곽을 만들었는데, 3년이 지나도 완성되지 못해 그 일을 하는 사람들이 모두 병이 들 지경인 것을 보았다. 공자는 근심스럽게 "사치가 이렇게 심하구나. 죽고 나면 빨리 썩느니만 못한 것인데."라고 하였다.[98]

....

[97] 『史記』「孔子世家」: 是歲, 魯定公卒. 孔子去曹適宋, 與弟子習禮大樹下, 宋司馬桓魋欲殺孔子, 拔其樹. 孔子去. 弟子曰, 可以速矣. 孔子曰, 天生德於予, 桓魋其如予何.

[98] 『孔子家語』「曲禮子貢問」: 孔子在宋, 見桓魋自爲石槨, 三年而不成, 工匠皆病. 夫子愀然曰, 若是其靡也靡侈, 死不如朽之速愈.

오해

공자가 사마환퇴의 사치를 비판해 미움을 받았다는 이야기다. 사실일 가능성보다는 사마환퇴의 적개심에 대한 이유를 그럴듯하게 창작한 것이 아닐까 하는 의심이 든다. 다른 문헌에 없는 이야기가 갑자기 『가어』에 나타나기 때문이다. 사마환퇴가 재물에 대한 욕심이 있었을 가능성은 있다. 그가 보옥을 가지고 있었다는 이야기는 몇몇 문헌에 나타난다. 『춘추좌씨전』 애공 14년 조의 전傳에 있는 그의 반란 기록에도 보옥 이야기가 나온다. 사마환퇴가 '하후씨의 황[夏后氏之璜]'이라는 보물을 가지고 있었는데 어느 제후가 그것을 빼앗으려고 하자 다른 옥을 주고 도망갔다는 이야기다.[99] 『여씨춘추』「효행람, 필기」편에도 이 보물과 관련된 이야기가 전해진다.

송나라의 사마가 보배 구슬을 가지고 있었는데 죄를 짓고 도망을 갔다. 왕이 사람을 시켜 그 구슬의 소재를 물었더니 못에 던졌다고 했다. 그래서 못의 물을 다 퍼내고 찾았는데도 찾지 못하고 물고기들만 죽었다. 이 말은 화와 복이 서로 영향을 미치는 것에 대한 이야기다.[100]

『논어』에 세 번 등장하는 사마우는 조급한 성격으로 전해지다가 나중에는 공자를 죽이려고 한 사마환퇴의 동생으로 알려지게 되었다. 동일인일 수도 있지만 공자의 제자 사마우에 대한 부정적 평가가, 내란 사건의 주모자인 사마환퇴의 동생 사마우와 연결시키는 역할을 했을 가능성이 높다.

....

[99] 『春秋左氏傳』哀公 十四年 傳: 向魋出于衛地, 公文氏攻之, 求夏后氏之璜焉, 與之他玉而奔齊.
[100] 『呂氏春秋』「孝行覽, 必己」: 宋桓司馬有寶珠, 抵罪出亡. 王使人問珠之所在, 曰, 投之池中, 於是竭池而求之, 無得, 魚死焉. 此言禍福之相及也.

4   2인분의 제사상 신정

신정申棖은 『논어』 「공야장」편 10장에 한 번 등장한다. 공자가 "나는 아직 강직한 사람을 보지 못했다."라고 하자 누군가가 "신정이 있지 않습니까?"라고 대답했다. 이에 공자는 "욕심이 많은데 어떻게 강직하다고 하겠어?"라고 반문한다.[101] 『논어』에 딱 한 번 등장하는데, 공자로부터 욕심이 많다는 평가를 받았을 뿐이니, 존재감도 없을뿐더러 좋은 역도 맡지 못했다.

신정은 전국시대를 거치면서 그 흔하던 제자들에 관한 설화의 주인공도 되어보지 못했다. 『사기』 「제자열전」이나 『가어』 「제자해」에도 신정이란 이름은 없다. 「제자열전」에는 '신당申棠의 자字는 주周다'라고 이름만 소개되어 있고,[102] 「제자해」에는 '신적申續의 자字는 자주子周다'라고 역시 이름만 소개되어 있다.[103] 중국에서 공자의 제자들을 문묘에 배향할 때 『논어』에 나오는 제자들과 『사기』 「제자열전」에 나오는 인물들을 찾아서 배향했다. 그래서 신정과 신당은 각각 종묘에 배향되었고, 오랫동안 신정과 신당은 별개의 인물로 여겨졌다. 조선에서도 처음에는 중국의 전례를 따랐다. 공자를 모시는 문묘에 신정은 문등후文登侯로 추존하여 동랑의 34위에 배향했고, 신당은 치천후淄川侯로 추존하

101　『論語』 「公冶長」: 子曰, 吾未見剛者. 或對曰, 申棖. 子曰, 棖也慾, 焉得剛.
102　『史記』 「仲尼弟子列傳」: 申<u>党</u>, 字周.
밑줄은 동양고전종합DB(http://db.cyberseodang.or.kr/)의 『논어주소』 「공야장」 11장 역주의 한자를 따랐다.
103　『孔子家語』 「七十二弟子解」 申<u>續</u>, 字子周.
밑줄은 동양고전종합DB(http://db.cyberseodang.or.kr/)의 『논어주소』 「공야장」 11장 역주의 한자를 따랐다.

여 서랑의 22위에 배향했다.[104] 그런데 『인조실록』 기록에 의하면 1626년(인조 4년, 윤6월 24일) 예조에서 문제 제기를 했다.

> 신정申棖과 신당申黨은 본래 같은 사람인데, 『가어』와 『사기』에 번갈아 기재하였기 때문에 잘못 알고 다 같이 제사 지내다가, 중국에서는 이미 신당을 없애고 신정만 모시고 있는데도 우리나라에서는 아직 시정하지 않고 있습니다.[105]

중국에서는 벌써 신정과 신당이 같은 사람인 줄 알고 문묘의 신위를 신정으로 단일화 했는데 우리나라 문묘에서는 아직 그대로 2인분의 제사상을 올리고 있다는 것이다. 여기서 예조의 문제제기 자체에도 사실관계에 약간의 문제가 있다. 신정은 『가어』가 아니라 『논어』에 나오는 이름이다. 이때는 유야무야 넘어간 듯하다. 『현종개수실록』에 보면 1668년(현종 9년 12월 27일) 성균관 유생 신응징申應澄 등이 또 문제를 제기했다.

> 신정申棖과 신당申黨은 형병邢昺의 『논어주소論語註疏』에 이르기를, '신정은 공자의 제자인데, 『가어』에는 신속申續으로 되어 있고 『사기』에는 신정申棖으로 되어 있다'고 했으니, 실제로는 한 사람입니다. 이제 마땅히 신당은 없애고 신정만 남겨두어야 하겠습니다.[106]

---

[104] 『世宗實錄』「世宗五禮, 吉禮序例, 神位」: 文登侯, 申棖, 東三十四. …… 淄川侯, 申黨, 西二十二.
[105] 『仁祖實錄』四年, 閏六月二十四日: 申棖·申黨, 本只一人, 家語及史記, 互載其名, 誤爲竝祀, 天朝則已革黨存棖, 而我國則未革焉.
[106] 『顯宗改修實錄』九年, 十二月 二十七日: 申棖·申黨, 則邢昺論語註疏云, 棖, 孔子弟

이번에는 신정과 신당이 같은 사람이라는 문헌 근거까지 제시하고 있다. 『논어주소』 형병의 소에 그렇게 되어있다는 것이다. 이때도 두 신위는 단일화 되지 않았다. 재미있는 것은 상소문에서 『논어주소』를 근거로 대면서 '『사기』에 신정으로 되어 있다'고 했는데, 사실은 『논어주소』에는 "『사기』에 신당으로 되어있다."고 기록되어 있다.[107] 신정이란 이름은 『논어』에 나오는 이름이다. 성균관 유생도 정밀하지 못한 부분이 있었다. 이런 실수로 문책을 받지 않은 것이 그나마 다행이라 하겠다. 『숙종실록』에는 다시 두 신위의 단일화 안이 제시된다. 1681년(숙종 7년 11월 9일), 이조판서 김석주金錫胄가 차자箚子를 올려 문제를 제기했다.

> 공자의 제자 칠십자 중에 『논어』에는 신정申棖으로 되어 있고 『사기』에는 신당申黨으로 되어 있는 사람은 실제 한 사람인데, 신정은 동무東廡에 배향하여 제사를 지내고, 신당은 서무西廡에 배향하여 제사를 지내니, 두 위位 중에 하나는 없앨 만합니다.[108]

찬반 논의가 있었지만 숙종은 홍문관의 검토를 거쳐 1682년(숙종 8년 1월 17일) 신당이라는 이름의 신위를 없애기로 결정했고, 그해 5월 20일 신위를 문묘에서 뺐다. 그래도 신정은 조선의 문묘에서 거의 300년 가까운 기간 동안 2인분의 제사상을 받았다. 존재감 없는 제자

子, 而家語作申繢, 史記作申棖, 其實一人也. 今宜去黨而存棖.
[107] 『論語注疏』「公冶長」疏: 正義曰, 鄭云, 蓋孔子弟子申繢, 史記云, 申党, 字周. 家語云, 申繢, 字周.
밑줄은 동양고전종합DB(http://db.cyberseodang.or.kr/)의 한자를 따랐다.
[108] 『肅宗實錄』 七年 十一月 九日: 至於七十子之中, 論語則稱申棖, 史記則作申黨, 其實一人, 而以棖祀東, 以黨祀西, 二位之中, 一則可去也.

였지만 조선에서는 그 존재감을 지닌 제자였던 것이다. 2천 년이 지난 후에 자신의 이름을 두고 남의 나라에서 왈가왈부 할 줄은 신정 자신도 몰랐을 것이다.

비호감

공자의 제자들 중에는 『논어』나 후세에 전해진 설화에서 나쁜 사람으로 평가되었거나, 모자란 사람으로 평가된 사람들이 제법 있다. 단역으로 『논어』에 몇 번 등장하지도 않았는데, 두고두고 욕을 먹거나 무시당한 제자들이다.

1 자로의 정적 공백료

『사기』「제자열전」에는 공백료公伯寮에 대해 다음과 같이 기록되어 있다.

> 공백료의 자字는 주周다. 공백료가 자로를 계손 씨에게 참소하였는데 자복경백子服景伯이 이 일을 공자에게 알리면서 "계손씨가 공백료에게 완전히 빠져 있습니다. 제 힘으로도 공백료를 죽여 그 시신을 저자거리에 늘어놓을 수 있습니다."라고 하였다. 공자는 "장차 도가 행해져도 천명인 것이고, 도가 행해지지 않아도 천명입니다. 공백료가 그 천명을 어떻게 하겠

습니까?"라고 하였다.[109]

여기 나오는 공백료와 자로 이야기는 『논어』 「헌문」편 38장에 나오는 내용이다.[110] 공백료는 『논어』 전체에서 여기 딱 한 번 등장한다. 공백료와 자로 모두 당시 노나라의 실권자였던 계손 씨 아래에서 일하는 것으로 설정되어 있다. 그런데 계손씨는 공백료를 매우 신임하고 있어서 공백료가 자로를 참소하자 계손씨는 그 말을 믿고 있는 형국이었다. 참소의 내용은 알려져 있지 않은데, 자로가 평소 경솔했으니 계손 씨에게 자로의 경솔한 성격에 대해 흉을 본 것은 아닐까 생각할 수도 있겠다. 그러나 다음에 이어지는 살벌한 내용을 보면 그보다 훨씬 심각한 상황임을 알 수 있다. 노나라의 대부였던 자복경백이라는 사람은 자로와 같은 편인데, 공백료의 참소로 인해 위기의식을 느끼고 있다. 그는 공자에게 "계손 씨가 공백료에게 완전히 빠져 있습니다. 제 힘으로도 공백료를 죽여 그 시신을 저자거리에 늘어놓을 수 있습니다."라고 제안한다. 공자 앞에서 하는 말이 조직폭력배 행동대장이 보스 앞에서 하는 말 같다. 이런 말을 했다는 것은 사태가 상당히 심각하게 돌아가고 있었다는 것을 의미한다. 계손 씨의 신임을 놓고 공백료가 속한 파벌과 자로-자복경백이 속한 파벌 사이에 심각한 권력투쟁이 있었을 가능성이 있다. 공자는 자복경백의 살벌한 제안에 대해 "장차 도가 행해져도 천명인 것이고, 도가 행해지지 않아도 천명입니다. 공백료가 그 천명

....
[109] 『史記』「仲尼弟子列傳」: 公伯繚, 字子周. 周愬子路於季孫, 子服景伯以告孔子曰, 夫子固有惑志繚也, 吾力猶能肆諸市朝. 孔子曰, 道之將行命也, 道之將廢命也. 公伯繚, 其如命何.
[110] 『論語』「憲問」: 公伯寮愬子路於季孫, 子服景伯以告曰, 夫子固有惑志於公伯寮, 吾力猶能肆諸市朝. 子曰, 道之將行也與命也, 道之將廢也與命也. 公伯寮其如命何.

을 어떻게 하겠습니까?"라고 숙명론적인 대답을 하는 것으로 마무리한다. 자복경백의 말은 공백료가 공자에게 해코지를 할 수도 있음을 암시하는 말로 들리고, 공자의 말에서는 자로를 지지하고 있음을 감지할 수 있는데, 한편으로는 제자들이 벌이고 있는 권력투쟁 앞에서 태평스런 대답이라는 생각도 든다.

이 이야기는 전국시대를 거치면서도 별다른 관심을 받지 못하다가 후한시대 왕충王充이 쓴 『논형』에 왕충 자신의 숙명론을 뒷받침하는 근거로 몇 차례 인용된다. 「누해」편에서는 "공백료의 참소도 (공자의 천명 혹은 자로의 생명을) 멸하지 못했다."라고 하였고,[111] 「우회」편에서는 "공백료가 자로를 계손 씨에게 참소하자, 공자는 천명을 말했다."라고 표현하였으며,[112] 「치기」편에서는 「헌문」편의 내용을 거의 그대로 소개하면서, 가르침이 행해지거나 폐하게 되는 것, 나라가 안정되거나 위태로운 것이 모두 천명에 달려있고, 인력으로 되는 것이 아니라는 것을 알 수 있다고 평가하고 있다.[113]

이 사건을 통해 볼 때 공백료가 공자의 제자이기는 한지 상당히 의심스럽다. 그러나 「제자열전」에 버젓이 이름이 올라있으니 공자의 제자가 아니라고 하기도 어렵다. 반면 「제자해」에는 제자들의 명단에 공백료가 아예 없다. 공자의 제자라고 한 「제자열전」에는 공자의 뜻에 반하는 인물로 올라있고, 「제자해」에는 이름조차 없으니 그에 대한 후세의 대접은 두고두고 문제가 된다.

공백료는 조선시대에도 지위 문제로 계속 시달렸다. 그는 조선 초

---

111 『論衡』「累害」: 公伯寮之愬, 未嘗滅也.
112 『論衡』「偶會」: 公伯寮愬子路於季孫, 孔子稱命.
113 『論衡』「治期」: 公伯寮愬子路於季孫, 子服景伯以告孔子. 孔子曰, 道之將行也與命也, 道之將廢也與命也. 由此言之, 敎之行廢, 國之安危, 皆在命時, 非人力也.

기 공자를 모시는 문묘에 수장후壽長侯란 시호로, 비교적 괜찮은 위치인 서랑의 여섯 번째 자리에 배향되었다.[114] 출발은 좋았다. 그렇지만 곧 문제가 제기되었다. 『중종실록』 중종 39년(1544) 4월 4일 기록에는 예조에서 우리나라 문묘에는 배향되었지만 명나라 문묘에는 배향되지 않은 25명을 거론했는데, 그 중에 공백료가 들어있다.[115] 『선조실록』 13년 (1580) 10월 3일 조에는 공백료를 문묘에서 빼야 한다는 태학 유생들의 상소가 세 번이나 있었지만 받아들여지지 않았다는 기록이 있다.[116] 조선에서 본격적인 공백료 축출 작업이 시작된 것이다. 결국 숙종 8년 (1682) 공백료는 문묘에서 축출되었다.[117] 10여 년 후 장령掌令 최항제崔恒齊가 문묘에서 뺀 공백료 등 10위를 다시 배향하자고 제안했지만 받아들여지지 않았다.[118]

공백료는 『논어』에 딱 한 번 등장했을 뿐인데도 하필 최악의 역을 맡았다. 그리고 세월이 흘러도 두고두고 사람들의 입에 오르는 신세가 되었다.

---

[114] 『世宗實錄』「世宗五禮, 吉禮序例, 神位」: 壽長侯, 公伯寮, 西六.

[115] 『中宗實錄』三十九年: 東廡曾點·顏何·孔鯉·荀況·劉向·鄭衆·盧植·服虔·王肅·杜預·西廡顏無繇·公伯寮·秦冉·申黨·(遽伯玉)[蘧伯玉]·林放·戴聖·賈逵·馬融·鄭康成·何休·王弼·范甯·眞德秀·吳澄, 以上二十五人, 享於我國文廟, 而不在大明文廟.

[116] 『宣祖實錄』十三年: 大學儒生等上疏, 請文廟從祀公伯寮·劉向·馬融·賈逵·杜預·戴聖·王弼·荀況·王肅·河休·吳澄等, 學術不正, 請黜之. 楊時及我國金宏弼·鄭汝昌·趙光祖·李彥迪·李滉等, 陞于從祀. 答曰, 重難之事, 未可輕擧. 三疏, 不允.

[117] 『肅宗實錄』八年: 罷先儒公伯寮·荀況·馬融·王弼·王肅·杜預·何休·賈逵·吳澄等從祀, 以一人而註誤疊祀, 去申黨.

[118] 『肅宗實錄』十九年: 其正祀典之條, 論文廟黜享人公伯寮等十人復享事曰, …… 仍請如舊從享, 上竝不納.

2 무례한 의심쟁이 자금

자금子禽은 『사기』「제자열전」에는 공자의 제자로 소개되어 있지 않고, 『가어』「제자해」에만 공자의 제자로 소개되어 있다.

> 진강陳亢은 진陳나라 사람으로 자字가 자강子亢이고 다른 자字는 자금子禽인데, 공자보다 40세 연하다.[119]

「제자해」에 따르면 『논어』에 나오는 자금子禽, 진자금陳子禽, 진강陳亢[120]이 모두 같은 사람이라는 이야기가 된다. 『논어주소』하안何晏의 주注를 보면, 이 주장을 가장 먼저 한 사람은 후한시대의 정현鄭玄이다.[121] 진강과 자금 그리고 진자금이 같은 사람이라면 진강은 『논어』에 세 번 등장한다. 먼저 『논어』「학이」편 10장에서 자금이란 이름으로 등장하는데, 자공에게 공자를 의심하는 질문을 한다.

> 자금이 자공에게 "선생님께서 이 나라에 도착하시면 반드시 정치에 대해 들으시는데, 선생님이 듣기를 요구하는 것입니까, 아니면 나라 사람들이 자진해서 들려주는 것입니까?"라고 물었다. 자공은 "선생님은 온화하고 선량하며, 공손하고 절제하며, 겸양하는 덕이 있어 그렇게 되는 것입니다. 선생님께서 구하는 것은 아마 다른 사람이 구하는 것과는 다를 것입니다."라고 대답하였다.[122]

---

119 『孔子家語』「七十二弟子解」: 陳亢陳人, 字子亢, 一字子禽, 少孔子四十歲.
120 일반적으로 진항이 아니라 진강이라고 발음한다.
121 『論語注疏』「學而」注: 鄭曰, 子禽, 弟子陳亢也.
122 『論語』「學而」: 子禽問於子貢曰, 夫子至於是邦也, 必聞其政, 求之與, 抑與之與. 子

공자가 어떤 나라에 갈 때마다 그 나라의 누군가가 공자를 찾아와 나라의 정세를 이야기하고 자문을 구하는 모습을 본 자금은 공자가 정치에 관심이 많아 그 사람들을 불러서 듣는 것이 아닐까 의심하였다. 즉 공자가 정치에 참여하고 싶어서 그러는 것이 아니냐는 것이다. 여기에 대해 자공은 상식적인 대답을 한다. 자금을 낮추고 자공을 높이려는 편집자의 의도가 개입되었을 수도 있겠다. 다음으로 그는 『논어』「자장」편 25장에 진자금이란 이름으로 등장하는데, 자공의 면전에서 자공을 공자보다 훌륭하다고 아부하는 모습으로 등장한다.

진자금이 자공에게 "당신이 공손해서 그렇지 중니가 어찌 당신보다 낫겠습니까?"라고 하였다. 자공은 "군자는 한 마디 말로 지혜롭게 되기도 하고 지혜롭지 못하게도 되는 것이니, 말을 삼가야 합니다. 선생님을 따라갈 수 없는 것은 마치 하늘을 사다리로 오를 수 없는 것과 같습니다. 선생님께서 나라를 얻게 되면, 이른바 '세우면 이에 서고, 인도하면 이에 따르며, 편안하게 해주면 이에 따라오고, 고무시키면 이에 화합하여, 그가 살아 계시면 영광으로 여기고, 돌아가시면 슬퍼한다'는 것인데, 어떻게 그 경지에 미칠 수 있겠습니까?"라고 하였다.[123]

여기서 진자금은 공자를 아예 '중니'라고 자字로 호칭하고 있다. 일반적으로 제자들은 공자를 '선생님[夫子]'이라고 부르는 점을 감안하면

貢曰, 夫子溫良恭儉讓以得之. 夫子之求之也, 其諸異乎人之求之與.
[123] 『論語』「子張」: 陳子禽謂子貢曰, 子爲恭也, 仲尼豈賢於子乎. 子貢曰, 君子一言,以爲知, 一言以爲不知, 言不可不愼也. 夫子之不可及也, 猶天之不可階而升也. 夫子之得邦家者, 所謂立之斯立, 道之斯行, 綏之斯來, 動之斯和, 其生也榮, 其死也哀. 如之何其可及也.

무례하기 짝이 없는 표현이다. 사마천이 「제자열전」에서 자금을 제외한 이유가 이런 그의 모습 때문에 공자의 제자가 아니라고 생각한 것일 수도 있겠다. 자공은 진자금을 점잖게 나무라면서 공자에 대한 자신의 입장을 피력한다. 그런데 자공이 표현한 공자의 모습은 유능한 정치 지도자의 모습이다. 자공의 학맥을 이은 전국시대의 후학들이 각색한 것은 아닌지 의심스러운 대목이다. 마지막으로 자금은 「계씨」편 13장에 진강이란 이름으로 등장한다. 「계씨」편 13장의 이야기는 「공자의 아들 백어」 부분에서 소개하였다. 여기서 진강 즉 자금은 공자가 자신의 아들을 남달리 가르쳐주지 않는지 의심하는 역할을 한다. 그래서 공자의 아들이 특별 교육을 받는지 슬쩍 물어본 것이다. 예상 밖으로 공자가 자신의 아들을 남달리 가르치지 않는다는 사실을 확인하고 좋아한다.

「제자열전」 자공 소개 부분에는 진자금이 한 질문이라고 소개한 내용이 있다. "공자는 누구에게 배웠습니까?"라는 진자금陳子禽의 질문에 대해 자공이 "문왕과 무왕의 도가 아닌 것이 없는데 선생님께서 어디서든 배우지 않으셨겠습니까? 또 누구를 정해진 스승으로 하셨겠습니까?"라고 대답했다는 내용이다.[124] 『논어』「자장」편 22장에는 이 문답의 질문자가 위나라 대부 공손조로 되어있다.[125] 사마천의 논리가 옳다면 「제자열전」의 질문자인 진자금과 『논어』의 질문자인 공손조는 동일인이어야 한다. 그런데 「제자해」에는 진자금이 공자의 제자이고 이름이 진강陳亢이며, 진陳나라 사람이라고 되어있다. 진나라 사람 진자금과 위나라의 대부 공손조가 동일인일 가능성은 없다. 사마천이나 『가어』의 편

....

[124] 『史記』「仲尼弟子列傳」: 陳子禽問子貢曰, 仲尼焉學. 子貢曰, 文武之道未墜於地, 在人. 賢者識其大者, 不賢者識其小者. 莫不有文武之道, 夫子焉不學, 而亦何常師之有.
[125] 『論語』「子張」: 衛公孫朝問於子貢曰, 仲尼焉學. 子貢曰, 文武之道未墜於地, 在人. 賢者識其大者, 不賢者識其小者, 莫不有文武之道焉, 夫子焉不學, 而亦何常師之有.

찬자 중 한 사람은 착각했을 가능성이 높다.

진강의 모습을 좋게 본 사람도 있다. 『승정원일기』 영조 1년 3월 13일자 기록을 보면 영조는 「계씨」편 13장을 읽은 후 "진강의 질문은 독실하다고 할 만하다."라고 평가하였다.[126] 누군가가 「제자해」의 내용을 근거로 자금·진자금·진강이 동일인이라고 하면서, 『논어』 「자장」편에 있는, 공자에 대한 무례한 발언을 소개했더라면 영조의 평가가 달라지지 않았을까?

『논어』에 세 번 등장하는 자금(진자금=진강)은 대개 비호감 역할을 맡고 있다. 사마천으로부터는 배척당했고, 「제자해」편에 겨우 그 이름을 올렸다. 전국시대 이래로 많은 제자들의 설화가 전해지고 있지만 자금에 대한 설화는 없다. 비호감 나름대로의 설화가 있을 법도 한데 그렇지 않은 것을 보면 정체성의 혼란 때문에 인물을 특정하기 힘들어 생긴 현상일 수도 있겠다는 생각이 든다. 그래도 조선에서는 그를 문묘에 남돈후南頓侯로 추증하여 서랑의 33위에 배향하였다.[127]

3 우둔한 질문쟁이 번지

「제자열전」에는 번지樊遲에 대해 다음과 같이 기록되어 있다.

번수樊須의 자字는 자지子遲로 공자보다 36세 연하다. 번지가 농사짓는 일에 대해 배우기를 청하자 공자는 "나는 농사에 대해서는 늙은 농부만 못

---

[126] 『承政院日記』英祖 一年 三月 十三日 : 上曰, 陳亢之問, 可謂篤實矣.
[127] 『世宗實錄』「世宗五禮, 吉禮序例, 神位」: 南頓侯, 陳亢, 西三十三.

하다."라고 대답했다. 번지가 채소 기르는 일에 대해 배우기를 청하자 공자는 "나는 늙은 채소 농사꾼만 못하다."라고 대답했다. 번지가 나가자 공자는 "번지는 소인이구나. 윗사람이 예를 좋아하면 백성들이 감히 공경하지 않을 수 없고, 윗사람이 의로움을 좋아하면 백성들이 감히 따르지 않을 수 없으며, 윗사람이 신의를 좋아하면 백성들이 감히 진정을 다하지 않을 수 없는 것이다. 만약 이와 같이 한다면 사방에 있는 백성들이 포대에 그 자식을 업고 올 것인데 농사를 배워 어디에 쓰겠는가."라고 하였다. 번지가 어짊에 대해 묻자 공자는 "다른 사람을 사랑하는 것이다."라고 하였고, 번지가 지혜에 대해 묻자 공자는 "다른 사람을 알아보는 것이다."라고 하였다.[128]

「제자열전」의 첫 번째 이야기는 『논어』 「자로」편 4장에 나오는 이야기다.[129] 여기서 공자는 다스리는 계급의 역할과 일반 백성의 역할을 나누고 있다. 다스리는 자가 될 사람이 다스림을 받는 소인들, 즉 백성들이 해야 할 일인 농사를 배워 어디에 쓰겠느냐는 뜻이다.

두 번째 문답인 어짊과 지혜에 대한 문답은 『논어』 「안연」편 22장에 나오는 내용이다.[130] 「안연」편 22장에는 이 문답 다음에 번지가 지혜

---

[128] 『史記』「仲尼弟子列傳」: 樊須, 字子遲, 少孔子三十六歲. 樊遲請學稼, 孔子曰, 吾不如老農. 請學圃, 曰, 吾不如老圃. 樊遲出, 孔子曰, 小人哉樊須也. 上好禮, 則民莫敢不敬, 上好義, 則民莫敢不服, 上好信, 則民莫敢不用情. 夫如是, 則四方之民襁負其子而至矣, 焉用稼. 樊遲問仁, 子曰, 愛人, 問智, 曰, 知人.

[129] 『論語』「子路」: 樊遲請學稼, 子曰, 吾不如老農. 請學爲圃, 曰, 吾不如老圃. 樊遲出, 子曰, 小人哉樊須也. 上好禮, 則民莫敢不敬, 上好義, 則民莫敢不服, 上好信則民莫敢不用情. 夫如是, 則四方之民襁負其子而至矣, 焉用稼.

[130] 『論語』「顏淵」: 樊遲問仁, 子曰, 愛人, 問知, 曰, 知人. 樊遲未達, 子曰, 擧直錯諸枉, 能使枉者直. 樊遲退, 見子夏曰, 鄉也, 吾見於夫子而問知, 子曰, 擧直錯諸枉, 能使枉者直, 何謂也. 子夏曰, 富哉言乎. 舜有天下, 選於衆擧皐陶, 不仁者遠矣, 湯有天下, 選於衆擧伊尹, 不仁者遠矣.

란 '사람을 알아보는 것'이란 공자의 대답을 알아듣지 못하는 것으로 설정되어 있다. 이에 공자는 다시 "정직한 사람을 등용하고 부정한 사람을 버리면 부정한 사람도 정직하게 만들 수 있다."라고 설명한다. 번지는 그래도 제대로 이해하지 못한다. 그래서 번지는 물러나와 자하에게 그 뜻을 묻는다. 「제자열전」에 의하면 자하는 번지보다 8세 연하다. 자하는 "선생님의 설명이 참 풍부하군요."라고 공자를 찬양한 뒤 "순임금이 천하를 소유하고 계실 때, 많은 사람들 중에서 고요皐陶를 선택해 등용하자 어질지 못한 사람들이 멀리 사라졌고, 탕임금이 천하를 소유하고 계실 때, 많은 사람들 중에서 이윤伊尹을 선택해 등용하자 어질지 못한 사람들이 멀리 사라졌지요."라고 아주 현학적으로 설명한다. 이 장은 번지를 우둔한 사람으로 만들고, 자하를 뛰어난 사람으로 띄우기 위한 장처럼 보인다. 결과적으로 번지는 우둔한 제자가 되었다. 『논어』「옹야」편 20장에도 번지가 공자에게 지혜와 어짊에 대해 질문하는 장면이 있다.[131]. 여기서 공자는 지혜란 '백성들이 의롭게 되도록 힘쓰고, 귀신을 공경하면서도 멀리하는 것'이고, 어짊이란 '어려운 일을 먼저 한 뒤 결과를 얻는 것'이라고 설명하고 있다. 『논어』「자로」편 19장에서도 번지는 공자에게 어짊에 대해 질문하고 있다.[132] 공자는 "일상생활에서는 공손하고, 일을 할 때는 경건히 하며, 남을 대할 때 진심을 다하는 자세를 오랑캐의 땅에 가서라도 버려서는 안 된다."고 대답한다. 어짊에 대한 세 번의 질문에 대해 각기 다른 공자의 대답이 있다는 것은 번지가 꼭 그렇게 물었다기보다는 서로 다른 계통의 문인들이 각기 자신들

---

[131] 『論語』「雍也」: 樊遲問知, 子曰, 務民之義, 敬鬼神而遠之, 可謂知矣. 問仁, 曰, 仁者先難而後獲, 可謂仁矣.
[132] 『論語』「子路」: 樊遲問仁, 子曰, 居處恭, 執事敬, 與人忠, 雖之夷狄, 不可棄也.

의 입장을 주장하기 위해 번지의 질문을 활용한 것으로 보는 것이 합리적일 것이다. 그렇지만 이런 것들이 쌓여 번지는 같은 질문을 반복하는 우둔한 사람이라는 이미지를 가지게 되었다.

공자의 말을 알아듣지 못하는 우둔한 번지의 모습은 『논어』「위정」편 5장에도 보인다.[133] 맹의자가 공자에게 효에 대해 묻자 공자는 "어기지 않는 것입니다."라고 대답했다. 돌아가는 길에 수레를 몰던 번지에게 공자가 이 이야기를 해주었다. 이번에도 번지는 그것이 무슨 뜻인지 몰라 공자에게 묻는다. 공자는 "부모가 살아 계실 때는 예로 섬기고, 돌아가시면 예로 장례를 치르며, 예로 제사를 지내라는 뜻이야."라고 대답한다. 이 장은 예로 섬기고, 장례를 치르며, 제사를 지내라는 마지막의 설명을 주장하기 위해 사건을 설정한 느낌이 든다. 실제 『맹자』「등문공상」편 2장을 보면 등나라 정공定公이 죽었을 때 세자가 연우然友라는 사람을 맹자에게 보내 장례를 치르는 예에 대해 묻자, 맹자는 증자의 말이라고 하며 같은 내용의 말을 한다.[134] 「위정」편 5장이 전국시대 중기 이후에 성립된 것일 수도 있다는 뜻이다.

『논어』「안연」편 21장에는 번지가 공자에게 좋은 질문을 하였다고 칭찬을 받은 기록도 있다.[135] 어느 날 공자와 함께 기우제를 지내는 장소인 무우舞雩 아래로 놀러 갔을 때 덕을 높이고[崇德], 간특함을 닦아내며[修慝], 미혹을 분별하는[辨惑] 방법에 대해 물었는데, 공자로부터 "좋은 질문이야."라는 칭찬을 받았다. 공자는 번지의 질문에 대해 "할

....

133 『論語』「爲政」: 孟懿子問孝, 子曰, 無違. 樊遲御, 子告之曰, 孟孫問孝於我, 我對曰, 無違. 樊遲曰, 何謂也, 子曰, 生事之以禮, 死葬之以禮, 祭之以禮.
134 『孟子』「滕文公上」: 曾子曰, 生事之以禮, 死葬之以禮, 祭之以禮, 可謂孝矣.
135 『論語』「顏淵」: 樊遲從遊於舞雩之下, 曰, 敢問崇德修慝辨惑. 子曰, 善哉問, 先事後得, 非崇德與, 攻其惡, 無攻人之惡, 非修慝與, 一朝之忿, 忘其身, 以及其親, 非惑與.

일을 먼저하고 얻는 것을 뒤로 하는 것이 덕을 높이는 것 아니겠어? 자신의 나쁜 것을 반성하고 남의 나쁜 점을 비난하지 않는 것이 사특함을 없애는 길이 아니겠어? 일시적인 분노로 자신을 잊고 싸우다가 부모에게 화가 미치게 하는 것이 미혹된 것 아니겠어?"라고 가르쳐준다. 어쩌면 이 모습이 번지의 원래 모습일 수 있겠다. 번지는 호기심이 많아 공자에게 질문은 자주했지만 그다지 똑똑하지는 않았던 제자였을 것이다. 문득 번지라는 이름에서 가두는 울타리라는 의미를 지닌 번樊이라는 성, 느리다는 뜻을 지닌 지遲라는 자字가 과연 우연일까라는 생각이 드는 것은 필자의 지나친 상상력일까. 한편으로는 다른 제자들의 문인이나 후학들이 자신의 학파 스승을 띄우기 위해 번지의 이런 모습을 우둔한 것으로 묘사했을 가능성도 있다.

『춘추좌씨전』 애공 11년(기원전 484) 조의 전傳에 의하면 제나라가 노나라를 침략했을 때 번지는 좌군의 장수를 맡은 염유를 보좌해 전투에 참가했다.[136] 당시 실권자였던 계손 씨는 그가 너무 젊어서[須也弱] 싸움에 나갈 수 있을까 주저하는데, 유자가 명령을 잘 따를 것이라고 하여 전투에 참가한다.[137] 애공 11년이라면 공자가 68세였고 「제자열전」은 번지가 공자보다 36세 연하라고 했으니 그의 나이는 32세 정도였을 것이다. 너무 젊다는 말은 어울리지 않는다. 「제자해」에는 공자보다

---

[136] 『春秋左氏傳』 哀公 十一年 傳 : 冉求帥左師, 管周父御, 樊遲爲右. 季孫曰, 須也弱. 有子曰, 就用命焉. …… 師及齊師戰于郊. 齊師自稷曲, 師不踰溝. 樊遲曰, 非不能也, 不信子也, 請三刻而踰之. 如之, 衆從之, 師入齊軍.
[137] 이 부분의 주(注)에는 「雖年少, 能用命. 有子 冉求也.」라고 해서 유자(有子)를 염구(冉求)로 보았다. 염구의 자(字)가 자유(子有)인데, 보통 염유로 불려서 그렇게 본 것일 것이다. 그렇다면 염자라고 해야 한다. 유자라고 했으므로 유약(有若)을 말하는 것일 수도 있다. 유약은 애공 8년에 오나라가 쳐들어왔을 때 좋은 체력을 가진 것으로 평가받아 전투에 참가한 기록이 있다(유약 부분에서 소개). 3년이 지난 이 시기쯤은 계손 씨의 중요한 참모가 되었을 수도 있다.

46세 연하라고 되어있고, 젊어서 계손 씨에게 임용되었다고 기록되어 있다.[138] 그렇다면 당시 번지의 나이는 22세로 전투에 나가 장수를 보좌하기에는 좀 젊은 나이이기는 하다. 혹시 『춘추좌씨전』에서의 약弱이 너무 젊다는 뜻이 아니라 체력이 약하다는 의미로 쓰인 것은 아닐까 하는 생각도 하게 된다.

논란 끝에 전투에 참가했지만 번지는 전투에서 훌륭한 참모로 활약했다. 전투 중에 군사들이 진군을 하지 않으려고 하자 번지는 염유에게, 세 차례 앞장서서 진군을 하겠다고 약속하고 스스로 먼저 진격하면, 군사들이 따를 것이라고 충고한다. 염유가 번지의 말을 따라 약속을 하고 앞장을 서자 군사들이 그를 따랐다. 여기서 번지는 군사들의 심리를 예리하게 파악하는 명석한 참모의 모습을 보인다. 이 이야기는 『가어』「정론해」편에도 소개되어 있다.[139] 『논어』에서 보이는 우둔한 번지의 모습과는 딴판이다. 『논어』에 보이는 부정적인 모습들은 전국시대 이후 다른 계통의 후학들이, 자신들이 추종하는 공자 제자들을 높이기 위해 만들어진 모습일 수도 있다는 의심을 더욱 가지게 된다.

138　『孔子家語』「七十二弟子解」: 樊須, 魯人, 字子遲, 少孔子四十六歲, 弱仕於季氏.

139　『孔子家語』「正論解」: 齊國書伐魯, 季康子使冉求率左師禦之, 樊遲爲右. 非不能也, 不信子, 請三刻而踰之. 如之, 衆從之, 師入齊軍, 齊軍遁. 冉有用戈, 故能入焉. 孔子聞之曰, 義也. 旣戰, 季孫謂冉有曰, 子之於戰, 學之乎, 性達之乎. 對曰, 學之. 季孫曰, 從事孔子, 惡乎學. 冉有曰, 旣學之孔子也. 夫孔子者, 大聖無不該, 文武並用兼通, 求也適聞其戰法, 猶未之詳也. 季孫悅, 樊遲以告孔子. 孔子曰, 季孫於是乎可謂悅人之有能矣.

4   어리바리한 메신저 무마기

『사기』「제자열전」에는 무마기巫馬期에 대해 다음과 같이 기록되어 있다.

> 무마시巫馬施의 자字는 자기子旗이고 공자보다 30세 연하다. 진陳나라에서 사패司敗라는 벼슬을 하는 사람이 공자에게 "노나라 소공昭公이 예를 안다고 할 수 있습니까?"라고 물었다. 공자는 "예를 압니다."라고 대답했다. 사패가 읍하고 물러나와 무마기에게 "저는 군자는 편을 들지 않는다고 들었는데 군자도 역시 편을 드는 것입니까? 노나라 군주는 오나라 여인을 부인으로 맞이해서 맹자孟子라고 불렀습니다. 맹자의 성은 희姬 씨였는데 같은 성씨라 이 성씨를 부르지 않으려고 맹자라고 부른 것입니다. 노나라 군주가 예를 안다면 누군들 예를 모른다고 하겠습니까?" 무마기가 이 말을 공자에게 전하자 공자는 "나는 복이 많은 사람이다. 잘못이 있으면 사람들이 반드시 아는구나. 그렇지만 신하는 임금이나 어버이의 잘못을 말하지 않고 숨기는 것이 예다."[140]

「제자열전」에 소개된 위의 대화는 『논어』「술이」편 30장에 나오는 이야기다.[141] 「술이」편 30장에는 "신하는 임금이나 어버이의 잘못을 말

---

[140] 『史記』「仲尼弟子列傳」: 巫馬施, 字子旗, 少孔子三十歲. 陳司敗問孔子曰, 魯昭公知禮乎. 孔子曰, 知禮. 退而揖巫馬旗曰, 吾聞君子不黨, 君子亦黨乎. 魯君娶吳女爲夫人, 命之爲孟子. 孟子姓姬, 諱稱同姓, 故謂之孟子. 魯而知禮, 孰不知禮. 施以告孔子, 孔子曰, 丘也幸, 苟有過, 人必知之. 臣不可言君親之惡, 爲諱者, 禮也.
[141] 『論語』「述而」: 陳司敗問, 昭公知禮乎. 孔子曰, 知禮. 孔子退, 揖巫馬期而, 進之曰, 吾聞君子不黨, 君子亦黨乎. 君取於吳, 爲同姓, 謂之吳孟子, 君而知禮, 孰不知禮. 巫馬期以告, 子曰, 丘也幸, 苟有過, 人必知之.

하지 않고 숨기는 것이 예다."라는 표현이 없는데 「제자열전」에 이 말이 추가되어 있다. 「제자열전」의 추가된 부분은 전한시대에 이미 공자가 성인 반열에 올랐으므로 공자에게 정당성을 부여하기 위해 추가되었을 가능성이 높다. 차라리 「술이」편에서 보여준 것처럼 자신의 잘못을 깔끔하게 인정하는 공자의 모습이 더 군자답고 멋있다. 여기서 무마기는 사패의 말을 듣고 공자에게 쪼르르 달려가 사패의 말을 그대로 전하는, 조금 어리바리한 모습으로 등장한다. 이런 무마기의 모습은 뒤에 다양한 전승에서 그대로 수용되었다. 특히 그는 동갑내기인 자천子賤과 대비되는 모습으로 자주 그려졌다. 뛰어난 행정가인 자천과 어리바리한 무마기라는 구도가 형성된 것이다.

『여씨춘추』 「심응람, 구비」편에는 무마기가 자천이 다스리는 선보 지역을 몰래 살펴보는 역할을 맡은 일이 있다고 소개하고 있다.

(자천이 선보를 다스린 지) 3년이 되었을 때, (공자의 제자) 무마기가 짧고 해진 옷으로 변장을 하고 자천이 다스리던 선보의 변화를 살피려고 갔다가, 밤에 물고기를 잡는 어부를 보았는데, 어부가 잡은 물고기를 바로 놓아주었다. 무마기가 "물고기를 잡는 것은 물고기를 얻으려고 하는 것인데, 지금 당신은 물고기를 잡아놓고 놓아주었습니다. 왜 그렇게 했습니까?"라고 물었다. 그 어부는 "복자천은 사람들이 작은 물고기를 잡는 것을 원하지 않습니다. 그래서 작은 물고기를 놓아준 것입니다."라고 대답했다. 무마기가 돌아와 공자에게 보고하면서 "복자천의 덕이 지극했습니다. 백성들로 하여금 마치 엄한 형벌로 다스리듯 따르게 하고 있었습니다. 복자천이 어떻게 이런 경지에 이를 수 있었는지요?"라고 물었다. 공자는 "내가 이곳에서 정성을 다하면 마치 저곳에서 형벌로 다스리는 것처럼 될 것이라고 말해준 일이 있어. 복자천은 이 방법을 선보에서 실행한 것 같아. 복

자천이 이 방법을 실행할 수 있었던 것은 노나라 제후가 뒤에서 믿어주었으니 가능했어. 노나라 제후가 뒤에서 믿어주게 된 것은 복자천이 미리 준비가 되어있었기 때문이고. 미리 준비가 되어있다고 해도 어떻게 꼭 신임을 받는다고 할 수 있겠어? 이것은 노나라 제후가 현명했기 때문에 가능했어."라고 하였다.[142]

여기서 무마기의 모습은 친구의 좋은 정치에 감탄하고 공자에게 보고하는 단순한 메신저다. 이 이야기는 전한시대에 회남왕 류안劉安이 편찬한 『회남자』「도응훈」편,[143] 「태족훈」편[144]과 『가어』「굴절해」편[145]에도 소개되어 있다. 「태족훈」편은 이 사건에 대해 밤에 잡은 고기 중에서 작은 고기를 놓아주는 것은 형벌로 금한다고 되는 일이 아니라고 평가했다. 「굴절해」편에는 작은 고기뿐만 아니라 자천이 좋아하는 큰

---

[142] 『呂氏春秋』「審應覽, 具備」: 三年, 巫馬旗短褐衣弊裘, 而往觀化於亶父, 見夜漁者, 得則舍之. 巫馬旗問焉曰, 漁爲得也, 今子得而舍之, 何也. 對曰, 宓子不欲人之取小魚也, 所舍者小魚也. 巫馬旗歸告孔子曰, 宓子之德至矣. 使民闇行, 若有嚴刑於旁. 敢問宓子何以至於此. 孔子曰, 丘嘗與之言曰, 誠乎此者刑乎彼. 宓子必行此術於亶父也. 夫宓子之得行此術也, 魯君後得之也, 魯君後得之者, 宓子先有其備也. 先有其備, 豈遽必哉. 此魯君之賢也.

[143] 『淮南子』「道應訓」: 宓子治亶父三年, 而巫馬期絻衣短褐, 易容貌, 往觀化焉, 見夜漁者得魚釋之. 巫馬期問曰, 凡子所爲魚者欲得也, 今得而釋之何也. 漁者對曰, 宓子不欲人取小魚也. 所得者小魚, 是以釋之. 巫馬期歸, 以報孔子曰, 宓子之德至矣. 使人闇行, 若有嚴刑在其側者, 宓子何以至於此. 孔子曰, 丘嘗問之以治言曰, 誠於此者, 形於彼, 宓子必行此術也.

[144] 『淮南子』「泰族訓」: 宓子治亶父 巫馬期往觀化焉 見夜漁者 得小卽釋之 非刑之所能禁也.

[145] 『孔子家語』「屈節解」: 三年, 孔子使巫馬期遠觀政焉. 巫馬期陰免衣, 衣弊裘, 入單父界, 見夜漁者得魚輒舍之. 巫馬期問焉曰, 凡漁者爲得, 何以得魚卽舍之. 漁者曰, 魚之大者名爲(魚+壽), 吾大夫愛之, 其小者名爲鱦, 吾大夫欲長之, 是以得二者, 輒舍之. 巫馬期返, 以告孔子曰, 宓子之德, 至使民闇行, 若有嚴刑於旁. 敢問宓子何行而得於是. 孔子曰, 吾嘗與之言曰, 誠於此者刑乎彼, 宓子行此術於單父也.

고기도 놓아주는 것으로 설정되어 있다.

『여씨춘추』「개춘론, 찰현」편에는 무마기에 대한 도가 계통의 일화도 소개되어 있다.[146] 자천이 선보를 다스릴 때는 아랫사람들에게 모든 일을 맡기고 자신은 거문고를 연주하는 등 놀면서 다스렸는데도 선보가 잘 다스려졌는데 반해, 무마기는 모든 일을 자신이 직접 해서 피곤하게 다스리는 인물로 묘사되어 있다. 같은 내용이 『한시외전』 2권에도 수록되어 있고,[147] 『설원』「정리」편에도 수록되어 있다.[148]

「제자해」편에는 별자리를 보고 비가 올 것을 미리 예측한 공자에게 그 원리를 묻는 무마기의 이야기가 있다.[149] 공자가 가까운 곳으로 가려고 할 때, 따르는 사람들에게 모두 우산을 가지고 가도록 시켰는데 정말 비가 왔다. 무마기가 "아침에는 구름도 없었고 해가 나와 있었습니다. 그런데도 선생님께서는 우산을 챙기라고 하셨습니다. 어떻게 아셨는지요?"라고 물었다. 공자는 "어제 저녁 달이 필성畢星[150]에 있는 것을

---

146 『呂氏春秋』「開春論, 察賢」: 宓子賤治單父, 彈鳴琴, 身不下堂而單父治. 巫馬期以星出, 以星入, 日夜不居, 以身親之, 單父亦治. 巫馬期問其故於宓子. 宓子曰, 我之謂任人, 子之謂任力. 任力者故勞, 任人者故逸. 宓子則君子矣, 逸四肢全耳目, 平心氣, 而百官以治義矣, 任其數而已矣. 巫馬期則不然, 弊生事精, 勞手足, 煩教詔, 雖治猶未至也.

147 『韓詩外傳』券二: 子賤治單父, 彈鳴琴, 身不下堂, 而單父治. 巫馬期以星出, 以星入, 日夜不處, 以身親之, 而單父亦治. 巫馬期於子賤. 子賤曰, 我任人, 子任力. 任人者佚, 任力者勞. 人謂子賤則君子矣, 佚四肢, 全耳目, 平心氣, 而百官理, 任其數而已. 巫馬期則不然. 弊性事情, 勞力教詔, 雖治猶未至也. 詩曰, 子有衣裳, 弗曳弗摟.

148 『說苑』「政理」: 宓子賤治單父, 彈鳴琴, 身不下堂而單父治. 巫馬期亦治單父, 以星出, 以星入, 日夜不出, 以身親之, 而單父亦治. 巫馬期問其故於宓子賤, 宓子賤曰, 我之謂任人, 子之謂任力. 任力者固勞, 任人者固佚. 人曰宓子賤, 則君子矣, 佚四肢, 全耳目, 平心氣而百官治, 任其數而已矣. 巫馬期則不然, 弊性事情, 勞煩教詔, 雖治猶未至也.

149 『孔子家語』「七十二弟子解」: 巫馬期, 陳人, 字子期, 少孔子三十歲. 孔子將近行, 命從者皆持蓋, 而果雨. 巫馬期問日, 旦無雲, 旣日出, 而夫子命持雨具, 敢問何以知之. 孔子曰, 暮月宿畢, 詩不云乎, 月離於畢俾滂沱矣. 以此知之.

150 28수(宿)의 별자리 중 19번째 별자리

보았지. 『시경』에 '달이 필성에서 떨어지면 타수沱水에 비가 온다'는 구절이 있잖아. 이것으로 알게 된 것이야."라고 대답하였다. 이 이야기는 공자가 별자리와 『시경』에도 정통하다고 생각하는 후세 사람들을 통해 전해진 이야기로 짐작된다. 여기서 무마기는 공자를 높이기 위해 단순한 질문자의 역할만 한다. 그런데 이 설화는 「제자열전」 유약 조에서 공자의 후계자로 추대된 유약을 공격하는 소재로 사용되었다. 『가어』보다 먼저 편찬된 「제자열전」에는 별자리를 보고 비를 예측한 공자의 능력과 유약을 비교하면서 이런 내용으로 공격한 제자가 누구인지는 밝히지 않고 있다. 후한시대를 지나 삼국시대가 되면 이런 역할을 맡기에는 어리바리한 무마기가 적격이라는 공감대가 형성되었을 가능성이 높다. 이 내용은 유약을 다룰 때 다시 언급될 것이다.

『묵자』「경주」편에는 유가의 입장에서 묵자와 토론을 벌이는 무마자巫馬子라는 사람이 여러 번 등장한다. 「경주」편 2장에서 무마자는 귀신과 성인 중에 어느 쪽이 더 밝고 지혜가 있는지 묻는다.[151] 4장에서는 묵자에게 "선생님은 천하를 사랑한다고 하지만 아직 그 이로움이 보이지 않고, 저는 천하를 사랑하지 않지만 아직 해로움이 보이지 않습니다. 결과가 아직 나타나지 않았는데 선생님께서는 왜 자신은 옳고 저는 그르다고 하십니까?"라고 질문한다.[152] 6장에서는 무마자가 묵자에게 "선생님은 의로움을 행하고 계시지만 도와주는 사람을 보지 못했고, 부유하게 해주는 귀신도 없습니다. 그런데도 선생님이 의로움을 행하시니 정신이 나간 것 같습니다."라고 묵자를 비난하는 모습으로 등

---

[151] 『墨子』「耕柱」: 巫馬子謂子墨子曰, 鬼神孰與聖人明智.
[152] 『墨子』「耕柱」: 巫馬子謂子墨子曰, 子兼愛天下, 未云利也. 我不愛天下, 未云賊也. 功皆未至, 子何獨自是而非我哉.

장한다.[153] 8장에서는 "지금 사람들을 버리고 옛 임금들을 기리는 것은 마른 뼈를 기리는 것입니다. 비유를 들면 목수가 마른 나무는 알면서도 산 나무는 알지 못하는 것과 같은 것입니다."라고 묵가가 옛 성현들의 가르침을 따르는 것을 비난하고 있다.[154] 이 부분은 유가의 입장으로 보기도 어려운 주장이다. 17장에서 무마자는 묵자의 겸애사상을 공격하면서 가까운 사람을 더 사랑하는 것이 이치에 맞는다고 주장하고 있다.[155] 「경주」편에 등장하는 무마자가 공자의 제자 무마기인지는 알 수 없다. 어쩌면 무마기의 자손일 수도 있겠다. 묵자와의 대화에서 무마자는 주로 유가적 논리를 펼치지만 그 논리는 묵자의 논리에 의해 무너지는 형식을 취하고 있다. 어리바리한 무마기에 관한 전승이 이어지다가 전국시대 묵가의 관심을 끌어, 묵자 앞에서 똑똑하지 못한 질문을 하는 역할을 맡게 되었을 것이다.

『논어』에서 어리바리한 메신저로 등장한 무마기는 전국시대를 거쳐 후한시대에 이르기까지 수 세기 동안 조롱의 대상이 되었다. 그냥 조롱당한 것이 아니라 주로 동갑내기 자천과 비교가 되면서 조롱을 당했다. 뭐든 출발이 좋아야 한다. 무마기 입장에서 그나마 다행인 것은 『외전』 2권에 무마기의 명예를 회복할 수 있는 전승이 한 가지 전해진다는 것이다.

....

153 『墨子』「耕柱」: 巫馬子謂子墨子曰, 子之爲義也, 人不見而助, 鬼不見而富. 而子爲之, 有狂疾.
154 『墨子』「耕柱」: 巫馬子謂子墨子曰, 舍今之人, 而譽先王, 是譽槁骨也. 譬若匠人然, 智槁木也, 而不智生木.
155 『墨子』「耕柱」: 巫馬子謂子墨子曰, 我與子異, 我不能兼愛. 我愛鄒人於越人, 愛魯人於鄒人, 愛我鄉人於魯人, 愛我家人於鄉人, 愛我親於我家人, 愛我身於吾親, 以爲近我也. 擊我則疾, 擊彼則不疾於我. 我何故疾者之不拂, 而不疾者之拂. 故我有殺彼以利我, 無殺我以利彼.

자로와 무마기가 온구穩丘 아래에 땔나무를 하러 갔다. 마침 그때 온구 위에는 진나라의 부자인 처사씨處師氏가 좋은 수레 100대를 끌고 소풍을 와서 술자리를 벌이고 있었다. 자로가 무마기에게 넌지시 공자에게 배움을 계속하는 것과 저런 부귀영화를 누리는 것 중 어느 쪽을 택하겠느냐고 물었다. 이에 대해 무마기는 "내가 선생님께 배운 것은 '용사는 머리 잃을 것을 잊지 않고, 뜻있는 선비와 어진 사람은 죽어서 구렁텅이에 버려질 것을 잊지 않는다'는 것입니다."라고 대답하면서 혹시 자로가 그런 마음이 있는 것이 아니냐고 되물었다. 마음을 들킨 자로는 부끄러워서 나무를 지고 중간에 먼저 돌아왔다.[156]

당당한 모습의 무마기가 자로를 부끄럽게 만들었다는 이야기다. 아마 공자가 진채지간에서 곤경에 처해 있을 때를 시간·공간적 배경으로 한 것으로 보인다. 무마기 입장에서 그나마 이런 전승이라도 있어 겨우 체면을 유지하게 되었다.

---

[156] 『韓詩外傳』 券二 : 子路與巫馬期薪於穩丘之下. 陳之富人有處師氏者, 脂車百乘, 觴於穩丘之上. 子路與巫馬期曰, 使子無忘子之所知, 亦無進子之所能, 得此富, 終身無復見夫子, 子爲之乎. 巫馬期喟然仰天而嘆, 闒然投鎌於地曰, 吾嘗聞之夫子, 勇士不忘喪其元, 志士仁人不忘在溝壑. 子不知予與, 試予與, 意者其志與. 子路心慙, 故負薪先歸.

5 우직함의 대명사 자고

『사기』「제자열전」에는 자고子羔에 대해 다음과 같이 기록되어 있다.

고시高柴의 자字는 자고로, 공자보다 30세 연하다. 자고의 키는 5척이 되지 않았다. 공자에게 가르침을 받을 때 공자는 그를 어리석은 사람이라고 여겼다. 자로가 그를 비후費郈읍의 재宰로 삼으려고 하였는데, 공자는 "남의 자식을 해치려고 하는구나."라고 하면서 반대하였다. 자로가 "백성이 있고 사직이 있는데, 꼭 글을 읽어야만 배울 수 있는 것입니까?"라고 하자, 공자는 자로에게 "그래서 내가 말 잘하는 사람을 미워하는 것이다."라고 꾸짖었다.[157]

자고는 『논어』에 두 번 등장한다. 위의 「제자열전」 자고 조의 뒷부분은 『논어』「선진」편 24장에 나오는 이야기다.[158] 공자가 "남의 자식을 해치려고 한다."라고 한 것은 자고가 관직에 나가기에 적절한 사람이 아니라고 판단했기 때문일 것이다. 『논어』「선진」편 17장에 자고에 대한 언급이 한 번 더 보인다. 네 사람의 제자들에 대해 "시(자고)는 우직하고(愚: 어리석고), 삼(증자)은 노둔하며, 사(자장)는 겉모습에 치중하고, 유(자로)는 거칠다."고 평했다.[159] 우愚를 좋게 해석하면 '우직하다'고 해

---

[157] 『史記』「仲尼弟子列傳」: 高柴, 字子羔. 少孔子三十歲. 子羔長不盈五尺. 受業孔子, 孔子以爲愚. 子路使子羔爲費郈宰, 孔子曰, 賊夫人之子. 子路曰, 有民人焉, 有社稷焉, 何必讀書然後爲學. 孔子曰, 是故惡夫佞者.
[158] 『論語』「先進」: 子路使子羔爲費宰, 子曰, 賊夫人之子. 子路曰, 有民人焉, 有社稷焉, 何必讀書然後爲學. 子曰, 是故惡夫佞者.
[159] 『論語』「先進」: 柴也愚, 參也魯, 師也辟, 由也喭.

석할 수 있고 나쁘게 해석하면 '어리석다'로 해석할 수 있겠다. 어느 쪽으로 해석하든 한 읍을 다스리는 관리로서는 적절한 것 같지는 않다.

자고는 하급 관료 집안 출신으로 알려져 있다. 『예기』 「잡기하」편에는 애공이 자고에게 자고의 조상이 언제부터 벼슬을 했는지 묻는 장면이 있다. 이에 대해 자고는 자신의 조상이 문공 때 처음으로 낮은 벼슬을 했다고 대답한다.[160] 자신의 생각으로 일하기보다는 주어진 일을 열심히 하는 모습이 하급 관료를 연상시켜 전승된 이야기일 것이다.

『논어』에는 두 번만 등장하지만 그는 여러 문헌에 제법 많은 흔적을 남겼다. 『한비자』 「외저설좌하」편 첫 부분은 "죄를 범하고 그에 상응하는 벌을 받더라도 사람들은 윗사람을 원망하지 않는다. 그래서 발목을 잘리는 형을 받은 문지기가 자고를 도와준 것이다."라는 주장으로 시작된다.[161] 「외저설좌하」편에는 이 주장을 설명하는 전傳이 소개되어 있다.

> 공자가 위나라에서 재상으로 있을 때, 제자 자고가 옥리로 있으면서 어떤 죄인의 발목을 자르는 형벌을 시행했는데, 그 죄인이 성문을 지키는 문지기가 되었다. 공자를 미워하는 사람이 위나라 군주에게 공자가 반란을 일으키려 한다고 모함을 했다. 위나라 군주가 공자를 잡으려고 하자 공자는 달아나고 제자들도 모두 도망쳤다. 자고가 뒤따라 성문을 나가려고 하자 발목을 잘리는 형벌을 받은 문지기가 와서 자고를 인도하여 성문 아래 지하실에 숨겨주었다. 관리들이 쫓아왔으나 자고를 잡지 못하였다. 밤에 자고가 문지기에게 "나는 법령을 어길 수 없어 당신의 발목을 잘랐습니다. 지금이 복수하기 좋은 때인데 당신은 왜 나를 도망갈 수 있도록 도

---

160 『禮記』 「雜記下」: 哀公問子羔曰, 子之食奚當. 對曰, 文公之下執事也.
161 『韓非子』 「外儲說 左下」: 以罪受誅, 人不怨上, 朔危生子皐.

와주는 것입니까? 내가 도움을 받는 이유가 무엇입니까?"라고 물었다. 발목이 잘리는 형벌을 받은 문지기는 "제가 발목을 잘린 것은 저의 죄에 따른 형벌이었으니 어쩔 수 없는 일이었습니다. 그렇지만 선생님께서는 일을 제대로 처리하기 위해 법령을 따져보았고, 말로 저를 살펴주었으며, 형벌을 면하게 해주려고 노력하신 것을 제가 압니다. 죄가 확정되어 옥에 있을 때, 선생님께서는 형을 집행하는 것을 좋아하지 않으셨고, 안색이 어두웠던 것을 제가 보아서 압니다. 저 때문이 아니라 천성적으로 어진 마음을 가진 분이라 그렇게 하신 것도 압니다. 그래서 제가 기꺼이 선생님의 덕을 갚는 것입니다."라고 대답했다.[162]

이 이야기는 전국시대에 전해오던 이야기를 법가가 자신들의 주장과 연결시킨 것이다. 어찌되었건 자고는 전국시대 말에 자신의 임무를 충실히 한 인물로 전해져온 것이 사실일 것이다.

『예기』「단궁상」편에도 우직한 자고의 모습이 그려져 있다. 자고는 부모상을 당했을 때 3년이나 피눈물을 흘렸고, 치아를 남들 앞에 드러내지 않았다고 한다.[163] 『예기』「단궁하」편에는 또 다른 모습의 자고도 보인다. 자고는 벼슬을 할 때 엄했던 모양이다. 성읍成邑의 사람 중에 자신의 형이 죽었는데 상복을 제대로 입지 않는 사람이 있었다. 그런데

....

162 『韓非子』「外儲說左下」傳: 孔子相衛, 弟子子皐爲獄吏, 刖人足, 所刖者守門. 人有惡孔子於衛君者曰, 尼欲作亂. 衛君欲執孔子, 孔子走, 弟子皆逃. 子皐從出門, 刖危引之而逃之門下室中, 吏追不得. 夜半, 子皐問刖危曰, 吾不能虧主之法令而親刖子之足, 是子報仇之時也, 而子何故乃肯逃我. 我何以得此於子. 刖危曰, 吾斷足也, 固吾罪當之, 不可奈何. 然方公之欲治臣也, 公傾側法令, 先後臣以言, 欲臣之免也甚, 而臣知之. 及獄決罪定, 公憱然不悅, 形於顏色, 臣見又知之. 非私臣而然也, 夫天性仁心固然也. 此臣之所以悅而德公也.
163 『禮記』「檀弓上」: 高子皐之執親之喪也, 泣血三年, 未嘗見齒. 君子以爲難.

이 사람이 자고가 성읍의 재宰가 될 것이라는 소식을 듣자 상복을 제대로 입었다. 이 이야기를 들은 성읍의 어떤 사람이 '형이 죽었는데 자고를 위하여 상복을 입는다'고 비꼬았다는 내용이다.[164] 『가어』 「제자행」편에는 위나라 장군 문자文子의 질문에 대한 자공의 대답 형식으로, 자고에 대한 평이 있다. 여기에는 『예기』 「단궁하」편의 자고보다 더욱 우직한 모습으로 그려져 있다.

> 공자를 만나 문을 출입할 때 예를 벗어난 경우가 없었고, 오고갈 때 그림자도 밟지 않았습니다. 잠에서 깬 벌레도 죽이지 않았으며, 자라는 나무를 자르지 않았습니다. 부모의 상을 치를 때는 이를 드러내 보인 일이 없었습니다. 이것이 고시(자고)의 행실이었습니다.[165]

자고는 위나라 장군 문자와 특별한 인연이 있었을 수도 있다. 『가어』 「묘제」편에는 문자가 자신의 봉지에 삼군三軍의 사당을 세우려고 자고를 공자에게 보내 의견을 물었고, 자고가 공자로부터 묘제에 대해 가르침을 받는다는 설정이 있다.[166]

문헌에 자고의 우직하거나 어리석은 모습만 있는 것은 아니다. 『춘추좌씨전』 애공 17년 조의 전傳에는 자고가 역사적 사건에 정통한 인물로 등장한다. 맹무백이 제후들이 회맹할 때 소의 귀를 잡는 역할을 누가 했는지 자고에게 묻자, 자고는 두 차례의 회맹에서 소의 귀를 잡은

....

[164] 『禮記』 「檀弓下」: 成人有其兄死, 而不爲衰者. 聞子皐將爲成宰, 遂爲衰. 成人曰, 蠶則績, 而蟹有匡, 范則冠, 而蟬有緌. 兄則死, 而子皐爲之衰.
[165] 『孔子家語』 「弟子行」: 自見孔子, 出入於戶, 未嘗越禮. 往來過之, 足不履影. 啟蟄不殺. 方長不折. 執親之喪, 未嘗見齒. 是高柴之行也.
[166] 『孔子家語』 「廟制」: 衛將軍文子將立三軍之廟於其家, 使子羔訪於孔子.

사람들을 알려준다. 제후들의 회맹에서 희생 제물로 쓸 소의 귀를 잡는 다는 것은 아마도 패자의 지위를 차지한 제후의 가장 신임 받는 신하임을 나타내는 상징이었던 모양이다. 이 이야기는 널리 알려진 자고의 성격과는 무관한데, 자고가 나중에 노나라에서 관직을 맡았을 수도 있음을 암시하는 내용이다.[167]

『사기』 「위강숙세가」 출공 12년 조와[168] 「제자열전」의 자로 조,[169] 『춘추좌씨전』 애공哀公 15년 조의 전傳에는[170] 위험한 일이 닥치자 원칙을

---

[167] 『春秋左氏傳』哀公 十七年 傳:武伯問於高柴曰, 諸侯盟, 誰執牛耳. 季羔曰, 鄫衍之役, 吳公子姑曹. 發陽之役, 衛石魋. 武伯曰, 然則彘也.

[168] 『史記』「衛康叔世家」出公 十二年:十二年, 初, 孔圉文子取太子蒯聵之姊生悝. 孔氏之豎渾良夫美好, 孔文子卒, 良夫通於悝母. 太子在宿, 悝母使良夫於太子. 太子與良夫言曰, 苟能入我國, 報子以乘軒, 免子三死, 毋所與. 與之盟, 許以悝母爲妻. 閏月, 良夫與太子入, 舍孔氏之外圃. 昏, 二人蒙衣而乘, 宦者羅御, 如孔氏. 孔氏之老欒甯問之, 稱姻妾以告. 遂入, 適伯姬氏. 既食, 悝母杖戈而先, 太子與五人介, 輿豭從之. 伯姬劫悝於廁, 彊盟之, 遂劫以登臺. 欒甯將飮酒, 炙未熟, 聞亂, 使告仲由. 召護駕乘車, 行爵食炙, 奉出公輒犇魯. 仲由將入, 遇子羔將出, 曰, 門已閉矣. 子路曰, 吾姑至矣. 子羔曰, 不及, 莫踐其難. 子路曰, 食焉不辟其難. 子羔遂出. 子路入, 及門, 公孫敢闔門曰, 毋入爲也. 子路曰, 是公孫也, 求利而逃其難, 由不然, 利其祿, 必救其患. 有使者出, 子路乃得入, 太子焉由孔悝. 雖殺之, 必或繼之. 且曰, 太子無勇, 若燔臺, 必舍孔叔. 太子聞之懼, 下石乞·盂黶敵子路, 以戈擊之, 割纓. 子路曰, 君子死, 冠不免. 結纓而死. 孔悝聞衛亂曰, 嗟乎, 柴也其來乎, 由也其死矣. 孔悝竟立太子蒯聵, 是爲莊公. -밑줄은 中華書局(1982) 판본의 한자를 따랐다.

[169] 『史記』「仲尼弟子列傳」:初, 衛靈公有寵姬曰南子. 靈公太子蕢聵得過南子, 懼誅出奔. 及靈公卒, 而夫人欲立公子郢. 郢不肯, 亡人太子之子輒在. 於是衛立輒爲君, 是爲出公. 出公立十二年, 其父蕢聵居外, 不得入. 子路爲衛大夫孔悝之邑宰. 蕢聵乃與孔悝作亂, 謀入孔悝家, 遂與其徒襲攻出公. 出公奔魯, 而蕢聵入立, 是爲莊公. 方孔悝作亂, 子路在外, 聞之而馳往. 遇子羔出衛城門, 謂子路曰, 出公去矣, 而門已閉, 子可還矣, 毋空受其禍. 子路曰, 食其食者不避其難. 子羔卒去. 有使者入城, 城門開, 子路隨而入. 造蕢聵, 蕢聵與孔悝登臺. 子路曰, 君焉用孔悝, 請得而殺之. 蕢聵弗聽. 於是子路欲燔臺, 蕢聵懼, 乃下石乞·壺黶, 攻子路. 擊斷子路之纓, 子路曰, 君子死而冠不免, 遂結纓而死. 孔子聞衛亂曰, 嗟乎, 由死矣, 已而果死. 故孔子曰, 自吾得由, 惡言不聞於耳. 是時子貢爲魯使於齊.

[170] 『春秋左氏傳』哀公 十五年 傳:衛孔圉取太子蒯聵之姊, 生悝. 孔氏之豎, 渾良夫長而美, 孔文子卒, 通於內. 大子在戚, 孔姬使之焉. 大子與之言曰, 苟使我入獲國, 服冕, 乘軒, 三死無與. 與之盟, 爲請於伯姬. 閏月, 良夫與大子入, 舍於孔氏之外圃. 昏, 二人蒙衣而乘, 寺人羅御, 如孔氏. 孔氏之老欒甯問之, 稱姻妾以告, 遂入, 適伯姬氏. 既食, 孔伯姬杖戈而先, 大子與五人介, 輿豭從之. 迫孔悝於廁, 强盟之, 遂劫以登臺. 欒甯將飮酒, 炙未

지키기보다는 우선 삶을 도모하는 자고의 모습도 그려져 있다. 세 문헌의 이야기를 종합하면 아래와 같다.

춘추시대 위나라 영공의 부인 남자南子와 태자 괴외는 사이가 좋지 않았다. 괴외는 남자를 죽이려다가 실패하고 위나라를 떠나 망명 생활을 했다. 영공은 작은 아들 영을 후계자로 삼고 싶었지만 영이 사양하였다. 영공이 죽은 후 부인인 남자 역시 영을 영공의 후계자로 삼으려고 했다. 그렇지만 영은 해외로 망명을 간 태자 괴외의 아들 첩이 제후가 되어야 한다고 주장하여 첩이 왕위를 이어받게 되었다. 이 사람이 위나라 출공이다. 아들은 위나라의 제후가 되었고, 아버지는 외국에서 망명 생활을 하는 상태가 12년 동안 지속되었다. 아버지인 괴외는 아들들 쫓아내고 위나라 제후가 될 생각을 하고 있었다. 괴외는 위나라 대부 공회의 외숙부였다. 괴외는 공회의 집에 숨어들어가 공회와 함께 반란을 일으켰고, 괴외의 아들 출공은 노나라로 달아났다. 연락을 받은 자로가 안으로 들어가려는데 문을 벗어나 달아나던 자고와 만나게 되었다. 자고는 위험하니 들어가지 말라고 말렸지만 자로는 집 안으로 들어가 태자 괴외를 비난하다가 죽임을 당했다. 반면 자고는 반란을 피해 달아났다. 자로는 죽임을 당하였고, 자고는 살아남았다. 공자도 이를 예상한 듯이 "자고는 살아서 돌아오겠지만 자로는 아마 죽게 될 것이다."라고 하였다.

....

熟, 聞亂, 使告季子, 召獲駕乘車, 行爵食炙, 奉衛侯輒來奔. 季子將入, 遇子羔將出曰, 門已閉矣. 季子曰, 吾姑至焉. 子羔曰, 弗及, 不踐其難. 季子曰, 食焉, 不辟其難. 子羔遂出, 子路入. 及門, 公孫敢門焉曰, 無入爲也. 季子曰, 是公孫也, 求利焉, 而逃其難. 由不然, 利其祿, 必救其患. 有使者出, 乃入曰, 大子焉用孔悝. 雖殺之, 必或繼之. 且曰, 大子無勇, 若燔臺, 半, 必舍孔叔. 大子聞之, 懼, 下石乞·盂黶適子路, 以戈擊之, 斷纓. 子路, 君子死, 冠不免, 結纓而死. 孔子聞衛亂曰, 柴也其來, 由也死矣. 孔悝立莊公. 莊公害îs故政, 欲盡去之, 先謂司徒瞞成曰, 寡人離病於外久矣, 子請亦嘗之. 歸告褚師比, 欲與之伐公, 不果比, 褚師聲子, 爲明年瞞成奔起.

우직한 자고의 모습과 재빨리 삶을 도모하는 자고의 모습은 어울리지 않는다. 살기 위해 달아나는 자고의 모습은 자로의 영웅적 모습을 그리기 위해 상대역으로 자고를 선택한 것으로 보는 것이 좋을 것 같다. 이렇게 모순되는 자고의 모습은 이를 전하는 사람들에게도 불편했을 것이다. 뒤에 나오는 문헌들에는 자고의 두 가지 모습이 통합되기도 한다.

『설원』「지공」편에는 재빠르면서도 우직한 자고의 모습이 그려져 있다.[171] 이야기의 배경은 위의 『사기』「위강숙세가」, 「제자열전」, 『춘추좌씨전』 애공 부분의 내란 때문에 도망가던 자고의 이야기와, 『한비자』에 나오는 발목을 잘리는 형벌을 받은 문지기 이야기가 혼합되어 있다. 내란 때문에 도망을 가던 자고는 발목을 잘리는 형벌을 받은 문지기가 성이 허물어진 곳을 가르쳐주며 그곳으로 도망가라고 하자 "군자는 담을 넘지 않습니다."라며 거절하고, 문지기가 성벽 아래의 구멍을 통해 도망가라고 알려줘도 "군자는 굴로 기어가지 않습니다."라며 거절한다. 문지기는 어쩔 수 없이 자고를 어느 방에 숨겨주어 추격을 피할 수 있게 해주었다는 이야기다. 살기 위해 도망치는 자고의 모습과 도망치는 와중에도 군자의 체모를 지키려는 우직한 자고의 모습이 뒤섞여 있는 것이다. 이 이야기는 『가어』「치사」편에도 계고季羔란 이름으로 기록

---

[171] 『說苑』「至公」: 子羔爲衛政, 刖人之足. 衛之君臣亂, 子羔走郭門, 郭門閉. 刖者守門曰, 於彼有缺. 子羔曰, 君子不踰. 曰, 於彼有竇. 子羔曰, 君子不隧. 曰, 於此有室. 子羔入, 追者罷. 子羔將去, 謂刖者曰, 吾不能虧損主之法令, 而親刖子之足. 吾在難中, 此乃子之報怨時也, 何故逃我. 刖者曰, 斷足固我罪也, 無可奈何. 君之治臣也, 傾側法令, 先後臣以法, 欲臣之免於法也, 臣知之. 獄決罪定, 臨當論刑, 君愀然不樂, 見於顏色, 臣又知之, 君豈私臣哉. 天生仁人之心, 其固然也, 此臣之所以脫君也. 孔子聞之曰, 善爲吏者樹德, 不善爲吏者樹怨, 公行之也, 其子羔之謂歟.

되어 있다.[172] 후세 사람들은 자고가 끝까지 우직한 모습을 보여야 한다고 생각했을 것이다. 목숨을 부지하기 위해 재빠르게 도망가면서도 자신의 우직함을 버리지 못하는 자고의 모습이 웃음을 자아내게 한다.

....
[172] 『孔子家語』「致思」: 季羔爲衛之士師, 刖人之足, 俄而衛有蒯聵之亂. 季羔逃之, 走郭門, 刖者 守門焉. 謂季羔曰, 彼有缺. 季羔曰, 君子不踰. 又曰, 彼有竇. 季羔曰, 君子不隧. 又曰, 於此有室. 季羔乃入焉, 旣而追者罷. 季羔將去, 謂刖者, 吾不能虧主之法, 而親刖子之足矣. 今吾在難, 此正子之報怨之時, 而逃我者三, 何故哉. 刖者曰, 斷足, 因我之罪, 無可奈何. 曩者, 君治臣以法, 今先人後臣, 欲臣之免也. 臣知獄決罪定, 臨當論刑, 君愀然不樂, 見君顏色, 臣又知之, 君豈私臣哉. 天生君子, 其道固然, 此臣之所以悅君也. 孔子聞之曰, 善哉爲吏, 其用法一也, 思仁恕則樹德, 加嚴暴則樹怨, 公以行之, 其子羔乎.

군자

『논어』에서 몇 차례 등장하지 못한 단역 제자들이지만 공자로부터 군자라는 평을 듣거나 칭찬을 들은 제자들의 이야기다.

1   행정의 달인 자천

『사기』「제자열전」에는 자천子賤에 대해 다음과 같이 기록되어 있다.

> 복부제宓不齊의 자字는 자천이고 공자보다 30세 연하다. 공자는 자천이 군자라고 하면서, "노나라에 군자가 없었다면 어떻게 이런 훌륭한 인격을 갖출 수 있었겠는가?"라고 했다. 자천이 선보單父의 재 벼슬을 했는데, 공자에게 돌아와서 "이 나라에 저보다 현명한 사람이 다섯 사람이 있는데, 저에게 다스리는 것이 무엇인지 가르쳐주었습니다."라고 보고했다. 공자는 "자천이 다스린 지역이 작아서 아쉽구나. 다스린 지역이 커도 다를 바가 없었을 텐데."라고 했다.[173]

---

[173]   『史記』「仲尼弟子列傳」: 宓不齊, 字子賤, 少孔子三十歲. 孔子謂, 子賤君子哉. 魯無

「제자열전」의 자천에 대한 소개 중, 앞부분에서 공자가 자천을 군자라고 평가했다는 내용은 『논어』 「공야장」 2장에 나오는 이야기다.[174] 자천은 『논어』에서 여기 딱 한 번 등장한다. 공자로부터 군자라는 평가를 받았으니 나쁘지 않다. 그런데 자천을 높게 평가한 후 공자는 "노나라에 군자가 없었다면 이 사람이 어떻게 이런 훌륭한 인격을 갖출 수 있었겠는가?"라고 하면서 은근히 노나라의 환경이 좋아서 군자가 되었음을 강조하고 있다. 위의 「제자열전」에 따르면 자천은 공자보다 30세 연하로 중궁(염옹), 안연, 자공 같은 제자들과 비슷한 연배다.[175] 공자의 평가는 어쩌면 "안연이나 중궁과 같은 친구들을 잘 사귄 덕분에 군자가 되었다."로 해석할 여지도 있다. 위의 「제자열전」에서도 언급했지만 자천은 선보의 읍재 벼슬을 한 것으로 알려져 있다. 『가어』 「제자해」에는 그가 선보의 재 벼슬을 했는데 어진 정치로 백성을 아꼈고, 속이는 것은 참지 못했다고 전한다.

중국 남북조시대 말기에 북제北齊에서 관리를 역임한 안지추顏之推가 쓴 『안씨가훈』 「서증」편에는 복宓이라는 글자를 고증하는 과정에서 옛 선보의 땅인 연주兗州 영창군성永昌郡城에 한나라 때에 세워진 그의 비석이 있었다고 전하고 있다.[176] 『안씨가훈』 저자가 이 비석을 언급한 의도는, 자천의 비석에 '제남의 복伏 씨 성을 가진 사람들은 모두 자

....

君子, 斯焉取斯. 子賤爲單父宰, 反命於孔子曰, 此國有賢不齊者五人, 敎不齊所以治者. 孔子曰, 惜哉不齊所治者小, 所治者大則庶幾矣.

[174] 『論語』 「公冶長」: 子謂, 子賤君子哉, 若人. 魯無君子者, 斯焉取斯.
[175] 『가어』 「제자해」에는 자천이 공자보다 49세 연하로 되어있다. 『孔子家語』 「七十二弟子解」: 宓不齊, 魯人, 字子賤, 少孔子四十九歲. 仕爲單父宰. 有才智, 仁愛百姓不忍欺, 孔子大之.
[176] 『顏氏家訓』 「書證」: 孔子弟子宓子賤, 爲單父宰, 卽慮羲之後. 俗字亦爲宓, 或復加山密. 今兗州永昌郡城, 舊單父地也. 東門有子賤碑, 漢世所立. 乃曰, 濟南伏生, 卽子賤之後. 是知宓之與伏, 古來通字, 誤以爲宓, 較可知矣.

천의 후예'라는 문구가 있는 것을 볼 때, 자천의 선조인 복희씨의 복虙 자와 자천의 후손들이 성으로 쓴 복伏 자가 서로 통한다는 것을 논하려고 한 것이었다. 자천이 복희씨의 후손인지, 또 선보의 재 벼슬을 했는지는 확실하지 않지만, 복伏 씨 성을 가진 사람들이 자신들은 자천의 후손이라는 것을 자랑스럽게 새겨둔 것을 볼 때, 한나라 시대의 많은 사람들이 그가 좋은 정치를 펼친 사람으로 믿었다는 것을 알 수 있다.

자천은 『논어』에는 단 한 번만 등장하지만 그에 관한 전승을 기록한 문헌은 아주 많다. 내용을 살펴보면 유가 계통의 전승, 법가 계통의 전승, 도가 계통의 전승들이 전해진다. 이는 여러 학파에서 자천에 관한 전승을 이어왔다는 반증이 될 것이다. 위의 「제자열전」 자천 조의 마지막에 간단하게 소개되어 있는, 자천이 선보를 다스릴 때 도움을 준 '저보다 훌륭한 사람 다섯 사람' 이야기는 여러 문헌에 다양하게 소개되어 있다. 『외전』 8권에는 자천이 선보를 잘 다스린 비법에 대한 공자와 자천의 대화가 소개되어 있다.

자천이 선보를 잘 다스려 백성들이 믿고 따랐다. 공자가 "어떻게 그렇게 잘 다스렸지?"라고 물었다. 자천은 "곡식 창고를 풀어 가난한 사람들을 진휼하고 부족한 것을 보충해주었습니다."라고 대답했다. 공자는 "그것으로는 소인들이나 따를 뿐이니까 그것만으로는 부족했을 것이야."라고 말했다. 자천은 "능력 있는 사람들에게 상을 주고, 현명한 사람들을 초빙하며, 불초한 사람들은 내쳤습니다."라고 대답했다. 공자는 "그 정도 정책으로는 선비[士]들만 따를 뿐이어서 그것만으로는 부족했을 것이야."라고 했다. 자천은 "아버지처럼 모시는 사람 셋, 형처럼 모시는 사람 다섯, 친구로 잘 지내는 사람 열둘, 스승으로 모시는 사람 한 분이 있습니다."라고 대답했다. 공자는 "아버지처럼 모시는 사람이 셋, 형처럼 모시는 사람이

다섯이니 효와 형제간의 우애를 잘 가르칠 수 있고, 친구로 잘 지내는 사람 열둘이니 폐단을 막을 수 있으며, 스승으로 모시는 사람이 하나이니 생각도 실수함이 없을 것이고, 일을 거행해도 낭패하지 않을 것이다. 아깝다. 자천이 다스리는 땅이 넓었다면 그 공적이 요순처럼 되었을 텐데." 라고 하였다. 『시경』에 '화목한 우리 군주는 백성의 아버지로다'라고 하였는데 자천이 그와 비슷하였다.[177]

이 이야기는 『설원』 「정리」편과[178] 『공자가어』 「변정」편에도[179] 비슷한 형태로 수록되어 있다. 자천이 선보를 잘 다스렸다는 다른 전승들도 있다. 『여씨춘추』 「심응람, 구비」에는 이와 관련된 유가 계통의 전승이 전해진다.

....

[177] 『韓詩外傳』券八:子賤治單父, 其民附. 孔子曰, 告丘之所以治之者. 對曰, 不齊時發倉廩, 振困窮, 補不足. 孔子曰, 是小人附耳, 未也. 對曰, 賞有能, 招賢才, 退不肖. 孔子曰, 是士附耳, 未也. 對曰, 所事事者三人, 所兄事者五人, 所友者十有二人, 所師者一人. 孔子曰, 所父事者三人, 所兄事者五人, 足以教弟矣. 所友者十有二人, 足以祛壅蔽矣. 所師者一人, 足以慮無失策, 舉無敗功矣. 惜乎, 不齊爲之大, 功乃與堯舜參矣. 詩曰, 愷悌君子, 民之父母. 子賤其似之矣.

[178] 『說苑』「政理」:孔子謂宓子賤曰, 子治單父而眾說, 語丘所以爲之者. 曰, 不齊父其父, 子其子, 恤諸孤而哀喪紀. 孔子曰, 善小節也, 小民附矣, 猶未足也. 曰, 不齊也, 所父事者三人, 所兄事者五人, 所友者十一人. 孔子曰, 父事三人, 可以教孝矣, 兄事五人, 可以教弟矣, 友十一人, 可以教學矣, 中節也, 中民附矣, 猶未足也. 曰, 此地民有賢於不齊者五人, 不齊事之, 皆教不齊所以治之術. 孔子曰, 欲其大者, 乃於此在矣. 昔者堯舜清微其身, 以聽觀天下, 務來賢人, 夫舉賢者, 百福之宗也, 而神明之主也. 不齊之所治者小也, 不齊所治者大, 其與堯舜繼矣.

[179] 『孔子家語』「辯政」:孔子謂宓子賤曰, 子治單父, 眾悅, 子何施而得之也, 子語丘所以爲之者. 對曰, 不齊之治也, 父恤其子, 其子卹諸孤, 而哀喪紀. 孔子曰, 善, 小節也, 小民附矣, 猶未足也. 曰, 不齊所父事者三人, 所兄事者五人, 所友事者十一人. 孔子曰, 父事三人, 可以教孝矣, 兄事五人, 可以教悌矣, 友十一人, 可以舉善矣. 中節也, 中人附矣, 猶未足也. 曰, 此地民有賢於不齊者五人, 不齊事之而稟焉, 皆教不齊之道. 孔子歎曰, 其大者, 乃於此乎有矣. 昔堯舜聽天下, 務求賢以自輔. 夫賢者, 百福之宗也, 神明之主也, 惜乎, 不齊之以所治者, 小也.

자천이 노나라의 단보亶父(=선보)라는 지역을 다스리는 읍재로 임명되었다. 그는 노나라 제후가 참소하는 사람들의 말을 믿으면 자신의 뜻을 펼치기 어려워질까 걱정이 되었다. 그래서 임지로 떠날 때 노나라 제후에게 군주의 측근 두 사람을 같이 가게 해달라고 부탁해서 같이 선보로 부임했다. 선보의 관리들이 회의를 할 때, 자천은 그 두 사람에게 그 내용을 기록하게 하였다. 그런데 그 두 사람이 기록하려고 하면 자천은 수시로 그들의 팔을 잡아당겨 글씨가 비뚤어지게 만들었다. 그리고는 그 비뚤어진 글씨를 지적하며 화를 내곤 하였다. 스트레스를 받은 그 두 사람은 사직을 청하고 노나라 군주에게 그 사실을 보고했다. 그러자 노나라 군주는 그 행위를 자천이 자신에게 메시지를 보내는 것으로 받아들였다. 자천이 선보를 다스리는 데 간섭을 하면 죽도 밥도 되지 않으니 간섭하지 말아달라는 요청으로 해석한 것이다. 깨달음을 얻은 노나라 군주는 선보를 자천에게 5년간 일임했다.[180]

이 이야기는 전한시대 말기에 유향劉向이 편찬한 『신서』 「잡사」편에도 수록되어 있다.[181] 『신서』는 『논어』 「공야장」 2장에 나오는, 자천을 군

....

[180] 『呂氏春秋』「審應覽, 具備」: 宓子賤治亶父, 恐魯君之聽讒人, 而令己不得行其術也. 將辭而行, 請近吏二人於魯君, 與之俱至亶父. 邑吏皆朝, 宓子賤令吏二人書. 吏方將書, 宓子賤從旁時掣搖其肘. 吏書之不善, 則宓子賤爲之怒. 吏甚患之, 辭而請歸. 宓子曰, 子之書甚不善, 子勉歸矣. 二吏歸報於君曰, 宓子不可爲書. 君曰, 何故. 吏對曰, 宓子使臣書, 而時掣搖臣之肘, 書惡而有甚怒, 吏皆笑宓子, 此臣所以辭而去也. 魯君太息而歎曰, 宓子以此諫寡人之不肖也. 寡人之亂子, 而令宓子不得行其術, 必數有之矣. 微二人, 寡人幾過. 遂發所愛, 而令之亶父, 告宓子曰, 自今以來, 亶父非寡人之有也, 子之有也. 有便於亶父者, 子決爲之矣. 五歲而言其要. 宓子敬諾, 乃得行其術於亶父.

[181] 『新序』「雜事」: 魯君使宓子賤爲單父宰, 子賤辭去, 因請借善書者二人, 使書憲書教品, 魯君予之. 至單父, 使書, 子賤從旁引其肘, 書醜則怒之, 欲好書則又引之, 書者患之, 請辭而去. 歸以告魯君, 魯君曰, 子賤苦吾擾之, 使不得施其善政也. 乃命有司無得擅徵發單父, 單父之化大治. 故孔子曰, 君子哉, 子賤, 魯無君子者, 斯安取斯. 美其德也.

군자

자라고 한 공자의 평가를 이 상황에서 말한 것으로 설정하고 있다.『가어』「굴절해」편에도 같은 내용의 기록이 있는데,「굴절해」편에서는 공자가 노나라 군주를 깨우쳐 줘서 노나라 군주가 그 메시지를 알아차린 것으로 설정하고 있다.[182]

『여씨춘추』「심응람, 구비」편에는 무마기가 자천이 다스리는 선보 지역을 몰래 살펴보고 감탄했다는 이야기가 있는데, 앞의 「어리바리한 메신저 무마기」 부분에서 언급하였다.『사기』「골계열전」 마지막 부분에는 사마천의 말로 자산, 자천, 서문표 세 사람이 각자의 지역을 다스렸을 때 백성들이 속일 수 없었다고 하는 표현이 있는데, 자천의 경우는 아마도 이 내용을 의미하는 것으로 보인다.[183]

앞의 「공자의 조카 공멸」 부분에서 소개한 『설원』「정리」편과 『가어』「자로초견」편의 이야기도 유가 계통의 이야기다. 자천이 항상 긍정적인 자세로 모든 일에 임했다는 믿음이 담겨있는 이야기다.『설원』의 편찬자 유향劉向은 『논어』「공야장」 2장에 나오는, "노나라에 군자가 없었다면 어디서 이런 덕을 얻었겠는가?"라는 말을 이 상황에서 나온 것으로 설정하였다.

선보를 잘 다스렸다는 자천에 대해 법가도 주목했다.『한비자』「외

---

[182] 『孔子家語』「屈節解」: 孔子弟子有宓子賤者, 仕於魯, 爲單父宰, 恐魯君聽讒言, 使己不得行其政, 於是辭行, 故請君之近史二人與之俱至官. 宓子戒其邑吏, 令二史書, 方書輒掣其肘, 書不善則從而怒之. 二史患之, 辭請歸魯. 宓子曰, 子之書甚不善, 子勉而歸矣. 二史歸報於君曰, 宓子使臣書而掣肘, 書惡而又怒臣, 邑吏皆笑之, 此臣所以去之而來矣. 魯君以問孔子. 子曰, 宓不齊君子也, 其才任霸王之佐, 屈節治單父, 將以自試也, 意者以此爲諫乎. 公寤, 太息而歎曰, 此寡人之不肖, 寡人亂宓子之政, 而責其善者非兴. 微二史, 寡人無以知其過, 微夫子, 寡人無以自寤. 遽發所愛之使告宓子曰, 自今已往, 單父非吾有也, 從子之制, 有便於民者, 子決爲之, 五年一言其要. 宓子敬奉詔, 遂得行其政, 於是單父治焉. 躬敎厚, 明親親, 尚篤, 施至仁, 加懇誠, 致忠信, 百姓化之.

[183] 『史記』「滑稽列傳」: 傳曰, 子產治鄭, 民不能欺. 子賤治單父, 民不忍欺. 西門豹治鄴, 民不敢欺. 三子之才能誰最賢哉. 辨治者當能別之.

「저설좌상」 본문에는 "현명한 군주의 길은 유약이 복자에게 한 말과 같다. 군주가 아랫사람들의 말에 귀를 기울이면 아랫사람들은 말을 아름답게 꾸미고, 행동을 눈여겨보면 고상하게 행동하는 것을 현명하게 여긴다. 그래서 여러 신하들과 백성들의 말하는 방법은 현실과 멀어지게 되고, 그 몸가짐은 현실과 분리되게 된다."라는 말로 시작된다.[184] 법가다운 말이다. 그런데 유약이 복자에게 한 말이란 어떤 말일까? 「외저설좌상」에는 이 구절에 대한 전傳이 소개되어 있다.

> 복자천이 선보를 다스렸는데, 유약이 그를 만나서 "당신은 왜 그렇게 야위었소?"라고 물었다. 복자는 "임금께서 저의 불초함을 모르고 선보를 다스리게 하셨는데 관청의 일이 급하고 마음이 걱정되어 야위었습니다."라고 대답했다. 유약은 "옛날 순임금은 다섯 현의 거문고를 타고 「남풍」의 시를 노래하면서도 천하를 잘 다스렸습니다. 지금 선보 같은 작은 읍을 다스리면서도 걱정을 한다면 천하를 다스리게 되면 장차 어찌 하겠습니까?"라고 하였다. 그러므로 정치의 기술을 익혀 다스리면 몸은 묘당 위에 앉아 젊은 아가씨 같은 안색을 하고 있어도 다스리는 데 해가 없겠지만, 정치의 기술을 익히지 못하고 다스리면 몸이 고달프고 야윌 만큼 일해도 오히려 유익함이 없을 것이다.[185]

이 전승에는 전한시대 특유의 도가와 법가의 복합적인 정치관이 반

---

[184] 『韓非子』 「外儲說左上」: 明主之道, 如有若之應宓子也. 人主之聽言也, 美其辯, 其觀行也, 賢其遠. 故群臣士民之道言者迂弘, 其行身也離世.

[185] 『韓非子』 「外儲說左上」 傳: 宓子賤治單父, 有若見之曰, 子何臞也. 宓子曰, 君不知不齊不肖, 使治單父, 官事急, 心憂之, 故臞也. 有若曰, 昔者舜鼓五絃歌南風之詩, 而天下治. 今以單父之細也, 治之而憂, 治天下將奈何乎. 故有術而御之, 身坐於廟堂之上, 有處女子之色, 無害於治. 無術而御之, 身雖瘁臞, 猶未有益.

영되어 있다. 정치 기술을 익혀 무위의 다스림을 펼치라는 이야기인데, 위 「외저설좌상」의 본문과는 조금 거리가 느껴진다. 법가와 도가는 유약을 자신들의 입장과 일치하는 인물로 등장시켜서, 뛰어난 행정가로 알려진 자천도 사실 이런 가르침을 받아서 뛰어난 행정가가 되었다고 주장하고 싶었을 것이다.

『설원』「정리」편에는 법가 계통의 전승으로 짐작되는 다른 이야기 두 가지가 소개되어 있다. 첫 번째 법가 계통 이야기는 다음과 같다.

자천이 선보의 재가 되어 공자에게 인사를 갔다. 공자는 "사람을 함부로 받아들이거나 내치지 말고, 함부로 기대하거나 허락하지 말아야 한다. 함부로 허락하면 지키기 어렵고, 함부로 내치면 막히게 된다. 비유하자면 높은 산과 깊은 물은 쳐다보아도 정상에 오를 수 없고, 헤아려보아도 깊이를 측정할 수 없는 것과 같다."라고 하였다. 자천은 이에 "잘 알겠습니다. 훌륭합니다. 어찌 감히 명을 받들지 않겠습니까?"라고 하였다.[186]

두 번째 법가 계통 이야기는 다음과 같다.

자천이 선보의 재가 되어 양주를 방문하였다. "당신은 저를 전송하면서 해줄 말씀이 있습니까?"라고 물었다. 양주는 "저는 어릴 때 가난했기 때문에 백성을 다스리는 방법은 배우지 못해 알지 못합니다만, 낚시하는 방법은 두 가지가 있는데 이것을 알려드리는 것으로 전송하고 싶습니다."라고 대답했다. 자천이 "낚시는 어떻게 합니까?" 하고 묻자 양주는 "낚싯

---

[186] 『說苑』「政理」: 宓子賤爲單父宰, 辭於夫子. 夫子曰, 毋迎而距也, 毋望而許也. 許之則失守, 距之則閉塞. 譬如高山深淵, 仰之不可極, 度之不可測也. 子賤曰, 善, 敢不承命乎.

줄에 미끼를 달아 늘어뜨리면 바로 무는 놈이 있는데, 양교라는 고기로 살도 적고 맛도 없습니다. 반대로 문 것 같기도 하고 아닌 것 같기도 하며, 미끼를 먹은 것 같기도 하고 아닌 것 같기도 한 놈이 있는데, 방이라는 고기로 살도 많고 맛도 좋습니다."라고 대답했다. 자천은 "잘 알겠습니다." 라고 대답했다. 자천이 선보에 도착하기 전에 덮개가 있는 수레를 가지고 영접을 나온 자들이 길에 있었다. 자천은 "수레를 빨리 빨리 몰아라. 양주가 말하던 양교 같은 자들이 나와 있구나."라고 하였다. 선보에 도착한 후 그곳 노인들과 어진 사람들에게 부탁하여 그들과 함께 선보를 다스렸다.[187]

자천의 선보를 잘 다스렸다는 이야기를 도가도 자신들의 입장에 맞추어 전했다. 도가 계통의 대동소이한 전승이 여러 문헌에 보인다. 『여씨춘추』「개춘론, 찰현」에는 자천이 선보를 다스릴 때 아랫사람들에게 모든 일을 맡기고 자신은 거문고를 연주하는 등, 놀면서 다스렸는데도 선보가 잘 다스려졌다는 이야기가 있다.[188] 같은 내용이 『외전』 2권

---

[187] 『說苑』「政理」: 宓子賤爲單父宰, 過於陽晝曰, 子亦有以送僕乎. 陽晝曰, 吾少也賤, 不知治民之術, 有釣道二焉, 請以送子. 子賤曰, 釣道奈何. 陽晝曰, 夫扱綸錯餌, 迎而吸之者, 陽橋也, 其爲魚也薄而不美. 若存若亡, 若食若不食者, 魴也, 其爲魚也博而厚味. 宓子賤曰, 善. 於是未至單父, 冠蓋迎之者交接於道. 子賤曰, 車驅之, 車驅之. 夫陽晝之所謂陽橋者至矣. 於是至單父請其耆老尊賢者, 而與之共治單父. - 밑줄은 동양고전종합 DB(http://db.cyberseodang.or.kr/)의 한자를 따랐다.

[188] 『呂氏春秋』「開春論, 察賢」: 宓子賤治單父, 彈鳴琴, 身不下堂而單父治. 巫馬期以星出, 以星入, 日夜不居, 以身親之, 單父亦治. 巫馬期問其故於宓子. 宓子曰, 我之謂任人, 子之謂任力. 任力者故勞, 任人者故逸. 宓子則君子矣, 逸四肢全耳目, 平心氣, 而百官以治義矣, 任其數而已矣. 巫馬期則不然, 弊生事精, 勞手足, 煩敎詔, 雖治猶未至也.

에도 수록되어 있고,[189] 『설원』 「정리」편에도 수록되어 있다.[190]

『가어』 「굴절해」편에는 도가 계통의 설화라고 보기도 어려운 황당한 전승도 있다.

제나라가 노나라를 침공했는데 그 길이 선보를 지나게 되었다. 그 지역의 노인들이 와서 자천에게 "보리가 이미 익었는데, 지금 제나라 군사들이 몰려오니 자기 보리를 제대로 수확하지 못할 것입니다. 백성들을 풀어 부곽의 가난한 사람들이 보리를 베어가도록 하면 그들에게 식량을 더해줄 수 있고, 적에게 빼앗기지도 않으니 좋지 않겠습니까?"라고 건의했다. 세 번이나 건의했지만 자천은 듣지 않았다. 결국 제나라 군사들이 와서 보리를 가져가버렸다. 이 소식을 들은 계손 씨가 화를 내면서 사람을 보내어 자천을 꾸짖었다. "백성들은 추위를 무릅쓰고 씨를 뿌리고 더위 속에서 김을 매어도 제대로 먹지 못하는데 왜 불쌍히 여기지 않는가? 몰랐다면 몰라도 건의를 받고도 들어주지 않았으니 백성들을 위해 잘못한 것이다." 라는 요지였다. 자천은 "올해 보리를 거두지 못해도 내년이면 다시 심을 수 있습니다. 보리를 심지 않았는데 거두게 한다면 백성들에게 도둑질을 즐겁게 여기게 만드는 것입니다. 선보의 보리 1년 분량을 더 수확한다고 노나라가 더 강해지는 것도 아니고, 그만큼 잃는다고 노나라가 더 약해지

---

[189] 『韓詩外傳』卷二 : 子賤治單父, 彈鳴琴, 身不下堂, 而單父治. 巫馬期以星出, 以星入, 日夜不處, 以身親之, 而單父亦治. 巫馬期問於子賤. 子賤曰, 我任人, 子任力. 任人者佚, 任力者勞. 人謂子賤則君子矣, 佚四肢, 全耳目, 平心氣, 而百官理, 任其數而已. 巫馬期則不然. 平然事惟, 勞力教詔, 雖治, 猶未至也. 詩曰, 子有衣裳, 弗曳弗婁, 子有車馬, 不馳不驅.

[190] 『說苑』 「政理」 : 宓子賤治單父, 彈鳴琴, 身不下堂而單父治. 巫馬期亦治單父, 以星出, 以星入, 日夜不處, 以身親之, 而單父亦治. 巫馬期問其故於宓子賤, 宓子賤曰, 我之謂任人, 子之謂任力. 任力者固勞, 任人者固佚. 人曰宓子賤則君子矣, 佚四肢, 全耳目, 平心氣而百官治, 任其數而已矣. 巫馬期則不然, 弊性事情, 勞煩教詔, 雖治猶未至也.

는 것도 아닙니다. 백성들로 하여금 자신이 심지 않은 보리를 가져가도 된다는 마음을 가지게 만들면 그 상처는 몇 세대가 지나도 사라지지 않을 것입니다."라고 했다. 이 말을 들은 계손 씨는 부끄러워하면서 "땅 속으로 들어갈 수만 있으면 들어가고 싶구나. 내 어찌 차마 복자천을 대할 수 있겠는가?"라고 하였다.[191]

위의 황당한 이야기는 어쩌면 유가를 조롱하기 위해 다른 학파에서 유통시킨 전승일 수도 있겠다.

자천의 실제 삶이 순탄하지는 않았던 것 같다. 『한비자』 「난언」편에 자천이 누군가의 손에 죽임을 당했을 것으로 추정되는 내용이 보인다.[192] 그에 대해 "싸우지 않았는데도 사람들의 손에 죽었다."고 되어있다. 이어서 죽임을 당한 사람들 10여 명에 대해 좋은 사람들이었는데 "잘못된 군주를 만나 죽임을 당했다."고 평가하고 있다.

자천은 자신의 저술을 남겼다고 전해진다. 『한서』 「예문지」에는 그가 『복자』 16편을 남겼다는 기록이 있다.[193] 『복자』는 현재 전해지지 않기 때문에 어떤 내용인지는 알 수 없다. 다만 『논형』 「본성」편에는 그가 칠조개 및 공손니자와 더불어 사람의 본성에는 선도 있고 악도 있

---

191 『孔子家語』「屈節解」: 齊人攻魯, 道由單父. 單父之老請曰, 麥已熟矣, 今齊寇至, 不及人人自收其麥, 請放民出, 皆穫傳郭之麥, 可以益糧, 且不資於寇. 三請而宓子不聽. 俄而齊寇逮于麥. 季孫聞之怒, 使人以讓宓子曰, 民寒耕熱耘, 曾不得食, 豈不哀哉. 不知猶可, 以告者而子不聽, 非所以爲民也. 宓子蹵然曰, 今兹無麥, 明年可樹, 若使不耕者穫, 是使民樂有寇, 且得單父一歲之麥, 於魯不加強, 喪之. 不加弱, 若使民有自取之心, 其創必數世不息. 季孫聞之, 赧然而愧曰, 地若可入, 吾豈忍見宓子哉.
192 『韓非子』「難言」: 宓子賤·西門豹不鬪而死人手 …… 此十數人者, 皆世之仁賢忠良有道術之士也, 不幸而遇悖亂闇惑之主而死.
193 『漢書』「藝文志, 諸子略」: 宓子十六篇. 名不齊, 字子賤, 孔子弟子.

다는 학설을 펼쳤다고 되어있다.[194]

『회남자』「제속훈」에는 복자宓子에 관한 일화가 소개되어 있는데, 오늘날의 일상생활에서도 흔히 볼 수 있는 이야기다.

> 복자의 손님이 다른 사람을 복자에게 소개했다. 그 사람이 나가자 복자는 손님에게 "당신이 소개한 사람은 세 가지 잘못이 있습니다. 나를 바라보면서 웃었는데 그것은 나를 무시한 것입니다. 이야기할 때 자기 스승의 설임을 이야기하지 않았는데 그것은 스승을 배반한 것입니다. 교제가 얕은데도 깊은 말을 했는데 그것은 어지러운 것입니다."라고 하였다. 여기에 대해 복자의 손님은 "당신을 바라보면서 웃은 것은 공명정대하기 때문입니다. 이야기할 때 자기 스승의 설임을 밝히지 않은 것은 그것이 통설이기 때문입니다. 교제가 얕은데도 깊은 이야기를 한 것은 충심의 표현입니다."라고 하였다. 이처럼 소개받은 사람의 모습은 하나인데 누구는 군자라고 했고, 누구는 소인이라고 한 것은 각각 그 관점이 다르기 때문이다.[195]

여기 나오는 복자가 자천인지는 확실하지 않다. 일반적으로 복자는 자천을 의미하지만 전한시대 말 유향劉向이 편찬한 『전국책』「조책」에는 복자服子라는 사람의 일로 소개되어 있기 때문이다.[196]

---

[194] 『論衡』「本性」: 宓子賤·漆雕開·公孫尼子之徒, 亦論情性, 與世子相出入, 皆言性有善有惡.
[195] 『淮南子』「齊俗訓」: 故賓有見人於宓子者. 賓出, 宓子曰, 子之賓獨有三過. 望我而笑, 是攓也. 談語而不稱師, 是反也. 交淺而言深, 是亂也. 客曰, 望君而笑, 是公也. 談語而不稱師, 是通也. 交淺而言深, 是忠也. 故賓之容一體也, 或以爲君子, 或以爲小人, 所自見之異也.
[196] 『戰國策』「趙策」: 馮忌請見趙王, 行人見之. 馮忌接手免首, 欲言而不敢. 王問其故,

자천은 『논어』에는 단 한 번 등장하지만 전국시대 이후의 많은 문헌에 그에 대한 전승이 수록되어 있다. 공자로부터 군자로 평가받았으니 그에 상응하는 업적을 남겼을 것이라는 믿음이 훌륭한 읍재의 모습으로 그리게 했을 것이다. 나아가 다양한 학파에서 여러 전승을 통해 그의 활약을 점점 증폭시켰을 것이다.

2 근본주의 학파의 창설자 칠조개

『사기』「제자열전」에는 칠조개漆雕開에 대해 다음과 같이 기록되어 있다.

> 칠조개의 자字는 자개子開다. 공자가 칠조개에게 벼슬을 하라고 하자 "저는 아직 벼슬을 감당할 자신이 없습니다."라고 대답했다. 공자는 이 대답에 기뻐했다.[197]

이 이야기는 『논어』「공야장」편 5장에 나오는 이야기다.[198] 여기에서 칠조개가 상당히 겸손한 성품의 소유자였음을 짐작할 수 있다. 칠조개는 『논어』에서 여기 한 번만 등장한다. 『가어』「제자해」편에는 칠조개에 대해 「제자열전」보다 조금 더 자세하게 설명되어 있다. 칠조개는

....

對曰, 客有見人於服子者, 已而請其罪. 服子曰, 公之客獨有三罪. 望我而笑, 是狎也. 談語而不稱師, 是倍也. 交淺而言深, 是亂也. 客曰, 不然. 夫望人而笑, 是和也. 言而不稱師, 是庸說也. 交淺而言深, 是忠也.
197 『史記』「仲尼弟子列傳」: 漆彫開, 字子開. 孔子使開仕, 對曰, 吾斯之未能信. 孔子說.
198 『論語』「公冶長」: 子使漆雕開仕, 對曰, 吾斯之未能信. 子說.

채蔡나라 사람이고, 그의 나이가 공자보다 11세 연하라고 되어 있다. 또 칠조개의 자字가 자약子若이라고 되어 있고, 『상서』를 공부했다고 전한다.[199] 그런데 위의 「제자열전」이 '吾斯之未能信'이라는 한문 문장을 '저는 아직 벼슬을 감당할 자신이 없습니다'라고 해석한 반면 「제자해」편은 '저는 아직 『상서』의 뜻을 자신 있게 알지 못합니다'라고 해석하였다. 공자가 칠조개가 관직을 맡을 나이가 늦어진다고 걱정을 하자, 칠조개는 엉뚱하게 『상서』의 뜻을 자신 있게 알지 못한다고 동문서답을 했다는 것이다. 즉, 벼슬에는 아무런 관심이 없고 오직 공부에 몰입하고 있었다는 의미다. 그래서 공자가 이런 제자를 보고 기뻐했다고 설정한 것이다.

칠조개가 어떤 생애를 살았는지 알려주는 단서는 전국시대 유가와 경쟁하던 묵가의 언급에서 찾을 수 있다. 『묵자』 「비유」편에는 공자를 비난하는 내용이 나온다. 주나라 무왕의 아들 성왕을 도와 섭정을 한 주공은 형제들의 모함을 받아 혼자 동부 지방에 피해 있던 일이 있었다. 「비유」편은 공자가 이 사건을 제자들 앞에서 평하면서 '주공 자신이 왕위를 차지하는 것이 낫지 않았을까?'라는 의미로 자신의 생각을 비쳤다고 주장한다. 그리고 「비유」편은 그런 공자의 마음을 제자들이 닮았다고 주장하면서 "자공과 계로는 공회를 도와 위나라를 어지럽혔고, 양화는 노나라에서 반란을 일으켰으며, 필힐은 중모 지방에서 반란을 일으켰고, 칠조는 사형을 당했다."고 주장한다.[200] 공자의 제자 중에서

....

[199] 『孔子家語』「七十二弟子解」: 漆雕開, 蔡人, 字子若, 少孔子十一歲, 習尙書, 不樂仕. 孔子曰, 子之齒可以仕矣, 時將過. 子若報其書曰, 吾斯之未能信. 孔子悅焉.
[200] 『墨子』「非儒」: 周公旦非其人也邪. 何爲舍其家室而託寓也. 孔某所行, 心術所至也. 其徒屬弟子, 皆效孔某. 子貢·季路, 輔孔悝亂乎衛, 陽貨亂乎魯, 佛肸以中牟叛, 桼雕刑殘, 亂莫大焉.

칠조란 성을 가진 사람이 반역을 도모하다가 사형을 당했다는 이야기인데, 그 사람이 반드시 칠조개인지는 알 수 없다. 「제자열전」과 「제자해」편에는 칠조개 외에 같은 성을 가진 공자의 제자가 두세 명 더 있다. 「제자열전」에는 칠조치漆雕哆,[201] 와 칠조도부漆雕徒父[202]란 제자 이름이 보이고, 「제자해」에는 칠조치漆雕侈[203] 와 칠조종漆雕從[204]이 있다. 칠조치는 같은 사람을 적은 것으로 보인다. 칠조개와 이름만 소개된 제자들 중 누가 반역을 도모하다 사형을 당했는지는 알 수 없지만, 전국시대 중기에 그런 이야기가 전해진 것은 사실일 것이다.

『설원』「권모」편에는 칠조마인漆雕馬人이라는 사람이 등장한다.[205] 노나라의 대부 세 사람 아래에서 관직을 맡은 경험이 있는 사람이다. 공자가 이들 세 사람의 대부들 중 누가 가장 현명한지 물었다. 이에 대해 칠조마인은 "장문중은 집정을 맡은 3년 동안 거북점을 한 번 쳤고, 장무중은 집정을 맡은 3년 동안 거북점을 두 번 쳤으며, 유자용은 집정을 맡은 3년 동안 거북점을 세 번 쳤습니다."라고만 대답했다. 이 말을 들은 공자는 감탄하면서 "그가 남의 아름다움을 말할 적에는 숨기지만 환히 드러나고, 그가 남의 잘못을 말할 적에는 은미하지만 밝게 드러난다."라고 칭찬했다. 이 이야기로 미루어 볼 때 칠조마인은 하급관리 집

....

201 『史記』「仲尼弟子列傳」: 漆雕哆, 字子斂.
202 『史記』「仲尼弟子列傳」: 漆雕徒父.
203 『孔子家語』「七十二弟子解」: 漆雕侈, 字子斂.
204 『孔子家語』「七十二弟子解」: 漆雕從, 字子文.
205 『說苑』「權謀」: 孔子問漆雕馬人曰, 子事臧文仲・武仲・孺文容, 三大夫者, 孰爲賢. 漆雕馬人對曰, 臧氏家有龜焉, 名曰蔡. 文仲立三年, 爲一兆焉, 武仲立三年, 爲二兆焉, 孺子容立三年, 爲三兆焉. 馬人見之矣, 若夫三大夫之賢不賢, 馬人不識也. 孔子曰, 君子哉, 漆雕氏之子. 其言人之美也, 隱而顯, 其言人之過也, 微而著. 故智不能及, 明不能見, 得無數卜乎.

안 출신일 가능성이 높다. 공자와 동시대에 살았던 칠조마인이 칠조개나 위에 언급한 제자들 중 한 사람인지는 확실하지 않지만 공자 주변에 칠조 씨를 성으로 가진 사람들이 여럿 있었음을 알 수 있다.

『한비자』「현학」편에 따르면 칠조 씨는 전국시대 말에 유가의 여덟 분파 중 하나를 차지할 정도로 번성했다.[206] 공자로부터 직접 배운 제자는 3~4명이었지만 이들은 가문 단위로 학문을 이어간 것으로 보인다. 칠조漆雕란 성에서 짐작할 수 있는 것처럼 이들이 옻칠 혹은 도색을 하는 장인 집단이었을 가능성이 있다. 반란에 연루될 정도라면 상당히 큰 세력을 유지하고 있었을 것이다. 『한서』「예문지」에는 공자의 제자 칠조계漆雕啓의 후학들 혹은 후손이 쓴 『칠조자』라는 13편의 책이 있었다고 되어있다.[207] 이름이 칠조개漆彫開가 아닌 이유는 한나라 황제 경제景帝(기원전 157~기원전 141년 재위) 유계劉啓의 이름이 계啓여서 전한 시대 출판된 책에서는 이 이름을 피하기 위해 개開로 한 것이라는 설이 있다.[208] 이 설에 따르면 칠조계가 칠조개의 원래 이름이 된다. 『논형』「본성」편에는 칠조개가 인간의 본성이 선한 면도 있고, 악한 면도 있다고 주장한 것으로 소개되어 있다.[209] 『논어』에는 한 번만 짧게 등장하지만 칠조개는 한 시대를 풍미하던 학자였고, 후학들이 전국시대 말까지 세력을 유지하고 있었다.

칠조학파는 상당히 근본주의적인 입장을 취한 것으로 추측된다.

---

[206] 『韓非子』「顯學」: 自孔子之死也, 有子張之儒, 有子思之儒, 有顔氏之儒, 有孟氏之儒, 有漆雕氏之儒, 有仲良氏之儒, 有孫氏之儒, 有樂正氏之儒.
[207] 『漢書』「藝文志」: 漆雕子十三篇. 孔子弟子漆雕啓後.
[208] 이세열 해역 (1995). **한서예문지** (pp.136). 서울 : 자유문고.
[209] 『論衡』「本性」: 密子賤·漆雕開·公孫尼子之徒, 亦論情性, 與世子相出入, 皆言性有善有惡.

『한비자』「현학」편에는 곧은 마음과 매서움으로 대표되는 칠조학파와 관대함과 용서로 대표되는 송영학파의 학설을 비교하여 비판하는 내용이 있다.

> 칠조학파의 주장은 기색이 꺾이지 않고, 눈을 돌리지 않으며, 자신의 행실이 곧지 않으면 자신의 노복에게도 피하고, 자신의 행실이 곧으면 제후에게도 노여움을 나타내는데, 세상의 군주들이 그들을 청렴하다고 여겨 예우한다. 송영자[210]의 주장은 다투지 않는 논리를 펴고, 원수 갚지 않는 태도를 취하며, 감옥에 갇히는 것을 부끄러워하지 않고, 업신여김을 당해도 모욕으로 생각하지 않는데, 세상의 군주들이 그들을 관대하다고 하여 예우한다. 칠조학파의 청렴이 옳다면 송영학파의 용서가 잘못된 것이고, 송영학파의 관대함이 옳다면 칠조학파의 매서움이 잘못된 것이다. 지금 관대함과 청렴함, 용서와 매서움이 두 학파에 있는데도, 군주들은 그들을 함께 예로 대하고 있다. 어리석고 속이는 학설과 잡스럽고 모순되는 말들이 서로 싸우고 있는데도 군주들이 그것들을 받아들이기 때문에 천하의 선비들에게는 정해진 원칙이 없고, 이치에 맞는 행실이 없다.[211]

관직보다는 공부하던 문구에 열중하던 칠조개의 모습이 그 후 칠조학파의 모습에서도 나타난 것이다. 이들은 점점 더 원칙에 충실하고 비타협적인 입장을 강화시켜 간 것으로 추측된다. 그런 모습이 한비자

---

[210] 비전론을 주장한 전국 중기의 사상가 송경(宋牼)
[211] 『韓非子』「顯學」: 漆雕之議, 不色撓, 不目逃, 行曲則違於臧獲, 行直則怒於諸侯, 世主以爲廉而禮之. 宋榮子之議, 設不鬪爭, 取不隨讐, 不羞囹圄, 見侮不辱, 世主以爲寬而禮之. 夫是漆雕之廉, 將非宋榮之恕也, 是宋榮之寬, 將非漆雕之暴也. 今寬·廉·恕·暴俱在二子, 人主兼而禮之. 自愚誣之學·雜反之辭爭, 而人主俱聽之, 故海內之士, 言無定術, 行無常議.

의 눈에는 곧은 마음과 매서움으로 비쳤다. 오늘날로 치면 근본주의자의 모습을 한 것이다.

3   못생긴 군자 담대멸명

『사기』「제자열전」에는 담대멸명澹臺滅明에 대해 다음과 같이 기록되어 있다.

> 담대멸명은 무성武城 사람으로 자字는 자우子羽로 공자보다 39세 연하다. 외모가 매우 못생겨서 문하에서 공자를 섬기려 했을 때, 공자는 외모 때문에 그가 재능이 없는 것으로 여겼다. 그러나 가르침을 받은 뒤에는 물러나 배운 것을 행동으로 옮겼고, 지름길로 다니지 않았으며(편법을 행하지 않았으며), 공적인 일이 아니면 높은 관리를 만나지 않았다. 남쪽으로 가서 양자강에 이르렀는데, 따르는 제자가 삼백 명이었고, 주고받는 것과 나아가고 물러가는 것이 분명한 것으로 제후들에게 이름이 알려졌다. 공자가 이 소식을 듣고 "내가 말하는 것을 보고 사람을 취했다가 재여宰予에게서 실수를 했고, 외모를 보고 사람을 취했다가 자우에게서 실수를 했다."고 했다.[212]

---

[212] 『史記』「仲尼弟子列傳」: 澹臺滅明, 武城人, 字子羽, 少孔子三十九歲. 狀貌甚惡, 欲事孔子, 孔子以爲材薄. 旣已受業, 退而修行, 行不由徑, 非公事不見卿大夫. 南游至江, 從弟子三百人, 設取予去就, 名施乎諸侯. 孔子聞之曰, 吾以言取人, 失之宰予, 以貌取人, 失之子羽.

사마천의 담대멸명에 대한 평이 아주 후하다. 담대멸명은 『논어』에 직접 등장하지는 않고, 「옹야」편 12장에서 인물평 대상으로 한 번 등장한다.[213] 공자가 무성의 읍재가 된 자유子游에게 눈에 띄는 인재가 있는지 물어보자, 자유는 담대멸명을 소개한다. 자유는 담대멸명에 대해 "지름길로 다니지 않고, 공적인 일이 아니면 저의 집에 온 일이 없습니다."라고 소개한다. 그는 자유가 다스리는 읍의 하급관리로서 공과 사를 잘 구별했던 모양이다. 담대멸명은 이 문답 후 공자 제자로 입문한 것으로 추측된다. 공자의 질문은 "제자로 삼을 만한 인재가 있더냐?"라는 의미도 있었을 것이다. 담대멸명이 공자의 제자 중 일부만 소개하는 『사기』「유림열전」에도 소개되어 있는 것을 보면 그는 공자 사후에 상당히 중요한 위치를 지니고 있었을 것이다.[214] 「제자열전」은 담대멸명이 양자강 근처에 가서 살았는데 300명의 제자들이 따랐다고 했고, 「유림열전」은 그가 초나라에서 거주했다고 했다. 이는 같은 지역의 다른 표현일 것이다. 그는 초나라에서 많은 제자들을 양성하면서 활동한 것으로 보면 되겠다. 소주 근처에는 담대호라는 호수가 있는데, 담대멸명과 연관 지어 그렇게 불린다는 설이 있다.[215] 『가어』「제자행」에는 위나라 장군 문자文子의 질문에 대한 자공의 대답 형식으로, 공자의 주요 제자들을 평한 내용이 있다. 여기서 담대멸명에 대해서는 '귀하게 되어

....

[213] 『論語』「雍也」: 子游爲武城宰, 子曰, 女得人焉爾乎. 曰, 有澹臺滅明者, 行不由徑, 非公事, 未嘗至於偃之室也.

[214] 『史記』「儒林列傳」: 自孔子卒後, 七十子之徒散遊諸侯, 大者爲師傅卿相, 小者友敎士大夫, 或隱而不見. 故子路居衛, 子張居陳, 澹臺子羽居楚, 子夏居西河, 子貢終於齊.

[215] 최부(崔溥)의「표해록」에 따르면 1488년 최부 일행은 표류한 후 중국 태주부(台州府) 임해현(臨海縣)에 도착해 북경으로 가는 길에 소주 근처에서 이 담대호儋臺湖를 지나게 된다. - 최부(2004). **표해록** (서인범, 주성지 역) (pp.87-88, 239, 582). 서울 : 한길사. 「漂海錄」: 至寶帶橋. 橋又有虹門五十五穴. 正舟車往來之衝, 跨儋臺湖. 湖山饒景. 望若橫帶. 卽鄒應博所重建也.

도 기뻐하지 않고 천하게 되어도 노여워하지 않으며, 진실로 백성들에게 이익이 되도록 하고 청렴하게 처신하며, 윗사람을 섬기는 마음으로 아랫사람을 도운 인물'로 평가하고 있다.[216]

위의 「제자열전」에는 담대멸명이 너무 못생겨서 처음에 공자가 그의 사람됨을 무시한 것으로 되어 있는데,『한비자』「현학」편은 담대멸명의 외모에 대해 반대로 기술하고 있다.[217] 담대멸명의 외모가 군자의 외모를 하고 있어서 공자가 제자로 받아들였는데 오랜 기간 함께 지내보니 행실이 외모에 걸맞지 않았고, 재여의 말이 아름다워서 그를 제자로 받아들였는데 오랜 기간 함께 지내보니 그의 지혜가 말에 걸맞지 않았다는 것이다. 그래서 공자가 "외모를 보고 사람을 취해 담대멸명으로 실수하였고, 말을 보고 사람을 취해 재여로 실수하였다."고 했다는 것이다. 『한비자』의 이 이야기는 공자도 외모나 말에 넘어가 사람을 잘못 취했는데, 당시의 군주들이 유세하는 학자들에게 속아 넘어가기 쉽다는 것을 강조하는 과정에서 나온 말이다. 한비자에게는 담대멸명의 외모가 잘생겼는지 못생겼는지는 별로 중요하지 않았고, 전승되는 이야기를 자신의 논리를 전개하는 데 편리하게 활용했을 것이다. 『가어』「자로초견」편도『한비자』「현학」편과 같은 입장에서 담대멸명의 외모를 평가하고 있다.[218] 『논어』에는 한 번밖에 등장하지 않지만 담대멸명은『사

---

[216] 『孔子家語』「弟子行」: 貴之不喜, 賤之不怒, 苟利於民矣, 廉於行己, 其事上也, 以佑其下, 是澹臺滅明之行也.

[217] 『韓非子』「顯學」: 澹臺子羽, 君子之容也, 仲尼幾而取之, 與處久而行不稱其貌. 宰予之辭, 雅而文也, 仲尼幾而取之, 與處久而智不充其辯. 故孔子曰, 以容取人乎, 失之子羽, 以言取人乎, 失之宰予.

[218] 『孔子家語』「子路初見」: 澹臺子羽有君子之容, 而行不勝其貌, 宰我有文雅之辭, 而智不克其辯. 孔子曰, 里語云, 相馬以輿, 相士以居, 弗可廢矣. 以容取人, 則失之子羽, 以辭取人, 則失之宰予. 孔子曰, 君子以其所不能畏人, 小人以其所不能不信人. 故君子長人之才, 小人抑人而取勝焉.

기」「유림열전」에 언급될 정도로 상당한 지명도를 가지고 있었고, 많은 제자들이 따르던 군자였다.

4 염치와 청빈의 원헌

『사기』「제자열전」에는 원헌原憲에 대해 다음과 같이 기록되어 있다.

원헌의 자는 자사子思다. 원헌이 부끄러움에 대해 묻자 공자는 "나라에 도가 있을 때 관직에 나가 녹을 받아야 하는데, 나라에 도가 없는데도 관직에 나가 녹을 받는 것이 부끄러운 일이다."라고 대답했다. 원헌이 "다른 사람을 이기려고 하거나, 자랑하거나, 원망하거나, 탐욕을 부리지 않으면 어질다고 할 수 있습니까?"라고 물었다. 공자는 "그것이 어려운 일이기는 하지만 어질다고 할 수 있을지는 모르겠다."라고 대답했다. 공자가 사망한 후에 원헌은 세상을 등지고 초야에 살고 있었다. 자공은 위나라에서 재상 직위에 있었는데, 네 마리의 말이 끄는 마차를 타고 호위병과 함께 원헌을 찾아왔다. 원헌은 낡아빠진 관과 옷을 걸치고 자공을 맞이하였다. 자공이 그것을 수치로 여겨 "무슨 병이라도 들었습니까?" 하고 물었다. 이에 원헌은 "내가 듣기로는 재물이 없는 것을 가난이라고 하고, 배우고도 실행하지 않는 사람을 병들었다고 합니다. 나는 가난한 것이지 병든 것이 아닙니다."라고 대답했다. 자공은 몹시 부끄러워하며 언짢게 떠났고, 평생 자신의 그 말이 잘못이었음을 부끄러워했다.[219]

---
219 『史記』「仲尼弟子列傳」: 原憲, 字子思. 子思問恥, 孔子曰, 國有道穀, 國無道穀, 恥也. 子思曰, 克伐怨欲不行焉, 可以爲仁乎. 孔子曰, 可以爲難矣, 仁則吾弗知也. 孔子卒,

「제자열전」 중 앞에 나오는 부끄러움에 대한 문답은 『논어』「헌문」 편 1장에 나오는 내용이다.[220] 「헌문」편의 방邦이 「제자열전」에서는 국國으로 바뀌었지만 의미상 큰 차이는 없다. 여기서 '나라에 도가 있을 때 관직에 나가 녹을 받는 것[國有道穀]'을 일반적으로는 주자의 해석에 따라 '나라에 도가 있을 때는 (제대로 일을 하지도 않으면서) 녹만 먹는 것이 부끄러운 일이고'라고 해석하고 있다.[221] 그렇지만 『논어』「태백」편 13장에 있는 비슷한 내용을 참고하면 '나라에 도가 있을 때는 관직에 나가 녹을 받아야 한다'로 해석하는 것이 옳을 것 같다. 「태백」편 13장에는 "천하에 도가 있으면 세상에 나와 벼슬을 해야 하고, 도가 없으면 숨어야 한다. 나라에 도가 있을 때는 가난하고 천한 것이 부끄러운 일이고, 나라에 도가 없을 때는 부유하고 귀한 것이 부끄러운 일이다."라고 되어있다.[222] 남북조시대의 남조 송나라의 배인裵駰이 『사기』에 주석을 붙인 책인 『사기집해』는 공안국도 '나라에 도가 있을 때는 당연히 녹을 먹어야 한다'고 하였다고 해설하였다.[223]

원헌은 『논어』에서 「헌문」편에 두 장에 걸쳐 등장하는 것 외에 「옹야」편 3장에 한 번 더 등장한다.[224] 원헌이 공자를 돕는 일을 맡게 되었다. 『논어주소』의 이 부분에 대한 하안何晏의 주注[225]와 『가어』「제자

原憲遂亡在草澤中. 子貢相衛, 而結駟連騎, 排藜藋入窮閻, 過謝原憲. 憲攝敝衣冠見子貢. 子貢恥之曰, 夫子豈病乎. 原憲曰, 吾聞之, 無財者謂之貧, 學道而不能行者謂之病. 若憲貧也, 非病也. 子貢慙, 不懌而去, 終身恥其言之過也.

220 『論語』「憲問」: 憲問恥, 子曰, 邦有道穀, 邦無道穀, 恥也.
221 『論語集註』「憲問」注 : 邦有道 不能有爲.
222 『論語』「泰伯」: 天下有道則見, 無道則隱. 邦有道, 貧且賤焉, 恥也. 邦無道, 富且貴焉, 恥也.
223 『史記集解』「仲尼弟子列傳」集解 : 孔安國曰, 穀, 祿也. 邦有道, 當食祿.
224 『論語』「雍也」: 原思爲之宰, 與之粟九百, 辭. 子曰, 毋, 以與爾隣里鄕黨乎.
225 『論語注疏』「雍也」注 : 孔子爲魯司寇, 以原憲爲家邑宰.

해」²²⁶는 공자가 노나라에서 대부의 지위인 사구를 맡았을 때, 그에 대한 봉록으로 내려진 식읍을 관리하는 재宰가 된 것이라고 설명하고 있다. 공자는 원헌에게 곡식 900단위를 급여로 준다. 원헌이 이를 사양하자 공자는 사양하지 말고 받으라고 하면서, 이웃이나 고을 사람에게 나누어주라고 한다. 공자를 돕는 일을 맡길 정도면 원헌은 성실한 사람이었음을 짐작할 수 있다. 그런데 원헌은 급여를 받지 않겠다고 한다. 자신은 봉사활동으로 생각했지 급여를 받기 위해 그 일을 맡지 않았다는 의미일 것이다. 공자는 그런 원헌의 마음을 알고 그래도 받으라고 한다. 일의 대가는 받아야 한다는 원칙이 있었을 것이다. 원헌이 집안 형편이 좋아서 그런 여유를 부릴 수 있었는지, 가난하면서도 재물에 욕심이 없었는지는 알 수 없지만, 그 급여를 받아서 사용할 생각이 없으면 형편이 어려운 사람들에게 나누어 주더라도 받을 것은 받아야 한다는 의미일 것이다. 이 이야기는 같은 장에서 부유한 공서화가 먼 길을 떠날 때 염유가 그 어머니의 생활비로 너무 많은 곡식을 지급하자 공자가 염유에게 핀잔을 주는 이야기 바로 다음에 나온다.²²⁷ 여기서 공자는 일을 한 대가는 반드시 지급하되, 지나치게 많이 주는 것은 바람직하지 않다고 생각했다는 것을 알 수 있다.

위의 「제자열전」에서 소개한 『논어』「헌문」편 1장의 '나라에 도가 있을 때 관직에 나가 녹을 받는 것'과 「옹야」편 3장의 '원헌이 공자를 위해 일하고 급여를 받는 것'은 사실 이어지는 내용이다. 급여를 사양하는 원헌에게 '나라에 도가 있을 때' 즉 공자가 사구로서 노나라의 국

---

226 『孔子家語』「七十二弟子解」: 原憲, 宋人, 字子思, 少孔子三十六歲. 淸淨守節, 貧而樂道, 孔子爲魯司寇, 原憲嘗爲孔子宰, 孔子卒後, 原憲退隱, 居于衛.
227 『論語』「雍也」: 子華使於齊, 冉子爲其母請粟. 子曰, 與之釜, 請益, 曰, 與之庾, 冉子與之粟五秉. 子曰, 赤之適齊也, 乘肥馬, 衣輕裘, 吾聞之也, 君子周急, 不繼富.

정을 운영할 당시에는 급여를 받는 것이 옳다는 의미로 소개한 것이다. 그런데 『사기』「공자세가」에 따르면 공자가 사구 벼슬을 할 때는 정공 14년(기원전 496)인 56세 때다. 위에서 언급한 『가어』「제자해」에는 원헌이 공자보다 36세 연하라고 되어있다. 둘 다 사실이라면 갓 스무 살인 원헌이 공자를 도와 재宰 벼슬을 했다는 이야기가 된다. 조금 무리한 설정이다. 「제자해」에는 원헌에 대한 몇 가지 정보가 더 있다.

> 원헌은 송나라 사람으로, 자字가 자사子思이고, 공자보다 36세 연하다. 깨끗하고 맑아서 절개를 지켰으며, 가난하지만 도를 즐겼다. 공자가 노나라에서 사구 벼슬을 할 때 공자의 재로 삼은 일이 있다. 공자 사후에 원헌은 물러나 위나라에서 살았다.

여기서는 원헌을 송나라 사람이라고 했지만, 『논어주소』「옹야」편에 대한 형병邢昺의 소疏는 정현鄭玄이 원헌을 '노나라 사람'이라고 했다고 전하고 있다.[228] 「제자해」에서 원헌을 "깨끗하고 맑아서 절개를 지켰으며, 가난하지만 도를 즐겼다."고 했는데 사마천도 『사기』「유협열전」에서 원헌의 성품에 대해 높게 평가하고 있다.

> 계차나 원헌 같은 사람들은 누추한 곳에 살았지만, 글을 읽어 홀로 군자의 덕을 행하려는 마음을 품고 있었고, 뜻이 그 시대에 구차하게 영합하려 하지 않았는데, 그 시대 사람들 또한 그들을 비웃었다. 그래서 계차와 원헌은 평생 쑥대로 문을 단, 세간이 없는 집에서 베옷과 나물밥을 먹고 살았지만 그것을 만족하게 여겼다. 죽은 지 벌써 400여 년이 지났지만, 제

---

228 『論語注疏』「雍也」疏 : 鄭玄曰, 魯人.

자들은 그 뜻을 잇는 일을 게을리 하지 않는다. …… 만일 시골의 협객들과 계차·원헌의 권세와 역량을 비교한다면, 그 시대에 이룬 공적을 가지고는 함께 논의할 수 없을 것이다.[229]

사마천은 원헌을 가난하게 살면서도 자신의 뜻을 지킨 유협으로 생각하고 있었다. 400여 년이 지난 후에도 제자들이 뜻을 잇는다는 말의 의미는 한나라 때 원헌과 계차를 따르는 학파가 있었다는 의미라기보다는 사마천 당시에도 그들의 정신을 기억하고 있다는 정도로 이해하는 것이 좋을 것 같다.

위의 「제자열전」에서 소개한 「헌문」편 2장[230]의 어짊에 대한 질문에서 원헌은 구체적인 실천 항목에 대해 질문한다. 즉 '다른 사람을 이기려고 하거나, 자랑하거나, 원망하거나, 탐욕을 부리지 않는 것'을 지키면 어질다고 할 수 있는지 묻는다. 공자는 그런 것들도 사실 실천하기 어렵지만 그것 자체가 어짊은 아니라고 가르친다. 어질어지기 위한 필요조건이지 필요충분조건은 아니라는 것이다. 어진 마음을 중요시한 대답일 것이다.

「제자열전」 원헌 소개 마지막에 나오는 원헌과 자공의 대화는 『장자』「양왕」편에도 나오는 이야기다. 「양왕」편의 이야기를 자세히 소개하면 다음과 같다.

원헌이 노나라에 있을 때에 담이 벽이 되는 집에, 잡초로 지붕을 덮고, 쑥

---

[229] 『史記』「游俠列傳」: 及若季次·原憲, 閭巷人也, 讀書懷獨行君子之德, 義不苟合當世, 當世亦笑之. 故季次·原憲終身空室蓬戶, 褐衣疏食不厭. 死而已四百餘年, 而弟子志之不倦. …… 誠使鄕曲之俠, 予季次·原憲比權量力效功於當世, 不同日而論矣.
[230] 『論語』「憲問」: 克伐怨欲不行焉, 可以爲仁矣. 子曰, 可以爲難矣, 仁則吾不知也.

대로 문을 만들었지만 완전치 못했으며, 뽕나무로 문의 지도리를 만들고, 깨진 독으로 창문을 만든 방이 두 개였으며, 창을 누더기로 가리고 있었다. 위에서 비가 새어 아래 바닥은 축축한데, 원헌은 반듯이 앉아 거문고를 타고 있었다. (원헌에게) 자공이 큰 마차를 타고 왔는데, 마차 안은 감색으로 치장했고, 덮개는 흰색으로 치장했다. 마차가 커서 좁은 골목으로 들어올 수 없었다. 자공이 가서 원헌을 만나니, 원헌은 나무껍질 갓을 쓰고 너덜너덜한 신을 신고 명아주 지팡이를 짚고 문에 나가 마중하였다. 자공이 원헌에게 "아, 무슨 병이라도 들었습니까?"라고 물었다. 원헌은 "내가 알기로는 재물이 없는 것을 가난이라고 하고, 배운 것을 실천하지 못하는 것을 병이라고 합니다. 나는 가난한 것이지 병든 것이 아닙니다."라고 대답했다. 자공은 뒷걸음치며 부끄러워했다. 원헌은 웃으면서 "세상의 평판을 바라서 행동하고, 주위 사람들을 모아 친구를 만들며, 남들에게 칭찬듣기 위해 학문을 하며, 남을 가르치면서 자기의 이익만을 좇으며, 인의를 내세우면서 나쁜 짓을 하고, 수레와 말로 자신을 꾸미는 짓은 나는 차마 하지 못합니다."라고 했다.[231]

깨끗하고 맑아서 절개를 지켰으며, 가난하지만 도를 즐긴 원헌의 모습은 도가의 가치관으로 볼 때도 좋게 받아들여졌을 것이다. 반면, 부와 명예를 누린 자공은 도가의 입장에서 배척해야 할 인물이었다. 그런 이유로 두 사람을 비교하는 전승이 도가에 전해졌을 것이다. 이 이야기

---

[231] 『莊子』「讓王」: 原憲居魯, 環堵之室, 茨以生草, 蓬戶不完, 桑以爲樞. 而甕牖二室, 褐以爲塞, 上漏下濕, 匡坐而弦. 子貢乘大馬, 中紺而表素, 軒車不容巷, 往見原憲. 原憲華冠縦履, 杖藜而應門. 子貢曰, 嘻, 先生何病. 原憲應之曰, 憲聞之, 無財謂之貧, 學而不能行謂之病. 今憲貧也, 非病也. 子貢逡巡而有愧色. 原憲笑曰, 夫希世而行, 比周而友, 學以爲人, 教以爲己, 仁義之慝, 輿馬之飾, 憲不忍爲也.

는 『외전』 1권에도 채택되었다.²³² 『외전』의 이야기는 『장자』 「양왕」편의 이야기와 세부적으로 조금 차이가 나고 살을 더 붙여서 전하고 있다. 여기서는 닥나무로 만든 원헌의 관은 바로 쓰려고 하면 갓끈이 떨어지고, 옷깃을 바로 여미면 팔꿈치가 드러나며, 신을 바로 신으면 발꿈치가 터질 지경인 모습으로 원헌의 모습을 자세히 묘사하고 있다. 그리고 자공이 돌아간 후 "원헌이 지팡이를 끌고 천천히 걸으면서 상나라 노래를 부르며 돌아오는데, 그 소리가 천지에 가득 차고 쇠나 돌에서 나는 소리 같았다."라는 구절로, 가난한 삶을 즐기는 그의 모습을 추가했다. 또, 한영은 '천자도 신하로 삼지 못하고, 제후도 친구로 삼지 못한다. 그러므로 몸을 기르는 자는 집안일을 잊고, 뜻을 기르는 자는 몸을 잊는다. 몸도 아끼지 않거늘 누가 감히 욕되게 하겠는가'라는 교훈을 덧붙였다. 마지막으로 관련된 『시경』의 시도 소개하는데 "내 마음은 돌이 아니니 굴릴 수가 없고, 내 마음은 자리가 아니니 둘둘 말 수가 없네."라는 시다.

이 이야기는 『신서』 「절사」편에도 소개되어 있는데,²³³ 뽕나무 잎으

---

232 『韓詩外傳』券一: 原憲居魯, 環堵之室, 茨以蒿萊, 蓬戶甕牖, 揉桑而無樞, 上漏下濕, 匡坐而絃歌. 子貢乘肥馬, 衣輕裘, 中紺而表素, 軒車不容巷而往見之. 原憲楮冠黎杖而應門, 正冠則纓絕, 振襟則肘見, 納履則踵決. 子貢曰, 嘻, 先生何病也. 原憲仰而應之曰, 憲聞之, 無財之謂貧, 學而不能行之謂病, 憲貧也, 非病也. 若夫希世而行, 比周而友, 學以爲人, 教以爲己, 仁義之匿, 車馬之飾, 衣裘之麗, 憲不忍爲之也. 子貢逡巡, 面有慙色, 不辭而去. 原憲乃徐步曳杖, 歌商頌而反, 聲淪於天地, 如出金石. 天子不得而臣也, 諸侯不得而友也, 故養身者忘家, 養志者忘身. 身且不愛, 孰能忝之. 詩曰, 我心匪石, 不可轉也, 我心匪席, 不可卷也.

233 『新序』「節士」: 原憲居魯, 環堵之室, 茨以生蒿, 蓬戶甕牖, 揉桑以爲樞, 上漏下濕, 匡坐而絃歌. 子贛聞之, 乘肥馬, 衣輕裘, 中紺而表素, 軒車不容巷, 往見原憲. 原憲冠桑葉冠, 杖黎杖而應門, 正冠則纓絕, 衽襟則肘見, 納履則踵決. 子贛曰, 嘻, 先生何病也. 原憲仰而應之曰, 憲聞之, 無財之謂貧, 學而不能之謂病, 憲貧也, 非病也. 若夫希世而行, 比周而交, 學以爲人, 教以爲己, 仁義之慝, 輿馬之飾, 憲不忍爲也. 子贛逡巡, 面有愧色, 不辭而去. 原憲曳杖拖履, 行歌商頌而反, 聲滿天地, 如出金石. 天子不得而臣也, 諸侯不得

로 만든 관을 썼다거나, 옷을 아름답게 치장한다는 말이 빠진다거나, 몸을 기르는 자는 집안일을 잊는다는 말이 빠지는 등의 세부적인 작은 차이를 제외하면 『외전』의 내용과 거의 같다. 이 이야기는 『열자』 「양주」편에도 채택되었는데 도가의 입장에서 두 사람 모두를 비판하고 있다. 원헌처럼 가난하게 사는 것도 생명을 손상시키는 것이고, 자공처럼 돈을 많이 모으는 것도 몸에 누를 끼치는 것이므로 삶을 즐기고 몸을 편안하게 하는 것이 좋다는 입장을 취하고 있다.[234]

원헌과 자공을 비교한 이야기는 그 외에도 다양한 문헌에 소개되어 있다. 『사기』 「화식열전」에는 원헌과 자공이 조금 다른 시각으로 소개되어 있다.[235] 「화식열전」이 부를 이룬 사람들의 이야기이니만큼 여기서는 자공 위주로 서술되어 있다. 원헌은 세력을 얻어 세상에 드러나게 된 자공에 대비되어 가난하게 사는 초라한 모습으로만 그려져 있다.

원헌은 『예기』 「단궁상」편에도 등장한다.[236] 중헌仲憲이란 이름으로 등장하는데, 후한의 정현鄭玄의 주석에 따르면 중헌은 원헌이다. 여기서 중헌은 "하나라 때는 장례식에서 명기明器를 사용했는데 이유는 백성들에게 죽은 사람은 아는 것이 없다는 것을 보여주는 것이고, 은나라 때는 장례식에서 제기祭器를 사용했는데, 백성들에게 죽은 사람이 아

而友也. 故養志者忘身. 身且不愛, 孰能累之. 詩曰, 我心匪石, 不可轉也, 我心匪席, 不可卷也, 此之謂也.

[234] 『列子』「楊朱」: 楊朱曰, 原憲窶於魯, 子貢殖於衛. 原憲之窶損生, 子貢之殖累身. 然則窶亦不可, 殖亦不可, 其可焉在. 曰, 可在樂生, 可在逸身. 故善樂生者不窶, 善逸身者不殖.

[235] 『史記』「貨殖列傳」: 子贛既學於仲尼, 退而仕於衛, 廢著鬻財於曹魯之閒, 七十子之徒, 賜最爲饒益. 原憲不厭糟穅, 匿於窮巷. 子貢結駟連騎, 束帛之幣以聘享諸侯, 所至, 國君無不分庭與之抗禮. 夫使孔子名布揚於天下者, 子貢先後之也. 此所謂得埶而益彰者乎.

[236] 『禮記』「檀弓上」: 仲憲言於曾子曰, 夏后氏用明器, 示民無知也, 殷人用祭器, 示民有知也, 周人兼用之, 示民疑也. 曾子曰, 其不然乎 其不然乎. 夫明器鬼器也, 祭器人器也. 夫古之人胡爲而死其親乎.

는 것이 있다는 뜻이며, 주나라 때는 명기와 제기를 같이 사용했는데 죽은 사람이 아는 것이 있는 것 같기도 하고 없는 것 같기도 하다는 것을 보여주기 위한 것이다."라고 해석했다. 이에 대해 증자는 아니라고 하면서 "하나라 사람이라고 부모가 돌아가시면 아무 것도 모르는 존재로 대우하였겠는가?" 하고 반박한다. 여기서의 원헌의 모습은 잘난 증자를 돋보이게 하는 역할인데, 아마도 증자 계통의 전승이 『예기』에 채택된 것으로 보인다.

위에서 살펴본 것처럼 원헌은 한두 문헌을 제외하면 염치를 알고 청빈한 삶을 살았던 사람으로 평가되고 있다.

5   중원의 멋쟁이 공서화

『사기』「제자열전」에는 공서화公西華에 대해 다음과 같이 기록되어 있다.

> 공서적의 자字는 자화로 공자보다 42세 연하다. 공서화가 제나라로 공자의 심부름을 갈 때 염유가 공서화의 어머니가 쓸 곡식을 주자고 했다. 공자가 "1부釜를 줘라."라고 하자 염유가 좀 더 주기를 청했는데 공자는 "1유庾를 줘라."라고 했다. 염유는 5병秉을 주었다. 이것을 알게 된 공자는 "적(공서화)이 제나라로 갈 때 보니 살찐 말을 타고, 가죽옷을 입고 가더라. 내가 알기로는 군자는 급한 용도가 있는 사람은 보살펴주고, 부유한 사람에게는 보태주지 않는다."라고 하였다.[237]

....
237   『史記』「仲尼弟子列傳」: 公西赤, 字子華. 少孔子四十二歲. 子華使於齊, 冉有爲其母

이 이야기는 『논어』 「옹야」편 3장의 앞부분에 나온다.[238] 여기에서 공서화는 제나라로 파견된 것으로 설정되어 있다. 공자 학단의 일로 파견된 것인지, 노나라의 나랏일로 파견되었는지는 명확하지 않다. 당시 염유가 공자의 비서 역할을 하고 있었을 가능성도 있다. 염유는 공서화가 제나라로 파견된 동안 공서화의 어머니가 쓸 비용을 주자고 하였다. 공자가 1부釜(6말 4되)를 주라고 하자, 염유는 더 주어야 한다고 했다. 이에 공자가 1유庾(16말)를 주라고 했다. 염유는 공자의 명을 어기고 5병秉(80섬)을 주었다. 이것을 알게 된 공자는 염유에게 공서화가 부유하기 때문에 많이 줄 필요가 없었다고 한다. 공자가 공서화를 부유하다고 한 근거는 '살찐 말을 타고, 가죽옷을 입는 것'이었다. 요즘으로 치면 고급 승용차를 타고, 명품 옷을 입었다는 이야기다. 이는 공서화가 부유할 뿐 아니라 옷차림에 신경을 쓰는 제자였음을 시사하고 있다. 이런 공서화에 대한 이야기는 후세에도 전해져, 시교尸佼[239]가 쓴 것으로 전해지는 『시자』 하권에 그는 공자의 의복을 보필해주는 사람으로 나타난다.

공자의 의지가 확실히 서지 않을 때는 자로가 보필하였고, 공자의 의복이 갖추어지지 않을 때는 공서화가 보필하였으며, 공자의 예절이 적절하지 못할 때는 자공이 보필하였고, 공자의 말이 제대로 되지 않을 때는 재아

....

請粟. 孔子曰, 與之釜. 請益, 曰, 與之庾. 冉子與之粟五秉. 孔子曰, 赤之適齊也, 乘肥馬, 衣輕裘. 吾聞, 君子周急, 不繼富.
[238] 『論語』 「雍也」: 子華使於齊, 冉子爲其母請粟. 子曰, 與之釜. 請益, 曰, 與之庾. 冉子與之粟五秉. 子曰, 赤之適齊也, 乘肥馬, 衣輕裘. 吾聞之也, 君子周急, 不繼富.
[239] 시교(尸佼): 전국시대 진(秦)나라의 효공(孝公)에게 발탁되어 법가적 정치를 펼친 상앙(商鞅)의 식객 혹은 스승으로 알려진 인물.

가 보필하였으며, 고금의 일을 잊어버릴 때는 안회가 보필하였고, 작은 것들을 조절해야 할 때는 염백우가 보필하였다. 공자는 "내가 이 여섯 제자들이 스스로 힘쓰도록 하려는 것이다."라고 하였다.[240]

공서화는 몸치장을 잘 했을 뿐만 아니라, 그 태도도 예법에 맞아 남에게 호감을 주는 형이었다. 『가어』「제자해」에는 공서화를 '관복을 입고 조정에서 일하였는데, 주인과 빈객의 의례에 능하였다.'고 소개하고 있다.[241] 이 이야기는 『논어』「공야장」편 7장의 후반부에 나오는 이야기를 근거로 하고 있다.[242] 맹무백孟武伯이란 사람이 공자에게 몇몇 제자들에 대해 물었을 때 공자는 공서화에 대해 "적(공서화)은 관복을 입고 조정에서 일하면서, 외국 손님과 이야기하게 할 수는 있겠지만 그가 어진 사람인지는 모르겠습니다."라고 하였다. 예법에 맞는 언행으로 외교 업무를 잘 수행할 것으로 평하면서도 공자가 최고의 품성으로 꼽는 어진 사람인지는 모르겠다고 유보적으로 대답한 것이다. 『가어』「종기해」편에는 공서화가 공자의 장례식 때 염과 매장을 맡았다고 기록되어 있는데, 예법에 정통하다는 그의 이미지와 관계가 있을 것이다.[243]

자공은 공서화에 대해 '단정하면서도 엄숙하고, 뜻에 통달하였으면서도 예를 좋아하며, 임금들이 만나 회담할 때의 의전을 독실하면서도

---

240 『尸子』券下: 仲尼志意不立, 子路侍, 儀服不修, 公西華侍, 禮不習, 子貢侍, 辭不辨, 宰我侍, 亡忽古今, 顔回侍, 節小物, 冉伯牛侍. 曰, 吾以夫六子自厲也.
241 『孔子家語』「七十二弟子解」: 公西赤, 魯人, 字子華. 少孔子四十二歲. 束帶立朝, 閑賓主之儀.
242 『論語』「公冶長」: 孟武伯問, 子路仁乎. 子曰, 不知也. 又問, 子曰, 由也, 千乘之國, 可使治其賦也, 不知其仁也. 求也何如. 子曰, 求也, 千室之邑, 百乘之家, 可使爲之宰也, 不知其仁也. 赤也何如. 子曰, 赤也, 束帶立於朝, 可使與賓客言也, 不知其仁也.
243 『孔子家語』「終記解」: 孔子之喪, 公西赤掌殯葬焉.

절도에 맞게 할 인물'²⁴⁴로 평가했다. 친화력을 가진 공서화는 부모를 모실 때도 친구를 대하듯이 모셨다는 이야기가 『회남자』「제속훈」에 전해진다.²⁴⁵

공서화는 겸손한 성품을 가지고 있었다. 이런 공서화의 모습은 『논어』「선진」편 25장에서도 소개되어 있다. 이 장은 공자가 자로·염유·공서화·증석과 함께 있을 때, 남들이 자신을 알아줘서 관료로 기용한다면 어떻게 할 것인지 묻고 제자들이 대답하는 내용이다. 이 질문에 공서화는 "잘 할 수 있다는 말이 아니라 배우고 싶은 것이 있습니다. 종묘의 제사나 제후들의 회동에서 예법에 맞는 의관을 갖추고, 의례를 돕는 낮은 관리가 되고 싶습니다."라고 대답한다.²⁴⁶ 공서화는 몸치장과 예법에 맞는 언행으로, 낮은 직급으로 나라의 의례에 참여하는 정도면 만족한다는 뜻을 보인 것이다. 공자는 공서화의 말에 별다른 반응을 보이지 않는다. 다른 제자들이 나간 후 이를 의아하게 여긴 증석이 공자에게 "적(공서화)이 말한 것은 나라를 다스리는 일이 아닙니까?"라고 묻자 공자는 "종묘의 제사나 회동이 제후의 일이 아니고 무엇이겠어? 적(공서화)이 하찮은 일을 맡는다면 누가 큰 일을 맡겠어?"라고 대답한다. 공서화의 말을 지나치게 겸손하여 포부가 작다고 평가한 것이다.²⁴⁷

겸손한 공서화의 성격은 『논어』「술이」편 33장에도 보인다. 공자가 "성인이나 어진 사람이야 내가 어찌 감히 따라갈 수 있으랴만 그분들의

---

²⁴⁴ 『孔子家語』「弟子行」: 齊莊而能肅, 志通而好禮, 擯相兩君之事, 篤雅有節, 是公西赤之行也.
²⁴⁵ 『淮南子』「齊俗訓」: 故公西華之養親也, 若與朋友處, 曾參之養親也, 若事嚴主烈君, 其于養一也.
²⁴⁶ 『論語』「先進」: 赤爾何如. 對曰, 非曰能之, 願學焉. 宗廟之事, 如會同, 端章甫, 願爲小相焉.
²⁴⁷ 『論語』「先進」: 唯赤則非邦也與. 宗廟會同, 非諸侯而何. 赤也爲之小, 孰能爲之大.

행동을 따라 하기를 싫어하지 않고, 사람들을 가르치는 것을 게을리 하지 않는 것이라면 그렇다고 말할 수 있다."고 하자 공서화가 "그것이 바로 제가 배울 수 없는 점입니다."라고 하여 자신을 낮추고 공자를 높였다.[248] 상대방을 기분 좋게 해주는 이런 말솜씨도 그가 외교 업무에 종사하게 만든 요인 중 한 가지가 되었을 것이다.

『논어』「선진」편 21장에는 "의를 들으면 바로 행해야 합니까?"라는 자로와 염유의 질문에 공자가 다르게 대답하는 장면이 나온다.[249] 자로에게는 부모가 계시니 함부로 경거망동 하지 말라고 하고, 염유에게는 들으면 바로 행해야 한다고 가르친다. 이런 공자의 모습을 본 공서화가 같은 질문에 서로 다르게 대답하는 이유를 묻자 공자는 각자의 특성에 맞게 가르친 것이라고 대답한다. 단순한 질문자의 역할이기는 하지만 공자의 말에서 차이점을 예리하게 파악하는 그의 능력이 돋보인다. 이런 자질도 그가 외교 업무를 수행하는 데 도움이 되었을 것이다.

---

[248] 『論語』「述而」: 子曰, 若聖與仁, 則吾豈敢. 抑爲之不厭, 誨人不倦, 則可謂云爾已矣. 公西華曰, 正唯弟子不能學也.

[249] 『論語』「先進」: 子路問, 聞斯行諸. 子曰, 有父兄在, 如之何其聞斯行之. 冉有問, 聞斯行諸. 子曰, 聞斯行之. 公西華曰, 由也問聞斯行諸, 子曰有父兄在, 求也問聞斯行諸, 子曰聞斯行之, 赤也惑. 敢問. 子曰, 求也退, 故進之, 由也兼人, 故退之.

무명

1   자유로운 영혼 뢰

『사기』「제자열전」에는 뢰牢라는 제자의 이름이 없다. 『가어』「제자해」편에는 뢰에 대해 다음과 같이 기록되어 있다.

금뢰琴牢는 위衛나라 사람이다. 자字는 자개子開, 또 하나의 자字는 장張이다. 종로宗魯와 친구였는데, 종로가 죽어 조문을 가려고 하자 공자는 "의가 아니다."라고 허락하지 않았다.[250]

뢰牢라는 이름은 '소의 우리'란 의미다. 혹시 소 우리에서 태어났나 하는 생각도 하게 만든다. 「제자해」에 따르면 뢰의 자字 중에 한 가지가 장張이어서 성과 자를 붙여 금장琴張으로 불리기도 한다. 그는 『논어』에 한 번 등장하는데, 「자한」편 6장 끝부분에서 "선생님께서는 '내가 등용되지 못했기 때문에 여러 기예를 익혔다'라고 하셨다."라는 한 마

-----
[250] 『孔子家語』「七十二弟子解」: 琴牢, 衛人, 字子開, 一字張. 與宗魯友, 聞宗魯死, 欲往弔焉, 孔子弗許曰, 非義也.

디를 보태는 것이 전부다.²⁵¹ 『논어』에서 그에 관한 내용은 이것이 전부다. 「자한」편 6장에서 태재太宰라는 직위를 가진 사람이 공자의 다재다능함을 비꼬면서 공자가 성인인지 묻자, 자공이 공자는 무한한 덕을 가진 성인이시고 재능이 많으신 분이라고 인정한다. 이 말을 들은 공자는 태재가 자신을 안다고 평가한다. 자신이 젊었을 때 미천했기 때문에 여러 잡다한 일에 능하게 되었는데, 군자는 여러 가지 일에 재능이 많을 필요는 없다고 한다. 뢰의 말은 공자의 이 말을 다시 한 번 전하는 것에 그친다. 거의 사족이나 마찬가지다. 이 말은 『사기』「공자세가」에도 소개되어 있는데, 『논어』「자한」편 2장에 나오는, 달항 마을 사람들의 공자에 대한 평가와 공자의 반응²⁵² 뒤에 한 말로 설정되어 있다.²⁵³ 「제자열전」에 뢰, 즉 금장琴張이 소개되지 않은 이유가 『논어』에서의 역할이 미미해서 그럴 수도 있겠다.

위의 「제자해」에 나오는, 공자가 친구의 조문을 가려고 하는 금장(뢰)을 말린 이야기는 『춘추좌씨전』 소공昭公 20년(기원전 522) 조의 전傳에 나오는 내용이다.

> 금장琴張이 종로宗魯가 죽었다는 소식을 듣고 조문을 가려고 하자 공자는 "제표齊豹가 맹집孟縶을 암살한 것이 종로 때문에 생긴 일인데 너는 왜 그 사람의 상에 조문을 가려가 하지? 군자는 간사한 사람의 녹을 먹지 않고,

---

251 『論語』「子罕」: 大宰問於子貢曰, 夫子聖者與, 何其多能也. 子貢曰, 固天縱之將聖, 又多能也. 子聞之曰, 大宰知我乎. 吾少也賤故, 多能鄙事. 君子多乎哉, 不多也. 牢曰, 子云, 吾不試故藝.
252 『論語』「子罕」: 達巷黨人曰, 大哉孔子, 博學而無所成名. 子聞之, 謂門弟子曰, 吾何執, 執御乎, 執射乎, 吾執御矣.
253 『史記』「孔子世家」: 達巷黨人曰, 大哉孔子, 博學而無所成名. 子聞之曰, 我何執, 執御乎, 執射乎, 我執御矣. 牢曰, 子云, 不試, 故藝.

변란을 허용하지 않으며, 이익을 위해 사악한 데 물들지 않고, 사악한 마음으로 남을 대하지 않으며, 불의를 덮어주지 않고, 비례를 범하지 않는다."라고 했다.[254]

만약 이것이 역사적 사실이라면 공자 30세 때의 이야기가 된다. 그때 벌써 공자가 제자들을 모아서 가르쳤다면, 친구의 조문을 가겠다고 나선 뢰는 공자와 나이 차이가 많지 않은 제자일 것이다. 어쩌면 사마천은 이런 앞뒤 관계를 고려해 뢰가 공자의 제자가 아니라고 생각했을 가능성도 있다. 그런데 종로라는 사람은 어떤 사람일까? 『춘추좌씨전』 소공 20년 조의 전傳에는 종로가 위衛나라의 반란 사건에 연루되었음을 시사한다. 이 반란 사건은 상당히 복잡하게 얽혀있다. 공자가 종로의 죽음에 뢰가 조문가지 못하도록 만류한 것을 이해하기 위해 당시 사건을 소개한다.

위나라 제후 영공의 형, 즉 공맹公孟 집縶이 위나라의 사구인 제표를 무시하여 사구 직을 박탈하고, 제표의 식읍인 견 땅을 빼앗았다가, 일이 있으면 되돌려 주고, 일이 없으면 다시 빼앗았다. 공맹 집은 북궁희와 저사포도 미워하여 그들을 제거하려고 하였다. 한편 위나라 귀족 조齊는 영공의 아버지 양공의 부인, 즉 영공의 어머니 선강과 바람이 났다. 공맹 집에게 미움을 받던 제표, 북궁희, 저사포와 제후의 어머니와 바람을 피운 조가 반란을 일으켰다. 종로는 제표의 추천으로 공맹 집의 보좌관이 되어 있었다. 제표는 반란을 일으키려고 할 때 종로에게 "공맹이 선하지 않은

---

[254] 『春秋左氏傳』昭公 二十年 傳 : 琴張聞宗魯死, 將往弔之. 仲尼曰, 齊豹之盜, 而孟縶之賊, 女何弔焉. 君子 不食姦, 不受亂, 不爲利疚於回, 不以回待人, 不蓋不義, 不犯非禮.

것은 당신도 아는 바이니 그와 함께 수레를 타지 마시오. 내가 그를 죽이려고 합니다."라고 알려주었다. 종로는 "내가 당신의 추천으로 공맹을 섬기게 되었는데, 당신이 저를 아름다운 명성이 있는 사람으로 추천하였기 때문에 공맹이 나를 멀리 하지 않았습니다. 공맹이 선하지 않다는 것은 저도 알고 있지만, 이익 때문에 그를 떠나지 못하였으니 이것이 저의 잘못입니다. 지금 그에게 화가 닥칠 것을 듣고 도망간다면 이것은 저를 추천한 당신의 말을 거짓말로 만드는 것입니다. 당신은 뜻한 일을 하십시오. 저는 장차 이 일로 죽을 생각입니다. 비밀을 누설하지 않는 것으로 당신의 은혜에 보답하고 공맹에게 돌아가서 죽는 것이 옳을 것 같습니다."라고 대답하였다. 병진 일에 위나라 제후는 평수平壽에 있었다. 공맹이 개획문蓋獲門 밖에서 제사를 지내기로 하였는데 제표는 문 밖에서 장막을 쳐서 그 속에 갑사들을 매복시키고, 축사祝史 와釐에게는 섶을 실은 수레에 창을 숨겨 문을 막게 하고, 수레 한 대를 보내 공맹의 수레를 따라 성 밖으로 나오게 하였다. 화제華齊에게 공맹의 수레를 몰게 하였고, 종로는 그 수레를 같이 탔다. 수레가 굉중에 이르렀을 때 제표가 공맹을 치자 종로가 등으로 그 창을 막았는데, 창이 종로의 팔을 자르고 나가 공맹의 어깨에 꽂혔다. 제표는 그들 둘 다 죽였다.[255]

『춘추좌씨전』의 내용으로만 봐서는 종로가 그렇게 나쁜 사람인 것

---

[255] 『春秋左氏傳』昭公 二十年 傳: 衛公孟縶狎齊豹, 奪之司寇與鄩, 有役則反之, 無則取之. 公孟惡北宮喜褚師圃, 欲去之. 公子朝通于襄夫人宣姜, 懼 而欲以作亂, 故齊豹·北宮喜·褚師圃·公子朝作亂. 初, 齊豹見宗魯於公孟, 爲驂乘焉, 將作亂而謂之曰, 公孟之不善, 子所知也, 勿與乘, 吾將殺之. 對曰, 吾由子事公孟, 子假吾名焉, 故不吾遠也. 雖其不善, 吾亦知之, 抑以利故, 不能去, 是吾過也. 今聞難而逃, 是僭子也. 子行事乎, 吾將死之, 以周事子, 而歸死於公孟, 其可也. 丙辰, 衛侯在平壽. 公孟有事於蓋獲之門外, 齊子氏帷於門外, 而伏甲焉, 使祝鼃寘戈於車薪以當門, 使一乘從公孟以出. 使華齊御公孟, 宗魯驂乘. 及閎中, 齊氏用戈擊公孟, 宗魯以背蔽之, 斷肱, 以中公孟之肩. 皆殺之.

같지는 않다. 다만 공자 입장에서는 반란 사실을 자신이 섬기는 공맹 집에게 알리지 않은 것이 문제될 수는 있겠다. 오늘날의 입장에서는 공맹 집이 포악한 독재자였는지 아닌지에 따라 판단이 달라질 것 같다. 금장(뢰)은 그런 가치판단보다는 친구가 죽었으니 조문을 가겠다는 가치중립적인 입장에 서있다. 어찌되었든 사마천은 뢰를 무시했지만 『춘추좌씨전』은 그를 잊지 않고 기록했다. 이 이야기는 『가어』「곡례자하문」에도 소개되어 있다.[256]

뢰는 『논어』 외에도 몇몇 문헌에 등장한다. 우선 『맹자』에 등장한다. 『맹자』「진심하」편 37장에는 공자로부터 '뜻은 높아 옛사람들의 좋은 점을 본받아야 한다고 말하지만, 행실이 말에 걸맞지 않는 미숙한 인물'이라는 의미로 광광狂簡하다고 평가를 받은 인물들이 있다. 이 인물들에 증석曾晳·목피牧皮와 함께 금장琴張 즉 뢰의 이름[字]이 보인다.[257] 뢰는 최소한 무언가에 묶여있던 사람은 아니었던 듯하다.

『장자』「대종사」편 4장에는 자상호子桑戶·맹지반盟之反과 친하게 사귀던 자금장子琴張의 이야기가 나오는데,[258] 그는 세속의 예에 얽매이지

---

[256] 『孔子家語』「曲禮子夏問」: 孔子之弟子琴張, 與宗友衛齊豹, 見宗魯於公子孟縶, 孟縶以爲參乘焉, 及齊豹將殺孟縶, 告宗魯, 使行. 宗魯曰, 吾由子而事之, 今聞難而逃, 是僭子也. 子行事乎, 吾將死以事周子, 而歸死於公孟, 可也. 齊氏用戈擊公孟, 宗魯以背蔽之, 斷肱, 中公孟, 宗魯, 皆死. 琴張聞宗魯死, 將往弔之. 孔子曰, 齊豹之盜, 孟縶之賊也, 汝何弔焉. 君不食姦, 不受亂, 不爲利病於回, 不以回事人, 不蓋非義, 不犯非禮, 汝何弔焉. 琴張乃止.

[257] 『孟子』「盡心下」: 萬章問曰, 孔子在陳曰, 盍歸乎來, 吾黨之士狂簡進取, 不忘其初. 孔子在陳, 何思魯之狂士. 孟子曰, 孔子不得中道而與之, 必也狂獧乎. 狂者進取, 獧者有所不爲也, 孔子豈不欲中道哉, 不可必得故, 思其次也. 敢問何如, 斯可謂狂矣. 曰, 如琴張曾晳牧皮者, 孔子之所謂狂矣. 何以謂之狂也. 曰, 其志嘐嘐然也, 古之人古之人, 夷考其行而不掩焉者也. 狂者又不可得, 欲得不屑不潔之士而與之, 是獧也, 是又其次也.

[258] 『莊子』「大宗師」: 子桑戶·孟子反·子琴張, 三人相與友曰, 孰能相與於無相與, 相爲於無相爲. 孰能登天遊霧, 撓挑無極, 相忘以生, 無所終窮. 三人相視而笑, 莫逆於心, 遂相與爲友. 莫然. 有閒, 而子桑戶死, 未葬. 孔子聞之, 使子貢往待事焉. 或編曲, 或鼓琴.

않고 바깥 세계로 놀러 다니는 인물로 등장한다. 자상호가 죽자 공자는 자공을 보내어 장례를 도와주도록 하였다. 자공이 가보니 가관이었다. 맹지반과 자금장 즉 뢰가 한 사람은 거문고를 연주하고, 한 사람은 노래를 부르고 있었다. 놀란 자공이 "시신을 앞에 놓고 노래를 부르는 것이 예에 맞습니까?"하고 물었을 때 맹지반과 자금장 즉 뢰는 "이 사람이 어찌 예의 본뜻을 알겠는가?" 하였다고 전한다. 도가에서 뢰를 도가적 인물로 묘사한 것을 보면, 그는 나중에 유가를 벗어나 도가로 전향했을 수도 있다. 문헌마다 다른 모습으로 그려졌다는 것은 그리 존재감이 없는 제자여서 전승이나 기록에서 화자나 기록자의 자의적 평가가 가능했다는 의미가 될 수도 있다. 어쨌거나 그는 조선에서는 공자의 제자로 인정받아 양평후陽平侯란 시호로 문묘 서랑의 34위에 배향되었다.[259]

2 태산과 비교된 임방

『사기』「제자열전」이나 『가어』「제자해」는 임방林放을 제자로 소개하고 있지 않다. 임방은 『논어』에 두 번 등장하는데, 「팔일」편 4장과 6장에 등장한다. 임방에 대한 정보도 별로 없다. 다만 『논어주소』 하안何晏의 주注에는 정현鄭玄이 '임방은 노나라 사람'이라고 했다고 되어있다.[260]

먼저 「팔일」편 4장에서 임방은 공자에게 예에 대해 질문한다. 이 질

相和而歌曰, 嗟來桑戶乎, 嗟來桑戶乎, 而已反其眞, 而我猶爲人猗. 子貢趨而進曰, 敢問, 臨尸而歌, 禮乎. 二人相視而笑曰, 是惡知禮意.
259 『世宗實錄』「世宗五禮, 吉禮序例, 神位」: 陽平侯, 琴張, 西三十四.
260 『論語注疏』「八佾」注: 鄭曰, 林放 魯人.

문에 대해 공자는 "좋은 질문이야. 예는 사치한 것보다는 검소한 것이 낫고, 상은 잘 치르는 것보다는 슬퍼하는 것이 낫다."라고 대답한다.[261] 여기서 "좋은 질문이야."라고 공자가 칭찬한 것은 예의 근본에 대해 물었기 때문이라고 해석하는 것이 일반적이다. 「팔일」편 6장에는 조금 다른 이야기가 펼쳐진다.[262] 노나라의 실권자인 계씨가 태산에서 제후라야 지낼 수 있는 여제旅祭를 지냈다. 이 소식을 들은 공자는 계씨 아래에서 일하고 있던 염유를 불러서 말리지 못한 것에 대해 질책한다. 염유는 말리는 것이 불가능했다고 대답한다. 그런데 공자가 난데없이 태산과 임방을 비교하면서 염유를 질책한다. "그러니까 너는 태산이 임방보다 못하다고 생각해?"라고 한 것이다. 갑자기 왜 태산과 임방을 비교했을까? 공자가 한 질책은 아마도 '임방도 예의 근본에 대해 질문할 정도인데, 태산의 신령은 임방보다 훨씬 예의 근본에 대해 잘 알고 있을 것이다. 그런 태산의 신령에게 예에 어긋나는 제사를 지내면 신령이 그 제사를 받겠어?'라는 의미일 것이다.

공자의 이 말은 그 후 많은 경우에 인용되었다. 『통감절요』 17권 「동한기」 세조광무황제 30년 조에 보면 후한의 초대 황제인 광무제가 이 말을 인용하기도 했다.[263] 광무제가 동쪽으로 순행을 하고 있을 때 여러 신하가 황제에게, 즉위한지 30년이 되었으니 봉선封禪 제사를 올려야 한다고 건의를 했다. 봉선이란 중국 고대의 왕이나 황제가 하늘로부터

---

261 『論語』「八佾」: 林放問禮之本. 子曰, 大哉問. 禮與其奢也寧儉, 喪與其易也寧戚.
262 『論語』「八佾」: 季氏旅於泰山. 子謂冉有曰, 女弗能救與. 對曰, 不能. 子曰, 嗚呼, 曾謂泰山不如林放乎.
263 『通鑑節要』「東漢紀」世祖光武皇帝 三十年: 車駕東巡, 群臣上言, 卽位三十年, 宜封禪泰山. 詔曰, 卽位三十年, 百姓怨氣滿腹, 吾誰欺, 欺天乎. 曾謂泰山, 不如林放乎. 何事污七十二代之編錄.

인정을 받은 군주임을 표시하기 위해 거행하는 제사다. 태산의 정상에서 지내는 제사를 봉封, 태산 아래 기슭에서 지내는 제사를 선禪이라고 한다. 이 말을 들은 광무제는 "내가 즉위한지 30년 동안 (전쟁이 끊이지 않아) 백성들의 원망이 가득한데, 내가 누구를 속이겠소? 하늘을 속이겠소?"라고 한 후 "그러니까 태산이 임방만도 못하단 말이요? 72명의 고대 성왕들의 이름을 더럽힐 일이 없지 않소?"라고 답한 것이다. 72명은 『사기』「봉선서封禪書」에서 관중管仲이 제나라 환공에게 말한 봉선을 행한 군주의 수다. 관중은 72명이라고 했지만 실제 언급한 군주는 12명이다. 광무제는 후한을 다시 일으킨 황제답게 신하들의 아부에 넘어가지 않은 똑똑한 황제였다. 조선시대에도 이 말을 인용한 상소가 몇 곳 보인다. 『태종실록』 태종 12년 10월 8일, 사간원에서 올린 상소에 원단圓壇의 제사를 중지할 것을 건의하면서 이 말이 언급된 이후, 조선에서도 여러 경우에 인용되어 있다.

임방은 「제자열전」과 「제자해」편에서는 공자의 제자로 인정받지 못했지만, 조선에서는 공자의 제자로 인정받았다. 임방은 공자를 모시는 사당인 문묘에 장산후란 시호로 서랑의 32위에 배향되었다.[264] 그런데 문묘에서 축출될 뻔한 위기도 있었다. 『중종실록』 39년 4월 4일의 기록에 중국에서는 문묘에 배향을 하지 않는데 조선의 문묘에 배향된 25명의 명단에 임방이 들어있다고 했고,[265] 그 후 몇 차례 같은 내용의 논의가 있었다. 그렇지만, 『숙종실록』 숙종 7년 11월 9일 기록으로 볼 때 계

---

[264] 『世宗實錄』「世宗五禮, 吉禮序例, 神位」: 長山侯, 林放, 西三十二.
[265] 『中宗實錄』三十九年: 東廡曾點·顏何·孔鯉·荀況·劉向·鄭衆·盧植·服虔·王肅·杜預·西廡顏無繇·公伯寮·秦冉·申黨·(遽伯玉)[蘧伯玉]·林放·戴聖·賈逵·馬融·鄭康成·何休·王弼·范甯·眞德秀·吳澄, 以上二十五人, 享於我國文廟, 而不在大明文廟.

속 문묘에 배향된 것으로 보인다.[266]

임방은 공자의 제자 명단에는 들지 못했지만 "그러니까 너는 태산이 임방보다 못하다고 생각해?"라는 공자의 말로 인해 태산과 비교되는 영광을 안은 제자다. 또 예와 관련된 여러 경우에 이 말이 인용되면서 인용지수가 상당히 높아진 제자이기도 하다. 현대와 비교하자면 유명하지 않은 학자가 별로 유명하지도 않은 학술지에 논문을 게재했는데, 세계적인 석학이 그 논문을 인용하면서 인용지수가 예외적으로 오른 경우라고 할 수 있겠다. 학술지에 인용지수를 높여야 하는 현대의 연구자들이 가장 부러워할 만한 제자다. 태산 인근에 가서 방명록을 쓸 일이 있다면 '泰山不如林放乎' 이 일곱 글자를 써서 지식을 뽐내보는 것도 괜찮을 것 같다.

3 『주역』의 전수자 상구

상구商瞿는 『논어』에 등장하지 않지만 『사기』 「제자열전」에 두 번에 걸쳐 소개되어 있고, 『사기』 「유림열전」에도 등장하며, 『가어』 「제자해」에도 두 번 등장하는 제자다. 「제자열전」에는 상구에 대해 생각보다 길게 소개되어 있다.

상구는 노나라 사람으로 자字가 자목子木이며, 공자보다 29세 연하다. 공

---

[266] 『肅宗實錄』 七年 : 領議政金壽恒議曰, 皇朝所黜, 凡二十人, 而林放, 蘧瑗, 鄭衆, 盧植, 鄭玄, 服虔, 范甯七人, 卽箚中所謂, 抑而祀於鄕者也. 此皆有可稱, 而無可疵. 且我國無可祀之鄕, 則在所不論矣.

자가 『주역』을 상구에게 전해주었고, 상구는 초나라 사람 홍弘에게 전해주었으며, 홍은 강동 사람 용자庸疵에게 전해주었고, 용자는 연나라 사람 가수家豎에게 전해주었으며, 가수는 형우 사람 승우乘羽에게 전해주었고, 승우는 제나라 사람 장하莊何에게 전해주었으며, 장하는 동무 사람 중동中同에게 전해주었고, 중동은 치천 사람 양하楊何에게 전해주었다. 양하는 전한의 무제 치세인 원삭元朔(기원전 128~123년) 연간에 『주역』에 능통하다는 이유로 중대부에 임명되었다.[267]

상구에 대한 소개라기보다는 『주역』의 전수과정을 소개하고 있다고 해야 할 정도다. 상구는 『사기』 「유림열전」에도 소개되어 있는데 역시 『주역』의 전수과정을 중심으로 하고 있지만 『주역』이 전해진 계통을 「제자열전」과 조금 다르게 소개하고 있다. 그리고 양하 외에도 『주역』에 능통해 중용된 사람들을 몇 사람 더 소개하고 있다.

노나라의 상구는 공자에게 『주역』을 전수받았고, 공자 사후에 6대를 내려와 제나라 사람 전하田何에게 이르렀다. 전하의 자字는 자장子莊인데, 이 시기에 한나라가 건국되었다. 전하는 동무 사람 왕동자중王同子仲에게 전해주었고, 자중은 치천 사람 양하에게 전해주었다. 양하는 전한시대 무제武帝 시기인 원광元光(기원전 134~129년) 원년에 『주역』에 능통하다고 발탁되어 중대부까지 올라갔다. 제나라 사람 즉묵성卽墨成은 『주역』에 능통해 성양城陽의 재상이 되었다. 광천 사람 맹단孟但은 『주역』에 능통해

---

[267] 『史記』「仲尼弟子列傳」: 商瞿, 魯人, 字子木, 少孔子二十九歲. 孔子傳易於瞿. 瞿傳楚人馯臂子弘, 弘傳江東人矯子庸疵, 疵傳燕人周子家豎, 豎傳淳于人光子乘羽, 羽傳齊人田子莊何, 何傳東武人王子中同, 同傳菑川人楊何. 何元朔中以治易爲漢中大夫.

태자의 문대부가 되었다. 노나라 사람 주패周霸, 거 사람 형호衡胡, 임치 사람 주보언主父偃이 모두 『주역』에 능통해 2,000석의 녹봉을 받는 관직에 올랐다. 『주역』에 능통한 사람들은 모두 양하 학파의 학설을 근본으로 삼았다.[268]

사마천이 『사기』를 편찬할 당시에는 주역이 상당히 중요한 경서로, 그 계통을 밝힐 필요가 있었을 것이다. 상구는 그렇게 중요한 『주역』을 공자에게 직접 전수받은 사람으로 자리매김 되면서 공자의 중요한 제자로 등극했을 것이다. 「제자해」편에도 상구가 공자로부터 『주역』을 전수받은 제자로 기록되어 있다.[269] 상구는 「제자열전」 유약 조에서 공자의 후계자로 추대된 유약을 공격하는 도구로 한 번 더 등장한다.

공자가 세상을 떠난 후에도 제자들은 공자를 그리워하였다. 유약의 모습이 공자를 닮았기 때문에 제자들이 그를 스승으로 세우고 공자를 섬길 때처럼 하였다. 어느 날 한 제자가 유약에게 "… 상구는 나이가 들도록 자식이 없어서 그 어머니가 아내를 얻도록 장가를 들였습니다. 공자께서 그를 제나라로 심부름 보내려고 하자 그 어머니는 상구를 보내지 않도록 부탁했습니다. 공자께서는 '걱정하지 마십시오. 상구 나이 마흔이 되면 다섯 아들을 두게 될 것입니다'라고 하셨습니다. 정말 그렇게 되었는데 공자께서 어떻게 그것을 아셨는지요?"라고 물었다. 유약은 아무 대답도 할 수

---

[268] 『史記』「儒林列傳」: 自魯商瞿受易孔子, 孔子卒, 商瞿傳易, 六世至齊人田何, 字子莊, 而漢興. 田何傳東武人王同子仲, 子仲傳菑川人楊何. 何以易元光元年徵, 官至中大夫. 齊人卽墨成以易至城陽相. 廣川人孟但以易爲太子門大夫. 魯人周霸, 莒人衡胡, 臨菑人主父偃, 皆以易至二千石. 然要言易者本於楊何之家.
[269] 『孔子家語』「七十二弟子解」: 商瞿, 魯人, 字子木, 少孔子二十九歲. 特好易, 孔子傳之志焉.

없었다. 그러자 그 제자가 일어나서 "유자는 그 자리에서 물러나십시오. 이 자리는 당신이 앉을 자리가 아닙니다."라고 하였다.[270]

자신이 늦게 아들 다섯을 둔 사실 때문에 유약이 공격을 받았으니 상구의 입장이 많이 난처했을 것이다. 이 이야기는 공자가 비가 올 것을 미리 알고, 제자가 결국 아들을 둘 것을 알 수 있는 능력을 가진 사람임을 전제로 하고 있는데, 공자를 성인으로 인식하기 시작한 후의 설화로 보인다. 「제자해」편에는 양전梁鱣이라는 제자를 소개하면서 상구의 이야기를 기정사실화 시키는 내용이 있다.

양전은 제나라 사람으로 자는 숙어叔魚이며, 공자보다 39세 연하다. 나이 서른이 되었는데 아들이 없어 아내를 쫓아내려고 하였다. 상구는 "그러지 말게. 옛날 내가 서른여덟이 되었는데도 아들이 없어 우리 어머니께서 내게 새장가를 들이려 하셨는데, 선생님께서 나를 제나라로 보내려고 하시자 어머니께서 보내지 말아달라고 청하셨어. 선생님은 '걱정하지 마십시오. 상구는 마흔이 넘으면 당연히 아들 다섯을 둘 것입니다'라고 하셨는데 그대로 되었어. 내가 보기에 자네는 아들이 늦어지는 것뿐이지 반드시 자네 아내의 허물이 아니야."라고 하였다. 양전이 이 말을 따랐더니 그 후 이 년 만에 아들을 낳았다.[271]

---

270 『史記』「仲尼弟子列傳」: 孔子旣沒, 弟子思慕. 有若狀似孔子, 弟子相與共立爲師, 師之如夫子時也. 他日, 弟子進問曰, …… 商瞿年長無子, 其母爲取室. 孔子使之齊, 瞿母請之. 孔子曰, 無憂, 瞿年四十後當有五丈夫子. 已而果然. 敢問夫子何以知此. 有若黙然無以應. 弟子起曰, 有子避之, 此非子之座也.
271 『孔子家語』「七十二弟子解」: 梁鱣, 齊人, 字叔魚, 少孔子三十九歲. 年三十未有子, 欲出其妻. 商瞿謂曰, 子未也, 昔吾年三十八無子, 吾母爲吾更取室, 夫子使吾之齊, 母欲請留吾. 夫子曰, 無憂也, 瞿過四十, 當有五丈夫, 今果然. 吾恐子自晩生耳, 未必妻之過.

상구는 공자로부터 『주역』을 전수받은 인물이니 그 역시 미래를 예측할 수 있었을 것이라는 믿음이 반영된 이야기로 판단된다. 이는 설화가 발전되는 과정을 보여주는 이야기이기도 하다. 상구는 『논어』에 등장하지 않지만 조선에서는 공자의 제자로 인정받아 수창후須唱侯라는 시호로 문묘에 배향되었다.[272] 그것도 상당히 비중 있는 자리인 동랑의 5위에 자리를 잡았다.

4   관직을 거부한 공석애

『사기』「제자열전」에는 공석애公皙哀에 대해 다음과 같이 기록되어 있다.

> 공석애의 자字는 계차季次다. 공자는 "천하에 도가 행해지지 않는데도 많은 제자들이 대부의 가신이 되거나 나라의 관직을 맡는데 오직 계차만은 아직 관직에 나아가지 않았다."라고 했다.[273]

『논어』「태백」편 13장에 나타난 공자의 입장에서 보면 천하에 도가 행해지지 않을 때에는 관직에 나아가지 말아야 한다. 위의 「제자열전」의 내용은 이런 원칙을 오직 계차만 지키고 있다는 의미로 한 말일 것

從之, 二年而有子.
[272] 『世宗實錄』「世宗五禮, 吉禮序例, 神位」: 須唱侯, 商瞿, 東五.
[273] 『史記』「仲尼弟子列傳」: 公皙哀, 字季次. 孔子曰, 天下無行, 多爲家臣, 仕於都, 唯季次未嘗仕.

이다.²⁷⁴ 그런 계차가 『논어』에 한 번도 등장하지 않은 것이 조금 의아하지만 다행히 「제자열전」에 이름이 올라 공자의 제자로 인정되었다. 「제자해」편도 계차에 대해 비슷한 표현을 하고 있다. 그의 자字를 계차가 아닌 계침季沉이라고 한 차이가 있다.²⁷⁵ 사마천은 『사기』「유협열전」에서도 계차를 원헌과 함께 높게 평가하고 있다. 그 내용은 앞의 「염치와 청빈의 원헌」 부분에서 소개하였다.

공자로부터 칭찬을 받은 절조 있는 제자였지만 『논어』에는 공석애의 흔적이 없다. 다행히 『사기』와 『공자가어』에 그의 행적이 기록되어 제자로 기억할 수 있게 되었다. 계차는 조선의 문묘에도 북해후北海侯라는 시호로 배향되었다.²⁷⁶

5   궤변론자와 동명이인 공손룡

『사기』「제자열전」에는 공손룡公孫龍에 대해 다음과 같이 간단하게 기록되어 있다.

공손룡의 자字는 자석子石이고, 공자보다 53세 연하다.²⁷⁷

---

274 『論語』「泰伯」: 子曰, …… 亂邦不居, 天下有道則見, 無道則隱. 邦有道, 貧且賤焉, 恥也, 邦無道, 富且貴焉, 恥也.
275 『孔子家語』「七十二弟子解」: 公析哀, 字季沉, 鄙天下多仕於大夫家者, 是故未嘗屈節人臣, 孔子特歎貴之.
276 『世宗實錄』「世宗五禮, 吉禮序例, 神位」: 北海侯, 公晳哀, 西三.
277 『史記』「仲尼弟子列傳」: 公孫龍, 字子石, 少孔子五十三歲.

공손룡은 『논어』에는 등장하지 않는다. 공자와 53세 차이가 나니 실존인물이라면 아주 후기의 제자였을 것이다. 그럼에도 불구하고 「제자열전」에 제자로 기록되어 있고, 「제자해」편에는 그가 공자의 제자로 위衛나라 사람이라고 되어있다.[278] 그런데 공손룡은 전국시대 중국의 명가名家(궤변론 학파) 학자로 조趙나라 출신인 공손룡과 이름이 한자까지 동일하다. 명가 학자 공손룡은 "흰 말은 말이 아니다."라는 말로 유명하다. 일반적으로 중국 고대의 공손룡이라면 이 사람을 지칭하기 때문에 공자의 제자 공손룡은 이 사람의 유명세에 묻혀서 존재조차 희미해져버렸다. 그래서 왕숙은 「제자해」편에서 공손룡이 궤변론자 공손룡과 다른 사람임을 보여주기 위해 굳이 위나라 사람이라는 말을 추가했을 것이다.

공손룡에 관해 전승되는 이야기는 많지 않다. 우선 자공이 주인공인 설화에 단역으로 등장한다. 제나라의 침략을 받은 노나라를 위해 공자가 자공을 파견해 노나라를 구했을 뿐만 아니라 춘추시대 말 중국의 정세를 좌지우지했다는 설화가 있다. 이 이야기에서 자로, 자장 및 자석(공손룡)이 먼저 자신들이 사신으로 가보겠다고 나섰다가 공자의 허락을 받지 못하는데, 공손룡은 이 장면에서 잠시 등장한다.[279, 280] 『가어』 「굴절해」의 연대를 따른다면 이 설화의 시간적 배경은 공자가 아직

---

[278] 『孔子家語』「七十二弟子解」: 公孫龍, 衛人, 字子石, 少孔子五十三歲.
[279] 『史記』「仲尼弟子列傳」: 田常欲作亂於齊, 憚高·國·鮑·晏, 故移其兵欲以伐魯. 孔子聞之, 謂門弟子曰, "夫魯, 墳墓所處, 父母之國. 國危如此, 二三子何爲莫出. 子路請出, 孔子止之, 子張·子石請行, 孔子弗許, 子貢請行, 孔子許之.
[280] 『孔子家語』「屈節解」: 孔子在衛, 聞齊國田常將欲爲亂, 而憚鮑晏, 因欲移其兵以伐魯. 孔子會諸弟子而告之曰, 魯父母之國, 不可不救, 不忍視其受敵, 今吾欲屈節於田常以救魯, 二三子誰爲使. 於是子路曰, 請往焉. 孔子弗許. 子張請往, 又弗許. 子石請往, 又弗許. 三子退, 謂子貢曰, 今夫子欲屈節以救父母之國, 吾三人請使而不獲往, 此則吾子用便之時也, 吾子盡請行焉.

위나라에 있을 때로 설정되어 있다. 즉, 애공 8년(기원전 487) 이전, 다시 말해 공자 65세 이전을 시대적 배경으로 하고 있다. 공자보다 53세 연하인 공손룡은 당시 12세 소년이라는 이야기가 된다. 왜 이 설화는 이렇게 무리한 설정을 했을까? 자공의 말솜씨를 띄우기 위한 장치로 추정된다. 말 잘하기로 유명한 궤변론자 공손룡도 할 수 없는 일을 자공이 해냈다는 설정을 위해, 이름이 동일한 공손룡을 의도적으로 배치했을 가능성이 높다.

『설원』「잡언」편에는 공손룡이 자신의 실천적인 삶을 통해 자공을 감동시켰다는 대화가 소개되어 있다.[281] 자공이 자석에게 『시경』을 배우지 않았는지 묻자, 자석은 "제게 그럴 여유가 어디 있겠습니까? 부모님은 제게 효도를 요구하시고, 형제들은 제게 우애를 요구하며, 친구들은 제게 신의를 요구하니 제게 그럴 여유가 어디 있겠습니까?"라고 당돌하게 대답한다. 뜻밖에도 이 말에 자공은 "내 『시경』을 던져버리고 당신에게 배우기를 원한다."라고 대답한다. 한참 선배인 자공에게 공부보다 실천이 중요하다는 점을 깨닫게 할 정도의 제자였다는 전승이다.

『설원』「잡언」편에는 공손룡이 주인공인 이야기도 있다.[282] 공손룡이 오산吳山에 올라 사방을 바라보면서 제자들에게 비관적인 세계관을 펼

---

[281] 『說苑』「反質」: 子貢問子石, 子不學詩乎. 子石曰, 吾暇乎哉. 父母求吾孝, 兄弟求吾悌, 朋友求吾信, 吾暇乎哉. 子貢曰, 請投吾詩, 以學於子.(밑줄은 동양고전종합DB(http://db.cyberseodang.or.kr/)의 한자를 따랐다.)

[282] 『說苑』「雜言」: 子石登吳山而四望, 喟然而歎息曰, 嗚呼悲哉, 世有明於事情, 不合於人心者, 有合於人心 不明於事情者. 弟子問曰, 何謂也. 子石曰, 昔者, 吳王夫差不聽伍子胥盡忠極諫, 抉目而辜, 太宰嚭公孫雒, 偷合苟容, 以順夫差之志而伐齊, 二子沈身江湖, 頭懸越旗. 昔者, 費仲·(飛廉)·惡來革, 長鼻決耳崇侯虎, 順紂之心, 欲以合於意, 武王伐紂, 四子身死牧之野, 頭足異所, 比干, 盡忠剖心而死. 今欲明事情, 恐有抉目剖心之禍, 欲合人心, 恐有頭足異所之患. 由是觀之, 君子道狹耳, 誠不逢其明主, 狹道之中, 又將險危阻塞, 無可從出者.(밑줄은 동양고전종합DB(http://db.cyberseodang.or.kr/)의 한자를 따랐다.)

치는 이야기다. 그는 바른말을 하다가 죽은 충신들과, 나쁜 임금에게 아부하다가 결국 죽임을 당한 간신들을 예로 들면서, 현명한 군주를 만나지 못하면 군자가 잘 헤쳐 나가기 어렵다고 주장한다. 유가적이라기보다 도가적인 분위기를 풍기는 내용이다. 왜 이런 설화에 공손룡을 등장시켰는지 모르겠지만, 이 이야기를 만든 사람 역시 말 잘하는 명가 학자 공손룡을 떠올렸을 수도 있겠다.

그런데 『춘추좌씨전』 노소공 20년(기원전 522) 조에는 자석子石이라는 자字를 가진 뛰어난 외교관의 이야기가 소개되어 있다. 이 인물의 이름은 공손청公孫靑이다. 기원전 522년이면 공자가 태어나기 1년 전으로 공자보다 53세 연하인, 「제자열전」에 소개된 자석이 태어나려면 50년 이상 기다려야 한다. 당연히 공자의 제자 자석 공손룡과 동일 인물이 될 수 없다. 「제자열전」과 「제자해」편에서 자공의 보조역으로 등장하는 공자의 제자 자석 공손룡은 어쩌면 자석 공손청을 모태로 하고 있을지도 모른다. 뛰어난 외교관으로 유명한 자석 공손청도 하지 못한 일을 자공이 하였다는 영웅담을 만들기 위해서 등장시켰을 수도 있다. 그리고 세월이 지나면서 설화에 등장한 자석을 공자의 제자로 인정하게 되었을 가능성도 있는 것이다. 아래에 공자가 태어나기도 전 활동했던 자석 공손청의 활약을 소개한다.

제나라의 제후가 제나라 경공頃公의 손자인 공손청을 위나라에 문빙사로 보냈다. 출발한 후에 위나라에 변란(위나라 영공이 수도에서 쫓겨난 사건)이 일어났다는 소식을 듣고 공손청은 사람을 제나라에 보내 누구에게 문빙할지 물었다. 제나라 제후는 "위나라 제후(위나라 영공)가 아직 위나라 경내에 있으니 그가 위나라 임금이다."라고 하였다. 공손청이 위나라 영공을 찾아가서 문빙의 예를 거행하려고 하니 영공은 사양하면서 "내가 변변치 못하여 나라를 지키지 못하고 난리를 피해 나와 초목이 우거진 산야에 머물고 있으니, 당신 임금의 명을 집행할 만한 장소가 없소."라고 하였다. 공손청은 "우리 임금께서 제게 명하시기를 임금님께 몸을 낮추고 친근하게 대하라고 하셨으므로 저는 감히 우리 임금님의 명을 어길 수 없습니다."라고 하였다. 그러자 위나라 제후는 "제나라의 임금께서 만약 우리 두 나라의 선대 임금님들의 우호를 생각하여, 우리나라에 사자를 보내어 우리나라를 안정시키려는 것이라면 종묘가 있소. (자신이 수도로 돌아갈 수 있도록 도와줘서 종묘가 있는 수도에서 시행해야 하지 않겠느냐는 의미)"라고 하니 공손청은 문빙의 예를 시행하지 않았다. 그래도 위나라 제후가 공손청을 굳이 만나보기를 요청하자 공손청은 마지못해 자신의 좋은 말을 바치고 만났는데, (공식 선물이 아니라 자신의 말을 바친 이유는) 자신의 임무를 원래대로 수행하지 못했기 때문이다. 위나라의 제후는 그 말을 자신이 타는 말로 삼았다. 공손청이 위나라 제후를 위해 야간경비를 서려고 하자 위나라 제후는 사양하면서 "나의 근심을 그대에게까지 미치게 할 수 없고, 초목이 우거진 산야에서 그대를 욕되게 할 수 없으니 사양합니다."라고 했다. 공손청은 "저는 우리 임금님 아래 있는 신하이니 임금님의 소유물이나 마찬가지입니다. 만약 제가 외부 침입자를 막는 일을 허락하지 않으시면 이것은 우리 임금님을 무시하는 것입니다. 제가 죄를 면치 못할까 두려우니 죽음을 면하게 해주십시오."라고 하고는 창을 들고 밤새 모닥불을 피우며 지켰다. …… 위나라의 제후가 제나라에 위나라가 안정되었음을 알리면서 자석의 훌륭한 행동에 대해 말해주었다. 제나라의 제후는 술을 마시려다가 대부들에게 두루 술을 주면서 "자석(공손청)이 이렇게 훌륭한 행동을 한 것은 경들의 가르침 덕분이오."라고 하였다. 원하기苑何忌는 술을 사양하면서 "공손청의 공 때문에 상을 주신다면 공손청이 잘못할 경우 그 벌도 제게 미칠 것입니다. 「강고」에 '부자지간과 형제에게 죄를 연루시키지 않는다'고 하였는데 하물며 신하들에게 연루시킬 수는 없지 않겠습니까? 제가 임금께서 주시는 술을 탐하는 것은 선왕의 법을 범하는 것입니다."라고 하였다.[283]

공손룡은 『논어』에 등장하지 않지만 조선왕조는 공손룡을 지강후 枝江侯라는 시호로 문묘에 모셨다.[284]

6   다혈질의 부자 공양유

『사기』「제자열전」에는 공양유에 대해 '공양유公良孺는 자字가 자정子正이다'라고 이름과 자만 소개되어 있다.[285] 『가어』「제자해」편에는 공양유에 대해, 진陳나라 사람으로, 어질고 용맹했으며, 공자가 천하를 주유할 때 개인 소유의 수레 다섯 대를 가지고 공자를 따라다녔다고 조금 더 자세하게 설명되어 있다.[286] 개인 소유의 수레를 다섯 대나 끌고 다

---

[283] 『春秋左氏傳』魯昭公 二十年 傳: 齊侯使公孫靑聘于衛. 旣出, 聞衛亂, 使請所聘. 公曰, 猶在竟內, 則衛君也. 乃將事焉, 遂從諸死鳥, 請將事注. 辭曰, 亡人不佞, 失守社稷, 越在草莽, 吾子無所辱君命. 賓曰, 寡君命下臣於朝曰, 阿下執事, 臣不敢貳. 主人曰, 君若惠顧先君之好, 照臨敝邑, 鎭撫其社稷, 則有宗祧在, 乃止. 衛侯固請見之, 不獲命, 以其良馬見. 爲未致使故也. 衛侯以爲乘馬. 賓將撤, 主人辭焉, 亡人之憂, 不可以及吾子, 草莽之中, 不足以辱使者, 敢辭. 賓曰, 寡君之下臣, 君之牧圉也. 若獲扞外役, 是不有寡君也. 臣懼不免於戾, 請以除死. 親執鐸, 終夕與於燎. ……… 衛侯告寧于齊, 且言子石. 齊侯將飮酒, 徧賜大夫曰, 二三子之敎也. 苑何忌辭曰, 與於靑之賞, 必及於其罰. 在康誥曰, 父子兄弟, 罪不相及, 況在群臣. 臣敢貪君賜, 以干先王.
[284] 『世宗實錄』「世宗五禮, 吉禮序例, 神位」: 枝江侯, 公孫龍, 東十二.
[285] 『史記』「仲尼弟子列傳」: 公良孺, 字子正.
[286] 『孔子家語』「七十二弟子解」: 公良儒, 陳人, 字子正. 賢而有勇, 孔子周行, 常以家車五乘從.

닌 사람이니 당시로서는 상당한 부자였을 것이다. 이름의 의미가 '착한 아기'이니 실존인물인지는 의심스럽다. 그런데 『사기』「공자세가」에는 이 사람과 관련된 일화가 소개되어 있다.

> 포 땅을 지나갈 때 공숙 씨가 포 땅에서 반란을 일으켰고, 포 땅 사람들이 공자의 길을 막았다. 제자 가운데 공양유라는 사람이 개인 수레 다섯 대를 가지고 공자를 따르고 있었는데, 키가 크고 사람됨이 현명하며 용기와 힘이 있었다. 공양유가 "제가 전에 선생님을 모시고 광 땅에서 어려움을 당했습니다. 오늘 또 여기서 어려움을 만났으니 운명인 모양입니다. 선생님과 함께 다시 위험에 빠졌으니 차라리 싸우다 죽겠습니다."라고 하였다. 싸움이 격렬해지자 포 땅 사람들이 두려워서 공자에게 "만일 위나라로 가지 않겠다면 당신들을 보내주겠습니다."라고 하였다. 공자가 약속을 하자 이들은 공자 일행을 동문으로 보내주었다. 그러나 공자는 결국 위나라로 갔다. 자공이 "약속을 저버려도 됩니까?"라고 물었다. 그러자 공자는 "강요된 맹세는 신도 인정하지 않는다."라고 대답했다.[287]

공양유의 활약으로 공자 일행은 포 땅 사람들의 저지를 벗어나 길을 계속 갈 수 있었다. 그런데 공자는 포 땅 사람들에게 풀려나면서 위나라로 가지 않겠다고 한 맹세를 저버렸다. 그리고 그런 배신행위를 비판하는 자공에게 공자는 자기합리화를 했다는 이야기다. 이 이야기는

---

[287] 『史記』「孔子世家」: 過蒲, 會公叔氏以蒲畔, 蒲人止孔子. 弟子有公良孺者, 以私車五乘從孔子, 其爲人長賢, 有勇力. 謂曰, 吾昔從夫子遇難於匡, 今又遇難於此, 命也已. 吾與夫子再罹難, 寧鬪而死. 鬪甚疾, 蒲人懼, 謂孔子曰, 苟毋適衛, 吾出子. 與之盟, 出孔子東門. 孔子遂適衛. 子貢曰, 盟可負邪. 孔子曰, 要盟也, 神不聽.(밑줄은 中華書局(1982) 판본의 한자를 따랐다.)

『가어』 「곤서」편에도 기록되어 있다.[288] 『사기』와 『가어』에 스치듯 지나간 제자였지만 조선은 공양유를 기려 모평후^{牟平侯}라는 시호로 문묘에 배향했다.[289]

....

[288] 『孔子家語』「困誓」: 孔子適衛, 路出于蒲, 會公叔氏以蒲叛衛而止之. 孔子弟子有公良儒者, 爲人賢長有勇力, 以私車五乘從夫子行, 喟然曰, 昔吾從夫子遇難于匡, 又伐樹於宋, 今遇困於此, 命也夫. 與其見夫子仍遇於難, 寧我鬥死. 挺劍而合衆, 將與之戰. 蒲人懼曰, 苟無適衛, 吾則出子. 以盟孔子而出之東門. 孔子遂適衛. 子貢曰, 盟可負乎. 孔子曰, 要我以盟, 非義也.

[289] 『世宗實錄』「世宗五禮, 吉禮序例, 神位」: 牟平侯, 公良孺, 西十七.

제2부

조연

공문 트로이카

공자의 제자들 중 자장子張·자유子游·자하子夏는 같은 장에 묶어서 살펴볼 필요가 있다. 일단 이 세 사람은 연배가 비슷하다. 「제자열전」에 의하면 자장은 공자보다 48세 연하, 자유는 45세 연하, 자하는 44세 연하로 공자의 젊은 제자들이었다. 이 세 사람은 서로 밀접한 관계를 맺으며 활동하였고 각자 제자들을 두고 있었다. 그 후학들은 전국시대 말까지 이들의 가르침에 따라 활동했다.

이들의 결속이 가장 강하게 나타난 사건은 아마도 공자 사후에 공동으로 유약有若을 공자의 후계자로 추대한 일일 것이다. 『맹자』「등문공상」편 4장에는 이들의 이런 시도가 증자에 의해 좌절된 이야기가 전해진다.

어느 날 자하·자장·자유가 유약이 공자와 닮았다는 이유로 공자를 섬기던 예로 그를 섬기려 하면서 증자에게도 따르라고 하였다. 하지만 증자는 "안 됩니다. 공자의 덕은 양자강과 한수에 씻어 가을 햇볕에 말린 것과 같아서, 누구도 공자보다 더 깨끗할 수는 없습니다."라고 하였다.[290]

---

[290] 『孟子』「滕文公上」: 他日, 子夏·子張·子游以有若似聖人, 欲以所事孔子事之, 彊曾子.

자유·자하·자장 세 사람은 공자 사후에도 유약을 중심으로 같은 학문 집단을 꾸려서 영향력을 행사하기를 바랐다.「제자열전」에 의하면 유약은 공자보다 43세 연하인데, 자장·자유·자하와 비슷한 연배여서 이들 네 사람이 의기투합 했을 수도 있다. 또한 자체 세력이 없는 유약을 후계자로 세우는 것이 좋을 것이란 판단을 했을 수도 있다. 하지만 공자보다 46세 연하로 같은 또래였던 증자가 유약을 공자의 후계자로 추대하는 데 반대한 것을 보면 자장·자유·자하와 증자는 지향하는 바가 달랐을 것이다. 맹자는 공자와 닮았다는 이유로 유약을 공자의 후계자로 내세운 이들 세 사람의 행동에 대해 비판적이다. 맹자가 증자의 학통을 잇고 있으니 증자를 대변하고 있을 가능성이 많은 내용이다.

『맹자』「공손추상」편 2장 후반부에서도 이들 세 사람에 대한 맹자의 생각을 엿볼 수 있다.[291] 공손추가 "저는 예전에 '자하·자유·자장은 모두 성인의 일부분을 갖추고 있고, 염백우·민자건·안연은 성인의 전체를 갖추었지만 미약하다'고 들었습니다. 여기에 대한 선생님의 의견을 듣고 싶습니다."라고 묻자 맹자는 "우선 이 문제는 건너뛰자."라고 하며 대답을 회피하고 있다. 공손추의 말이 옳다고 할 수는 없고, 그렇다고 공자의 제자들을 폄하하기도 어려운 입장이었을 것이다.

자장·자유·자하의 맥을 이은 후학들은 전국시대 후기에도 함께 거론된다.『순자』「비십이자」편에는 이들 세 사람의 후학들을 같은 단락에 묶어서 동일하게 천박한 유자賤儒라고 표현하고 있다.

....

曾子曰, 不可. 江漢以濯之, 秋陽以暴之, 皜皜乎不可尚已.
[291] 『孟子』「公孫丑上」: 昔者, 竊聞之, 子夏·子游·子張, 皆有聖人之一體, 冉牛·閔子·顔淵, 則具體而微, 敢問所安. 曰, 姑舍是.

관을 삐딱하게 쓰고 하는 말은 거침이 없으며, 우임금처럼 행동하고 순임금처럼 빨리 걷는 무리가 자장 씨의 천박한 유자들이다. 의관을 바르게 하고 안색을 근엄하게 하여 겸손한 척하며 종일 말을 하지 않는 무리가 자하 씨의 천박한 유자들이다. 선비인 척하며 일을 꺼리고 염치없이 먹고 마시기를 즐기면서 꼭 '군자는 원래 힘든 일을 하지 않는 법'이라고 지껄이는 무리가 자유 씨의 천박한 유자들이다.[292]

순자는 이들 세 학파 모두를 천박한 유자들이라고 비하하면서도 각 학파의 조금씩 다른 특징을 언급하고 있다. 그 특징은 아마도 각 학파의 창립자인 자장·자유·자하의 특징을 물려받아 생긴 모습일 것이다.

『논어』에는 이 세 사람의 특징과 상호관계를 보여주는 여러 이야기가 전해지고 있다. 먼저 자장과 자유의 관계를 살펴보면, 「자장」편 15장에서 자유는 자장에 대해 "나의 벗 자장은 어려운 일을 잘 하지만, 어질다고 할 정도는 아니다."라고 솔직하게 평가한 일이 있다.[293] 두 사람은 서로의 장단점에 대해 솔직하게 말할 수 있는 사이였을 것이다.

다음으로 자장과 자하의 관계를 살펴보면, 「선진」편 15장에 두 사람을 비교한 '과유불급過猶不及'이라는 유명한 말이 나온다.[294] 자공이 공자에게 자장과 자하 중 누가 더 어진 제자인지 물었을 때 공자는 "자장은 지나치고, 자하는 미치지 못한다."라고 대답한다. 자공이 다시 "자장이 낫다는 뜻입니까?" 하고 묻자 공자는 "지나친 것은 미치지 못

---

[292] 『荀子』「非十二子」: 弟佗其冠, 神禪其辭, 禹行而舜趨, 是子張氏之賤儒也. 正其衣冠, 齊其顏色, 嗛然而終日不言, 是子夏氏之賤儒也. 偸儒憚事, 無廉恥而耆飮食, 必曰君子固不用力, 是子游氏之賤儒也.

[293] 『論語』「子張」: 子游曰, 吾友張也, 爲難能也, 然而未仁.

[294] 『論語』「先進」: 子貢問, 師與商也孰賢. 子曰, 師也過, 商也不及. 曰, 然則師愈與. 子曰, 過猶不及.

한 것과 같다."라고 대답한다. 자장이 왜 지나친 것인지 자세한 이유를 밝히고 있지는 않지만, 자장은 적극적이지만 지나치게 앞서 나가는 성격의 소유자였을 것으로 짐작할 수 있다. 반면 자하는 내성적이고 소극적인 성격이었을 것이다. 적극적인 성격 탓이었는지 몰라도 자장은 인간관계가 좋았다.『논어』「자장」편 3장에는 자하의 제자가 자장에게 인간관계에 대한 배움을 청한 이야기도 있다.

자하의 제자가 자장에게 사람을 사귀는 방법을 물었는데, 자장이 "자하는 뭐라고 하던데?" 하며 되물었다. 그 제자는 "우리 선생님은 좋은 사람과는 사귀고, 좋지 않은 사람과는 사귀지 말라고 하셨습니다."라고 대답했다. 자장은 "내가 들은 것과는 다르네. 군자는 훌륭한 사람을 존경하고, 보통 사람을 포용하며, 잘하는 사람을 훌륭하다고 하고, 잘못하는 사람을 불쌍하다고 여기는 것이야. 내가 크게 훌륭하다면 다른 사람을 용납하지 못할 수가 있겠어? 내가 훌륭하지 못하다면 사람들이 나를 거부할 것인데 어떻게 내가 거절할 수 있겠어?"라고 대답했다.[295]

자하의 제자가 자장에게 배움을 청하려면 자장과 자하가 상당히 친한 사이여야 가능했을 것이다. 이 제자는 자장이 남달리 대인관계가 좋은 것을 보고 한 수 배우려고 했을 것이다. 자하는 교우관계의 원칙을 중요시하라고 가르쳤고, 자장은 자신이 바로 서있다면 어떤 사람과 사귀든지 문제될 것이 없다는 입장이다.

....
[295] 『論語』「子張」: 子夏之門人, 問交於子張. 子張曰, 子夏云何. 對曰, 子夏曰, 可者與之, 其不可者拒之. 子張曰, 異乎吾所聞. 君子尊賢而容眾, 嘉善而矜不能. 我之大賢與, 於人何所不容, 我之不賢與, 人將拒我, 如之何其拒人也.

『외전』 9권에는 자장과 자하가 장시간 토론하다가 자장이 자하에게 토론하는 태도를 가르쳤다는 이야기가 소개되어 있다.

전해지는 이야기에 의하면 공자가 계강자를 만나러 갔을 때 자장과 자하가 따라갔다. 공자가 안에 있을 동안 두 사람이 서로 토론을 했는데 종일 결론이 나지 않았다. 자하의 말하는 태도가 심하게 편협하고 안색이 심하게 변했다. 자장은 "자네도 선생님께서 토론하는 것을 보지 않았나. 온화한 기색으로 천천히 말씀하셔도 말에 위의가 넘치고, 먼저 조용히 듣고 뒤에 말씀하시며, 말씀하실 기회가 와도 사양하시는데도 높고 큰 논의를 힘 있게 모아, 도가 돌아오도록 하시지. 소인의 토론은 오직 자신의 생각만 옳다고 주장하고, 남을 그르다고 말하며, 눈을 부릅뜨고 팔을 잡으며, 급하게 말하느라 입에 거품을 물고 눈을 붉힌다네. 어쩌다 한 번 이기면 좋아서 웃어댄다네. 위의는 좁은 곳에 갇히고 말하는 태도는 비루한 습속에 빠지는데, 군자는 이것을 천하게 여긴다네."라고 하였다.[296]

이 내용은 오늘날에도 적용될 수 있는 이야기다. 자하보다 자장이 우위에 있는 것으로 설정된 설화로, 자장의 후학들에게 전승된 설화일 가능성이 높다.

마지막으로 자유와 자하의 관계를 살펴보면, 자유는 자하의 제자들에 대해서도 비판을 아끼지 않았다. 『논어』 「자장」편 12장에는 자하

---

[296] 『韓詩外傳』 券九 : 韓詩外傳』 券九 : 傳曰, 孔子過康子, 子張子夏從. 孔子入坐, 二子相與論, 終日不決. 子夏辭氣甚隘, 顏色甚變. 子張曰, 子亦聞夫子之議論邪. 徐言閨閨, 威儀翼翼, 後言先默, 得之推讓, 巍巍乎信可好, 嚴乎塊乎, 道歸矣. 小人之論也, 專意自是, 言人之非, 瞋目搤腕, 疾言噴噴, 口沸目赤. 一幸得勝, 疾笑嗌嗌. 威儀固陋, 辭氣鄙俗, 是以君子賤之也.

의 제자들에 대한 자유의 비판과 자하의 반응이 소개되어 있다.

> 자유가 "자하의 어린 제자들은 물 뿌리고, 쓸고, 응대하고, 나아가고 물러나는 일은 잘 하지만, 이는 지엽적인 일일 뿐이다. 근본적인 것은 없으니, 어찌하겠는가?"라고 비판했다. 이 말을 들은 자하는 "아, 자유의 말이 지나치네. 군자의 도 가운데 어느 것을 먼저라 하여 전하고, 어느 것을 뒤라 하여 게을리 하겠는가? 초목에 비유하면 나무를 부분으로 나누는 것과 같으니, 군자의 도를 어찌 속일 수 있겠는가? 처음과 끝을 모두 갖추고 있는 이는 오직 성인뿐이시다."라고 했다.[297]

「자장」편 12장의 이 이야기는 자하의 후학들에게 전해진 이야기로 보이는데, 자하를 올려주기 위한 것이겠지만, 자유의 특징을 반영하고 있기도 하다. 또 상대방의 제자들을 비판할 수 있을 정도로 가까운 사이였다는 반증일 수도 있다.

이렇게 자장·자유·자하 세 사람은 생존했을 때부터 때로는 의기투합하고 때로는 서로 비판하면서 활동했다. 『논어』 「자장」편 1장에서 15장까지가 모두 이들 세 사람에 관한 이야기인 것도 우연이 아닐 것이다. 이들 세 사람의 제자들이 「자장」편의 편집에 깊이 관여했을 가능성이 높다는 이야기가 된다. 그러면서도 이들은 각자의 독특한 특징을 가지고 있었다. 이들의 사후에는 제자들도 각 학파의 스승의 가르침대로 활동했다. 이들을 '공문 트로이카'라고 명명한 이유다.

---

[297] 『論語』 「子張」: 子游曰, 子夏之門人小子, 當灑掃應對進退則可矣, 抑末也. 本之則無, 如之何. 子夏聞之曰, 噫, 言游過矣. 君子之道孰先傳焉, 孰後倦焉. 譬諸草木, 區以別矣, 君子之道焉可誣也. 有始有卒者, 其惟聖人乎.

1   출세를 지향한 자장

『사기』「제자열전」에는 자장子張에 대해 다음과 같이 기록되어 있다.

전손사顓孫師는 진陳나라 사람으로, 자字는 자장子張이고, 공자보다 48세 연하다. 자장이 녹봉을 받을 수 있는 방법에 대해 묻자 공자는 "많이 듣되 그 중에서 의심스러운 것은 빼고, 그 나머지 확실한 것만 말한다면 허물이 적을 것이야. 많이 보되 그 중에서 위태로운 것은 빼고 그 나머지 확실한 것만 행한다면 후회할 일이 적을 것이야. 허물이 적고 후회할 일이 적다면 녹봉은 그 안에 있는 것이야"라고 대답했다. 공자 일행이 진채 지간에서 곤궁한 처지에 있던 시기의 어느 날, 자장이 뜻이 행해지는 것에 대해 물었다. 공자는 "말을 진실하고 미덥게 하며, 행동을 독실하고 정중하게 하면, 비록 오랑캐의 나라라 하더라도 뜻이 행해질 수 있겠지만, 말이 진실하거나 미덥지 못하고, 행동이 독실하거나 정중하지 못하면, 비록 중화의 고을이라고 하더라도 뜻이 행해질 수 있겠어? 서 있을 때는 그것(진실하고 미더움과 독실하고 정중함)이 눈앞에 나란히 있는 것을 보고, 수레에 탔을 때는 그것이 가로대에 기대 있는 것을 보아야 한다. 그런 후에야 뜻이 행해질 수 있을 것이야"라고 대답했다. 자장은 공자의 이 말을 잊지 않기 위해 허리띠에 적었다. 자장이 "선비가 어떻게 해야 통달할 수 있습니까?"라고 물었다. 공자는 "네가 말하는 통달이라는 것이 뭐지?"라고 되물었다. 자장이 "나라에서도 명성이 있고, 제후의 가문에서도 명성이 있는 것입니다."라고 대답하자 공자는 "그것은 명성이지 통달이 아니야. 통달이라고 하는 것은 정직을 바탕으로 삼고 의를 좋아하며, 남의 말을 잘 살피고 표정을 잘 관찰하여, 남을 배려하면서 자신을 낮추는 것이야. 그렇게 하면 나라에서도 통달하게 될 것이고, 제후의 가문에서도 통달하게 될 것이야. 명성이라는 것은 겉으로는 어진 척하지만 행실이 그것과 어긋나면서도 자신을 어진 사람이라고 의심하지 않는 것인데, 나라에서도 유명해지고 대부의 가문에서도 유명해지기는 할 것이야."라고 대답했다.[298]

자장의 이름이 전손사이기 때문에 『논어』에서 공자가 자장을 부르거나 지칭할 때, 자장이 스승 앞에서 자신을 칭할 때는 '사야師也'라는 표현을 주로 썼다. 위의 「제자열전」에서 녹봉을 받을 수 있는 방법에 대해 물었다는 자장의 첫 질문은 『논어』 「위정」편 18장에 나오는 내용이다.[299] 첫 질문에서 관직으로 진출하고 싶은 자장의 욕망이 뚜렷하게 나타난다. 많이 듣고 보되 그 중에서 확실한 것만 말하고 행하라는 공자의 대답도 상당히 현실적이다. 『가어』 「입관」편에도 자장이 공자에게 벼슬길에 들어서는 문제에 대해 질문했다는 이야기가 있다.[300] 공자는 "몸을 편하게 하면서 명예를 취하기는 어렵다."라고 대답했다. 「입관」편을 쓴 사람은 관리의 길에 대한 자신의 철학을 공자의 입을 빌려 설파하고 싶었을 것이다. 관리의 길에 대한 질문자로 자장을 선택한 이유는 자장이 가진 이미지가 관직으로 진출하고자 하는 욕망이 강한 인물

---

[298] 『史記』「仲尼弟子列傳」: 顓孫師, 陳人, 字子張, 少孔子四十八歲. 子張問干祿, 孔子曰, 多聞闕疑, 愼言其餘, 則寡尤. 多見闕殆, 愼行其餘, 則寡悔. 言寡尤, 行寡悔, 祿在其中矣. 他日, 從在陳蔡閒困, 問行. 孔子曰, 言忠信, 行篤敬, 雖蠻貊之國行也, 言不忠信, 行不篤敬, 雖州里行乎哉. 立則見其參於前也, 在輿則見其倚於衡, 夫然後行. 子張書諸紳. 子張問, 士何如斯可謂之達矣. 孔子曰, 何哉, 爾所謂達者. 子張對曰, 在國必聞, 在家必聞. 孔子曰, 是聞也, 非達也. 夫達者, 質直而好義, 察言而觀色, 慮以下人. 在國及家必達. 夫聞也者, 色取仁而行違, 居之不疑, 在國及家必聞.

[299] 『論語』「爲政」: 子張學干祿. 子曰, 多聞闕疑, 愼言其餘, 則寡尤, 多見闕殆, 愼行其餘則寡悔, 言寡尤, 行寡悔, 祿在其中矣.

[300] 『孔子家語』「入官」: 子張問入官於孔子. 孔子曰, 安身取譽爲難.

로 알려졌기 때문일 것이다.

위에서 뜻이 행해지는 것에 대해 물었다는 자장의 두 번째 질문은 『논어』「위령공」편 5장에 나오는 이야기다.[301] 다만 사마천은 『논어』에 나오는 이 대화가 공자 일행이 진채지간에서 곤궁한 처지에 있을 때 한 질문으로 설정하고 있다. 공자의 대답 요지는 말과 행동을 미덥게 하고 조심스럽게 하라는 이야기인데, 자장이 이 말을 잊지 않기 위해 허리띠에 적었다는 특이한 표현이 있다. 중요한 내용은 기록해두는 자장의 습관을 표현한 것일 수도 있다.

통달하는 방법에 대해 물었다는 자장의 세 번째 질문은 『논어』「안연」편 20장에 있는 내용이다.[302] 명성을 날리고 싶은 자장의 질문에 대해 공자는 명성을 날리는 것과 통달은 다르다고 일침을 놓는다. 통달하려면 남을 배려하면서 자신을 낮추라는 가르침은 나서기를 좋아하는 자장에 대한 맞춤형 교육이라고 하겠다. 자장은 『논어』에 20회 등장하는데,[303] 사마천이 이 세 가지 문답을 소개한 것은 이 문답이 자장을 잘 나타낸다고 생각했기 때문일 것이다.

이런 자장에게는 나름대로의 롤 모델이 있었는데, 초나라에서 재상을 지낸 자문子文과 제나라에서 대부를 지낸 진문자陳文子였다. 이들은 『논어』「공야장」편 18장에 자장의 질문 형태로 등장한다.

---

[301] 『論語』「衛靈公」: 子張問行. 子曰, 言忠信, 行篤敬, 雖蠻貊之邦, 行矣, 言不忠信, 行不篤敬, 雖州里行乎哉. 立則見其參於前也, 在輿則見其倚於衡也, 夫然後行. 子張書諸紳.
[302] 『論語』「顏淵」: 子張問, 士何如, 斯可謂之達矣. 子曰, 何哉爾所謂達者. 子張對曰, 在邦必聞, 在家必聞. 子曰, 是聞也, 非達也. 夫達也者, 質直而好義, 察言而觀色, 慮以下人, 在邦必達, 在家必達. 夫聞也者, 色取仁而行違, 居之不疑. 在邦必聞, 在家必聞.
[303] 「위정」편 18장, 23장, 「공야장」편 18장, 「선진」편 15장, 17장, 19장, 「안연」편 6장, 10장, 14장, 20장, 「헌문」편 43장, 「위령공」편 5장, 41장, 「양화」편 6장, 「자장」편 1장, 2장, 3장, 15장, 16장, 「요왈」편 2장.

자장이 "영윤 자문은 세 번 영윤이 되었지만 기뻐하는 기색이 없었고, 세 번 면직되었지만 원망하는 기색이 없었으며, 전직 영윤으로서 반드시 새 영윤에게 업무를 알려주었으니 어떻습니까?"라고 물었다. 공자는 "충성스럽다."라고 답했다. 자장이 "어질다고 할 수 있겠지요?"라고 물었다. 공자는 "잘 모르겠지만 어질다고 할 수야 있겠어?"라고 대답했다. 자장이 이번에는 "최자가 제나라 임금을 시해하자 진문자는 말 10승(40필)을 소유하였는데도 (그 말들을 버리고) 제나라를 떠나 다른 나라로 가서 '이 나라의 대부도 우리나라의 최자와 같구나'라고 하고는 그 나라를 떠났고, 또 다른 나라로 가서도 '(이 나라의 대부도) 우리나라의 대부 최자와 같구나'라고 하고서는 그 나라를 떠났으니 어떻습니까?"라고 물었다. 공자는 "깨끗하다."라고 대답했다. 자장이 "어진 사람이라고 할 수 있겠지요?"라고 묻자 공자는 "잘 모르겠지만 어질다고 할 수야 있겠어?"라고 대답했다.[304]

 자장은 두 사람을 본받고 싶어 공자가 그들의 행위를 인정해주기를 바란다. 자장이 지향한 인간형을 살펴볼 수 있는 대목이다. 이에 대해 공자는 그 두 사람이 충성스러운 신하이거나, 깨끗한 신하일 수는 있지만 최고의 가치인 '어진 사람'이라고 할 수는 없다고 대답한다. 여기에서 자장이 지향하는 훌륭한 정치가와 공자가 생각하는 완성된 인간의 차이를 볼 수 있다.
 『논어』에는 자장에 대한 공자의 직접적인 평가가 두 번 보인다. 「선

....
[304] 『論語』「公冶長」: 子張問曰, 令尹子文, 三仕爲令尹, 無喜色, 三已之, 無慍色, 舊令尹之政, 必以告新令尹, 何如. 子曰, 忠矣. 曰, 仁矣乎. 曰, 未知, 焉得仁. 崔子弑齊君, 陳文子有馬十乘, 棄而違之, 至於他邦, 則曰, 猶吾大夫崔子也, 違之, 之一邦, 則又曰, 猶吾大夫崔子也, 違之, 何如. 子曰, 清矣. 曰, 仁矣乎. 曰, 未知, 焉得仁.

진」편 15장의 '과유불급過猶不及'이라는 말이 나온 일화에서 소개한 것처럼, 공자는 자장이 적극적이지만 지나치게 앞서 나가는 성격을 가지고 있다고 보았다. 「선진」편 17장에는 공자가 "시(자고)는 우직하고, 삼(증자)은 노둔하며, 사(자장)는 겉모습에 치중하고, 유(자로)는 거칠다."라고 평가한 내용이 있다.[305] 이것은 내면보다는 외형에 치우친 경향에 대한 지적이었을 것이다.

『논어』에는 자장에 대한 동료들의 평가도 두 번 보인다. 앞에서 소개한 것처럼 「자장」편 15장에서 자유는 자장에 대해 "나의 벗 자장은 어려운 일을 잘 하지만, 어질다고 할 정도는 아니다."라고 평했다. 「자장」편 16장에는 "자장은 참 당당하구나, 그렇지만 함께 어짊을 행하기는 어렵다."라는 증자의 평이 있다.[306] 두 사람의 인물평 모두의 공통점은 자장이 어질다고 할 수는 없다는 것이다. 동료들에게 비친 자장의 모습은 당당하고 어려운 일을 잘 하지만 어질다고 할 수는 없는 모습이었던 것이다. 자장을 어질지는 않다고 평한 증자이지만 증자 역시 자장을 가까운 동료로서 대우하고 있었다. 『예기』「단궁하」편에는 자장이 죽었을 때 증자는 어머니의 상을 치르는 가운데서도 자장을 위해 곡을 했다는 표현이 있다.[307]

전한시대 문헌에는 자장을 높이 평가한 기록도 보이는데, 『설원』「잡언」편에는 그를 안회·자공·자로와 함께 한 분야에서는 공자보다 뛰어난 네 제자 중 한 명으로 들고 있다.

---

305 『論語』「先進」: 柴也愚, 參也魯, 師也辟, 由也喭.
306 『論語』「子張」: 曾子曰, 堂堂乎, 張也. 難與竝爲仁矣.
307 『禮記』「檀弓下」: 子張死, 曾子有母之喪, 齊衰而往哭之. 或曰, 齊衰不以弔. 曾子曰, 我弔也與哉.

자하가 공자에게 "안연의 사람됨은 어떠합니까?"라고 묻자 공자는 "안연은 미더움이 나보다 낫다."라고 대답했다. 자하가 "자공의 사람됨은 어떠합니까?"라고 묻자 공자는 "자공의 민첩함은 나보다 낫다."라고 대답했다. 자하가 "자로의 사람됨은 어떠합니까?"라고 묻자 공자는 "자로의 용감함은 나보다 낫다."라고 대답했다. 자하가 "자장의 사람됨은 어떠합니까?"라고 묻자 공자는 "자장의 장중함은 나보다 낫다."라고 대답했다. 그때 자하가 자리를 벗어나 "그렇다면 이 네 사람이 선생님을 모시는 이유는 무엇입니까?"라고 묻자 공자는 "앉아봐. 내 너에게 이야기해 줄게. 안연은 미덥지만 융통성이 없고, 자공은 민첩하지만 굽힐 줄 모르며, 자로는 용감하지만 겁을 낼 줄 모르고, 자장은 장중하지만 어울릴 줄 모른다. 이 네 사람이 가진 것을 아울러 나의 도와 바꾸려 한다면 나는 하지 않을 것이다.[308] 지극히 성스러운 선비란 진퇴의 이로움과 굽히고 펴는 것을 아는 사람이다."라고 대답했다.[309]

이 이야기는 『가어』 「육본」편에도 소개되어 있다.[310] 공자와 자하의 실제 대화라고 보기는 어렵고, 전한시대의 사상이 반영된 내용이지만

---

[308] 兼此四子者 丘不爲也 부분의 해석은 동양고전종합DB(http://db.cyberseodang.or.kr/)의 해석을 따랐다.

[309] 『說苑』「雜言」: 子夏問仲尼曰, 顏淵之爲人也, 何若. 曰. 回之信, 賢於丘也. 子貢之爲人也, 何若. 賜之敏, 賢於丘也. 子路之爲人也, 何若. 曰, 由之勇, 賢於丘也. 子張之爲人也, 何若. 曰. 師之莊, 賢於丘也. 於是子夏避席而問曰, 然則四者何爲事先生. 曰, 坐, 吾語汝. 回能信而不能反, 賜能敏而不能屈, 由能勇而不能怯, 師能莊而不能同. 兼此四子者, 丘不爲也. 夫所謂至聖之士, 必見進退之利, 屈伸之用者也.

[310] 『孔子家語』「六本」: 子夏問於孔子曰, 顏回之爲人奚若. 子曰, 回之信賢於丘. 曰, 子貢之爲人奚若. 子曰, 賜之敏賢於丘. 曰, 子路之爲人奚若. 子曰, 由之勇賢於丘. 曰, 子張之爲人奚若. 子曰, 師之莊賢於丘. 子夏避席而問曰, 然則四子何爲事先生. 子曰, 居, 吾語汝. 夫回能信而不能反, 賜能敏而不能訕, 由能勇而不能怯, 師能莊而不能同, 兼四子者之有以易吾弗與也, 此其所以事吾而弗貳也.

안연·자공·자로와 함께 자장을 들고 있다는 것이 이채롭다. 『맹자』 「등문공상」편에서 공손추가 '성인의 일부분을 갖추고 있고'라고 말한 것과 연결된다. 「제자해」편은 자장에 대해 조금 더 구체적으로 인물평을 하고 있다.

> 전손사는 진나라 사람으로 자가 자장이고, 공자보다 48세 연하다. 잘 생겼고, 성질이 너그러웠으며 교제의 폭이 넓었다. 조용히 자신의 일에 힘썼지만 평소에 인의를 행하는 일에 힘쓰지는 않았다. 공자의 문인들이 그와 벗으로 사귀었지만 존경하지는 않았다.[311]

자장에 대한 가장 잘 요약된 평이라고 생각한다. 다만 잘 생겼다는 표현은 여기에만 보인다. 『가어』 「제자행」편에는 자장에 대한 상당히 긍정적인 평가도 보인다.

> "아름다운 공로가 있어도 자랑하지 않고, 귀한 지위에 있어도 잘한다고 자랑하지 않으며, 남을 무시하지 않고 게으르지 않으며, 하소연할 곳 없는 사람들에게 거만하지 않은 것이 자장의 행실입니다. 공자께서도 '그 공로를 자랑하지 않는 것은 가능하다고 해도, 백성에게 폐를 끼치지 않는 것이 바로 어진 것이다. 시경에도 「아름다운 임금이여 백성의 부모로다」라고 하였으니 그 어짊은 큰 배움의 깊은 경지다'라고 하셨습니다."[312]

---

311 『孔子家語』「七十二弟子解」: 顓孫師, 陳人, 字子張, 少孔子四十八歲. 爲人有容貌, 資質寬冲博接, 從容自務, 居不務立於仁義之行, 孔子門人友之而弗敬.
312 『孔子家語』「弟子行」: 美功不伐, 貴位不善, 不侮不佚, 不傲無告, 是顓孫師之行也. 孔子言之曰, 其不伐, 則猶可能也, 其不弊百姓, 則仁也. 詩云, 愷悌君子, 民之父母. 夫子以其仁爲大學之深.

극찬에 가깝다. 다른 문헌에서 보이는 자장에 대한 인물평과는 결이 조금 다르다. 『가어』를 편찬한 것으로 알려진 왕숙王肅 자신의 평가가 아닐까 의심되는 대목이다.

「제자열전」에는 자장이 진陳나라 사람이라고 되어있고, 「제자해」편에도 그렇게 되어있다. 전국시대 말에 편찬된 『여씨춘추』 「맹하기, 존사」편에는 자장이 노나라의 비루한 집안 출신으로 되어있어,[313] 하층 계급 출신이었을 가능성이 높지만, 출신 지역은 논란이 될 수 있다. 『사기』 「유림열전」에는 자장이 공자 사후에 진나라에 거주했다는 표현이 있는데, 자신의 고향으로 돌아갔다면 진나라 출신일 가능성이 더 높다.[314] 『시자』 「권학」편에는 자장의 원래 직업이 말 거간꾼이라고 되어있다.[315] 자장이 폭넓은 인간관계를 형성한 배경에는 원래의 직업이 영향을 미쳤을 가능성이 높다.

『예기』 「단궁상」편에 자장의 죽음이 임박했을 때의 사건이 소개되어 있다.

> 자장이 병이 들자 아들인 신상申祥을 불러서 "군자는 '마친다'고 하고 소인은 '죽는다'고 한다. 나는 오늘에야 거의 그렇게 되는구나."라고 하였다.[316]

---

313 『呂氏春秋』 「孟夏紀, 尊師」: 子張, 魯之鄙家也, 顏涿聚, 梁父之大盜也, 學於孔子.
314 『史記』 「儒林列傳」: 自孔子卒後, 七十子之徒散遊諸侯, 大者爲師傅卿相, 小者友敎士大夫, 或隱而不見. 故子路居衛, 子張居陳, 澹臺子羽居楚, 子夏居西河, 子貢終於齊.
315 『尸子』 「勸學」: 是故, 子路卞之野人, 子貢衛之賈人, 顏涿聚盜也, 顓孫師駔也, 孔子敎之, 皆爲顯士.
316 『禮記』 「檀弓上」: 子張病, 召申祥而語之曰, 君子曰終, 小人曰死. 吾今日其庶幾乎.

군자와 소인은 죽음을 일컫는 표현이 다르다는 것을 알리는 이 내용이 크게 의미가 있어 보이지는 않지만, 『예기』가 형성될 당시의 예에 관한 사회적 분위기를 짐작하게 해준다. 또 자장에게 신상이라는 아들이 있었다는 정보를 추가할 수 있다. 공자 사후에 자장이 어떤 행보를 보였는지는 자세히 알려져 있지 않다. 다만 공자 사후에 자장은 제자들을 거느렸고, 그의 제자들은 학파를 이루었다는 것은 알 수 있다. 『한비자』「현학」편에 의하면 그의 학통은 전국시대 말까지 유가 8분파의 하나로 이어졌다.[317] 위에서 소개한 『순자』「비십이자」편의 비판을 감안할 때 자장의 후학들은 내면을 중시하면서 외형에는 별로 신경을 쓰지 않았을 가능성이 높다.

자장에 관한 설화가 많지는 않다. 『신서』「잡사」편에는 자장이 노나라 애공을 만나 애공의 무례함에 대해 항의하는 이야기가 있다.

> 자장이 노나라 애공을 만났는데 7일이 되도록 애공이 예를 갖추지 않았다. 자장이 떠나가면서 아랫사람을 시켜 전하기를 "저는 임금께서 선비를 좋아한다고 들었기 때문에 천 리 길을 멀다 않고 왔습니다. 서리와 이슬을 맞고 먼지를 뒤집어쓰면서 쉬지 않고 와서 뵈었는데 임금께서는 7일이 되도록 예를 갖추지 않으셨습니다. 임금께서 선비를 좋아하는 것은 섭공 자고가 용을 좋아하는 것과 비슷합니다. 섭공 자고는 용을 얼마나 좋아했던지 허리띠 장식에도 용을 그렸고, 못을 파도 용의 모습으로 했으며, 집에도 용의 무늬를 조각하게 했습니다. 그런데 용이 이 소문을 듣고 하늘에서 내려와 그 머리를 창틀에 들이밀고, 그 꼬리는 그 집 마당으로 늘

---

[317] 『韓非子』「顯學」: 自孔子之死也, 有子張之儒, 有子思之儒, 有顏氏之儒, 有孟氏之儒, 有漆雕氏之儒, 有仲良氏之儒, 有孫氏之儒, 有樂正氏之儒.

어뜨렸습니다. 섭공은 이를 보고 모든 것을 다 버리고 도망하였는데, 혼이 빠지고 얼굴빛이 파랗게 되어버렸습니다. 이처럼 용을 좋아한 것이 아니라 용과 비슷하지만 용이 아닌 것을 좋아하였습니다. 지금 제가 임금께서 선비를 좋아하신다는 말씀을 듣고 천 리를 멀다 않고 찾아왔는데 7일 동안 예를 지키지 않으시는 것을 보니, 임금께서는 선비를 좋아하시는 것이 아니라 선비 비슷하지만 선비가 아닌 사람을 좋아하시는 것입니다.「시경」에 '마음 속 깊이 간직하였네. 어느 날엔들 잊겠는가'라고 하였습니다. 감히 이 말을 전해달라고 부탁하고 떠납니다."라고 하였다.[318]

실제 자장이 한 말인지는 알 수 없지만『신서』를 쓴 유향劉向의 문장력이 돋보인다.

도가도 자장을 예사롭게 보지 않았다.『장자』「도척」편에는 유가의 입장에 서서 인의를 주장하는 자장과, 명예나 이익을 버리고 본심으로 돌아가야 한다는 만구득의 토론이 소개되어 있다.[319] 도가가 자신들의

---

[318] 『新序』「雜事」: 子張見魯哀公, 七日而哀公不禮. 托僕夫而去曰, 臣聞君好士, 故不遠千里之外, 犯霜露, 冒塵垢, 百舍重趼, 不敢休息以見君, 七日而君不禮. 君之好士也, 有似葉公子高之好龍也, 葉公子高好龍, 鉤以寫龍, 鑿以寫龍, 屋室雕文以寫龍, 於是夫龍聞而下之, 窺頭於牖, 拖尾於堂, 葉公見之, 棄而還走, 失其魂魄, 五色無主, 是葉公非好龍也, 好夫似龍而非龍者也. 今臣聞君好士, 不遠千里之外以見君, 七日不禮, 君非好士也, 好夫似士而非士者也. 詩曰, 中心藏之, 何日忘之, 敢托而去.

[319] 『莊子』「盜跖」: 子張問於滿苟得曰, 盍不爲行. 無行則不信, 不信則不任, 不任則不利. 故觀之名, 計之利, 而義眞是也. 若棄名利, 反之於心, 則夫士之爲行, 不可一日不爲乎. 滿苟得曰. 無恥者富, 多信者顯. 夫名利之大者, 幾在無恥而信. 故觀之名, 計之利, 而信眞是也. 若棄名利, 反之於心, 則夫士之爲行, 拘其天乎. 子將曰, 昔者桀紂貴爲天子, 富有天下, 今謂臧聚曰, 汝行如桀紂, 則有怍色, 有不服之心者, 小人所賤也. 仲尼墨翟, 窮爲匹夫, 今謂宰相曰, 子行如仲尼墨翟, 則變容易色, 稱不足者, 士誠貴也. 故勢爲天子, 未必貴也. 窮爲匹夫, 未必賤也. 貴賤之分, 在行之美惡. 滿苟得曰.「小盜者拘, 大盜者爲諸侯. 諸侯之門, 仁義存焉. 昔者桓公小白殺兄入嫂, 而管仲爲臣. 田成子常殺君竊國, 而孔子受幣. 論則賤之, 行則下之, 則是言行之情, 悖戰於胸中也, 不亦拂乎. 故書曰. 孰惡孰美. 成者爲首, 不成者爲尾. 子將曰. 子不爲行, 卽將疏戚無倫, 貴賤無義, 長幼無序. 五紀六位, 將何以爲

논리를 주장하기 위해 자장을 끌어들였다는 것은 일반인들 사이에서도 자장의 명성이 상당했다는 반증이 될 것이다.

자장은 젊은 시절 출세지향적인 모습을 보였지만, 공자 사후에는 많은 후학들을 가르쳐 전국시대 말까지 학파를 형성할 정도였다. 그의 후학들은 형식보다는 정신을 중요시했던 학파로 알려졌다.

2   통 큰 사나이 자유

『사기』「제자열전」에는 자유子游에 대해 다음과 같이 기록되어 있다.

언언言偃은 오나라 사람으로 자字가 자유子游이고 공자보다 45세 연하다. 자유가 공자 문하에서 수업을 마친 후 무성의 읍재가 되었다. 공자가 그곳을 지나가다가 고을 사람들이 거문고를 연주하며 노래하는 소리를 듣고 빙그레 웃으며 "닭 잡는데, 어찌 소 잡는 데 쓰는 칼을 쓰겠나?"라고 말했다. 자유가 이 말을 듣고 "전에 선생님께서 '군자가 도를 배우면 남을 사랑하게 되고, 소인이 도를 배우면 부리기가 쉽다'고 말씀하신 것을 들은 일이 있습니다."라고 하자 공자는 주변에 있던 제자들에게 "자유의 말

....

別乎. 滿苟得曰, 堯殺長子, 舜流母弟, 疏戚有倫乎. 湯放桀, 武王殺紂, 貴賤有義乎. 王季爲適, 周公殺兄, 長幼有序乎. 儒者僞辭, 墨者兼愛, 五紀六位, 將有別乎. 且子正爲名, 我正爲利. 名利之實, 不順於理, 不監於道. 吾日與子訟於無約曰, 小人殉財, 君子殉名. 其所以變其情, 易其性, 則異矣. 乃至於棄其所爲, 而殉其所不爲, 則一也. 故曰, 無爲小人, 反殉而天. 無爲君子, 從天之理. 若枉若直, 相而天極, 面觀四方, 與時消息. 若是若非, 執而圓機., 獨成而意, 與道徘徊. 無轉而行, 無成而義, 將失而所爲. 無赴而富, 無殉而成, 將棄而天. 比干剖心, 子胥抉眼, 忠之禍也. 直躬證父, 尾生溺死, 信之患也. 鮑子立乾, 申子不自埋, 廉之害也. 孔子不見母, 匡子不見父, 義之失也. 此上世之所傳, 下世之所語. 以爲士者, 正其言, 必其行. 故服其殃, 利其患也.

이 옳다. 방금 내가 한 말은 농담이었다."라고 하였다. 공자는 자유가 문학을 잘 한다고 생각했다.[320]

여기서는 자유가 오나라 사람이라고 되어있는데, 「제자해」편에는 자유가 노나라 사람이라고 기록되어 있다.[321] 공자 사후에 자유가 어디서 활동했는지는 확실하지 않다. 당나라 때 사마정司馬貞이 쓴 『사기색은』에는 "지금 오군에는 언언의 무덤이 있는데 아마도 오군 사람들이 그렇게 여기는 것일 것이다."라고 하여 크게 신빙성을 두고 있지 않다.[322] 오나라로 가서 활동했을 가능성도 있지만, 자유·자하·자장 세 사람이 자주 연결되어 언급된 것을 감안하면 노나라에서 활동했을 가능성이 더 높다.

자유에 관한 소개 마지막 부분의 '공자는 자유가 문학을 잘 한다고 생각했다'는 표현은 『논어』 「선진」편에서 공자가 자유를 공문십철 중 문학에 뛰어난 제자로 꼽았기 때문에 언급한 것이다.[323] 사마천은 여기서 "닭 잡는데, 어찌 소 잡는 데 쓰는 칼을 쓰겠나?"라는 공자의 말을 금방 알아듣고 반론을 펼친 자유의 문학적 재능을 공자가 자유를 문학에 뛰어나다고 평가한 이유로 제시하고 있는 것이다. '소 잡는 데 쓰

....

[320] 『史記』「仲尼弟子列傳」: 言偃, 吳人, 字子游, 少孔子四十五歲. 子游旣已受業, 爲武城宰. 孔子過, 聞弦歌之聲, 孔子莞爾而笑曰, 割雞焉用牛刀. 子游曰, 昔者偃聞諸夫子曰, 君子學道則愛人, 小人學道則易使. 孔子曰, 二三子, 偃之言是也, 前言戲之耳. 孔子以爲子游習於文學.
[321] 『孔子家語』「七十二弟子解」: 言偃, 魯人, 字子游, 以文學著名.
[322] 『史記索隱』「仲尼弟子列傳」索隱: 今吳郡有言偃冢, 蓋吳郡人爲是也.
[323] 『論語』「先進」: 子曰, 從我於陳蔡者, 皆不及門也. 德行, 顏淵·閔子騫·冉伯牛·仲弓. 言語, 宰我·子貢. 政事, 冉有·季路. 文學, 子游·子夏.

는 칼' 이야기는 『논어』「양화」편 4장에 나오는 내용으로,[324] 자유가 공자에게 한 방 먹이는 일화다. 자유가 다스리는 고을을 지나던 공자는 백성들이 거문고를 연주하면서 노래를 부르는 것을 듣고, 자유가 작은 고을을 다스리면서 예악이라는 큰 도를 쓴다고 웃었다. 그러자 자유가 바로 반론을 제기한다. "소인이 도를 배우면 부리기가 쉽다."고 한 공자의 평소 가르침과 다른 말씀을 하는 것 아니냐는 요지다. 그러자 공자는 바로 자신의 실수를 인정하고 자유의 말을 받아들인다. 공자의 실수를 그 자리에서 알아채는 자유의 모습과, 자신의 실수를 바로 인정하는 공자의 인간적인 모습이 잘 어우러지는 장면이다. 『설원』「귀덕」편에는 공자 사후에 이루어진 자유와 계강자의 대화가 소개되어 있는데, 자유의 문학적 재능을 짐작할 만한 대화다.

계강자가 자유에게 "어진 사람은 다른 사람들을 사랑합니까?"라고 물었다. 자유는 "그렇습니다."라고 대답했다. 계강자는 다시 "그럼 남들도 그 어진 사람을 사랑합니까?"라고 물었다. 자유는 또 "그렇습니다."라고 대답했다. 그러자 계강자는 "정나라의 대부 자산이 죽었을 때 정나라의 남자들은 허리 장식을 풀었고 부인들은 귀걸이를 떼어놓았으며, 부부가 골목에 나와 곡을 하였고, 3개월 동안 악기를 연주하는 소리가 나지 않았습니다. 그런데 공자가 죽었을 때에 노나라 사람들이 공자를 그렇게 사랑했다는 말을 듣지 못했습니다. 왜 그렇지요?"라고 물었다. 이 질문에 대해 자유는 "비유하자면, 자산과 공자는 논에 대는 물과 하늘에서 내리는 비와

---

[324] 『論語』「陽貨」: 子之武城, 聞弦歌之聲. 夫子莞爾而笑曰, 割鷄焉用牛刀. 子游對曰, 昔者偃也聞諸夫子曰, 君子學道則愛人, 小人學道則易使也. 子曰, 二三子, 偃之言是也, 前言戱之耳.

같습니다. 논에 물을 대면 벼가 생장하고, 그렇지 않으면 벼가 죽습니다. 백성들이 살아가려면 반드시 때에 맞게 비가 내려야 하지만, 백성들은 이미 살아있으므로 하늘이 내려주는 비를 사랑하지 않습니다. 그래서 자산과 공자는 논에 대는 물과 하늘에서 내리는 비에 비유할 수 있다고 말한 것입니다."[325]

정나라의 대부 자산이 논에 대는 물이라면, 공자는 더 근원이 되는 하늘에서 내리는 비라고 표현한 것이다. 계강자는 아마도 입을 다물었을 것이다. 과연 공자가 문학에 소질이 있다고 할 만한 재능이다.

공자의 말실수를 짚고 넘어갈 정도로 당당했던 자유니만큼 벼슬길에서도 당당하게 일했을 것이다. 마찬가지로 아부하는 부하보다는 당당한 부하를 좋아했다. 『논어』 「옹야」편 12장에는 이런 그의 모습이 잘 드러나 있다.[326] 공자가 "(좋은) 사람을 얻었어?"라고 묻자 자유는 담대멸명澹臺滅明이라는 사람을 소개한다. 그 이유가 '샛길로 다니지 않고, 공무가 아니면 자신을 찾아오지 않는다'는 것이다. 자유는 일상생활에서도 사소한 것들을 지키기보다 근본적인 원칙을 중요시하는 태도를 보인다. 『논어』 「자장」편 14장에는 자유가 "상례는 슬픔을 극진히 하면 되는 것이다."[327]라고 하여 사소한 예절에 대해서는 언급조차 하지 않

....

[325] 『說苑』 「貴德」: 季康子謂子游曰, 仁者愛人乎. 子游曰, 然. 人亦愛之乎. 子游曰, 然. 康子曰, 鄭子産死, 鄭人丈夫舍玦珮, 婦人舍珠珥, 夫婦巷哭, 三月不聞竽瑟之聲. 仲尼之死, 吾不聞魯國之愛夫子, 奚也. 子游曰, 譬子産之與夫子, 其猶浸水之與天雨乎. 浸水所及則生, 不及則死. 斯民之生也, 必以時雨, 旣以生, 莫愛其賜. 故曰, 譬子産之與夫子也, 猶浸水之與天雨乎.

[326] 『論語』 「雍也」: 子游爲武城宰, 子曰, 女得人焉爾乎. 曰, 有澹臺滅明者, 行不由徑, 非公事, 未嘗至於偃之室也.

[327] 『論語』 「子張」: 子游曰, 喪致乎哀而止.

는다. 공자 역시 『논어』「팔일」편 4장에서 임방의 질문에 대답하는 형식으로 "상은 형식적으로 잘 치르기는 것보다는 차라리 슬퍼하는 것이 낫다."라고 대답한 일이 있지만,[328] 자유의 태도는 공자보다 한 발 더 나간 느낌이 든다. 『논어』「위정」편에는 이런 자유의 태도가 공자로부터 배운 것으로 설정되어 있다. 자유가 공자에게 효에 대해 물었는데, 공자는 "요즘 효를 단지 물질적으로 봉양을 잘하는 것이라고들 하는데, 개나 말도 잘 먹여줄 수 있어. 공경하지 않는다면 개나 말에게 해주는 것과 무엇이 다르겠어?"라고 대답한다.[329] 공자의 언설 치고는 조금 과격하다. 이 대화가 사실일 수도 있지만, 자유의 제자들이 근본을 중요시하는 자유의 생각이 공자의 생각과 일치한다는 것을 강조하기 위해 편집한 것일 수도 있겠다. 이런 자유의 생각과 태도는 자유의 제자들에게도 이어졌을 것이고, 근본정신을 강조하다 보니 지엽적인 것들을 무시하는 경향으로 나아갔을 가능성이 높다. 위에서 소개한 『순자』「비십이자」편의 자유의 후학들에 대한 비판에서 실천을 무시하는 경향이 나타나 있는데, 이는 자유의 근본에 충실한 태도와 관련이 있을 것으로 생각된다. 통이 큰 행동을 한 자유는 동료들에 대한 비판에도 거침이 없었다. 위에서 소개한 자장에 대한 평가나, 자하의 제자들에 대한 비판은 자유의 특징을 반영하고 있기도 하다.

『논어』「이인」편 26장에는 평소 자유의 태도와는 사뭇 다른 자유의 말이 기록되어 있다. 자유가 "임금을 섬길 때 간언을 자주하면 욕을 당하고, 친구에게 충고를 자주하면 사이가 소원해진다."라고 한 것이다.[330]

....

[328] 『論語』「八佾」: 喪, 與其易也, 寧戚.
[329] 『論語』「爲政」: 子游問孝, 子曰, 今之孝者, 是謂能養, 至於犬馬, 皆能有養, 不敬何以別乎.
[330] 『論語』「里仁」: 子遊曰, 事君數, 斯辱矣, 朋友數, 斯疏矣.

나이가 든 후 인간관계에 대한 깨달음을 얻은 자유가 한 말일 수도 있겠고, 다른 학파에서 자유를 비꼬기 위해 자유가 한 말로 만들어낸 것일 수도 있을 것 같다. 『가어』「제자행」편에는 위나라 장군 문자文子가 자공에게 공자의 주요 제자들을 평해달라고 하자, 자공이 자유를 '먼저 생각해 두었다가 일이 생기면 활용하기 때문에 망령된 행동이 없는 인물'로 평하였다는 기록이 있다.[331] 이러한 평가는 일반적인 자유의 이미지와는 조금 다르다.

유약을 공자의 후계자로 추대했다가 증자의 반대로 무산되었지만 자유와 유약의 관계는 계속 이어졌을 가능성이 높다. 『예기』「단궁하」편에는 유약의 상에 도공이 문상을 왔고 이때 도공을 안내한 사람이 자유라고 기록되어 있다.[332]

『예기』에는 자유와 관련된 내용이 상당히 많이 수록되어 있다. 실제 자유와 관련되어 전해오던 설화를 채록한 것도 있겠고, 예기를 편찬하던 사람에 의해 창작된 내용도 있을 것으로 생각된다. 『예기』에서 자유의 이름이 언급된 기록은 「단궁상」편에 가장 많은데, 「단궁상」에서만큼은 자유가 증자보다 우위에 있다. 「단궁상」에는 증자와 자유가 상례에 대한 자신들의 지식을 펼쳤는데, 증자가 자유의 상례에 대한 지식이 자신보다 낫다고 인정하는 대목이 있다.[333] 또 자유의 조문 옷차림이 예에 맞지 않는다고 비난하던 증자가 뒤에 자신의 잘못을 인정하는 대목도

---

[331] 『孔子家語』「弟子行」: 先成其慮, 及事而用之, 故動則不妄, 是言偃之行也.
[332] 『禮記』「檀弓下」: 有若之喪, 悼公弔焉, 子游擯由左.
[333] 『禮記』「檀弓上」: 曾子弔於負夏, 主人既祖, 尊徹, 推柩而反之, 降婦人而后行禮. 從者曰, 禮與. 曾子曰, 夫祖者, 且也. 且胡爲其不可以反宿也. 從者又問諸子游曰, 禮與. 子游曰, 飯於牖下, 小斂於戶內, 大斂於阼, 殯於客位, 祖於庭, 葬於墓, 所以卽遠也, 故喪事有進而無退. 曾子聞之曰, 多矣乎, 予出祖者.

있다.[334] 그러한 점에서 보면 『예기』「단궁상」의 형성에는 자유의 후학들이 더 큰 영향력을 행사했을 가능성이 높다고 생각된다.

3 석학이 된 자하

『사기』「제자열전」에는 자하子夏에 대해 다음과 같이 기록되어 있다.

> 복상卜商의 자字는 자하로 공자보다 44세 연하다. 자하가 "(『시경』에) '예쁘게 웃으니 보조개 귀엽고, 아름다운 눈동자 흑백이 분명하니, 흰 바탕에 채색을 했다네'라고 하였는데 어떤 뜻입니까?"라고 묻자 공자는 "그림 그리는 일은 색칠할 흰 바탕이 마련된 뒤에 한다는 뜻이야."라고 대답하였다. 그러자 자하가 "예禮가 뒤라는 뜻이군요."라고 하였다. 공자는 "이제 너와 함께 시를 말할 수 있겠구나."라고 하였다. 자공이 "자장과 자하 중에 누가 더 훌륭합니까?"라고 묻자 공자는 "자장은 지나치고, 자하는 미치지 못한다."라고 대답했다. 자공이 "그러니까 자장이 낫다는 뜻입니까?"라고 묻자 공자는 "지나친 것은 미치지 못하는 것과 같다."라고 대답했다. 공자는 자하에게 "너는 군자다운 선비가 되고 소인 같은 선비가 되지 마라."라고 하였다. 공자 사망 후에 자하는 서하에 거주하면서 가르쳤는데 위나라 문후의 스승이 되었다. 그 아들이 죽자 심하게 슬퍼하다가 시력을 잃었다.[335]

---

334 『禮記』「檀弓上」: 曾子襲裘而弔, 子游裼裘而弔. 曾子指子游而示人曰, 夫夫也, 爲習於禮者, 如之何其裼裘而弔也. 主人旣小斂, 袒, 括髮, 子游趨而出, 襲裘帶絰而入. 曾子曰, 我過矣, 我過矣, 夫夫是也.
335 『史記』「仲尼弟子列傳」: 卜商, 字子夏, 少孔子四十四歲. 子夏問, 巧笑倩兮, 美目盼

여기 소개되는 『시경』에 대한 문답은 『논어』「팔일」편 8장에 나오는 내용이다.[336] 『시경』의 이 구절은 아무리 봐도 연인의 아름다움을 노래하고 있는 것 같은데, 자하는 여기서 예를 실천하는 행위보다 그 바탕이 되는 정신이 중요하다고 해석하여 공자의 칭찬을 받는다. 이 문답에서 보여준 자하의 대답은 『시경』을 관념적으로 해석한 최초의 시도가 아닐까 생각한다. 한영韓嬰은 『외전』 3권에서 이 사건을 거론하면서 자하를 '하나를 들으면 둘을 아는 사람'으로 평가하기도 했다.[337] 『시경』을 관념적으로 해석하여, 예의 기본 정신을 추구한 자하의 답과 일맥상통하는 대화가 「위정」편 8장에 한 번 더 있다.[338] 자하가 공자에게 효에 대해 묻자 공자는 부형의 노고를 대신하고 술과 밥으로 대접하는 것보다 밝고 부드러운 표정으로 대하는 것이 더 어려운 일이라고 하며, 효의 본질을 추구하라고 가르치고 있다. 여기서 공자가 예와 효를 실천함에 있어 밖으로 나타나는 형식보다는 기본이 되는 정신을 중요시하는 경향을 볼 수 있다.

사마천이 자하를 소개하면서 『시경』에 관한 이 문답을 가장 앞에 둔 이유는 무엇일까? 아마도 공자가 공문십철 중에서 자하를 문학에 뛰어난 제자로 든 이유를 설명하기 위해서일 것이다.[339] 『시경』에 대한

兮, 素以爲絢兮, 何謂也. 子曰, 繪事後素. 曰, 禮後乎. 孔子曰, 商始可與言詩已矣. 子貢問, 師與商孰賢. 子曰, 師也過, 商也不及. 然則師愈與. 曰, 過猶不及. 子謂子夏曰, 汝爲君子儒, 無爲小人儒. 孔子旣沒, 子夏居西河敎授, 爲魏文侯師. 其子死, 哭之失明.

[336] 『論語』「八佾」: 子夏問曰, 巧笑倩兮, 美目盼兮, 素以爲絢兮, 何謂也. 子曰, 繪事後素. 曰, 禮後乎. 子曰, 起予者, 商也. 始可與言詩已矣.
[337] 『韓詩外傳』 券三: 子夏問詩, 學一以知二. 孔子曰, 起予者商也. 始可與言詩已矣. 孔子賢乎英傑而聖德備, 弟子被光景而德彰. 詩曰, 日就月將.
[338] 『論語』「爲政」: 子夏問孝, 子曰, 色難, 有事, 弟子服其勞, 有酒食, 先生饌, 曾是以爲孝乎.
[339] 『論語』「先進」: 子曰, 從我於陳蔡者, 皆不及門也. 德行, 顔淵·閔子騫·冉伯牛·仲

뛰어난 해석으로 공자에게 인정받은 이야기는 후대로 가면서 자하를 『시경』의 전문가로 인식하게끔 만들었다. 『외전』 5권에는 자하가 공자로부터 『시경』의 첫 편인 「관저」의 의의에 대해 배웠다는 내용이 있다.[340] 여기서도 공자는 「관저」의 내용을 관념적으로 설명하고 있다. 공자의 설명을 들은 자하는 "대단합니다. 관저는 천지의 바탕이 되는 것이네요."라고 감탄하고 있다. 공자에게 『시경』을 전수받은 것으로 인정된 자하는 후대에 『시경』의 전傳을 쓴 인물로 등극한다. 후한시대 반고班固가 편찬한 『한서』「예문지」에도 자하와 시경과의 관련성이 기록되어 있다.

> (노魯·제齊·한韓의) 3가家의 시경이 모두 학관에 나열되었다. 또 모공毛公의 학문이 있는데, 스스로 자하가 전傳을 썼다고 주장한다. 하간河間의 헌왕獻王이 그것을 좋아했는데, 학관에 들어가지는 못했다.[341]

노魯·제齊·한韓의 시경처럼 전한시대에 공식적 『시경』으로 인정받고 있는 계열은 아니었지만 『모시毛詩』라는 『시경』의 한 종류가 존재했고, 『모시』를 신봉하는 학파는 자하가 그 책의 전傳을 썼다고 주장했다는 내용이다. 이후 『모시』가 『시경』을 대표하게 되면서 『시경』에서 자하의 역할은 더 커지게 된다.

弓. 言語, 宰我·子貢. 政事, 冉有·季路. 文學, 子游·子夏.

[340] 『韓詩外傳』 券五:子夏問曰, 關雎何以爲國風始也. 孔子曰, 關雎之至矣乎. 夫關雎之人, 仰則天, 俯則地, 幽幽冥冥, 德之所藏, 紛紛沸沸, 道之所行, 雖神龍化, 斐斐文章. 大哉關雎之道也. 萬物之所繫, 羣生之所懸命也, 河洛出書圖, 麟鳳翔乎郊. 不由關雎之道, 則關雎之事將奚由至矣哉. 夫六經之策, 皆歸論汲汲, 蓋取之乎關雎. 關雎之事大矣哉. 馮馮翊翊, 自東自西, 自南自北, 無思不服. 子其勉强之, 思服之. 天地之間, 生民之屬, 王道之原, 不外此矣. 子夏喟然嘆曰, 大哉, 關雎乃天地之基地. 詩曰, 鐘鼓樂之.

[341] 『漢書』「藝文志, 六藝略」:三家皆列於學官. 又有毛公之學, 自謂子夏所傳. 而河間獻王好之, 未得立.

공자로부터 『시경』 전문가로 인정받고 뒤에 『시경』의 전傳을 쓴 것으로 위상이 높아진 자하는 한 걸음 더 나아가 고문헌에 대한 해박한 지식을 가지고 있으며, 다른 경전에도 정통한 전문가로 인식되었다. 『여씨춘추』「신행론, 찰전」에는 자하가 고문헌에 대한 해박한 지식을 가진 인물로 묘사된 이야기가 있다.

> 자하가 진나라로 갈 때 위나라를 지나가게 되었는데 역사 기록을 읽은 이가 "진나라 군대가 삼시三豕에 황하를 건넜습니다."라고 하였다. 자하가 "아닙니다. 기해己亥에 건넜습니다. 기己자가 삼三자와 비슷하고, 시豕자가 해亥자와 비슷해서 그렇게 읽었을 것입니다."라고 하였다. 진나라에 도착해서 물어보니 "진나라 군대가 기해에 황하를 건넜습니다."라고 대답하였다.[342]

다른 나라의 문헌에 있는 잘못된 글자를 지적할 수준이었다는 것이다. 이 이야기는 「제자해」에도 소개되어 있다.[343] 고문헌에 대한 해박한 지식을 가진 자하의 모습은 『외전』 5권에도 보인다. 자하는 고대의 성인들도 누군가에게 배워서 나라를 평안하게 하고 백성을 보전할 수 있었느냐는 애공哀公의 질문에 대해 황제黃帝 등 11명의 고대 성인들과 그 스승들의 이름을 알려준다.[344]

....

[342] 『呂氏春秋』「愼行論, 察傳」: 子夏之晉, 過衛, 有讀史記者曰, 晉師三豕涉河. 子夏曰, 非也, 是己亥也. 夫己與三相近, 豕與亥相似. 至於晉而問之, 則曰, 晉師己亥涉河也.
[343] 『孔子家語』「七十二弟子解」: 卜商衛人, 無以尙之. 嘗返衛見讀史志者云, 晉師伐秦, 三豕渡河. 子夏曰, 非也, 己亥耳. 讀史志曰, 問諸晉史, 果曰, 己亥. 於是衛以子夏爲聖. 孔子卒後, 教於西河之上, 魏文侯師事之, 而諮國政焉.
[344] 『韓詩外傳』券五: 哀公問於子夏曰, 必學然後可以安國保民乎. 子夏曰, 不學而能安國保民者, 未之有也. 哀公曰, 然則五帝有師乎. 子夏曰, 臣聞, 黃帝學乎大墳, 顓頊學乎祿

전국시대 말기가 되면 자하는 『춘추』에도 정통한 인물로 묘사된다. 전국시대 말에 쓰인 『한비자』 「외저설우상」에는 "우환을 제거할 수 있는 방법은 자하가 『춘추』를 해설하면서 '권세를 잘 유지하는 사람은 간사한 싹을 잘라버린다'고 한 말에 있다."라는 구절이 있다.[345] 이 구절의 전傳에는 자하의 말을 소개하면서 제나라에서 반란이 성공한 원인을 분석하고 있다.

자하는 "『춘추』의 기록 중에서 임금이나 아버지를 죽인 신하나 아들의 사례가 십여 건이 된다. 모두 하루아침에 이루어진 것이 아니라 점점 쌓여서 그런 지경에 이른 것이다."라고 하였다. 무릇 간악한 일이란 오랫동안 행해진 일들이 쌓이고, 쌓인 것이 많아져 힘이 커지며, 힘이 커져 살해할 수 있을 지경에 이른 것이니, 밝은 군주는 그런 싹을 일찍 잘라버린다. 지금 전상이 일으킨 반란은 조금씩 조짐이 나타났는데도 군주가 그를 처벌하지 않아 그런 것이다. 안자晏子가 군주가 자신의 권위를 침범하는 신하를 누르게 하지 못하고, 군주가 은혜를 베풀도록 하였기 때문에 간공이 그런 화를 입은 것이다. 그래서 자하는 "권세를 잘 유지하는 사람은 간악한 싹을 잘라버린다."라고 한 것이다.[346]

圖, 帝嚳學乎赤松子, 堯學乎務成子附, 舜學乎尹壽, 禹學乎西王國, 湯學乎貸子相, 文王學乎錫疇子斯, 武王學乎太公, 周公學乎虢叔, 仲尼學乎老聃. 此十一聖人, 未遭此師, 則功業不能著於天下, 名號不能傳乎後世者也. 詩曰, 不愆不忘, 率由舊章.

345 『韓非子』「外儲說右上」: 患之可除, 在子夏之說春秋也. 善持勢者蚤絶其姦萌.
346 『韓非子』「外儲說右上」 傳: 子夏曰, 春秋之記臣殺君·子殺父者, 以十數矣. 皆非一日之積也, 有漸而以至矣. 凡姦者, 行久而成積, 積成而力多, 力多而能殺, 故明主蚤絶之. 今田常之爲亂, 有漸見矣, 而君不誅. 晏子不使其君禁侵陵之臣, 而使其主行惠, 故簡公受其禍. 故子夏曰, 善持勢者, 蚤絶姦之萌.

물론 법가의 입장을 자하의 입을 빌려 말한 것이다. 달리 보면 법가가 인용할 정도로 자하가 『춘추』에 대한 해박한 지식을 가지고 있다는 믿음이 당시에 있었던 것이다. 자하가 『춘추』에 정통했다는 믿음은 계속 이어져 『설원』 「복은」편에도 언급되고 있다.

초나라 사람이 정나라 영공에게 큰 자라를 바쳤다. 공자가公子家가 영공을 뵈었는데, 공자송公子宋의 둘째손가락이 움직였다. 공자송은 공자가에게 "내 손가락이 이와 같으면 반드시 특별한 음식을 먹게 된다."라고 말했다. 영공이 대부들과 자라 요리를 먹을 적에 공자송을 부르기만 하고 요리는 주지 않았다. 공자송이 화가 나서 솥 안에 손가락을 넣어 맛을 본 다음 나가버리자, 영공이 노하여 죽이려고 하였다. 공자송과 공자가가 선수를 쳐서 영공을 시해하였다. 이 사건을 들은 자하는 "『춘추』는 임금다운 임금과 그렇지 않은 임금, 신하다운 신하와 그렇지 않은 신하, 아버지다운 아버지와 그렇지 않은 아버지, 아들다운 아들과 그렇지 않은 아들을 기록한 것이다. 이것은 하루아침에 된 일이 아니라 문제가 점점 누적되어 그렇게 된 것이다."라고 하였다.[347]

후한시대가 되면 자하는 『춘추』에 정통한 수준을 넘어 『춘추』의 전傳을 쓴 인물로 탈바꿈한다. 『춘추공양전』 「하휴서何休序」의 소疏에는 "(후한시대 사람인) 대굉戴宏의 서에 '자하가 전傳을 썼고, 공양이 이를 높였

---

[347] 『說苑』 「復恩」: 楚人獻黿於鄭靈公, 公子家見公, 子宋之食指動, 謂公子家曰, 我如是必嘗異味. 及食大夫黿, 召公子宋而不與. 公子宋怒, 染指於鼎, 嘗之而出, 公怒欲殺之. 公子宋與公子家先遂殺靈公. 子夏曰, 春秋者, 記君不君, 臣不臣·父不父, 子·不子者也. 此非一日之事也. 有漸以至焉.

다'라고 한다."라는 표현이 있다.[348] 『춘추곡량전』「서序」의 소疏에는 "곡량자는 이름이 숙淑, 자字가 원시元始이고 노나라 사람이며 다른 이름은 적赤인데, 경經을 자하에게서 받아 경의 전傳을 지었다."라고 되어있다.[349]

자하는 또 『주역』의 전문가로도 인정된다. 『설원』「경신」편에는 공자가 『주역』을 읽다가 손익의 괘에 대해 감탄하면서, 자하에게 그 이치를 설명하는 장면이 있다.[350] 공자의 설명을 들은 자하는 "좋은 말씀입니다. 평생토록 외우도록 하겠습니다."라고 대답하는데, 『주역』의 전문가로 인정받을 배경이 되는 이야기다. 『수서』「경적지」에는 자하가 전傳을 썼다는 『주역』 2권이 언급되어 있다. 그 주석에는 "위나라 문후의 스승 복자하가 전을 썼고, 양나라 시대에는 6권이었는데 일부가 소실되었다."라고 하여 자하가 전을 쓴 책이라고 주장하고 있다.[351] 그리고 『주역』의 형성 과정을 설명하면서 "주나라 문왕이 괘사를 지었는데 그것을 『주역』이라고 한다. 주공이 효사를 지었고, 공자는 단사·상·계사·문언·서괘·설괘·잡괘를 지었으며, 자하가 그 전을 썼다."라고 하여 자하가 『주역』의 전을 쓴 것으로 설명하고 있다.[352] 그렇지만 『사기』「제자열전」과

---

348 『春秋公羊傳』「何休序」疏: 戴宏序云, 子夏傳, 與公羊高.
349 『春秋穀梁傳』「序」疎: 穀梁子 名淑, 字元始, 魯人, 一名赤, 受經于子夏, 爲經作傳.
350 『說苑』「敬愼」: 孔子讀易至於損益, 則喟然而歎, 子夏避席而問曰, 夫子何爲歎. 孔子曰, 夫自損者益. 自益者缺, 吾是以歎也. 子夏曰, 然則學者不可以益乎. 孔子曰, 否, 天之道成者, 未嘗得久也. 夫學者以虛受之, 故曰得, 苟不知持滿, 則天下之善言不得入其耳矣. 昔堯履天子之位, 猶允恭以持之, 虛靜以待下, 故百載以逾盛, 迄今而益章. 昆吾自臧而滿意, 窮高而不衰, 故當時而虧敗, 迄今而逾惡, 是非損益之征與. 吾故曰, 謙也者, 致恭以存其位者也. 夫豐明而動故能大, 苟大則虧矣, 吾戒之, 故曰天下之善言不得入其耳矣. 日中則昃, 月盈則食, 天地盈虛, 與時消息, 是以聖人不敢當盛. 升輿而遇三人則下, 二人則軾, 調其盈虛, 故能長久也. 子夏曰, 善, 請終身誦之.
351 『隋書』「經籍一, 經」: 周易二券. 注: 魏文侯師卜子夏傳, 殘缺. 梁六券.
352 『隋書』「經籍一, 經」: 周文王作卦辭, 謂之周易. 周公又作爻辭, 孔子爲彖·象·繫辭·文言·序卦·說卦·雜卦, 而子夏爲之傳.

「유림열전」 그리고 『가어』 「제자해」는 공자로부터 『주역』을 전수받은 제자가 상구商瞿라고 소개하고 있다. 이 이야기는 「『주역』의 전수자 상구」 부분에서 상술하였다.

자하는 『논어』의 편찬에도 관여한 것으로 인정되기 시작했다. 『논어주소』 「서해」에는 후한 말기 정현鄭玄이 『논어』를 '중궁·자유·자하 등이 편찬해 정했다'고 주장한 것으로 기록되어 있다.[353] 자하는 또한 음악의 대가로도 인정되었다. 『사기』 「악서」에는 자하가 위나라 문후에게 오래된 음악은 좋은 음악이지만 새로운 음악은 나쁜 음악이라는 음악론을 장황하게 펼치는 장면이 보이는데, 이는 자하가 음악에 대해서도 정통했을 것이라는 전한시대의 인식을 보여주는 것이다.[354] 자하는 의례에도 밝아서 『상복』이라는 책의 전傳을 쓴 것으로도 인정되었다.

---

[353] 『論語注疏』「序解」: 鄭玄云, 仲弓·子游·子夏等撰定.

[354] 『史記』「樂書」: 魏文侯問於子夏曰, 吾端冕而聽古樂則唯恐臥, 聽鄭衛之音則不知倦. 敢問古樂之如彼, 何也. 新樂之如此, 何也. 子夏答曰, 今夫古樂, 進旅而退旅, 和正以廣, 弦匏笙簧合守拊鼓, 始奏以文, 止亂以武, 治亂以相, 訊疾以雅. 君子於是語, 於是道古, 修身及家, 平均天下, 此古樂之發也. 今夫新樂, 進俯退俯, 姦聲以淫, 溺而不止, 及優侏儒, 獶雜子女, 不知父子. 樂終不可以語, 不可以道古, 此新樂之發也. 今君之所問者樂也, 所好者音也. 夫樂之與音, 相近而不同. 文侯曰, 敢問如何. 子夏答曰, 夫古者天地順而四時當, 民有德而五穀昌, 疾疢不作而無祅祥, 此之謂大當. 然后聖人作爲父子君臣以爲之紀綱, 紀綱既正, 天下大定, 天下大定, 然后正六律, 和五聲, 弦歌詩頌, 此之謂德音, 德音之謂樂. 詩曰, 莫其德音, 其德克明, 克明克類, 克長克君. 王此大邦, 克順克俾. 俾於文王, 其德靡悔. 既受帝祉, 施于孫子. 此之謂也. 今君之所好者, 其溺音與. 文侯曰, 敢問溺音者何從出也. 子夏答曰, 鄭音好濫淫志, 宋音燕女溺志, 衛音趣數煩志, 齊音驁辟驕志, 四者皆淫於色而害於德, 是以祭祀不用也. 詩曰, 肅雍和鳴, 先祖是聽. 夫肅肅, 敬也, 雍雍, 和也. 夫敬以和, 何事不行. 爲人君者, 謹其所好惡而已矣. 君好之則臣爲之, 上行之則民從之. 詩曰, 誘民孔易, 此之謂也. 然后聖人作爲鞉鼓椌楬壎篪, 此六者, 德音之音也. 然後鐘磬竽瑟以和之, 幹戚旄狄以舞之. 此所以祭先王之廟也, 所以獻醻酢酢也, 所以官序貴賤各得其宜也, 此所以示後世有尊卑長幼序也. 鐘聲鏗, 鏗以立號, 號以立橫, 橫以立武. 君子聽鐘聲則思武臣. 石聲磬, 磬以立別, 別以致死. 君子聽磬聲則思死封疆之臣. 絲聲哀, 哀以立廉, 廉以立志. 君子聽琴瑟之聲則思志義之臣. 竹聲濫, 濫以立會, 會以聚衆. 君子聽竽笙簫管之聲則思畜聚之臣. 鼓鼙之聲讙, 讙以立動, 動以進衆. 君子聽鼓鼙之聲則思將帥之臣. 君子之聽音, 非聽其鏗鎗而已也, 彼亦有所合之也.

『수서』「경적지」에는 '『상복』한 편은 먼저 자하가 전을 썼고, 많은 유가들이 주해를 달았으며, 지금은 또 별도로 행해지고 있다'라는 표현이 있다.[355]

자하는 『시경』의 대가로 인정받았는데 후세로 가면서 석학으로서의 이미지가 점점 강화되어 『춘추』·『주역』·음악에도 정통한 학자로 인정받게 되었고, 『논어』의 편찬자 중 한 사람으로도 인정받게 되었다. 자하는 학자로 인정받았을 뿐만 아니라 사상가로도 인정받았다. 『시자』 하권에는 자하의 입을 빌려 혁명적 사상을 설파하는 내용이 있다.

공자가 어느 날 자하에게 "상아 너는 임금이 어떤 존재인지 알고 있어?" 하고 물었다. 자하는 "물에 사는 물고기는 물이 없으면 죽지만 물은 물고기를 잃는다 해도 물로 그냥 있는 것과 같습니다. 즉 임금은 백성을 잃으면 자신이 죽는 것이지만 백성은 임금을 잃어도 그냥 백성으로 남는 것과 같은 것입니다." 이 말을 들은 공자는 "상아 네가 제대로 아는구나."라고 칭찬하였다.[356]

순자는 전해지는 말,[357] 혹은 공자의 말로[358]이라고 하면서 "임금은 배요, 백성은 물이다. 물은 배를 뜨게 하지만 그 물이 배를 뒤엎기도 한다."라고 했다. 이 정도도 혁명적인 사상이지만 『시자』의 표현은 한결음 더 나갔다. 『시자』에는 '임금은 물고기, 백성은 물'이라고 하여 임금은

---

355 『隋書』「經籍一, 經」: 其喪服一篇, 子夏先傳之, 諸儒多為注解, 今又別行.
356 『尸子』「下卷」: 孔子謂子夏曰, 商, 汝知君之爲君乎. 子夏曰, 魚失水則死, 水失魚猶爲水也. 孔子曰, 商, 汝知之矣.
357 『荀子』「王制」: 傳曰, 君者舟也, 庶人者水也. 水則載舟, 水則覆舟, 此之謂也.
358 『荀子』「哀公」: 且丘聞之, 君者舟也, 庶人者水也. 水則載舟, 水則覆舟.

아예 백성을 떠나서는 살 수 없는 존재라고 한 것이다. 『시자』는 이 사상을 자하의 입을 빌려 말했는데, 자하의 사상과 일치한다기보다는 대학자로 인정받고 있던 자하라는 이름을 차용해 자신의 사상에 힘을 싣기 위해서였을 것이다.

위의 「제자열전」에서 자장과 자하를 비교한 두 번째 이야기는 앞에서 언급한 『논어』「선진」편 15장에 나오는 내용으로, '과유불급'이라는 유명한 말의 출처다. 자하가 내성적이고 소극적인 성격의 소유자였음을 짐작할 수 있다. 여기서 자하와 비교된 자장은 몇몇 문헌에서 자하와 함께 등장한다. 두 사람은 비슷한 연배로, 서로 교류하면서 활동한 사이임을 알 수 있다.

세 번째 나오는 "너는 군자다운 선비가 되고 소인 같은 선비가 되지 마라."라는 공자의 말은 공자가 자하에게 당부한 것으로 『논어』「옹야」편 11장에 나오는 내용이다.[359] 자하가 가야 할 길을 제시한 것으로, 공자 사후 자하의 행보를 암시하는 구절이기도 하다. 『가어』「제자행」편에는 자하에 대한 자공의 평이 있다. 자공은 자하가 '사람을 보내고 맞이하는 것을 공경으로 하고, 윗사람을 사귀고 아랫사람과 접촉하는 것을 분명히 한 사람'이라고 평했다. 자공은 이어서 공자가 '자하 같은 사람은 위험에 빠지지 않을 인물'이라고 평가했다고 전하기도 한다.[360]

마지막으로 언급된 자하가 아들을 잃은 슬픔으로 인해 실명하였다는 이야기는 『예기』「단궁상」편에 가장 자세하게 기록되어 있다.[361]

---

[359] 『論語』「雍也」: 子謂子夏曰, 女爲君子儒, 無爲小人儒.
[360] 『孔子家語』「弟子行」: 送迎必敬, 上交下接若截焉, 是卜商之行也. 孔子說之以詩曰, 式夷式已, 無小人殆, 若商也, 其可謂不險矣.
[361] 이 이야기는 번역본 『예기』에서는 찾을 수 없었고 보경문화사의 영인본 『예기』(pp. 82)에서 확인하였다.

자하가 아들을 잃고 슬퍼하다가 눈이 멀었다. 증자가 조문하면서 "내 들으니 벗이 실명하면 그를 위해 곡을 한다고 하였네."라고 말하고 곡을 하자 자하 또한 곡 하면서 "하늘이시여 저는 죄가 없습니다."라고 말하였다. 증자가 듣고 노하여 "이보게, 자네가 어찌 죄가 없단 말인가? 나와 자네는 수수洙水와 사수泗水 사이에서 선생님을 섬겼는데, 자네는 물러나와 서하 강가에서 늙어가며 서하 사람들로 하여금 자네를 선생님(공자)으로 의심하게 하였으니 이것이 자네의 첫 번째 죄요, 자네가 어버이를 잃었을 때 사람들이 (자네가 특별히 슬퍼한다는 것을) 들은 바가 없게 하였으니 자네의 두 번째 죄요, 자네의 아들을 잃었을 적에는 자네가 슬픔이 지나쳐 실명하였으니 이것이 자네의 세 번째 죄네. 이런데도 자네가 어떻게 죄가 없다고 말하는가?"라고 하였다. 자하가 상장喪杖을 던지고 절하면서 "내가 잘못하였네, 내가 잘못하였네. 내가 동문들과 떨어져 홀로 살아온 지가 이미 오래되어 이렇게 되었네."라고 말하였다.[362]

증자는 자하가 공자처럼 대접을 받는 것과 부모의 상을 당했을 때보다 자식의 죽음을 더 슬퍼하고 있는 것에 대해 신랄하게 비판하고 있다. 이 비판은 자하의 실명 사건에 대한 증자 후학들의 입장을 정리한 것이라고 할 수 있다. 자하의 실명 사건은 『회남자』「정신훈」에도 언급되어 있는데, 성정을 지나치게 압박하여 조화를 이루지 못한 결과의 여러 예를 들면서 자하가 실명한 일을 언급하고 있다.[363] 자하의 실명 원

....

[362] 『禮記』「檀弓上」: 子夏喪其子, 而喪其明. 曾子弔之曰, 吾聞之也, 朋友喪明則哭之. 曾子哭, 子夏亦哭曰, 天乎, 予之無罪也. 曾子怒曰, 商, 女何無罪也. 吾與女事夫子於洙泗之間, 退而老於西河之上, 使西河之民疑女於夫子, 爾罪一也. 喪爾親, 使民未有聞焉, 爾罪二也. 喪爾子, 喪爾明, 爾罪三也. 而曰女何無罪與. 子夏投其杖而拜曰, 吾過矣, 吾過矣. 吾離羣而索居亦已久矣.
[363] 『淮南子』「精神訓」: 夫顔回·季路·子夏·冉伯牛孔子之通學也, 然顔淵夭死, 季路菹

인을 도가적 입장에서 해석한 것이다.

자하는 『논어』에 20회 등장하는데,[364] 사마천이 이 세 장을 소개했다는 것은 이 세 장이 자하를 가장 잘 나타낸다고 판단했기 때문일 것이다. 『논어』에서 자하가 등장하는 20개의 장 가운데 10개의 장은 문답이나 대화이고, 10개의 장은 '자하 가라사대' 식으로 자하의 독립적인 말로 구성되어 있다. 이런 독립적인 말로 구성된 장은 「학이」편 7장과 「자장」편 4~11장, 13장 등 열 장에 걸쳐 있는데, 이 글에서는 다루지 않는다.

자하는 공자 생전에 관직에 진출하였던 것으로 추측된다. 44년이라는 공자와의 나이 차를 감안하면 20대에 이미 관직에 진출하였다고 봐야 한다. 『논어』「자로」편 17장에는 거보莒父의 재宰가 된 자하에게 주는 공자의 충고가 있다.[365] 공자는 '서두르지 말고, 작은 이익에 현혹되지 않아야 한다'고 가르치고 있다. 젊은 나이에 관직에 진출한 제자에게 주는 충고로는 아주 적절한 충고다.

『설원』「잡언」편[366]과 『가어』「육본」편[367]에는 공자가 '자하는 날마다 나아질 것이고, 자공은 날마다 퇴보할 것이다. 자하는 자신보다 나은 사람과 있기를 좋아하고, 자공은 자기보다 못한 사람에 대해 비평하기

....

於衛, 子夏失明, 冉伯牛爲厲. 此皆迫性拂情, 而不得其和也.

[364] 「학이」편 7장, 「위정」편 8장, 「팔일」편 8장, 「옹야」편 11장, 「선진」편 2장, 15장, 「안연」편 5장, 22장, 「자로」편 17장, 「자장」편 3장-13장.

[365] 『論語』「子路」: 子夏爲莒父宰, 問政. 子曰, 無欲速, 無見小利, 欲速則不達, 見小利則大事不成.

[366] 『說苑』「雜言」: 孔子曰, 丘死之後, 商也日益, 賜也日損. 商也好與賢己者處, 賜也好說不如己者.

[367] 『孔子家語』「六本」: 孔子曰, 丘死之後, 則商也日益, 賜也日損. 曾子曰, 何爲也. 子曰, 商也好與賢己者處, 賜也好說不如己者.

를 좋아하기 때문이다'라고 예언했다는 내용이 있다. 그런데 『설원』「잡언」편의 바로 다음 문장은 자하가 인색해 공자가 자하의 물건을 빌리려고 하지 않았다는 말이 이어져 앞뒤가 살짝 맞지 않는 구성을 보이고 있다.[368] 이 이야기는 『가어』「치사」편에도 계승되었다.[369] 자공이 외교술과 상술이 뛰어났지만 학문적으로는 자하보다 못할 것이라는 공자의 예언은 두 사람의 삶에 대해 아는 바가 있는 후대 사람들이 만들어낸 말일 확률이 높다.

『논어』에는 자하와 동료들과의 관계를 다룬 장들이 몇 곳 있다. 그런 장들에서 자하는 상당히 어른스런 모습을 보이고 있다. 형제가 없다고 걱정하는 사마우를 멋진 말로 위로하는 「안연」편 5장의 이야기는 앞의 「킬러의 동생(?) 사마우」 부분에서 언급하였다. 8세 연상인 번지에게 공자의 말을 다시 풀어서 가르쳐주는 「안연」편 22장의 이야기도 앞의 「우둔한 질문쟁이 번지」 부분에서 언급하였다. 자하가 동료들 사이에서 똑똑한 사람으로 인정받고 있었음을 알 수 있다.

증자 계통의 학맥을 이어받은 맹자는 『맹자』「공손추상」편 2장에서 북궁유北宮黝와 맹시사孟施舍를 비교하면서 증자가 자하보다 훌륭한 제자라고 간접적으로 밝힌 일이 있다.

(공손추)가 "부동심 하는 데 방법이 있습니까?"라고 묻자 맹자는 "있지. 북궁유의 용기는 피부를 찔려도 꿈쩍하지 않고 눈을 찔려도 피하지 않았어. 남에게 털끝만큼이라도 모욕을 당했다고 생각하면 저자거리에서 매

....
[368] 『說苑』「雜言」: 孔子將行, 無蓋. 弟子曰, 子夏有蓋, 可以行. 孔子曰, 商之爲人也, 甚短於財. 吾聞與人交者, 推其長者, 違其短者, 故能久長矣.
[369] 『孔子家語』「致思」: 孔子將行, 雨而無蓋. 門人曰, 商也有之. 孔子曰, 商之爲人也, 甚悋於財. 吾聞與人交, 推其長者, 違其短者, 故能久也.

질을 당한 것처럼 여겼으므로, 보통 사람에게 모욕당하는 것도 참지 못하였고, 큰 나라의 임금에게 모욕당하는 것도 참지 못하였어. 따라서 큰 나라의 임금을 찔러 죽이는 것을 평민을 찔러 죽이는 것처럼 생각하여 두려운 제후가 없었어. 그리고 험담하는 소리가 들리면 반드시 보복하였지. 맹시사가 용기를 기르는 방법은 '나는 이기지 못할 상대를 보고도 이길 것처럼 여긴다. 적을 헤아려 본 뒤에 나아가고, 승산이 있다고 생각될 때에만 교전한다면, 이것은 적의 대군을 두려워하는 자인 것이다. 내 어찌 반드시 이길 수 있겠는가. 두려워하지 않을 수 있을 뿐이다'고 하였다. 맹시사의 기상은 증자와 비슷하고 북궁유의 기상은 자하와 비슷하다. 이 두 사람의 용기 중 누구의 용기가 더 나은지 모르겠다. 그렇지만 맹시사가 스스로를 지키는 방법이 더 요점을 터득한 것으로 보인다."라고 대답하였다.[370]

맹자에서 시작된 증자와 자하의 우열은 그 후 여러 문헌에 다양한 형태로 나타난다. 위에서 소개한 자하의 실명 사건에 대한 증자의 비판도 그런 예다. 『외전』 9권에도 증자가 자하를 가르치는 모습이 보인다.

자하가 증자가 있는 곳을 지나가게 되었다. 증자가 "들어와 식사라도 하고 가시게."라고 하자 자하가 "공적인 비용을 낭비하는 것이 되지 않겠는가?"라고 했다. 증자는 "군자에게 세 가지 낭비가 있는데 음식은 그 안에

---

[370] 『孟子』「公孫丑上」: 曰, 不動心, 有道乎. 曰, 有. 北宮黝之養勇也, 不膚撓, 不目逃. 思以一毫, 挫於人, 若撻之於市朝, 不受於褐寬博, 亦不受於萬乘之君. 視刺萬乘之君, 若刺褐夫, 無嚴諸侯. 惡聲至, 必反之. 孟施舍之所養勇也, 曰, 視不勝, 猶勝也. 量敵而後進, 慮勝而後會, 是畏三軍者也, 舍豈能爲必勝哉, 能無懼而已矣. 孟施舍似曾子, 北宮黝似子夏. 夫二子之勇, 未知其孰賢. 然而孟施舍守約也.

들어가지 않네. 군자에게 세 가지 즐거움이 있는데 종소리와 거문고 소리는 그 안에 들어가지 않네."라고 하였다. 자하가 "세 가지 즐거움이 뭐지?"라고 묻자 증자는 "부모님이 계셔서 어려워할 수 있고, 임금이 계셔서 모실 수 있으며, 자식이 있어 남길 수 있는 것이 첫째 즐거움이야. 부모님이 계셔서 간곡히 말씀드릴 수 있고, 임금이 계셔서 떠날 수 있으며, 자식이 있어 꾸짖을 수 있으니 이것이 두 번째 즐거움이야. 임금이 계셔서 깨우쳐드릴 수 있고, 벗이 있어 도울 수 있으니 이것이 세 번째 즐거움이야."라고 대답했다. 자하가 "세 가지 낭비는 뭐지?" 하고 묻자 증자는 "젊어서 배운 것을 나이 들어 잊어버리는 것이 첫 번째 낭비야. 임금을 모시면서 공을 세우고도 그것이 가볍게 여겨지는 것이 두 번째 낭비야. 오랜 친구를 중간에 절교하면 그것이 세 번째 낭비야."라고 대답했다. 자하는 "좋은 말이네. 근신하며 한 마디 좋은 말을 종신토록 외우고, 한 사람의 선비를 종신토록 섬겨 만민을 다스리는 공을 세우는 데 좋겠네. 남을 아는 사람이 지혜롭지 않을 수 없으니 어떠한가. 나는 내 밭에서 나는 풀도 가꾸지 않고 해가 지나도 거두지 않아, 땅이 황폐해졌는데 사람이야 오죽하겠는가. 사람을 내실 있게 대하면 소원했던 사람도 친밀해지고, 사람을 허황하게 대하면 친밀한 사람도 멀어지는 법이지. 내실로 내실을 대하면 아교와 칠같이 가까워지고, 허황된 마음으로 허황하게 대하면 대낮에 얇은 얼음이 녹듯이 사라지니, 군자가 마음에 두지 않을 수 있겠는가?"라고 하였다. 『시경』에 '조심하고 경청하면 화합하고 평안해지리라'는 말이 있다.[371]

---

[371] 『韓詩外傳』券九 : 子夏過曾子. 曾子曰, 入食. 子夏曰, 不爲公費乎. 曾子曰, 君子有三費, 飮食不在其中. 君子有三樂, 鐘磬琴瑟不在其中. 子夏曰, 敢問三樂. 曾子曰, 有親可畏, 有君可事, 有子可遺, 此一樂也. 有親可諫, 有君可去, 有子可怒, 此二樂也. 有君可喩, 有友可助, 此三樂也. 子夏曰, 敢問三費. 曾子曰, 少而學, 長而忘之, 此一費也. 事君有功, 而輕負之, 此二費也. 久交友而中絶之, 此三費也. 子夏曰, 善哉. 謹身事一言, 愈於終身之誦, 而事一士, 愈於治萬民之功. 夫人不可以不知也, 吾嘗菌焉, 吾田碁歲不收, 土莫不然, 何

현학적인 냄새가 풍기는 설화로 실제 이야기였을 가능성보다는 『외전』이 만들어지던 한나라 시기의 정서를 나타내고 있다. 그래도 오래전부터 전승되던 이야기였을 것이다. 증자는 가르치는 위치, 자하는 배우는 위치로 설정되었다. 가르치고 배우는 입장 정도의 차이는 아니지만 그래도 증자가 자하의 우위에 있는 것으로 보이는 설화가 『한비자』「유로」편에 보인다.

자하가 증자를 만났다. 증자가 "어떻게 해서 살이 올랐나?"라고 물었다. 자하는 "싸움에서 이겨서 살이 올랐지."라고 대답했다. 증자가 "무슨 말인가?" 하고 묻자 자하는 "내가 안에 들어가면 선왕의 의를 추구하고, 밖에 나가면 부귀의 즐거움을 추구하니 두 마음이 마음속에서 싸움을 벌이는데 승부를 알 수 없었네. 그래서 야위었지. 이제 선왕의 도가 이겼네. 그래서 살이 올랐네."라고 했다. 그러므로 의지를 지키는 것이 어려운 것은 남을 이기는 데 있지 않고 스스로를 이기는 데 있다. 그래서 '스스로 이기는 것이 강하다'고 하는 것이다.[372]

이 이야기는 『회남자』「정신훈」편[373] 및 「설산훈」편에도[374] 간략한 형

況於人乎. 與人以實, 雖疎必密, 與人以虛, 雖戚必疎. 夫實之與實, 如膠如漆, 虛之興虛, 如薄冰之見晝日, 君子可不留意哉. 詩曰, 神之聽之, 終和且平.

[372] 『韓非子』「喩老」: 子夏見曾子. 曾子曰, 何肥也. 對曰, 戰勝, 故肥也. 曾子曰, 何謂也. 子夏曰, 吾入見先王之義則榮之, 出見富貴之樂又榮之, 兩者戰於胸中, 未知勝負, 故臞. 今先王之義勝, 故肥. 是以志之難也, 不在勝人, 在自勝也. 故曰, 自勝之謂強.

[373] 『淮南子』「精神訓」: 故子夏見曾子, 一臞一肥. 曾子問其故, 曰, 出見富貴之樂而欲之, 入見先王之道又說之. 兩者心戰, 故臞, 先王之道勝, 故肥.

[374] 『淮南子』「說山訓」: (曾)子見子夏曰, 何肥也.

태로 보인다. 『회남자』 「원도훈」편과³⁷⁵ 『사기』 「예서」에는³⁷⁶ 증자에 대한 언급 없이 자하가 밖에서 본 화려하고 아름다운 모습과, 안에서 들은 공자의 도 사이에서 갈등하였다고 전하고 있다. 그러나 『외전』 2권³⁷⁷과 『시자』 「하권」³⁷⁸에는 동일한 이야기의 주인공이 민자, 질문자가 자공이라고 설정되어 있기 때문에, 반드시 자하와 관련된 이야기라기보다는 전국시대 이후 널리 유포된 이야기였을 것이다.

자하에 대한 일반적인 평가와 다르게 『외전』 6권에는 자하가 위나라 영공 앞에서 용사인 공손연과 용맹을 다투어 이겼다는 이야기도 있다.³⁷⁹ 자하는 위나라 영공이 조간자를 만났을 때 조간자가 조복을 입

---

375 『淮南子』「原道訓」: 故子夏心戰而臞, 得道而肥.
376 『史記』「禮書」: 自子夏, 門人之高弟也, 猶云, 出見紛華盛麗而說, 入聞夫子之道而樂. 二者心戰, 未能自決. 而況中庸以下, 漸漬於失教, 被服於成俗乎.
377 『韓詩外傳』券二: 閔子騫始見於夫子, 有菜色, 後有芻豢之色. 子貢問曰, 子始有菜色, 今有芻豢之色, 何也. 閔子曰, 吾出蒹葭之中, 入夫子之門. 夫子內切瑳以孝, 外爲之陳王法, 心竊樂之. 出見羽蓋龍旂, 旃裘相隨, 心又樂之. 二者相攻胸中而不能任, 是以有菜色也. 今被夫子之教寖深, 又賴二三子切瑳而進之, 內明於去就之義, 出見羽蓋龍旂, 旃裘相隨, 視之如壇土矣, 是以有芻豢之色. 詩曰, 如切如瑳, 如錯如磨.
378 『尸子』「下卷」: 閔子騫肥. 子貢曰, 何肥也. 子騫曰, 吾出見其美車馬, 則欲之, 入聞先王之言, 則又思欲之, 兩心相與戰. 今先王之言勝, 故肥.
379 『韓詩外傳』券六: 衛靈公晝寢而起, 志氣益衰, 使人馳召勇士公孫悁, 道遭行人卜商. 卜商曰, 何驅之疾也. 對曰, 公晝寢而起, 使我召勇士公孫悁. 子夏曰, 微悁, 而勇若悁者可乎. 御者曰, 可. 子夏曰, 載我而反. 至, 君曰, 使子召勇士, 何爲召儒. 使者曰, 行人曰, 微悁, 而勇若悁者可乎. 臣曰, 可, 即載與來. 君曰, 諾, 延先生上, 趣召公孫悁. 至, 入門, 杖劍疾呼曰, 商下, 我存若頭. 子夏顧咄之曰, 咄, 內劍. 吾將與若言勇. 於是君令內劍而上. 子夏曰, 來, 吾嘗與子從君而西, 見趙簡子. 簡子披髮杖矛而見我君. 我從十三行之後, 趨而進曰, 諸侯相見, 不宜不朝服. 不朝服, 行人卜商將以頸血濺君之服矣. 使反朝服, 而見吾君, 子耶, 我耶. 悁曰, 子也. 子夏曰, 子之勇不若我一矣. 又與子從君而東至阿, 遭齊君重鞈而坐. 吾君單鞈而坐, 我從十三行之後, 趨而進曰, 禮, 諸侯相見, 不宜相臨. 以庶揄其一鞈而去之者, 子耶, 我耶. 悁曰, 子也. 子夏曰, 子之勇不若我二矣. 又與子從君於囿中, 於是兩冠肩逐我君, 拔矛下格而邊, 子耶, 我耶. 悁曰, 子也. 子夏曰, 子之勇不若我三矣. 所貴爲士者, 上攝萬乘, 下不敢敖乎匹夫, 外立節矜, 而敵不侵擾, 內禁殘害, 而君不危殆. 是士之所長, 君子之所致貴也. 若夫以長掩短, 以衆暴寡, 凌轢無罪之民, 而成威於閭巷之間者, 是士之甚毒, 而君子之所致惡也. 衆之所誅鉏也. 詩曰, 人而無儀, 不死何爲. 夫何以論勇於

지 않고 있음을 지적하여 조간자로 하여금 조복을 입게 한 일, 위나라 영공이 제나라 제후를 만날 때 수레의 높이가 같아야 한다고 주장하여 관철시킨 일, 위나라 영공과 공원에 갔을 때 영공에게 달려드는 맹수 두 마리를 물리친 일을 들면서 자신이 공손연보다 용기가 있는 사람이라고 주장한다. 이 설화에서 앞의 두 사례는 용기를 가지고 바른 말을 한 것이니 유자의 역할과 일치한다. 반면 세 번째 사례는 자신의 무공을 자랑한 것으로 유자로서의 성격과는 거리가 있다. 인격과 학식 못지않게 용맹함이 덕목이 되던 시기에 형성된 설화일 것이다.

앞에서 소개한 『사기』 「제자열전」과 「유림열전」에[380] 의하면 자하는 공자 사후에 서하西河에 거주하였고, 위魏나라 문후의 스승이 되었다. 자하가 위나라 문후의 스승이 되었다는 이야기는 『여씨춘추』에도 기록되어 있다.[381, 382] 서하가 특정한 지명인지, 아니면 황하 서쪽 어느 지역이라는 의미인지는 알 수 없지만 위나라 경계 안이었을 것이다. 자하가 위나라 문후의 스승으로 있으면서도 부유한 생활을 한 것 같지는 않다. 순자는 자하가 가난해서 남루한 옷을 입으면서도 '제후 중에서 교만한 사람의 신하가 되지 않을 것이고, 대부 중에서 교만한 사람을 다시 보지 않을 것'이라고 다짐한 것으로 전하고 있다.[383] 『시자』에는 자하가 '군자는 배고픔과 추위에 빠져도 뜻이 흔들리지 않는다'고 말한 것으로

....

人主之前哉. 於是靈公避席抑手曰, 寡人雖不敏, 請從先生之勇. 詩曰, 不侮鰥寡, 不畏强禦, 卜先生也.
[380] 『史記』「儒林列傳」: 自孔子卒後, 七十子之徒散遊諸侯, 大者爲師傅卿相, 小者友教士大夫, 或隱而不見. 故子路居衛, 子張居陳, 澹臺子羽居楚, 子夏居西河, 子貢終於齊.
[381] 『呂氏春秋』「離俗覽, 擧難」: (魏)文侯師子夏, 友田子方, 敬段干木.
[382] 『呂氏春秋』「開春論, 察賢」: 魏文侯師卜子夏, 友田子方, 禮段干木, 國治身逸.
[383] 『荀子』「大略」: 子夏貧, 衣若縣鶉. 人曰, 子何不仕, 曰, 諸侯之驕我者, 吾不爲臣, 大夫之驕我者, 吾不復見.

기록되어 있는데 자하가 가난하게 살았다는 이미지가 반영된 표현일 것이다.[384]

자하를 스승으로 모신 위나라 문후에 대해 잠시 살펴보자. 일반적으로 중국의 춘추시대와 전국시대를 나누는 기준은 기원전 403년 진晉나라가 한韓·위魏·조趙 세 나라로 나뉜 사건으로 본다. 이 때 명목상의 천자인 주周나라의 위열왕威烈王으로부터 위나라 제후로 책봉을 받은 사람이 위나라 문후이다. 그는 진秦나라의 동진을 황하에서 막고, 조나라와 한나라를 설득하여 동방의 강국인 제나라의 내란에 간섭하기도 했다. 또 초나라의 중원 진출을 저지하여 중국의 주도권을 장악했다. 그는 능력 있는 인재의 등용에 적극적이었는데, 오기吳起, 이극李克, 서문표西門豹 등의 인재를 등용하여 위나라를 강국으로 만들어 전국시대 초기의 정국을 주도하였다. 그는 훌륭한 선비들을 초빙해 잘 대우한 것으로 유명하다. 『사기』「위세가」에는 위나라의 재상 위성자가 자신의 연봉 90%를 남을 위해 썼기 때문에 자하, 전자방, 단간목 같은 선비를 초빙할 수 있었다는 기록이 있다.[385]

자하에게는 이름을 남긴 제자들이 몇몇 있었다. 위에서 언급한 단간목이 대표적이다. 『여씨춘추』「맹하기, 존사」편과[386] 『사기』「유림열전」에는[387] 단간목이 원래 거간꾼이었는데, 자하의 제자가 되어 훌륭한 인물로 성장한 것으로 기록되어 있다. 『묵자』「소염」편을 보면 유

---

[384] 『尸子』「下卷」: 子夏曰, 君子漸於飢寒, 而志不僻, 勞於五兵, 而辭不憚, 臨大事, 不忘昔席之言.
[385] 『史記』「魏世家」: 魏成子以食祿千鍾, 什九在外, 什一在內. 是以東得卜子夏, 田子方, 段干木. 此三人者, 君皆師之.
[386] 『呂氏春秋』「孟夏紀, 尊師」: 段干木, 晉國之大駔也, 學於子夏.
[387] 『史記』「儒林列傳」: 如田子方, 段干木, 吳起, 禽滑釐之屬, 皆受業於子夏之倫, 爲王者師. 是時獨魏文侯好學.

가에 대해 아주 비판적이던 묵가가 유일하게 긍정적으로 평가한 인물이 단간목이다. 좋은 친구를 가깝게 두어 좋은 영향을 받아 일신의 안위, 영예, 관직을 얻었던 예로 단간목을 든 것이다.[388] 『여씨춘추』 「신대람, 하현」편에는 그가 위나라 문후의 관직 및 봉록 제안을 거절했다고 한다.[389] 단간목은 맹자에게 비판을 받기도 하였다. 『맹자』 「등문공하」편에는 위나라 문후가 그를 만나려고 그의 집을 찾았을 때 단간목이 담을 넘어 달아난 일을 거론하면서 이것은 심한 행동이었다고 비판했다.[390] 자신을 알아주는 좋은 군주를 찾아다니던 맹자의 입장에서는 당연한 반응이라고 하겠다. 관직을 거절하고 살았지만 위나라 문후는 그를 깍듯하게 대했다. 문후는 단간목이 사는 집 앞을 지날 때 최고의 예를 표하며 지나갔다고 한다.[391, 392]

전자방은 기록에 따라 자하의 제자라고 소개하기도 하고,[393] 자공의

---

[388] 『墨子』「所染」: 其友皆好仁義, 淳謹畏令, 則家日益, 身日安, 名日榮, 處官得其理矣, 則段干木, 禽子, 傅說之徒, 是也.

[389] 『呂氏春秋』「愼大覽, 下賢」: 魏文侯見段干木, 立倦而不敢息, 反見翟黃, 踞於堂而與之言, 翟黃不說, 文侯曰, 段干木官之則不肯, 祿之則不受.

[390] 『孟子』「滕文公下」: 公孫丑問曰, 不見諸侯何義, 孟子曰, 古者, 不爲臣不見, 段干木, 踰垣而辟之, 泄柳閉門而不內, 是皆已甚, 迫, 斯可以見矣.

[391] 『呂氏春秋』「開春論, 期賢」: 魏文侯過段干木之閭而軾之, 其僕曰, 君胡爲軾, 曰, 此非段干木之閭歟, 段干木蓋賢者也, 吾安敢不軾, 且吾聞段干木未嘗肯以己易寡人也, 吾安敢驕之. 段干木光乎德, 寡人光乎地, 段干木富乎義, 寡人富乎財. 其僕曰, 然則君何不相之. 於是君請相之, 段干木不肯受, 則君乃致祿百萬, 而時往館之, 於是國人皆喜, 相與誦之曰, 吾君好正, 段干木之敬, 吾君好忠, 段干木之隆, 居無幾何, 秦興兵欲攻魏, 司馬唐諫秦君曰, 段干木賢者也, 而魏禮之, 天下莫不聞, 無乃不可加兵乎, 秦君以爲然, 乃按兵輟不敢攻之.

[392] 『淮南子』「脩務訓」: 段干木辭祿而處家, 魏文侯過其閭而軾之, 其僕曰, 君何爲軾, 文侯曰, 段干木在, 是以軾, 其僕曰, 段干木布衣之士, 君軾其閭, 不已甚乎, 文侯曰, 段干木不趨勢利, 懷君子之道, 隱處窮巷, 聲施千里, 寡人敢勿軾乎, 段干木光于德, 寡人光于勢, 段干木富于義, 寡人富于財, 勢不若德尊, 財不若義高, 干木雖以己易寡人, 弗爲.

[393] 『史記』「儒林列傳」: 如田子方, 段干木, 吳起, 禽滑釐之屬, 皆受業於子夏之倫, 爲王者師, 是時獨魏文侯好學.

제자라고 소개하기도 한다.[394] 둘 모두에게서 수학했을 수도 있다.『장자』「전자방」편에는 전자방이 위나라 문후에게 자신의 스승이 동곽순자東郭順子라고 말했다고 기록되어 있다.[395] 전자방은 단간목과 달리 위나라 문후의 측근에 있었던 것으로 보인다.『전국책』「위책」에는 전자방이 음악을 좋아하는 위나라 문후를 책망하는 이야기가 있다.

위나라 문후가 전자방과 술을 마시면서 음악에 대해 이야기하고 있었다. 문후가 "종소리의 화음이 맞지 않는 듯합니다. 왼쪽 음이 높습니다."라고 했는데 전자방이 웃기만 하자 문후가 "왜 웃으십니까?" 하고 물었다. 전자방은 "제가 듣기로는 현명한 군주는 관리를 잘 다루는 것으로 즐거움을 삼고, 현명하지 못한 군주는 음악을 듣는 것으로 즐거움을 삼는다고 합니다. 지금 임금께서 음악에 그처럼 깊이 빠져 계시니 관리를 다스리는 데에는 귀먹지 않을까 해서 웃은 것입니다."라고 대답하였다. 이 말을 들은 문후는 "좋은 말씀입니다. 그 말씀을 따르겠습니다."라고 하였다.[396]

전자방은 존자안이라는 관리가 사람의 인심을 얻으려고 하는 언행을 보고 그 사람이 반란을 일으킬 것이라고 예견하거나,[397] 위나라 문후가 전쟁고아들을 잘 돌보는 것을 보고는 또 전쟁을 할 마음이 있다고

....

[394] 『呂氏春秋』「仲春紀, 當染」: 子貢·子夏·曾子學於孔子, 田子方學於子貢, 段干木學於子夏, 吳起學於曾子, 禽滑釐學於墨子, 許犯學於禽滑釐, 田繫學於許犯.
[395] 『莊子』「田子方」: 文侯曰, 然則子無師邪. 子方曰, 有. 曰, 子之師雖邪. 子方曰, 東郭順子.
[396] 『戰國策』「魏策」: 魏文侯與田子方飲酒而稱樂. 文侯曰, 鍾聲不比乎, 左高. 田子方笑. 文侯曰, 奚笑. 子方曰, 臣聞之, 君明則樂官, 不明則樂音. 今君審於聲, 臣恐君之聾於官也. 文侯曰, 善, 敬聞命.
[397] 『說苑』「權謀」: 田子顏自大術至乎平陵城下, 見人子問其父, 見人父問其子. 田子方曰, 其以平陵反乎. 吾聞行於內, 然後施於外. 外顏欲使其衆甚矣. 後果以平陵叛.

책망할 정도로 현명했다.³⁹⁸ 또 어느 귀족이 늙어서 쓸모가 없어졌다고 버린 말 한 마리를 자신이 사서 잘 보살펴줌으로써 무인들의 마음을 얻을 줄도 알았다.³⁹⁹, ⁴⁰⁰ 위魏나라의 태자가 마중을 나왔을 때 수레에서 내리지 않을 만큼 당당했다고 한다.⁴⁰¹

『사기』「유림열전」에는 오기와 금골리도 자하의 제자로 소개되어 있지만,⁴⁰² 오기에 대해 비교적 상세히 소개한 『사기』「손자오기열전」⁴⁰³과 『여씨춘추』「중춘기, 당염」편에는⁴⁰⁴ 오기가 증자에게서 배운 것으로 되어 있고, 금골리는 일반적으로 묵자의 수제자로 알려져 있어 잘못된 표현이라고 생각된다.

자하 제자들의 학맥이 이어져 전국시대 말까지 자하의 후학들이 학파를 이루고 있었다. 『묵자』「경주」편에는 자하의 제자들이 묵자와 토

---

398 『說苑』「復恩」: 魏文侯與田子方語, 有兩僮子衣靑白衣, 而侍於君前. 子方曰, 此君之寵子乎. 文侯曰, 非也, 其父死於戰, 此其幼孤也, 寡人收之. 子方曰, 臣以君之賊心爲足矣, 今滋甚. 君之寵此子也, 又且以誰之父殺之乎. 文侯憖然曰, 寡人受令矣. 自是以後, 兵革不用.

399 『淮南子』「人間訓」: 田子方見路馬於道, 喟然有志焉, 以問其御曰, 此何馬也. 其御曰, 此故公家畜也, 老罷而不爲用, 出而鬻之. 田子方曰, 少而貪其力, 老而棄其身, 仁者不爲也, 束帛以贖之. 罷武聞之, 知所歸心矣.

400 『韓詩外傳』券八: 昔者由子方出, 見老馬於道, 喟然有志焉. 以問於御者曰, 此何馬也. 曰, 故公家畜也. 罷而不爲用, 故出放也. 由子方曰, 少盡其力, 而老棄其身, 仁者不爲也. 束帛而贖之. 窮士聞之, 知所歸心矣. 詩曰, 湯降不遲, 聖敬日躋.

401 『韓詩外傳』券九: 田子方之魏, 魏太子從車百乘而迎之郊. 太子再拜, 謁田子方, 田子方不下車. 太子不說, 曰, 敢問何如則可以驕人矣. 田子方曰, 吾聞以天下驕人, 而亡者有矣, 以一國驕人, 而亡者有矣. 由此觀之, 則貧賤可以驕人矣. 夫志不得, 則授履而適秦楚耳. 安往而不得貧賤乎. 於是太子再拜而後退, 田子方遂不下車.

402 『史記』「儒林列傳」: 如田子方, 段干木, 吳起, 禽滑釐之屬, 皆受業於子夏之倫, 爲王者師, 是時獨魏文侯好學.

403 『史記』「孫子吳起列傳」: 吳起者, 衛人也, 好用兵. 嘗學於曾子, 事魯君.

404 『呂氏春秋』「仲春紀, 當染」: 子貢·子夏·曾子學於孔子, 田子方學於子貢, 段干木學於子夏, 吳起學於曾子, 禽滑釐學於墨子, 許犯學於禽滑釐, 田繫學於許犯.

론하는 장면이 보인다.

자하의 제자들이 묵자에게 "군자에게도 싸움이 있습니까?"라고 물었다. 묵자는 "군자에게는 싸움이 없습니다."라고 대답했다. 자하의 제자들은 "개나 돼지에게도 싸움이 있는데 어찌 선비라고 해서 싸움이 없겠습니까?"라고 말했다. 묵자는 "마음이 아픕니다. 탕왕과 문왕을 말하면서 행동은 개나 돼지와 비교하는군요. 마음이 아픕니다."라고 하였다.[405]

묵가와 유가가 논쟁하면서 접촉한 흔적일 것이다. 『한비자』 「현학」편에서 거론된 유가 8학파에는 자하 후학들의 학파가 보이지 않지만, 『순자』 「비십이자」편은 '의관을 바르게 하고 안색을 근엄하게 하여 겸손한 척하며 종일 말을 하지 않는 무리가 자하 씨의 천박한 유자들이다'라고[406] 비판하고 있는 것으로 봐서 자하의 제자들이 전국시대 말까지 명맥을 유지하고 있었다고 봐야 한다. 순자의 표현 중에 외형에 치중한 자하 후학들의 모습이 보이는데 이는 자유나 자장이 자하나 자하의 제자들을 비판한 것과 일맥상통한다.

....

405 『墨子』「耕柱」: 子夏之徒, 問於子墨子曰, 君子有鬪乎. 子墨子曰, 君子無鬪. 子夏之徒曰, 狗豨猶有鬪, 惡有士而無鬪乎. 子墨子曰, 傷矣哉. 言則稱於湯文, 行則譬於狗豨, 傷矣哉.
406 『荀子』「非十二子」: 正其衣冠, 齊其顔色, 嗛然而終日不言, 是子夏氏之賤儒也.

염 씨 트리오

　염백우와 중궁(염옹) 그리고 염유는 성이 모두 염 씨다. 이들 모두는 공자가 과거를 회상하면서 뛰어난 제자 10명을 들 때 이름을 올렸던, 소위 공문십철에 들어가는 제자들이다. 전한시대에 기록된 「제자열전」에서는 이들의 성을 염 씨라고 하면서도 이들 상호간의 관계에 대한 특별한 언급이 없다. 그런데 중국의 삼국시대에 세상에 소개된 「제자해」편에 이르면 이들이 같은 집안이라는 표현이 등장한다. 「제자해」편 중궁(염옹) 조에는 중궁이 염백우의 종족이라는 표현이 보이고,[407] 염유(염구) 조에는 염유가 중궁의 친족이라는 표현이 등장한다.[408] 후한시대를 지나 삼국시대가 되면 이들의 성이 같다는 데 착안하여 한 집안이라는 인식이 대두된 것이다. 그럼에도 불구하고 이들이 같은 집안이라는 것을 알려줄 만한 특별한 설화는 보이지 않는다.

　다만 중궁과 염백우의 관계에 대하여 후한시대 왕충王充이 쓴 『논형』「자기」편에는 조금 특이한 문장이 있다.

....

[407] 『孔子家語』「七十二弟子解」: 冉雍, 字仲弓, 伯牛之宗族. 生於不肖之父, 以德行著名.
[408] 『孔子家語』「七十二弟子解」: 冉求, 字子有, 仲弓之族. 有才藝, 以政事著名.

어미 소가 검더라도 송아지가 붉다면 희생 제물로 쓰는데 아무런 지장이 없고, 조상이 혼탁하더라도 후손이 깨끗하다면 뛰어난 인물이 되는 데 문제가 없다. (우임금의 아버지) 곤鯀은 악한 사람이었지만 우임금은 성인이었고, (순임금의 아버지) 고수瞽瞍는 완고한 사람이었지만 순임금은 신성한 임금이 되었다. 염백우는 병이 들어 침상에 누워있었지만 중궁은 깨끗하고 온전했고, 안로顔路는 용렬하고 고집스러웠지만 안연은 걸출하여 무리를 뛰어넘었다. 공자와 묵자의 조상은 우매했지만 공자와 묵자는 성현이 되었다.[409]

좋지 않은 아버지와 좋은 아들을 대비시키는 문장 구조를 가지고 있다. 이 글의 문장 구조를 따른다면 염백우는 중궁의 아버지가 되어야 한다. 일반적으로 알려진 관계와 다르다. 또 이 글의 문장 구조를 따른다면 염백우는 부정적인 인격을 가지고 있어야 하는데 공문십철 중에서도 덕행에 뛰어난 염백우를 나쁜 인격의 소유자로 볼 수는 없다. 왕충이 활동하던 후한시대에는 한센병과 같은 질병을 천벌로 인식해 이런 표현이 나왔을 수도 있겠다. 그리고 후한시대에는 염백우와 중궁이 최소한 같은 집안이라는 인식이 있었다는 증거이기도 하다.

---

[409] 『論衡』「自紀」: 母驪犢騂, 無害犧牲, 祖濁裔淸, 不妨奇人. 鯀惡禹聖, 瞍頑舜神. 伯牛寢疾, 仲弓潔全. 顔路庸固, 回傑超倫. 孔·墨祖愚, 丘·翟聖賢.

1 한센병 환자 염백우

『사기』「제자열전」에는 염백우冉伯牛에 대해 다음과 같이 기록되어 있다.

> 염경冉耕의 자字는 백우伯牛다. 공자는 덕행이 있다고 여겼다. 백우가 나쁜 병에 걸렸는데, 공자가 문병을 가서 창문 너머로 손을 잡고 말하기를 "천명인 것인가? 이 사람이 이런 병에 걸리다니, 천명인 것인가?"라고 하였다.[410]

염백우는 『논어』「선진」편 2장에서 덕행에 뛰어난 공문십철의 한 사람으로 소개되어 있지만,[411] 『논어』에 단 두 번만 등장한다. 「선진」편 2장의 공문십철 소개에 한 번 등장하고, 「옹야」편 8장에 있는 공자의 문병 이야기에 등장할 뿐이다. 「옹야」편에 있는 공자의 문병 이야기는 위의 「제자열전」과 대동소이하다.[412] 다만 「옹야」편에는 질疾로 표현되어 있는데, 「제자열전」에는 악질惡疾이라고 표현되어 있어 병의 심각성을 강조했다. 『가어』「제자해」편에도 악질이라고 표현되어 있다.[413]

염백우가 어떻게 덕행으로 뛰어난 제자로 평가를 받을 수 있었는지

---

[410] 『史記』「仲尼弟子列傳」: 冉耕, 字伯牛. 孔子以爲有德行. 伯牛有惡疾, 孔子往問之, 自牖執其手, 曰, 命也夫. 斯人也而有斯疾, 命也夫.
[411] 『論語』「先進」: 子曰, 從我於陳蔡者, 皆不及門也. 德行, 顔淵·閔子騫·冉伯牛·仲弓. 言語, 宰我·子貢. 政事, 冉有·季路. 文學, 子游·子夏.
[412] 『論語』「雍也」: 伯牛有疾. 子問之, 自牖執其手, 曰, 亡之. 命矣夫. 斯人也而斯疾也. 斯人也而有斯疾也.
[413] 앞에 『孔子家語』「七十二弟子解」: 冉耕, 魯人, 字伯牛, 以德行著名, 有惡疾. 孔子曰, 命也夫.

에 대해서는 알려진 바가 없다. 다만 『시자』에 그 흔적을 남기고 있다. 여기서 공자의 부족한 부분을 보필했던 여러 제자들을 소개하면서, 염백우는 공자가 작은 것을 절제 혹은 절약해야 할 경우에 보필하였다고 전하고 있다.[414] 다른 문헌에는 보이지 않는 내용이 여기서만 등장하는 것으로 볼 때, 이 이야기도 역사적 사실에 근거했을 가능성보다 덕행이 높은 제자로 평가받은 염백우에 대해 후세 사람들이 지어낸 이야기일 가능성이 높다.

염백우는 어떤 병에 걸린 것일까? 「옹야」편 8장의 이야기로 짐작할 수 있는 것은 전염성 질환으로 추정된다는 것뿐이다. 아마도 염백우의 가족들은 공자가 집에 들어오는 것을 말렸을 것이다. 그래서 공자는 창문 너머로 염백우의 손을 잡고 문병했을 것이다. 어쩌면 환자의 손을 잡는 것조차 대단한 용기가 필요했을 지도 모른다. 한나라 때 만들어진 『회남자』「정신훈」에는 염백우가 한센병에 걸렸다고 표현되어 있다. 이 글을 쓴 사람은 요절하거나 중대한 질병에 걸린 공자의 제자들 몇을 예로 들면서 사람의 본성인 욕망을 억압하여 이런 결과가 생긴 것으로 해석하고 있다.[415] 『회남자』가 도가 계통의 입장을 취하고 있으니 당연한 해석이다. 여기서 『회남자』가 편찬된 전한시대에는 염백우의 병을 한센병으로 인식하고 있었다는 것을 알 수 있다.

염백우는 공문십철 중 덕행에 뛰어난 제자였지만 덕행에 관한 구체적 이야기는 전해지지 않는다. 후세 사람들의 관심 밖으로 밀려난 염백우는 전승되는 설화조차 별로 없다.

....

[414] 『尸子』卷下: 仲尼志意不立, 子路侍. 儀服不修, 公西華侍. 禮不習, 子貢侍. 辭不辨, 宰我侍. 亡忽古今, 顏回侍. 節小物, 冉伯牛侍. 曰, 吾以夫六子自厲也.
[415] 『淮南子』「精神訓」: 夫顏回·季路·子夏·冉伯牛孔子之通學也, 然顏淵夭死, 季路菹於衛, 子夏失明, 冉伯牛爲厲. 此皆迫性拂情, 而不得其和也.

2 개천에서 난 용 중궁 염옹

『사기』「제자열전」에는 중궁仲弓에 대해 다음과 같이 기록되어 있다.

염옹冉雍의 자字는 중궁仲弓이다. 중궁이 정치에 대해 묻자 공자는 "문밖에 나가면 큰 손님을 맞이하는 것처럼 하고, 백성을 부리는 것은 큰 제사를 지내는 것처럼 하며, 자신이 하려고 하지 않는 일을 남에게 시키지 않으면, 나라에서 일하고 있어도 원망이 없고, 가家에서 일하고 있어도 원망이 없을 것이다."라고 대답했다. 공자는 중궁이 덕과 행실이 뛰어난 제자라고 여겨서 "옹(중궁)은 남쪽을 보고 앉을 만하다."라고 했다. 중궁의 아버지는 천한 신분이었는데 이 때문에 공자는 "얼룩소의 새끼라고 할지라도 털이 붉고 뿔이 바르다면, 사람들이 설사 제물용으로 쓰지 않으려고 한들 산천의 신이 그냥 두겠는가?"라고 했다.[416]

중궁의 본명은 염옹이다. 그래서 공자가 중궁을 부르거나 지칭할 때는 '옹야雍也'라고 하였다. 「제자열전」에서 중궁이 정치에 대해 묻고 공자가 대답했다는 내용은 『논어』「안연」편 2장에 나오는 문답인데,[417] 『논어』에는 중궁이 정치가 아니라 어짊에 대해 질문한 것으로 되어있다. 이 질문에 대해 공자는 "문밖에 나가면 큰 손님을 맞이하는 것처럼 하고, 백성을 부리는 것은 큰 제사를 지내는 것처럼 하며, 자신이 하려고

---

[416] 『史記』「仲尼弟子列傳」: 冉雍, 字仲弓. 仲弓問政, 孔子曰, 出門如見大賓, 使民如承大祭, 在邦無怨, 在家無怨. 孔子以仲弓爲有德行曰, 雍也可使南面. 仲弓父賤人, 孔子曰, 犁牛之子騂且角, 雖欲勿用, 山川其舍諸.

[417] 『論語』「顔淵」: 仲弓問仁. 子曰, 出門如見大賓, 使民如承大祭, 己所不欲, 勿施於人, 在邦無怨, 在家無怨.

하지 않는 일을 남에게 시키지 않으면, 나라에서 일하고 있어도 원망이 없고, 가家에서 일하고 있어도 원망이 없을 것이다."라고 대답했다. 『논어』가 편찬될 당시의 관심사였던 어짊이 사마천이 『사기』를 편찬할 당시에는 정치로 바뀐 현실을 파악할 수 있는 차이다. 여기서 가家는 약간의 오해의 소지가 있는데 가정을 의미하는 것이 아니라 대부의 영향권 안에 있는 영역을 말한다. 공자의 이 대답은 구체적이라는 특징이 있다. 특히 '자신이 하려고 하지 않는 일을 남에게 시키지 않는 것'은 모든 문화에서 강조하는 황금률로, 아주 구체적인 행동 지침이다.

「제자열전」에서 공자가 중궁을 덕과 행실이 뛰어난 제자로 여겼다는 표현은 『논어』「선진」편 2장에 근거를 두고 있다. 「선진」편 2장에 열거된 공문십철 중 중궁은 덕행에 뛰어난 제자로 소개되어 있다.[418] 이어지는 "옹雍은 남쪽을 보면서 앉을 만하다."라는 소개는 『논어』「옹야」편 1장의 말이다.[419] 남쪽을 보면서 앉는다는 의미는 가장 상석에 앉는다는 의미로, 공자가 염옹, 즉 중궁을 어느 조직의 수장이 될 만한 인물로 평가한 것이다. 「제자열전」에서 중궁에 대한 마지막 소개인 '얼룩소의 새끼' 이야기는 『논어』「옹야」편 4장에 나오는 내용이다.[420] 당시 얼룩소는 제사에 쓰지 않았던 모양이다. 그런 얼룩소의 새끼라도 제사에 쓰이는 소처럼 붉은 색이고 뿔이 반듯하게 생겼다면 산천의 신이 제물로 받아들일 것이라고 했다. 즉 출신이 미천하지만 사람이 괜찮으니 큰 인물이 될 수 있다는 의미다. 이 말 속에는 혈통의 제약을 뛰어넘어 사람 그 자체만을 생각하는 공자의 진취적인 기상이 담겨있다. 중궁은 비

---

[418] 『論語』「先進」: 從我於陳蔡者, 皆不及門也. 德行, 顏淵·閔子騫·冉伯牛·仲弓, 言語, 宰我·子貢, 政事, 冉有·季路, 文學, 子游·子夏.
[419] 『論語』「雍也」: 子曰, 雍也, 可使南面.
[420] 『論語』「雍也」: 子謂仲弓曰, 犁牛之子, 騂且角, 雖欲勿用, 山川其舍諸.

천한 집안 출신으로 그 아버지는 문제가 있는 사람이었다. 주자는 『논어집주』「옹야」편 4장의 주석에서 중궁의 아버지가 '천하고 악을 행했다'고 하였다.[421] 『논어주소』의 같은 부분에 대한 하안何晏의 주注는 '아버지가 선하지 않더라도'라는 표현을 쓰고 있고,[422] 형병邢昺의 소疏는 '중궁의 아버지는 천한 사람인데다 행실이 선하지 않았다'라고 전하고 있다.[423] 「제자해」편도 그가 '불초한 아버지에게서 태어났다'고 전하고 있다.[424] 그런 중궁을 어느 조직의 수장감이라고 했고, 출신과 관계없이 중요한 직책을 맡을 인물이라고 했으니, 직위가 세습되는 당시로서는 파격적인 발언이었다.

중궁과 공자는 특정 인물을 두고 토론을 벌이기도 했다. 『논어』「옹야」편 1장에서는 공자가 중궁을 조직의 수장이 될 만한 사람으로 평가한 다음, 중궁과 공자의 문답이 이어진다.[425] 중궁이 자상백자子桑伯子라고 하는 인물에 대해 묻자 공자는 "그의 간략함도 괜찮다."라고 일단 긍정적인 답변을 한다. 여기서 간략함이란 소탈하고 큰 문제가 아니면 관용을 베푸는 것을 의미한다고 하겠다. 공자는 그런 자상백자의 자세를 인정한 것이다. 여기에 대해 중궁은 예리한 질문을 던진다. "자신은 공경함에 있으면서 백성에게는 간략함을 행하는 것은 좋지만, 자신도 간략함에 머물고 백성에게도 간략함을 행한다면 지나치게 간략한 것이 아니겠습니까?"라는 질문이었다. 즉 백성들에게는 관용을 베풀더라도

....

[421] 『論語集註』「雍也」注 : 仲弓父賤而行惡.
[422] 『論語注疏』「雍也」注 : 父雖不善
[423] 『論語注疏』「雍也」疏 : 仲弓父, 賤人而行不善.
[424] 『孔子家語』「七十二弟子解」: 冉雍, 字仲弓, 伯牛之宗族. 生於不肖之父, 以德行著名.
[425] 『論語』「雍也」: 仲弓問子桑伯子. 子曰, 可也簡. 仲弓曰, 居敬而行簡, 以臨其民, 不亦可乎. 居簡而行簡, 無乃太簡乎. 子曰, 雍之言然.

자신에게는 엄격해야 한다는 의미였다. 공자는 이 뜻밖의 질문을 받고 "네 말이 옳다."라고 인정해주었다. 아마도 흐뭇했을 것이다. 『설원』「수문」편은 이 이야기를 앞의 "옹雍은 남쪽을 보면서 앉을 만하다."라는 중궁에 대한 공자의 평가와 연결시켜 좀 더 구체적으로 소개하고 있다.

공자는 (자상백자)에 대해 "괜찮기는 한데, 사람됨이 간략하다."라고 했는데, 간략함은 소탈하고 촌스러운 것이고, 소탈하고 촌스러운 사람에게는 세련됨[文飾]이 없다. 공자가 자상백자를 만났는데 자상백자가 의관을 갖추지 않고 거처하고 있었다. 공자의 제자가 "선생님께서는 왜 이런 사람을 만나십니까?"라고 묻자 공자는 "그는 바탕은 아름답지만 세련됨이 없는데, 나는 그를 설득하여 세련됨을 권하고자 했다."라고 대답했다. 공자가 떠난 뒤에 자상백자의 문인이 기분이 나빠서 자상백자에게 "왜 공자를 만나십니까?"라고 물었다. 자상백자는 "그는 본질은 아름답지만 세련되게 꾸미는 경향이 있어, 나는 그를 설득하여 세련되게 꾸미는 것을 버리게 하려고 했다."라고 대답했다. 그러므로 세련됨과 바탕을 잘 갖춘 사람을 군자라고 하고, 바탕은 있지만 세련됨이 없는 것을 소탈하고 촌스럽다고 한다. 자상백자는 소탈하고 촌스러워 사람의 도리를 소나 말과 동일하게 하려고 하였다. 그러므로 중궁이 그를 "지나치게 간략하다."고 말한 것이다. 위에 밝은 천자가 없고 아래에 어진 방백이 없으면 천하 사람들이 무도한 행위를 하는데, 신하가 임금을 시해하고 자식이 아버지를 죽일 경우 이를 토벌할 능력이 있으면 토벌하는 것이 옳다. 공자의 시대에는 위에 밝은 천자가 없었다. 그래서 "염옹은 남쪽을 향하여 앉을 만하다."라고 하였는데, 남쪽을 향하여 앉는 사람은 천자다. 염옹이 남쪽을 향하여 앉을 만하다는 칭찬을 받게 된 까닭은 염옹이 공자에게 자상백자에 대해 묻자, 공자가 "괜찮기는 한데, 사람됨이 간략하다."고 하였는데, 중궁은 "자신은 공경함에 있으면서 백성들을 간략함으로 인도하는 것은 좋지만, 자신도 간략함에 머물고 백성에게도 간략함을 행한다면 지나치게 간략한 것이 아니겠습니까?" 한 데 있다. 그래서 공자는 "염옹의 말이 맞다."라고 한 것이다. 중궁은 교화의 도에 통하였고, 공자는 왕도에 밝았으니, 중궁이 한 말에 더 보충할 것이 없다.[426]

이 이야기에는 본질과 형식의 충돌이 있다. 「수문편」의 작자는 형식의 중요함을 강조하고 싶었을 것이다. 한편, 여기서는 '可也簡'을 '괜찮기는 한데, 사람됨이 간략하다'로 해석해야 앞뒤 문맥이 이어진다. 이는 『논어』「옹야편」의 '그의 간략함도 괜찮다'는 해석과 의미가 다르다. 주자는 『논어집주』「옹야」편의 주석에서 '可也簡'을 '가까스로 괜찮지만 미진한 부분이 있다는 말이다. 간簡이란 번거롭지 않은 것을 말한다'고 했다.[427] 주자의 해석을 따르면 「옹야」편과 「수문」편의 내용이 연결될 수 있다.

중궁은 『논어』에 모두 여섯 번 등장하는데,[428] 「공야장」편 4장의 내용과 「자로」편 2장의 내용은 「제자열전」에서 소개하지 않았다. 먼저 「공

---

[426] 『說苑』「修文」: 孔子曰可也簡. 簡者, 易野也, 易野者, 無禮文也. 孔子見子桑伯子, 子桑伯子不衣冠而處. 弟子曰, 夫子何爲見此人乎. 曰, 其質美而無文, 吾欲說而文之. 孔子去, 子桑伯子門人不說曰, 何爲見孔子乎. 曰, 其質美而文繁, 吾欲說而去其文. 故曰, 文質修者謂之君子, 有質而無文謂之易野. 子桑伯子易野, 欲同人道於牛馬. 故仲弓曰, 太簡. 上無明天子, 下無賢方伯, 天下爲無道, 臣弒其君, 子弒其父, 力能討之, 討之可也. 當孔子之時, 上無明天子也. 故言雍也可使南面, 南面者天子也, 雍之所以得稱南面者, 問子桑伯子於孔子, 孔子曰, 可也簡, 仲弓曰, 居敬而行簡以道民, 不亦可乎. 居簡而行簡, 無乃太簡乎. 子曰, 雍之言然. 仲弓通於化術, 孔子明於王道, 而無以加仲弓之言
[427] 『論語集註』「雍也」注 : 僅可而有所未盡之辭, 簡者, 不煩之謂.
[428] 「공야장」편 4장, 「옹야」편 1장, 4장, 「선진」편 2장, 「안연」편 2장, 「자로」편 2장

야장」편 4장의 내용을 살펴보자.[429] 사람들이 중궁은 어진 사람이지만 말재주는 없다고 평했다. 이 말에 대해 공자는 "말재주를 어디에 쓰겠느냐? 말재주가 있는 사람은 말로 사람들을 상대하다가 사람들의 미움을 살 뿐이다. 중궁이 어진 사람인지는 잘 모르겠지만, 말재주를 어디에 쓰겠느냐?"라고 했다. 중궁이 말재주가 없었던 것은 확실한 것 같다. 그런데 공자는 중궁의 사람됨에 대해 '어진 사람인지는 잘 모르겠지만'이라고 유보적 태도를 취하고 있다. 어느 조직의 수장이 될 만한 인물, 미천한 신분이지만 뛰어난 인재 등으로 칭찬하던 모습과는 조금 결이 다르다. 어질다는 개념이 엄격해져, 뛰어난 심성과 덕행을 겸비한 안연 정도의 제자에게만 적용될 수 있다는 생각이 일반화된 후 기록된 일화일 가능성이 높다.

공자의 기대에 부응하여 중궁은 당시 노나라의 실권자 계씨 아래서 재宰가 되었다. 아마도 특정 지역을 맡아서 다스리게 되었을 것이다. 『논어』「자로」편 2장에는 중궁이 자신의 직책을 잘 수행하기 위해 어떻게 해야 할 것인지 공자에게 묻고, 공자가 대답하는 내용이 나온다.[430] 공자는 "유사에게 먼저 시키고, 작은 허물은 용서해주며, 재능 있는 사람을 등용하도록 해라."라고 지도했다. 여기서 작은 허물은 용서해주라는 공자의 관용 정신이 돋보인다. 이런 공자의 가르침에 중궁은 어떻게 인재를 알아보고 쓸 수 있는지 좀 더 구체적으로 질문한다. 공자는 "네가 인재를 알아보고 쓰면, 네가 미처 알아보지 못한 사람도 다른 사람이 그냥 두지 않고 천거할 것이야."라고 대답한다. 공자와 중궁의 대화

---

[429] 『論語』「公冶長」: 或曰, 雍也仁而不佞. 子曰, 焉用佞, 禦人以口給, 屢憎於人. 不知其仁, 焉用佞.
[430] 『論語』「子路」: 仲弓爲季氏宰, 問政. 子曰, 先有司, 赦小過, 擧賢才. 曰, 焉知賢才而擧之. 曰, 擧爾所知, 爾所不知, 人其舍諸.

에는 이렇게 구체적 방법들에 대한 언급이 많다.

그런데 『맹자』에는 공자 여러 제자의 일화들이 소개되어 있지만 중궁에 관한 일화는 누락되어 있다. 『맹자』「공손추상」편 2장 공손추의 질문 중에 "재아·자공은 말을 잘했고, 염우·민자·안연은 덕행을 잘 말했다."[431]라는 표현이 있다. 덕행의 네 제자 중 중궁만 없다. 공문십철 중 여기에서 누락된 염유·자로·자유·자하는 『맹자』의 다른 부분에라도 등장하지만 중궁은 등장하지 않는다. 누락이라기보다 어쩌면 의도적으로 배제한 것은 아닌가 하는 의심도 든다. 중궁의 '어진 정치'와 맹자의 '왕도정치'가 일맥상통할 것 같기도 한데 『맹자』에서 왜 중궁이 빠졌는지 의아하다. 왕도정치를 주장했던 맹자는 계급의식이 있어서 미천한 신분 출신인 중궁을 뺀 것일까? 그런 것 같지는 않다. 혹 증자-자사-맹자로 내려오는 학맥과 중궁의 학맥이 대립 관계에 있어서 그런 것은 아닌가 하는 의심도 할 수 있다.

이런 의심을 하면 떠오르는 것이 순자다. 『순자』「비상」,[432] 「비십이자」,[433] 「유효」[434] 세 편에서는 공자와 함께 뛰어난 학자로 자궁子弓을 거론한다. 이를 통해 순자가 자궁의 학맥을 이었으리라 생각해볼 수 있는데, 현존하는 자료에는 자궁에 대한 기록이 없다. 혹시 중궁이 자궁이 아닐까 하는 생각이 들 수 있다. 그런데 엄격한 예법을 통한 지배질서를 추구한 순자가 '어진 정치'를 주장한 중궁의 학맥을 이은 것 같지도

....

[431] 『孟子』「公孫丑上」: 宰我·子貢善爲說辭, 冉牛·閔子·顏淵善言德行.
[432] 『荀子』「非相」: 仲尼長, 子弓短.
[433] 『荀子』「非十二子」: 上則法舜禹之制, 下則法仲尼子弓之義, 以務息十二子之說, 如是則天下之害除, 仁人之事畢, 聖王之跡著矣.
[434] 『荀子』「儒效」: 非大儒莫之能立, 仲尼子弓是也.

않다. 양경楊倞[435]이 『순자집해』「비상」편의 주석에서 '자궁은 아마도 중궁일 것이다. 자子라고 한 것은 그가 자신의 스승임을 나타낸 것이다'라고 추측했다고 하니,[436] 중궁이 자궁일 가능성도 전혀 배제할 수는 없겠다. 혹시 중국에서 고대 목간이 발굴된다면 중궁이 자궁인지 아닌지 밝혀질 수도 있지 않을까 한다. 만약 중궁이 「비십이자」편에서 자사-맹자로 이어져온 학맥을 비판한 순자가 존경한 자궁이라면 중궁이 『맹자』에서 배제된 것도 이해될 만하다.[437]

『가어』「제자행」편을 보면, 자공은 중궁에 대해 "가난하여도 손님처럼 당당하게 행동하고, 신하를 부릴 때에는 마치 빌려온 자를 부리듯 하며, 분노를 남에게 옮기지 않고, 원한을 깊이 품지 않으며, 오래된 죄를 기억하지 않았는데, 이것이 염옹의 품행입니다. 공자께서는 그의 재주에 대해 '땅을 가질 만한 군자로다. 무리가 있으면 부릴 것이고, 형벌이 있으면 쓸 수 있으니 그런 다음에 그 분노에 맞게 행할 것이다'고 하셨습니다."라고 평했다.[438] 『가어』가 편집될 때까지도 중궁은 뛰어난 공자의 제자로 인정받고 있었던 것이다.

미천한 가문에서 태어났지만 공자에게 인정받은 뛰어난 제자였고, 『맹자』에서는 사라진 제자가 중궁이다.

---

[435] 양경(楊倞): 중국 당나라 때의 학자.
[436] 『荀子集解』「非相」注: 子弓 蓋仲弓也. 言子者, 著其爲師也.
[437] 『荀子』「非十二子」: 世俗之溝猶瞀儒, 嚾嚾然不知其所非也, 遂受而傳之, 以爲仲尼子弓爲玆厚於後世. 是則子思孟軻之罪也.
[438] 『孔子家語』「弟子行」: 在貧如客, 使其臣如借, 不遷怒, 不深怨, 不錄舊罪, 是冉雍之行也. 孔子論其材曰, 有土之君子也, 有衆使也, 有刑用也, 然後稱怒焉.

3   파문당한 뒤 복권된 염유

『사기』「제자열전」에는 염유에 대해 다음과 같이 기록되어 있다.

염구冉求의 자字는 자유子有이고, 공자보다 29세 연하다. 계씨 밑에서 재宰 벼슬을 했다. 계강자季康子가 공자에게 "염구는 어진 사람입니까?"라고 물었는데 공자는 "천 가구의 읍을 다스리거나, 전차 100대 정도를 가진 대부의 군사 일을 맡을 만합니다만, 염구가 어진 사람인지는 알지 못합니다."라고 대답했다. 계강자가 다시 "자로는 어진 사람입니까?"라고 물었는데 "염구와 같습니다."라고 대답했다. 염구가 "행할 바를 들었으면 행해야 합니까?"라고 묻자 공자는 "행해야 한다."라고 대답했다. 자로가 "행할 바를 들었으면 행해야 합니까?"라고 묻자 공자는 "부모형제가 있는데 어떻게 들었다고 행하겠어?"라고 대답했다. 자화子華가 이상하게 여겨서 "감히 여쭈어 봅니다만 왜 같은 질문에 대답이 다르십니까?"라고 묻자 공자는 "염구는 자꾸 물러나려고 해서 나아가라고 한 것이고, 자로는 행할 바를 들으면 바로 하려고 나서기 때문에 물러나라고 한 것이야."라고 대답했다.[439]

위의「제자열전」에 나오는 염유에 대한 계강자의 인물평 요청과 공자의 평가는 『논어』「공야장」편 7장의 중반부와 비슷한 내용이지만

---

[439] 『史記』「仲尼弟子列傳」: 冉求, 字, 子有, 少孔子, 二十九歲. 爲季氏宰. 季康子問孔子曰, 冉求仁乎. 曰, 千室之邑, 百乘之家, 求也可使治其賦, 仁則吾不知也. 復問, 子路仁乎. 孔子對曰, 如求. 求問曰, 聞斯行諸. 子曰, 行之. 子路問, 聞斯行諸. 子曰, 有父兄在, 如之何其聞斯行之. 子華怪之, 敢問問同而答異. 孔子曰, 求也退, 故進之. 由也兼人, 故退之.

「공야장」편에는 맹무백孟武伯이 질문한 것으로 되어있다.⁴⁴⁰ 또 「제자열전」에는 염유와 자로를 같은 수준으로 평가한 것으로 되어있지만, 「공야장」편에는 자로가 조금 더 유능한 인물로 평가되어 있다.

『논어』에는 염유와 자로를 함께 평가한 내용이 두 곳 더 있다. 『논어』「선진」편 23장에서 계자연季子然이 "자로와 염유는 대신이 될 만한 인물입니까?"라고 공자에게 묻는다. 공자는 "조정의 구색을 갖추기 위한 보직을 맡을 신하정도는 됩니다."라고 시큰둥하게 대답하면서도 "윗사람이 시키는 대로 할 인물들입니까?"라는 질문에는 "아비나 임금을 죽이는 일은 따르지 않을 것입니다."라고 대답했다.⁴⁴¹ 정리하면 공자는 염유에 대해 큰 기대는 하지 않았지만 천륜을 어기거나 반역을 도모할 인물은 아니라고 평가한 것이다.

공자가 염유를 긍정적으로 평가한 예도 있다. 『논어』「옹야」편 6장에는 계강자가 자로·자공·염유를 정치에 종사하게 할 만한 인물인지 묻는 내용이 있다. 공자는 이들 세 사람 모두의 장점을 열거하면서 정치에 종사하는 데 문제가 없다고 대답한다. 이때 염유에 대해서는 기예[藝]에 뛰어나다고 평했다.⁴⁴² 『논어』「헌문」편 13장에서 공자는 완성된 사람의 조건에 대한 자로의 질문에 대해 장무중臧武仲의 지혜, 맹공작孟公綽의 무욕, 변장자卞莊子의 용맹과 더불어 염유의 기예[藝]도 그 조건

---

440 『論語』「公冶長」: 孟武伯問, 子路仁乎. 子曰, 不知也. 又問, 子曰, 由也, 千乘之國, 可使治其賦也, 不知其仁也. 求也何如. 子曰, 求也, 千室之邑, 百乘之家, 可使爲之宰也, 不知其仁也. 赤也何如. 子曰, 赤也, 束帶立於朝, 可使與賓客言也, 不知其仁也.
441 『論語』「先進」: 季子然問, 仲由冉求, 可謂大臣與. 子曰, 吾以子爲異之問, 曾由與求之問. 所謂大臣者, 以道事君, 不可則止, 今由與求也, 可謂具臣矣. 曰, 然則從之者與. 子曰, 弑父與君, 亦不從也.
442 『論語』「雍也」: 季康子問, 仲由可使從政也與. 子曰, 由也果, 於從政乎何有. 曰, 賜也可使從政也與. 曰, 賜也達, 於從政乎何有. 曰, 求也可使從政也與. 曰, 求也藝, 於從政乎何有.

으로 들고 있다.[443] 「제자해」편에도 염유가 기예[藝]에 재능이 있었다고 되어있다.[444] 염유가 뛰어났다는 기예[藝]가 정확히 무엇을 말하는지 확인하기 어렵지만 당시의 관리에게는 상당히 중요한 재능이었음에는 틀림이 없다. 『가어』「변악해」편과[445] 『설원』「수문」편에[446] 공자가 자로의 거문고 연주 소리를 듣고 자로의 재주 없음을 한탄하면서 자로를 가르쳐주지 않았다고 염유를 책망하는 내용이 있다. 염유의 기예[藝]가 거문고 같은 악기를 다루는 능력일 수도 있겠다. 어쩌면 무예가 출중했다는 의미일 수도 있다. 염유는 노나라와의 전쟁에서 뛰어난 공을 세우기도 했다. 염유는 외모에서 풍기는 모습부터 인상적이었다. 『논어』「선진」편 12장은 염유를 자공과 더불어 '강직한 모습[侃侃如也]'이라고 하고 있다.[447] 소동파는 '자로의 용맹, 자공의 달변, 염유의 지혜'라는 표현을 썼다.[448] 즉 소동파는 염유의 기예를 지혜로 파악하고 있었다.

한편 염유는 결단력이 부족해 주저하는 모습도 자주 보인 것으로 알려져 있다. 위의 「제자열전」에 소개된, 자로와 염유가 '행할 바를 들었으면 행해야 합니까?'라고 물었을 때 공자가 두 사람에게 각기 다른 대답을 했다는 두 번째 이야기는 『논어』「선진」편 21장의 전승이 채택

---

[443] 『論語』「憲問」: 子路問成人. 子曰, 若臧武仲之知, 公綽之不欲, 卞莊子之勇, 冉求之藝, 文之以禮樂, 亦可以爲成人矣.
[444] 『孔子家語』「七十二弟子解」: 冉求, 字子有, 仲弓之族. 有才藝, 以政事著名.
[445] 『孔子家語』「辯樂解」: 子路鼓琴, 孔子聞之, 謂冉有曰, 甚矣, 由之不才也. …… 冉有以告子路, 子路懼而自悔, 靜思不食, 以至骨立. 夫子曰, 過而能改, 其進矣乎.
[446] 『說苑』「修文」: 子路鼓瑟有北鄙之聲. 孔子聞之曰, 信矣, 由之不才也. 冉有侍, 孔子曰, 求, 來, 爾奚不謂由夫先王之制音也.
[447] 『論語』「先進」: 閔子侍側, 誾誾如也. 子路, 行行如也. 冉有·子貢, 侃侃如也. 子樂. 若由也, 不得其死然.
[448] 『宋大家蘇文忠公文抄』「荀卿論」: 子路之勇, 子貢之辯, 冉有之智.

된 것이다.[449] 자로와 염유의 같은 질문에 자로에게는 신중함을 요구하고, 염유에게는 결단력을 요구한 것이다. 염유는 상당히 현실적이면서 앞뒤를 재는 인물이었다. 『논어』 「옹야」편 10장도 자신감이 부족한 그의 성격을 잘 나타내고 있다. 그는 공자의 가르침에 대해 "제가 선생님의 도를 좋아하지 않는 것은 아니지만 능력이 부족합니다."라고 말한다. 염구의 이 말에 대해 공자는 "능력이 부족하다면 해보다가 중도에 그만두는데 너는 미리 선을 긋고 있어."[450]라고 염구가 미리 스스로 능력의 한계를 정하는 데 대하여 충고한다.

염유는 『논어』에 16회 등장한다.[451] 『논어』 「선진」편 2장에서 염유는 공문십철 중 정치에 재능이 있는 제자로 기록되어 있다.[452] 실제 그는 정치에 관심이 많았다. 공자가 현실정치에 참여할 것인지도 그의 관심사였다. 『논어』 「술이」편 14장에서 염유는 자공에게 공자가 衛나라의 현실정치에 참여할지 묻는다. 자공은 백이숙제에 대한 공자의 평가로 그 마음을 우회적으로 떠본 후, 염유에게 공자가 위나라 정치에 참여하지 않을 것임을 알려준다.[453]

염유는 정치의 실제적인 문제에도 관심이 많았다. 『논어』 「자로」편 9장에서 염유는 공자에게 정치의 실제에 관해 구체적인 질문을 한다.

---

[449] 『論語』 「先進」: 子路問, 聞斯行諸. 子曰, 有父兄在, 如之何其聞斯行之. 冉有問, 聞斯行諸. 子曰, 聞斯行之. 公西華曰, 由也問, 聞斯行諸, 子曰, 有父兄在, 求也問, 聞斯行諸, 子曰, 聞斯行之, 赤也惑, 敢問. 子曰, 求也退, 故進之, 由也兼人, 故退之.
[450] 『論語』 「雍也」: 冉求曰, 非不說子之道, 力不足也. 子曰, 力不足者, 中道而廢, 今女畫.
[451] 「팔일」편 6장, 「공야장」편 7장, 「옹야」편 3장, 6장, 10장, 「술이」편 14장, 「선진」편 2장, 12장, 16장, 21장, 23장, 25장, 「자로」편 9장, 14장, 「헌문」편 13장, 「계씨」편 1장
[452] 『論語』 「先進」: 子曰, 從我於陳蔡者, 皆不及門也. 德行, 顔淵·閔子騫·冉伯牛·仲弓. 言語, 宰我·子貢. 政事, 冉有·季路. 文學, 子游·子夏.
[453] 『論語』 「述而」: 冉有曰, 夫子爲衛君乎. 子貢曰, 諾, 吾將問之. 入曰, 伯夷叔齊何人也. 曰, 古之賢人也. 曰, 怨乎. 曰, 求仁而得仁, 又何怨. 出曰, 夫子不爲也.

공자가 위衛나라로 갈 때 염유가 수레를 몰았는데, 공자가 위나라 수도의 인구가 많은 것을 보고 "인구가 많구나."라고 감탄하자, 염유는 바로 "인구가 많아진 다음에는 무엇을 해야 합니까?"라고 묻는다. 공자가 "부유하게 해야 한다."라고 하자, 염유는 또 "부유해진 다음에는 무엇을 해야 합니까?"라고 묻는다. 공자는 "가르쳐야 한다."라고 대답한다. 관념적이지 않고 실무 중심으로 질문하는 염유의 모습을 볼 수 있다.[454] 『논어』「선진」편 25장에서 공자는 몇몇 제자들에게 제후나 권력자가 자신을 알아주면 어떤 정치를 펼칠 것인지 묻는다. 이 질문에 대해 염유는 "사방 6, 7십 리 혹은 5, 6십 리 되는 작은 나라를 제가 다스린다면 3년 안에 백성들을 풍족하게 할 수 있지만 예악에 관해서는 군자를 기다리겠습니다."라고 대답한다.[455] 경제적으로 백성을 윤택하게 할 자신은 있지만 예악으로 풍속을 교화시킬 자신은 없다는 뜻이다.

염유는 공자가 시키는 대로 한 인물은 아니었다. 『논어』「옹야」편 3장에는 공자의 지시로 자화(공서화)가 제나라로 떠나게 되자 염유는 공서화의 어머니를 위해 공자가 주라고 한 양보다 더 많은 곡식을 지급한다. 염유는 이 일로 인해 공자에게 훈계를 듣는다.[456] 이 이야기는 「제자열전」의 공서화 조에도 소개되어 있다.[457]

염유는 계강자 밑에서 재宰 벼슬을 했다. 『사기』「공자세가」에 의하

---

[454] 『論語』「子路」: 子適衛, 冉有僕. 子曰, 庶矣哉. 冉有曰, 旣庶矣, 又何加焉. 曰, 富之. 曰, 旣富矣, 又何加焉. 曰, 敎之.
[455] 『論語』「先進」: 求爾何如. 對曰, 方六七十如五六十, 求也爲之, 比及三年, 可使足民, 如其禮樂, 以俟君子.
[456] 『論語』「雍也」: 子華使於齊. 冉子爲其母請粟, 子曰, 與之釜. 請益, 曰, 與之庾. 冉子, 與之粟五秉. 子曰, 赤之適齊也, 乘肥馬, 衣輕裘. 吾聞之也, 君子周急, 不繼富.
[457] 『史記』「仲尼弟子列傳」: 子華使於齊. 冉有爲其母請粟. 孔子曰, 與之釜. 請益, 曰, 與之庾. 冉子與之粟五秉. 孔子曰, 赤之適齊也, 乘肥馬, 衣輕裘. 吾聞君子周急不繼富.

면 염유가 계강자 아래에서 벼슬을 시작한 시기는 애공 3년(기원전 492)이다.[458] 애공 3년, 노나라의 권력자 계환자는 아들 계강자에게 공자를 초빙하라는 유언을 남기고 사망했다. 『춘추』 애공 3년 조에도 계손사가 사망했다는 내용이 보이는데, 계손사가 아마도 계환자일 것이다.[459] 아버지의 유언에 따라 계강자는 공자를 초빙하려고 했지만, 공지어公之魚의 만류로 포기했다. 계강자는 공자 대신 공지어가 추천하는 염유를 초빙했다. 이때부터 공자는 노나라로 돌아갈 생각을 했다. 공자의 마음을 알게 된 자공은 노나라로 떠나는 염유에게 등용되면 공자를 초빙하라는 부탁을 했고, 공자는 그 후 애공 4~5년경 진채지간에서 고초를 겪는다.

공자가 노나라로 돌아올 수 있었던 데는 염유의 역할이 컸다. 염유는 제나라와의 전쟁에서 뛰어난 활약을 보였다. 『춘추좌씨전』 애공 11년 조의 전傳에는 염유가 제나라와의 전쟁에서 공을 세운 기록이 있다.[460] 이 전쟁에서 염유는 계손 씨에게 전략을 제시하기도 하고, 창을 들고 제나라의 군대 속으로 뛰어드는 모습도 보였다. 이 이야기는 『가

---

[458] 『史記』「孔子世家」: 秋, 季桓子病, 輦而見魯城, 喟然歎曰, 昔此國幾興矣, 以吾獲罪於孔子, 故不興也. 顧謂其嗣康子曰, 我即死, 若必相魯. 相魯, 必召仲尼. 後數日, 桓子卒, 康子代立. 已葬, 欲召仲尼. 公之魚曰, 昔吾先君用之不終, 終爲諸侯笑. 今又用之, 不能終, 是再爲諸侯笑. 康子曰, 則誰召而可. 曰, 必召冉求. 於是使使召冉求. 冉求將行, 孔子曰, 魯人召求, 非小用之, 將大用之也. 是日, 孔子曰, 歸乎歸乎, 吾黨之小子狂簡, 斐然成章, 吾不知所以裁之. 子贛知孔子思歸, 送冉求, 因誡曰, 即用, 以孔子爲招云.

[459] 『春秋』哀公 三年: 秋, 七月, 丙子, 季孫斯卒.

[460] 『春秋左氏傳』哀公 十一年 傳: …… 季孫謂其宰冉求曰, 齊師在清, 必魯故也, 若之何. 求曰, 一子守, 二子從公禦諸竟. 季孫曰, 不能. 求曰, 居封疆之間. 季孫告二子, 二子不可. 求曰, 若不可, 則君無出. 一子帥師, 背城而戰, 不屬者, 非魯人也. 魯之羣室, 衆於齊之兵車. 一室敵車優矣, 子何患焉. 二子之不欲戰也宜, 政在季氏. 當子之身, 齊人伐魯而不能戰, 子之恥也, 大不列於諸侯矣 …… 冉求帥左師, 管周父御, 樊遲爲右. …… 季氏之甲七千, 冉有以武城人三百爲己徒卒. 老幼守宮, 次于雩門之外 …… 冉有用矛於齊師, 故能入其軍. 孔子曰, 義也.

어』「정론해」편에도 기록되어 있다.⁴⁶¹ 계강자가 염유에게 군사에 관한 것을 누구에게 배웠는지 물었을 때 염유는 공자에게 배웠다고 대답했다. 그리고 공자를 등용해야 한다고 역설했다. 계강자가 공자를 초빙할 방법을 묻자, 염유는 소인들을 내보내야 한다고 건의했다. 계강자는 공자를 초빙하기 위해 공자 초빙에 반대하는 공화公華, 공빈公賓, 공림公林을 내쫓아 공자가 노나라로 돌아올 수 있도록 하였다.⁴⁶² 이 이야기는 부분적으로 『가어』「유행해」⁴⁶³편과 「정론해」편⁴⁶⁴에도 보인다. 「유행해」편에는 애공이 공자를 위해 머물 집을 마련해 주었다고 언급하고 있다.

염유는 노나라 애공에게도 신임을 받았다. 『외전』 8권에는 노나라 애공과 염유 사이에 배움의 필요성에 관한 토론이 있는데, 토론의 마지막에 애공은 염유에게 "과인이 비록 불민하나 선생의 가르침을 잘 받

---

⁴⁶¹ 『孔子家語』「正論解」: 齊國書伐魯, 季康子使冉求率左師禦之, 樊遲爲右. 非不能也, 不信子, 請三刻而踰之. 如之, 衆從之, 師入齊軍, 齊軍遁. 冉有用戈, 故能入焉. 孔子聞之曰, 義也. 旣戰, 季孫謂冉有曰, 子之於戰, 學之乎, 性達之乎. 對曰, 學之. 季孫曰, 從事孔子, 惡乎學. 冉有曰, 卽學之孔子也. 夫孔子者, 大聖無不該, 文武並用兼通, 求也適聞其戰法, 猶未之詳也. 季孫悅, 樊遲以告孔子. 孔子曰, 季孫於是乎可謂悅人之有能矣.

⁴⁶² 『史記』「孔子世家」: 其明年, 冉有爲季氏將師, 與齊戰於郎, 克之. 季康子曰, 子之於軍旅, 學之乎, 性之乎. 冉有曰, 學之於孔子. 季康子曰, 孔子何如人哉. 對曰, 用之有名, 播之百姓, 質諸鬼神而無憾. 求之至於此道, 雖累千社, 夫子不利也. 康子曰, 我欲召之, 可乎. 對曰, 欲召之, 則毋以小人固之, 則可矣. 而衛孔文子, 將攻太叔, 問策於仲尼. 仲尼辭不知, 退而命載而行, 曰, 鳥能擇木, 木豈能擇鳥乎. 文子固止. 會季康子逐公華·公賓·公林, 以幣迎孔子, 孔子歸魯. 孔子之去魯凡十四歲而反乎魯.

⁴⁶³ 『孔子家語』「儒行解」: 孔子在衛, 冉求言於季孫曰, 國有聖人而不能用, 欲以求治, 是猶卻步 而 欲求及前人, 不可得已. 今孔子在衛, 衛將用之. 己有才而以資鄰國, 難以言 智也. 請以重幣迎之. 季孫以告哀公, 公從之. 孔子旣至, 舍哀公館焉.

⁴⁶⁴ 『孔子家語』「正論解」: 季孫謂冉有曰, 子之於戰學之乎, 性達之乎. 對曰, 學之. 季孫曰, 從事孔 子惡乎學. 冉有曰, 卽學之孔子也. 夫孔子者, 大聖無不該, 該包文武並用兼通. 求也適聞其戰法, 猶未之詳也. 季孫悅. 樊遲以告孔子曰, 季孫於是乎. 可 謂悅人之有能矣. …… 會季康子問冉求之戰, 冉求旣對之, 又曰, 夫子播之百 姓, 質諸鬼神而無憾恨也. 用之則有名. 康子言於哀公, 以幣迎孔子曰, 人之於冉 求信之矣, 將大用之.

들겠습니다."라고 말한 것으로 기록되어 있다.[465] 공자는 애공 8년(기원전 487), 염유의 활약 덕분에 노나라로 복귀할 수 있었다.[466]

공자는 염유의 도움으로 노나라로 귀환했지만 그 후 공자와 염유의 갈등이 시작되었다. 『논어』「자로」편 14장에 그 조짐이 보인다.[467] 염유가 약속보다 늦게 퇴근하자 공자가 그 이유를 물었는데, 염유는 공적인 일로 늦었다고 대답한다. 공자는 염유가 공무가 아니라 계강자의 개인 일로 늦었을 것이라고 지적하고 있다. 염유는 계강자를 바르게 보필하지 못하고 계속 계강자의 나쁜 정치를 도와주는 역할을 했다. 『논어』「팔일」편 6장에는 계강자가 대부에 불과한데도 제후라야 지낼 수 있는 태산에서의 여제旅祭를 지내자 공자가 염유를 책망하고, 염유는 말리는

----

[465] 『韓詩外傳』券八: 魯哀公問冉有曰, 凡人之質而已, 將必學而後爲君子乎. 冉有對曰, 臣聞之, 雖有良玉, 不刻鏤則不成器, 雖有美質, 不學則不成君子. …… 寡人雖不敏, 請奉先生之教矣.
『신서』「잡사」편과 『한시외전』 5권에는 애공과 배움의 필요성에 관해 토론한 인물이 자하로 되어있다.
『新序』「雜事」: 魯哀公問於子夏曰, 必學而後可以安國保民乎. 子夏曰, 不學而能安國保民者, 未嘗聞也. 哀公曰, 然則五帝有師乎. 子夏曰, 有. 臣聞, 黃帝學乎大眞, 顓頊學乎綠圖, 帝嚳學乎赤松子, 堯學乎尹壽, 舜學乎務成跗, 禹學乎西王母, 湯學乎威子伯, 文王學乎鉸時子斯, 武王學乎郭叔, 周公學乎太公, 仲尼學乎老聃. 此十一聖人, 未遭此師, 則功業不著乎天下, 名號不傳乎千世. 詩曰, 不愆不忘, 率由舊章, 此之謂也. 夫不學不明古道, 而能安國者, 未之有也.
『韓詩外傳』券五: 哀公問於子夏曰, 必學然後可以安國保民乎. 子夏曰, 不學而能安國保民者, 未之有也. 哀公曰, 然則五帝有師乎. 子夏曰, 巨聞黃帝學乎大塡, 顓頊學乎祿圖, 帝嚳學乎赤松子, 堯學乎務成附, 舜學乎尹壽, 禹學乎西王國, 湯學乎貸子相, 文王學乎錫疇子斯, 武王學乎太公, 周公學乎虢叔, 仲尼學乎老聃. 名號不能傳乎後世者也. 詩曰, 不衍不忘, 率由舊章.
[466] 『춘추좌씨전』에 따르면 염구가 제나라와의 전쟁에서 공을 세운 것은 애공 11년의 일이다. 애공 8년과 10년에도 제나라와의 전쟁이 있었지만 염구가 활약한 내용을 찾을 수 없다. 사마천은 공자의 귀환 조건을 만들기 위해 기년을 애공 8년으로 조정한 것으로 추측된다.
[467] 『論語』「子路」: 冉子退朝, 子曰, 何晏也. 對曰, 有政. 子曰, 其事也. 如有政, 雖不吾以, 吾其與聞之.

것이 불가능했다고 변명하는 장면이 보인다.[468] 『논어』「계씨」편 1장에는 계강자가 노나라의 부용국인 전유顓臾를 정벌하려고 하자, 이를 말리지 못한 염유와 자로를 책망하는 공자와 변명하는 염유의 대화가 보인다. 염유는 변명하다가 공자에게 더 혼이 난다.[469] 이런 대화에서 명분을 중요하게 생각하는 공자와 현실적인 염유의 입장이 극명하게 드러난다. 임태승(2018)은 이 사건에서 발생한 공자와 염유의 갈등을 '원리주의와 공리주의의 대립'이라고 보았다. 공자는 다분히 이중적 현실인식 내지 현실접근의 면모를 보이는데, 주례周禮라는 사회정치질서가 천하의 안정을 담보하는 중요한 보루라 보고, 비례非禮의 참월행위를 극도로 비난하고 왕도정치의 구현을 힘써 설파했지만, 실현이 난망할 때는 가차 없이 현실에서 몸을 빼는 '군자출처君子出處'의 원칙도 준수했다는 것이다. 임태승은 "크게 보면 이상주의와 현실주의의 양면에 대한 이중적 현실인식과 현실접근은, 그 자체로 공문의 본질적 가치였다고 할 수 있다."고 했다.[470]

계강자의 나쁜 정치가 도를 더해가고, 그런 계강자를 돕는 염유에

---

[468] 『論語』「八佾」: 季氏旅於泰山. 子謂冉有曰, 女弗能救與. 對曰, 不能. 子曰, 嗚呼, 曾謂泰山, 不如林放乎.

[469] 『論語』「季氏」: 季氏將伐顓臾, 冉有·季路見於孔子曰, 季氏將有事於顓臾. 孔子曰, 求, 無乃爾是過與. 夫顓臾, 昔者, 先王以爲東蒙主, 且在邦域之中矣, 是社稷之臣也, 何以伐爲. 冉有曰, 夫子欲之, 吾二臣者, 皆不欲也. 孔子曰, 求, 周任有言曰, 陳力就列, 不能者止. 危而不持, 顚而不扶, 則將焉用彼相矣. 且爾言過矣. 虎兕出於柙, 龜玉毁於櫝中, 是誰之過與. 冉有曰, 今夫顓臾固而近於費, 今不取, 後世必爲子孫憂. 孔子, 求, 君子疾夫舍曰欲之而必爲之辭. 丘也聞, 有國有家者, 不患寡而患不均, 不患貧而患不安. 蓋均無貧, 和無寡, 安無傾. 夫如是故, 遠人不服, 則修文德以來之, 旣來之, 則安之. 今由與求也相夫子, 遠人不服而不能來也, 邦分崩離析而不能守也, 而謀動干戈於邦內, 吾恐, 季孫之憂不在顓臾, 而在蕭墻之內也.

[470] 임태승. (2018). "季氏將伐顓臾"章의 實狀과 孔子비판의 함의. **동양철학연구**, 96, 109-132.

대한 공자의 불만은 결국 폭발하게 된다. 계강자는 세금을 올리려고 하면서, 명분을 만들기 위해 공자의 이해를 구하려고 노력했다. 『춘추좌씨전』 애공 11년(기원전 484) 조의 전傳에는 세금을 더 거두기 위해 공자에게 세 번 의견을 물었다는 기록이 있다.[471] 『가어』 「정론해」편에는 이 문제로 염유가 공자를 세 번 찾아간 것으로 기록되어 있다.[472] 염유는 공자에게 계강자의 뜻을 전달하는 전달자 역할을 한 것이다. 『논어』 「선진」편 16장에는 염유가 세금을 더 거두어 계강자의 재산을 불려준 데 대해, 공자가 격분하여 염유는 더 이상 자신의 제자가 아니라고 선언하고, 다른 제자들에게 그를 공개적으로 성토하라고 시키는 사건이 있다.[473] 염유가 공자에게 파문당한 것이다.

염유가 계강자 밑에서 일하며 세금 거두는 일을 도운 일은 전국시대까지 전승되어, 『맹자』 「이루상」편 14장에도 소개되어 있다. 여기서는 염유가 계강자를 도와 세금을 '두 배'나 거두었다고 표현하고 있다.[474] 『국어』 「노어하」편에도 이 이야기가 언급되어 있다.[475] 그 후 이 사

---

[471] 『春秋左氏傳』哀公 十一年 傳: 季孫欲以田賦, 使冉有訪諸仲尼. 仲尼曰, 丘不識也. 三發, 卒曰, 子爲國老, 待子而行, 若之何子之不言也. 仲尼不對而私於冉有曰, 君子之行也, 度於禮, 施取其厚, 事擧其中, 斂從其薄, 如是, 則以丘亦足矣. 若不度於禮, 而貪冒無厭, 則雖以田賦, 將又不足. 且子季孫若欲行而法, 則周公之典在. 若欲苟而行, 又何訪焉. 弗聽.

[472] 『孔子家語』「正論解」: 季康子欲以一井田出法賦焉, 使訪孔子. 子曰, 丘弗識也. 冉有三發卒曰, 子爲國老, 待子而行, 若之何子之不言. 孔子不對而私於冉有曰.

[473] 『論語』「先進」: 季氏富於周公, 而求也爲之聚斂而附益之. 子曰, 非吾徒也. 小子鳴鼓而攻之可也.

[474] 『孟子』「離婁上」: 孟子曰, 求也爲季氏宰, 無能改於其德, 而賦粟倍他日, 孔子曰, 求非我徒也. 小子, 鳴鼓而攻之可也.

[475] 『國語』「魯語下」: 季康子欲以田賦, 使冉有訪諸仲尼. 仲尼不對, 私於冉有曰, 求來, 女不聞乎. 先王制土, 籍田以力, 而砥其遠邇. 賦里以入, 而量其有無. 任力以夫, 而議其老幼. 於是乎有鰥.寡.孤.疾, 有軍旅之出則徵之, 無則已. 其歲, 收田一井, 出稯禾.秉芻.缶米, 不是過也. 先王以爲足. 若子季孫欲犯法也, 則有周公之籍矣. 若欲犯法, 則苟而賦, 又何

건은 세금을 올리려는 정책에 반대할 때 반대의 근거로 자주 인용되었다. 『자치통감』「한기」영제靈帝 중평中平 2년 조에는 세금을 증가시키려는 정책에 반대해 낙안태수 육강陸康이 상소를 올려 반대하는 중에 "애공이 세금을 올리자 공자가 비난했습니다."라는 표현이 등장한다.[476]

염유가 계강자의 뜻을 공자에게 전하는 역할을 했다는 전승은 다른 형태로도 전해졌다. 『순자』「유좌」편에도 염유의 그런 역할이 보인다. 공자가 사구 벼슬을 하면서 부자간의 소송을 관장한 일이 있다. 이 재판에서 공자는 불효자를 처벌하지 않았다. 이에 불만을 품은 계강자가 자신의 뜻을 염유를 통해 공자에게 전달했다.[477] 이 이야기는 『가어』「시주」편에도 보인다.[478] 그런데 이 이야기는 연대에 모순이 있다. 『사기』「공자세가」에 따르면 공자가 사구 벼슬을 한 시기는 염유가 계강자 아래에서 일할 때보다 훨씬 이른 시기인 정공 14년(기원전 496)이므로 그 시기가 일치하지 않는다.[479] 전국시대 말에 공자의 관직 생활에 대한 인식의 공유가 이루어졌지만 구체적인 시기가 확정되지는 않았는데, 사마천이 『사기』를 쓸 때 이를 조금 더 정교하게 다듬어 역사로 만든 것이 아닐까 하는 생각이 든다.

여기서 이해되지 않는 부분이 있다. 염유는 분명히 공자로부터 파

訪焉.
[476] 『資治通鑑』「漢紀」: 哀公增賦而孔子非之.
[477] 『荀子』「宥坐」: 孔子爲魯司寇, 有父子訟者, 孔子拘之, 三月不別也. 其父請止, 孔子舍之. 季孫聞之不說曰, 是老也欺予. 語予曰, 爲國家必以孝, 今殺一人以戮不孝, 又舍之. 冉子以告.
[478] 『孔子家語』「始誅」: 孔子爲魯大司寇. 有父子訟者. 夫子同狴執之, 三月不別. 其父請止, 夫子赦之焉. 季孫聞之不悅曰, 司寇欺余. 曩告余曰, 國家必先以孝. 余今戮一不孝以教民孝, 不亦可乎, 而又赦, 何哉. 冉有以告孔子.
[479] 『史記』「孔子世家」: 定公十四年, 孔子年五十六, 由大司寇行攝相事, 有喜色.

문을 당했는데 어떻게 떡하니 공문십철의 한 사람이 되었을까 하는 의문이다. 『논어』 「선진」편 2장에서 공자는 뛰어난 제자 열 명을 거론하며 그들이 모두 옆에 없다고 했다.[480] 『사기』 「공자세가」에는 안연이 애공 14년(기원전 481),[481] 자로가 애공 15년(기원전 480)에[482] 사망한 것으로 설정되어 있다. 위나라에 있던 자로를 제외한다고 하더라도, 공자와 같이 노나라에 살았던 안연도 옆에 없다는 말은 안연 사후에 한 말로 볼 수 있다. 「공자세가」의 연대를 그대로 따른다면 「선진」편의 공문십철에 대한 언급은 최소한 애공 14년 이후에 한 것이 된다. 이 시기에 공자가 자신의 뛰어난 제자들을 언급할 때 염유가 그 안에 들어가 있었다는 것은, 공자와 염유가 그 사이에 화해를 했다는 뜻이다. 공자는 아끼던 제자들이 죽거나 옆을 떠난 상태에서, 자신이 노후를 편안하게 보낼 수 있도록 돌봐주는 염유에게 고마움을 느꼈을 것이다. 『가어』 「제자행」을 보면, 자공은 염유를 '노인을 공경하고 어린이를 구휼하며, 손님을 잊지 않고 배우기를 좋아하여 널리 기예를 익히며, 만물을 살피기를 부지런히 하는 사람'으로 소개하고 있다. 공자 또한 같은 말로 칭찬하면서 '국로國老'를 맡을 만하다고 평가했다고 전하고 있다.[483] 염유는 복권된 것이다.

『춘추좌씨전』 애공 23년 조의 전傳에는 염유가 애공을 대신하여 송

---

[480] 『論語』「先進」: 子曰, 從我於陳蔡者, 皆不及門也. 德行, 顏淵·閔子騫·冉伯牛·仲弓. 言語, 宰我·子貢. 政事, 冉有·季路. 文學, 子游·子夏.
[481] 『史記』「孔子世家」: 魯哀公十四年 …… 顏淵死.
[482] 『史記』「孔子世家」: 明歲, 子路死於衛.
[483] 『孔子家語』「弟子行」: 恭老卹幼, 不忘賓旅, 好學博藝, 省物而勤也, 是冉求之行也. 孔子因而語之曰, 好學則智, 卹孤則惠, 恭則近禮, 勤則有繼, 堯舜篤恭以王天下, 其稱之也曰, 宜爲國老.

나라 원공 부인의 장례에 참석했다는 기록이 보인다.[484] 이것으로 볼 때 염유는 공자 사후에도 노나라에서 계속 주요 관직을 맡았을 가능성이 높다. 지명도가 높았던 염유에게 도가도 관심을 보였다. 『장자』 「지북유」편은 공자와 우주의 시작에 관해 대화하는 염유를 등장시켰다.[485] 여기서 염유가 '천지가 있기 전의 일'을 묻자 공자는 "옛날도 지금과 같았다."고 대답한다. 아인슈타인도 상대성이론을 발표할 당시에 우주가 원래부터 그대로 있었다고 생각했다. '정적 우주론'은 그 역사가 길다. 동양 최초의 '정적 우주론'에 공자와 염유가 등장했다.

....

[484] 『春秋左氏傳』 哀公 二十三年 傳: 春, 宋景曹卒. 季康子使冉有弔, 且送葬曰, 敝邑有社稷之事, 使肥與有職競焉, 是以不得助執紼. 使求從輿人曰, 以肥之得備彌甥也, 有不腆先人之産馬, 使求薦諸夫人之宰, 其可以稱旌繁乎.

[485] 『莊子』 「知北遊」: 冉求問於仲尼曰, 未有天地可知邪. 仲尼曰, 可, 古猶今也. 冉求失問而退, 明日復見曰, 昔者吾問未有天地, 可知乎, 夫子曰, 可, 古猶今也, 昔日吾昭然, 今日吾昧然, 敢問何謂也. 仲尼曰, 昔之昭然也, 神者先受之, 今日昧然也, 且又爲不神者求邪. 無古無今, 無始無終, 未有子孫, 而有子孫, 可乎. 冉求未對, 仲尼曰, 已矣, 未應矣. 不以生生死, 不以死死生, 死生有待邪, 皆有所一體. 有先天地生者, 物邪. 物物者非物. 物出不得先物也, 猶其有物也. 猶其有物也無已, 聖人之愛人也, 終無已者, 亦乃取於是者也.

덕행·언어

1 덕을 갖춘 은자 민자건

『사기』「제자열전」에는 민자건閔子騫에 대해 다음과 같이 기록되어 있다.

민손閔損의 자字는 자건으로 공자보다 15세 연하다. 공자는 "민자건은 참으로 효성스럽구나. 부모형제가 그를 칭찬하는 말에 사람들이 달리 말하지 않는구나."라고 했다. 그는 대부에게 벼슬하지 않았고, 나쁜 군주의 녹을 먹지 않았다. (그에게 벼슬을 권하는 사람에게) 다시 찾아오면 문수로 가버릴 것이라고 했다.[486]

민자건은 공자와 나이 차이가 많지 않은 것으로 봐서 공자의 초기 제자였을 것이다. 「제자열전」에 나오는 공자의 말은 『논어』「선진」편 4

---

[486] 『史記』「仲尼弟子列傳」: 閔損, 字子騫, 少孔子十五歲. 孔子曰, 孝哉閔子騫. 人不閒於其父母昆弟之言. 不仕大夫, 不食汙君之祿. 如有復我者, 必在汶上矣.

장에 나오는 말이다.⁴⁸⁷ 워낙 효성이 지극해 민자건의 가족이 민자건을 효자라고 자랑하더라도 다른 사람이 이의를 달 수 없을 정도였다는 뜻이다.「제자해」편도 민자건에 대해 '덕행으로 이름이 알려졌고, 공자는 그를 효성스럽다고 했다'고 평가하고 있다.⁴⁸⁸ 공자로부터 효성이 지극한 제자로 평가 받은 민자건이니 관련 설화가 없을 수 없다.『원본비지 논어집주』「선진」편 4장의 비지備旨에는 호 씨胡氏(胡寅)의 말로『외전』에 있다는 민자건의 효성 설화를 전하고 있다.⁴⁸⁹

> 민자건이 어려서 어머니를 여의었는데, 아버지가 새장가를 들어 아들 둘을 얻었다. 계모는 민자건에게 갈대로 지은 옷을 입혔는데 아버지가 이것을 알고 계모를 쫓아내려고 하자 민자건이 "어머니가 계시면 한 아들만 추우면 되지만, 어머니가 가시면 세 아들이 홑옷을 입고 지내야 합니다."라고 하여 계모는 쫓겨나지 않게 되었다. 계모가 이 이야기를 듣고 아들들을 공평하게 대하며 자애로운 어머니가 되었다.

현재 전하는『외전』에서는 확인하기 힘들지만 그런 설화가 전해온 것은 사실일 것이다.『설원』「수문」편에는 부모상을 당하여 삼년상이 지나도 슬픔이 다하지 않았지만 예로 극복하는 민자건을 공자가 칭찬하는 이야기도 나온다.⁴⁹⁰ 이때 공자는 거문고를 연주하게 해서 심리 상

---

487 『論語』「先進」: 子曰, 孝哉閔子騫. 人不間於其父母昆弟之言.
488 『孔子家語』「七十二弟子解」: 閔損, 魯人, 字子騫, 以德行著名, 孔子稱其孝焉.
489 『原本備旨 論語集註』「先進」備旨: 閔子早喪母, 父再娶而生二子. 繼母獨以蘆花衣子騫, 父覺之, 欲逐其妻. 子騫曰, 母在一子寒, 母去三子單. 母得免逐. 其母聞之, 待之均平, 遂成慈母.
490 『說苑』「修文」: 子生三年, 然後免於父母之懷, 故制喪三年, 所以報父母之恩也. 期年之喪通乎諸侯, 三年之喪通乎天子, 禮之經也. 子夏三年之喪畢, 見於孔子, 孔子與之琴,

태를 파악했다는 재미있는 설정이다. 이 이야기는 『가어』「육본」에도 기록되어 있다.[491] 공자로부터 효성을 인정받은 민자건이지만 전국시대를 거치면서 효의 대표성을 조금씩 상실해간다. 효의 대표선수는 증자가 된 것이다. 아마도 증자의 학통을 이은 제자들이 많았고, 그들이 증자를 띄우는 과정에서 민자건은 묻혀갔을 것이다. 『순자』「성악」편은 효를 잘 실천한 세 사람을 들면서 증자를 앞세우고 민자건은 그 다음 순서에 두었다.

> 하늘은 증자·민자건·효기(은나라 고종의 태자)만 편애하고 일반사람들을 외면하지는 않는다. 그런데도 증자·민자건·효기만 유독 효의 실천에 있어 두텁고 효의 명성에 있어 온전한 이유는 무엇인가. 예의를 극진히 다한 까닭이다.[492]

민자건은 공자가 꼽은 뛰어난 제자 열 명, 즉 공문십철 중에서도 안연에 이어 덕행에 뛰어난 제자로 평가되었다.[493] 『논어』「선진」편 12장은

使之弦, 援琴而弦, 衎衎而樂作而曰, 先生制禮不敢不及也. 孔子曰, 君子也. 閔子騫三年之喪畢, 見於孔子, 孔子與之琴, 使之弦, 援琴而弦, 切切而悲作而曰, 先生制禮不敢過也. 孔子曰, 君子也. 子貢問曰, 閔子哀不盡, 子曰君子也, 子夏哀已盡, 子曰君子也, 賜也惑, 敢問何謂. 孔子曰, 閔子哀未盡, 能斷之以禮, 故曰君子也, 子夏哀已盡, 能引而致之, 故曰君子也. 夫三年之喪, 固優者之所屈, 劣者之所勉.

[491] 『孔子家語』「六本」: 子貢三年之喪畢, 見於孔子. 子曰, 與之琴. 使之絃, 侃侃而樂. 作而曰, 先王制禮, 不敢不及. 子曰, 君子也. 閔子三年之喪畢, 見於孔子. 子曰, 與之琴. 使之絃, 切切而悲. 作而曰, 先王制禮, 弗敢過也. 子曰, 君子也. 子貢曰, 閔子哀未盡. 夫子曰, 君子也, 子夏哀已盡, 又曰, 君子也, 二者殊情, 而俱曰君子, 賜也或, 敢問之. 孔子曰, 閔子哀未忘, 能斷之以禮, 子夏哀已盡, 能引之及禮. 雖均之君子, 不亦可乎.

[492] 『荀子』「性惡」: 天非私曾騫孝己, 而外眾人也. 然而曾騫孝己, 獨厚於孝之實, 而全於孝之名者, 何也. 以綦禮義故也.

[493] 『論語』「先進」: 從我於陳蔡者 皆不及門也. 德行, 顏淵·閔子騫·冉伯牛·仲弓, 言語, 宰我·子貢. 政事, 冉有·季路, 文學, 子游·子夏.

민자건이 공자를 모실 때 그 모습이 온화했다고 표현하고 있다.[494] 여기서 특이한 것은 「선진」편의 이 장은 민자건을 민자閔子라고 했다는 것이다. 기록자가 민자건에 대한 존경심을 가지고 있었다는 이야기다.

민자건이 늘 온화하고 부드러웠던 것은 아니다. 잘못된 정책에 대해서는 신랄하게 비판할 줄도 알았다. 『논어』 「선진」편 13장에는 노나라의 권력자가 더 많은 세금을 거두기 위해 창고를 새로 짓자 "옛 건물을 그대로 쓰면 될 텐데 왜 또 창고를 짓나?"라고 비판하는 모습을 보인다. 이에 대해 공자는 "이 사람이 말을 잘 안 해서 그렇지 말을 하면 꼭 옳은 말만 한다."라고 거드는 모습을 보인다.[495] 『외전』 3권에는 민자건의 성격을 잘 보여주는 설화가 있다.

> 맹상군이 민자에게 배우기를 청하면서 수레를 보내 모셔오도록 했다. 민자는 "예에, 와서 배우는 일은 있어도 가서 가르치는 법은 없습니다. 스승을 오게 해서 배우려면 배울 수가 없고, 스승이 가서 가르치려고 하면 군주를 감화시킬 수 없습니다. 군주는 이른바 배울 수 없는 존재고, 신하는 이른바 감화시킬 수 없는 존재입니다."라고 하였다. 이에 맹상군이 "말씀을 따르겠습니다." 하고 다음날 소매를 걷고 배움을 청했다. 『시경』에 '말씀을 따른다'고 하였다.[496]

---

[494] 『論語』 「先進」 : 閔子侍側, 誾誾如也, 子路行行如也, 冉有子貢侃侃如也, 子樂. 若由也, 不得其死然.

[495] 『論語』 「先進」 : 魯人爲長府, 閔子騫曰, 仍舊貫如之何, 何必改作. 子曰, 夫人不言, 言必有中.

[496] 『韓詩外傳』 券三 : 孟嘗君請學於閔子, 使車往迎閔子. 閔子曰, 禮有來學無往教. 致師而學不能學, 往教則不能化君也. 君所謂不能學者也, 臣所謂不能化者也. 於是孟嘗君曰, 敬聞命矣. 明日袪衣請受業. 詩曰, 敬聞命矣.

민자건이 제나라의 귀족 맹상군孟嘗君을 꼿꼿한 태도로 가르쳤다는 설화다. 물론 역사적 사실은 아닐 것이다. 공자가 기원전 479년에 사망했으니 공자보다 15세 연하인 민자건은 비슷하게 장수했다고 하더라도 기원전 460년경에는 사망했을 것이다. 기원전 279년에 사망한 것으로 알려진 맹상군의 활동 시기와 겹칠 수는 없다. 민자건의 성품을 나타내는 설화 정도로 받아들이면 될 것이다. 혹은 이 설화의 주인공이 민자건이 아닌 다른 '민자'이거나 맹상군이 유명한 제나라의 귀족이 아닌 다른 사람일 가능성도 배제할 수는 없겠다.

민자건은 현실 정치에는 거리를 두려고 했다. 『논어』「옹야」편 7장에는 계씨가 민자건을 비 읍의 재로 삼으려고 하자, 민자건은 정중히 사양하면서 다시 그런 제안을 한다면 문수로 옮겨갈 것이라고 하는 이야기가 보인다.[497] 『논어주소』 형병邢昺의 소나 주자의 『논어집주』는 문수가 제나라와 노나라 국경에 있던 하천이므로, 다시 벼슬을 하라는 제안을 한다면 제나라로 옮겨갈 것이라는 뜻으로 풀었다. 반면 와타나베 다카시渡辺卓(1973)는 이 부분을 고증하면서 제나라로 가겠다는 뜻이 아니라 속세를 떠나 아름다운 자연 속에서 은거하겠다는 뜻으로 보았다.[498] 『가어』「집비」편에는 민자건이 벼슬을 한 것으로 전하는 다른 전승도 보인다. 비 읍의 재로 가는 민자건이 공자에게 백성을 다스리는 방안을 묻는다. 여기에 대해 공자는 덕과 법을 적절히 혼합해서 사용하라고 충고하고 있다.[499] 유가와 법가가 혼합된 양상으로, 전국시대 말

---

[497] 『論語』「雍也」: 季氏使閔子騫, 爲費宰, 閔子騫曰, 善爲我辭焉, 如有復我者, 則吾必在汶上矣.
[498] 渡辺卓 (1973). **古代中國思想의 硏究** (pp. 200-202.). 東京: 創文社.
[499] 『孔子家語』「執轡」: 閔子騫爲費宰, 問政於孔子. 子曰, 以德以法, 夫德法者, 御民之具, 猶御馬之有銜勒也, 君者人也, 吏者轡也, 刑者策也. 夫人君之政, 執其轡策而已.

기에서 전한시대 초기에 형성된 설화일 가능성이 높다.

현실 정치와는 거리를 두고 살던 민자건이지만 어찌 인간적 갈등이 없었을까? 『외전』 2권에는 그의 갈등을 소개하는 내용이 있다.

> 민자건이 처음 공자를 만났을 때는 얼굴빛이 초췌했는데 나중에 통통한 얼굴이 되었다. 자공이 "당신은 처음에는 초췌한 얼굴빛을 하고 있더니 지금은 통통한 얼굴이 되었는데 어떻게 된 일입니까?"라고 물었다. 민자건은 "나는 갈대밭에서 나와 선생님 문하에 들어왔네. 선생님께서 안으로는 효로써 갈고 닦고, 밖으로는 왕의 법을 익혀 나아가도록 가르쳐주셔서 마음이 은근히 즐거웠네. 임금의 처소에 나가서 관을 쓰고 깃발과 관복의 행렬을 보면 그 또한 즐거웠네. 가슴 속에서 두 마음이 서로 싸우니 얼굴빛이 초췌해졌다네. 지금은 선생님의 도가 깊어지고, 벗들을 의지하여 갈고 닦아 나아가니, 안으로는 의를 향하는 거취가 분명해져서, 임금의 처소에 나가서 관을 쓰고 깃발과 관복의 행렬을 보더라도 흙무더기를 보는 듯하니, 이로 인해 통통해졌다네." 『시경』에 '끊고 갈고 쪼고 가는 듯이'라고 하였다.[500]

이 이야기는 『시자』 「하권」에도 소개되어 있다.[501] 「제자열전」에 기록된 연령이 맞는다면 자공이 16세 연상인 민자건의 초기 고민을 목격했

---

[500] 『韓詩外傳』券二: 閔子騫始見於夫子, 有菜色, 後有芻豢之色. 子貢問曰, 子始有菜色, 今有芻豢之色, 何也. 閔子曰, 吾出蒹葭之中, 入夫子之門. 夫子內切瑳以孝, 外爲之陳王法, 心竊樂之. 出見羽蓋龍旂, 旃裘相隨, 心又樂之. 二者相攻胸中而不能任, 是以有菜色也. 今被夫子之教寖深, 又賴二三子切瑳而進之, 內明於去就之義, 出見羽蓋龍旂, 旃裘相隨, 視之如壇土矣, 是以有芻豢之色. 詩曰, 如切如瑳, 如錯如磨.
[501] 『尸子』券下: 閔子騫肥. 子貢曰, 何肥也. 子騫曰, 吾出見其美車馬, 則欲之, 入聞先王之言, 則又思欲之, 兩心相與戰. 今先王之言勝, 故肥.

을 가능성은 낮다고 생각된다. 『한비자』「유로」편,[502] 『회남자』「원도훈」편[503] · 「정신훈」편[504] · 「설산훈」[505]편, 『사기』「예서」[506] 들에서는 이 이야기의 주인공이 자하로 되어있다. 그러니까 이런 설화는 특정 제자의 일화를 소개하는 것이라기보다는 인간의 일반적인 마음 상태를 이야기하기 위해 만든 이야기로, 때에 따라 민자건을 등장시키기도 하고, 자하를 등장시키기도 한 것이다.

공자로부터 덕행이 뛰어나고 효성이 지극하다고 평가받은 민자건이었지만, 덕행은 안연에게 뒤처졌고, 효성의 대표는 증자에게 뺏겨서 2인자 자리에 머물러야 했다. 그래도 몇몇 설화의 주인공이 되었으니 약간의 위로가 될 수는 있겠다.

....

502 『韓非子』「喩老」: 子夏見曾子. 曾子曰, 何肥也. 對曰, 戰勝, 故肥也. 曾子曰, 何謂也. 子夏曰, 吾入見先王之義則榮之, 出見富貴之樂又榮之, 兩者戰於胸中, 未知勝負, 故臞. 今先王之義勝, 故肥. 是以志之難也, 不在勝人, 在自勝也. 故曰, 自勝之謂强.
503 『淮南子』「原道訓」: 故子夏心戰而臞, 得道而肥.
504 『淮南子』「精神訓」: 故子夏見曾子, 一臞一肥. 曾子問其故, 曰, 出見富貴之樂而欲之, 入見先王之道又說之. 兩者心戰, 故臞, 先王之道勝, 故肥.
505 『淮南子』「說山訓」: (曾)子見子夏曰, 何肥也.
506 『史記』「禮書」: 自子夏, 門人之高弟也, 猶云, 出見紛華盛麗而說, 入聞夫子之道而樂. 二者心戰, 未能自決. 而況中庸以下, 漸漬於失敎, 被服於成俗乎.

2 효행의 대명사 증자

『사기』「제자열전」에는 증자曾子에 대해 다음과 같이 기록되어 있다.

증삼은 남무성 사람으로 자字는 자여이고, 공자보다 46세 연하다. 공자는 그가 효도를 잘 한다고 생각해 그를 가르쳐 『효경』을 저술하게 했다. 노나라에서 사망했다.[507]

의외로 매우 짧은 기록이다. 안연·자로·자공과 같은 주연급 제자들에 비해 짧은 것은 당연하다고 하더라도「제자열전」에서 비슷한 연배로 언급한 자하·자유·자장에 비해서도 많이 짧다. 별로 적을 게 없었던 것도 아니다. 증자는『논어』에 15회나 등장하고,[508] 전국시대를 거치면서 형성된 증자 관련 설화도 상당히 많다. 누락이 아니라 의도적으로 짧게 적었다면 사마천이 증자를 별로 중요한 인물로 평가하지 않았거나, 증자학파의 후학들에 대한 감정이 좋지 않았다고 보는 것이 합리적일 것이다.「제자열전」은 증자가 남무성 사람이라고 하였는데, 증자는 공자 사후에도 무성에 살았던 것으로 보인다.『맹자』「이루하」편 31장에는 증자가 무성에 살 때의 일화가 전해지고 있다.

증자께서 무성武城에 계실 적에 월越 나라의 침략이 있었다. 누군가가 "침략군이 오고 있는데, 왜 떠나가지 않으십니까?"라고 하자 증자께서는 "내

---

[507] 『史記』「仲尼弟子列傳」: 曾參, 南武城人, 字子輿, 少孔子四十六歲. 孔子以爲能通孝道, 故授之業, 作孝經. 死於魯.
[508] 「학이」편 4장, 9장,「이인」편 15장,「태백」편 3장, 4장, 5장, 6장, 7장,「선진」편 17장(參),「안연」편 24장,「헌문」편 28장,「자장」편 16장, 17장, 18장, 19장.

집에 사람을 붙여두어 (적군이 들어와) 땔나무를 훼손하는 일이 없도록 해라." 하고는 피난을 떠나셨고, 침략군이 물러갔다고 하자 "내 집 담장과 지붕을 수리해두어라. 집으로 돌아갈 것이다."라고 하셨다. 침략군이 물러간 다음 증자께서 돌아오시자 주변 사람들이 "선생님을 이렇게 충심으로 공경하며 대해 드렸는데, 침략군이 쳐들어오자 먼저 떠나셔서 백성들에게 좋지 않은 본을 보이시고, 침략군이 물러가자 돌아오셨으니, 이렇게 하시면 안 됩니다."라고 했다. 심유행沈猶行이 "이것은 당신들이 몰라서 그런 것입니다. 옛날 우리 심유沈猶 씨를 부추負芻라는 자가 공격해 온 화가 있었는데, 그때 우리 집에 계시던 선생님을 따르던 제자 70명 모두 선생님을 따라 피했기 때문에 한 사람도 그 화를 겪지 않았습니다."라고 하였다.[509]

외침이 있자 증자가 남보다 먼저 도시를 떠나 피난을 갔는데, 주변 사람들이 이것을 좋지 않게 보았다. 여기에 대해 심유행沈猶行이라는 사람이 대신 변명하면서 과거에도 그렇게 해서 피해를 막은 일이 있다고 했다. 이어지는 이야기는 증자의 제자인 자사는 반대로 위나라를 떠나지 않고 외침에 맞서 싸웠다고 되어있다. 증자는 스승의 위치여서 피난을 갔고, 자사는 신하의 신분이어서 피난을 가지 않았다는 것인데 논리에 약간의 비약이 있다. 사마천이 증자를 탐탁찮게 여긴 배경이 될 수도 있는 이야기다. 이 이야기에서 알 수 있는 것은 증자가 무성이란

---

[509] 『孟子』「離婁下」: 曾子居武城, 有越寇. 或曰, 寇至盍去諸. 曰, 無寓人於我室, 毁傷其薪木. 寇退則曰, 修我墻屋, 我將反. 寇退, 曾子反, 左右曰, 待先生, 如此其忠且敬也, 寇至則先去, 以爲民望, 寇退則反, 殆於不可. 沈猶行曰, 是非汝所知也. 昔, 沈猶有負芻之禍, 從先生者七十人, 未有與焉. 子思居於衛, 有齊寇. 或曰, 寇至, 盍去諸. 子思曰, 如伋去, 君誰與守. 孟子曰, 曾子子思同道, 曾子師也, 父兄也, 子思臣也, 微也, 曾子子思易地則皆然.

곳에서 좋은 대접을 받고 살고 있었다는 것과, 외침에 맞서 싸우는 무장의 모습은 아니었다는 정도일 것이다. 이와 비슷한 이야기가 『설원』 「존현」편에도 소개되어 있다.[510] 증자가 비鄭 지역에 살면서 통치자로부터 좋은 대접을 받았는데, 노나라가 이 지역을 공격하자 집을 돌봐줄 것을 부탁하고 떠나갔다는 이야기다. 「존현」편에서는 노나라가 이 지역을 공격한 이유 10가지 중 아홉 가지는 증자가 평소 지적한 문제들이었다고 한다. 증자의 존재가치를 인식하게 된 이 지역의 통치자는 노나라의 공격이 끝난 후 증자를 다시 모셔왔다고 전하고 있다. 증자에 대해 상당히 우호적인 내용이다.

증자가 가난하게 살았다는 표현들도 곳곳에 등장한다. 『장자』 「양왕」편에는 증자가 위나라에서 살 때 옷의 겉 부분이 없었고, 얼굴은 종기가 나서 푸석푸석 했으며, 손발에는 못이 박혀 있었고, 3일을 굶는 수도 있었으며, 10년이 지나도 옷 한 벌을 새로 마련하지 못했고, 갓을 바로잡으려고 하면 갓끈이 떨어졌고, 옷깃을 여미려고 하면 팔꿈치가 드러났으며, 신을 신으려고 하면 뒤꿈치가 터져버렸다고 전하고 있다.[511] 『설원』 「입절」편에는 그가 노나라에서 해진 옷을 입고 농사를 지으며 살면서도 노나라 군주가 보내준 옷을 거절했다는 이야기가 전해진다.[512] 『가어』 「재액」편에는 같은 상황인데 노나라 군주가 주려고 하

---

[510] 『說苑』「尊賢」: 魯人攻鄪, 曾子辭於鄪君曰, 請出, 寇罷而後復來, 請姑毋使狗豕入吾舍. 鄪君曰, 寡人之於先生也, 人無不聞. 今魯人攻我, 而先生去我, 我胡守先生之舍. 魯人果攻鄪, 而數之罪十, 而曾子之所爭者九. 魯師罷, 鄪君復修曾子舍而後迎之.

[511] 『莊子』「讓王」: 曾子居衛, 縕袍無表, 顔色腫噲, 手足胼胝. 三日不擧火, 十年不製衣, 正冠而纓絶, 捉衿而肘見, 納履而踵決. 曳縱而歌商頌, 聲滿天地, 若出金石. 天子不得臣, 諸侯不得友. 故養志者忘形, 養形者忘利, 致道者忘心矣.

[512] 『說苑』「立節」: 曾子衣弊衣以耕, 魯君使人往致邑焉曰, 請以此修衣. 曾子不受, 反復往, 又不受, 使者曰, 先生非求於人, 人則獻之, 奚爲不受. 曾子曰, 臣聞之, 受人者畏人, 予人者驕人, 縱君有賜不我驕也, 我能勿畏乎, 終不受. 孔子聞之曰, 參之言, 足以全其節也.

는 어느 음을 거절한 것으로 되어있다.[513] 무성이 노나라 영역이었으니 증자가 무성에서 살았다는 이야기와 연결될 수 있다. 『외전』 2권과[514] 『설원』 「입절」편에는[515] '증자는 갈옷도 해져서 완전한 옷이 없었고, 거친 밥도 배불리 먹지 못했지만, 의에 합당하지 않으면 상경의 자리도 사양하였다'고 하였는데 같은 맥락의 이야기다.

그러나 증자가 다른 지역에 있었던 설화들도 많이 전해지기 때문에, 공자 사후에 다른 지역에서 일정 기간 거주했을 가능성도 있다. 『한비자』 「설림하」편에는 위나라의 장군인 문자가 왔는데도 증자가 자리에서 일어나지 않아 비난을 받는 설화가 전해지고 있고,[516] 위에서 소개한 『장자』 「양왕」편은 그가 위나라에서 살았다고 전한다. 증자가 위나라에도 있었을 가능성이 있음을 보여주는 이야기들이다. 『외전』 1권에는 그가 거나라에서 벼슬을 하였고, 제나라, 초나라, 진나라 등에서 그를 초빙했다고 전하고 있다.[517]

『논어』에 15회 등장하는 증자는 「선진」편 17장에서 공자가 '삼'이라고 이름을 부른 경우 외에는 모두 '증자'라는 높임말로 되어있다. 물론

---

513 『孔子家語』 「在厄」: 曾子弊衣而耕於魯, 魯君聞之而致邑焉, 曾子固辭不受. 或曰, 非子之求, 君自致之, 奚固辭也. 曾子曰, 吾聞受人施者常畏人, 與人者常驕人. 縱君有賜, 不我驕也, 吾豈能無畏乎. 孔子聞之曰, 參之言足以全其節也.

514 『韓詩外傳』 卷二: 曾子褐衣縕緒, 未嘗完也, 糲米之食, 未嘗飽也, 義不合, 則辭上卿.

515 『說苑』 「立節」: 曾子布衣縕袍未得完, 糟糠之食藜藿之羹未得飽, 義不合則辭上卿, 不恬貧窮, 安能行此.

516 『韓非子』 「說林下」: 衛將軍文子見曾子, 曾子不起而延於坐席, 正身於奧. 文子謂其御曰, 曾子愚人也哉. 以我爲君子也, 君子安可毋敬也. 以我爲暴人也, 暴人安可侮也. 曾子不僇命也.

517 『韓詩外傳』 卷一: 曾子仕於莒, 得粟三秉. 方是之時, 曾子重其祿而輕其身. 親沒之後, 齊迎以相, 楚迎以令尹, 晉迎以上卿. 方是之提, 曾子重其身而輕其祿. 懷其寶而迷其國, 不口與語仁. 窘其身而約其親, 不可與語孝. 任重道遠者, 不擇地而息. 家貧親老者, 不擇官而仕. 故君子橋褐趨時, 當務爲急. 傳云, 不逢時而仕, 任事而敦其慮, 爲之使而不入其謀, 貧焉故也. 詩曰, 夙夜在公, 實命不同.

공자의 제자들 중에 '자子'로 호칭된 경우가 제법 있다. 예를 들면 「학이」편 2장, 12장, 13장에서는 유약을 '유자'라고 하고 있고, 「옹야」편 3장과 「자로」편 14장에서 염유를 '염자'로, 「선진」편 12장에서 민자건을 '민자'로 부른 예가 있다. 하지만 공자가 호칭한 한 번을 제외한 14회 모두 증자라고 적혀있는 제자는 증자가 유일하다. 『논어』의 형성에 증자의 제자들이 깊이 관여했다는 간접적인 증거가 되겠다.

유일하게 증자라고 되어있지 않은 「선진」편 17장의 내용은 제자 네 사람의 특징을 표현한 것인데 "시(자고)는 우직하고, 삼(증자)은 노둔하며, 사(자장)는 겉모습에 치중하고, 유(자로)는 거칠다."라고 평가했다.[518] 노둔하다는 의미는 어리석어서 말뜻을 알아듣지 못하는 것과는 다른 의미일 것이다. 배운 것을 우직하게 실천하는 증자의 특징을 반영하고 있을 가능성이 높다. 공자의 말과 그 말에 대한 증자의 해석으로 이루어진 「이인」편 15장의 내용은 노둔하다는 증자의 특성이 어리석음과는 거리가 멀다는 것을 잘 보여주고 있다. 공자가 자신의 도는 "하나로 꿰어져 있다.[一以貫之]"고 하자 증자는 바로 알아듣고 "예."라고 대답한다. 공자가 나간 후 다른 제자(혹은 증자의 제자)가 무슨 뜻인지 묻자 그 말뜻이 '충忠과 서恕'라고 풀어준다.[519] 마음이 가장 적절한 상태를 유지하면서 헤아려 깨닫는다는 의미일 것이다.

증자가 등장하는 『논어』의 열다섯 장 가운데 나머지 열세 장은 대부분 '증자 가라사대'라는 식으로 증자의 어록으로 구성되어 있다. 「자장」편 16장에는 특이하게도 증자가 자장의 인물평을 한 부분도 있다.[520]

---

518 『論語』「先進」: 柴也愚, 參也魯, 師也辟, 由也喭.
519 『論語』「里仁」: 子曰, 參乎, 吾道一以貫之. 曾子曰, 唯. 子出, 門人問曰, 何謂也. 曾子曰, 夫子之道, 忠恕而已矣.
520 『論語』「子張」: 曾子曰, 堂堂乎, 張也. 難與並爲仁矣.

"자장은 참 당당하구나, 그렇지만 함께 어짊을 행하기는 어렵다."라고 한 것인데, 좋은 인물평이라고 보기는 어렵다. 공자 사후의 평가로 보이는데 '어짊과 당당함'이라는 대립구도가 보인다. 자장에 대한 증자의 이 평가는 앞의 「공문 트로이카」장에서 자세하게 소개한, 『맹자』「등문공상」편 4장의 이야기와도 관련이 있는 것으로 보인다. 공자 사후 유약을 공자의 후계자로 옹립하려던 자하·자유·자장의 시도를 증자가 반대해 무산시킨 사건인데, 맹자는 증자의 학맥을 잇고 있으므로 증자를 다른 세 제자들보다 우위에 두고 설명한 것이 당연하다고 하겠다. 맹자가 『맹자』「공손추상」편 2장에서 북궁유와 맹시사를 비교하면서 증자가 자하보다 훌륭한 제자라고 간접적으로 밝힌 일은 앞의 「석학이 된 자하」부분에서 소개하였다.

증자의 반대로 유약이 공자의 후계자에서 중도하차를 했으니 증자를 지지하는 세력과 유자 및 자하·자장·자유 세 사람을 한 축으로 하는 세력 사이에는 갈등이 있었을 가능성이 있다. 『예기』「단궁하」편에는 이런 관계를 시사해주는 사건이 소개되어 있다.[521] 증자가 안자 즉 제나라의 안영을 '예를 아는 사람'이라고 평가하자, 유약은 안영이 자신은 물론 부모와 손님에게도 재물을 아껴 예를 잃었다고 반박하는 이야기다. 아마도 유자나 자하·자장·자유 세 사람의 문인들 사이에서 전해진 이야기일 것이다. 하지만 증자가 비록 자하·자장·자유 세 사람의 유자 옹립에 반대했지만 이들과 계속 동료로서 잘 지냈던 것으로 보인다. 자장이 죽었을 때 증자가 어머니의 상을 치르는 가운데서도 자장을 위해 곡을 했다는 이야기는 앞의 「출세를 지향한 자장」부분에서

---

[521] 『禮記』「檀弓下」: 曾子曰, 晏子可謂知禮也已, 恭敬之有焉. 有若曰, 晏子一狐裘三十年, 遣車一乘, 及墓而反. 國君七个, 遣車七乘. 大夫五个, 遣車五乘. 晏子焉知禮.

언급하였다.

위에서 소개한 「제자열전」에는 공자가 증자에게 『효경』을 저술하게 했다고 기록되어 있다. 전국시대 말에 편찬된 『여씨춘추』 「선식람, 찰미」에는 『효경』을 인용한 문구가 보이기도 한다.[522] 즉, 전국시대 말에는 『효경』이 존재했을 가능성이 있다. 사마천이 이 말을 「제자열전」에 기록한 것은 증자가 효도와 관련이 깊은 인물임을 알리기 위해서일 것이다. 『논어』에 나오는 증자의 말 중에서 「태백」편 3장, 「자장」편 17장, 18장은 효와 관련된 장이다. 「자장」편 17장, 18장은 효도와 관련된 공자의 말을 전하는 형식으로 되어있지만 「태백」편 3장은 조금 특이한 이야기를 전하고 있다.

> 증자가 병이 들었는데 제자들을 불러 "내 발을 보고 내 손을 보아라. 『시경』에 '두려워하고 조심하라, 깊은 못에 임한 듯이, 얇은 얼음을 밟는 듯이.'라고 하였는데 (죽음을 앞둔) 이제야 내가 (부모님이 주신 몸을 상할까봐 걱정하는 일을) 면하게 되었음을 알겠다. 제자들아."라고 하였다.[523]

부모님이 물려주신 몸을 상하지 않게 하려고 평생 전전긍긍하며 살았는데 이제 죽게 되었으니 그 걱정을 면할 수 있다는 뜻으로, 증자 자신이 평생 어떤 삶을 살았는지 설득력 있게 전하는 내용이다. 증자는 효와 관련된 일이라면 거의 결벽증 수준으로 지켰다. 『회남자』 「설산훈」에는 증자가 '어머니를 이긴다'는 의미의 '승모勝母'라는 이름을 가진

---

[522] 『呂氏春秋』「先識覽, 察微」: 孝經曰, 高而不危, 所以長守貴也, 滿而不溢, 所以長守富也. 富貴不離其身, 然後能保其社稷, 而和其民人. 楚不能之也.
[523] 『論語』「泰伯」: 曾子有疾, 召門弟子曰, 啓予足, 啓予手. 詩云, 戰戰兢兢, 如臨深淵, 如履薄氷. 而今而後, 吾知免夫, 小子.

마을 앞으로 지나가지도 않았다는 언급이 있다.[524]『신서』「잡사」편에도 증자가 승모라는 마을에는 들어가지 않았다는 언급이 있다.[525]『회남자』「제속훈」은 증자가 그 부모를 엄하고 무서운 군주를 모시듯이 모셨다고 표현하고 있다.[526]『외전』1권에는 증자가 부모님을 모실 때에는 급여를 위해 낮은 벼슬도 받아들였고, 부모님이 돌아가신 뒤에는 높은 벼슬도 마다했다고 전하고 있다.[527]『장자』「우언」편에는 이 이야기를 도가적 입장에서 전하고 있다.[528] 증자는 부모님이 살아계실 때는 적은 급여를 받고도 부모님을 봉양할 수 있어 즐거웠는데, 부모님이 돌아가신 후에는 많은 급여를 받아도 부모님을 봉양할 수 없어 슬펐다고 한다. 이 말을 들은 공자는 그런 마음의 차이도 마음이 무엇인가에 구애를 받아서 생기는 것이라고 지적한다. 당연히 공자의 말을 빌려 도가적 입장을 주장하는 것이다.

전국시대를 거치며 증자는 효의 대명사처럼 알려지게 되었다. 효성이 지극한 증자의 모습은 증자의 학맥을 이은 맹자에 의해 더욱 강화되었다.『맹자』「이루상」편 19장에는 지극정성으로 아버지를 모시던 증자의 모습이 소개되어 있다.

....

524 『淮南子』「說山訓」: 曾子立孝, 不過勝母之閭.
525 『新序』「雜事」: 故里名勝母, 而曾子不入.
526 『淮南子』「齊俗訓」: 故公西華之養親也, 若與朋友處, 曾參之養親也, 若事嚴主烈君, 其于養一也.
527 『韓詩外傳』券一: 曾子仕於莒, 得粟三秉, 方是之時, 曾子重其祿, 而輕其身. 親沒之後, 齊迎以相, 楚迎以令尹, 晉迎以上卿, 方是之時, 曾子重其身, 而輕其祿.
528 『莊子』「寓言」: 曾子再任, 而心再化, 曰, 吾及親仕, 三釜而心樂, 後仕, 三千鍾而不洎, 吾心悲. 弟子問於仲尼曰, 若參者, 可謂無所縣其罪乎. 曰, 既已縣矣. 夫無所縣者, 可以有哀乎. 彼視三釜三千鍾, 如觀雀蚊虻相過乎前也.

증자가 아버지 증석을 봉양할 때에는 반드시 술과 고기를 올렸고, 상을 물릴 때에는, 반드시 남은 것을 누구에게 주고 싶으신지 여쭈었다. 증석이 "남은 것이 있니?"라고 물으면 반드시 "있습니다."라고 대답하였다. 증석이 죽자, (증자의 아들) 증원이 증자를 봉양하였는데, 그 때에도 반드시 술과 고기를 올렸다. 그러나 상을 물릴 때 증원은, 누구에게 주고 싶으신지 여쭙지 않았고, 증자가 "남은 것이 있니?"라고 물으면, "없습니다." 하고 대답하였는데, 이는 그 음식을 다시 올리고자 해서였다. 그러나 이것은 이른바 부모의 입과 몸을 받든 것일 뿐이며, 증자 같은 경우는 부모의 뜻을 받들었다고 할 수 있다. 부모를 섬기는 데는 증자와 같이 하는 것이 옳다.[529]

증자와 증자의 아들이 각기 그 아버지를 봉양할 때 마음의 차이가 있었다는 이야기다. 『맹자』「진심하」편 36장에는 아버지가 좋아하시던 음식을 차마 먹지 못하는 증자의 모습이 소개되어 있다.

증자의 아버지 증석이 대추를 좋아했는데, 아버지가 돌아가신 뒤에 증자는 대추를 차마 먹지 못하였다. 공손추가 맹자에게 "회와 불고기를 대추와 비교하면 어느 것이 더 맛있습니까?"라고 물었다. 맹자는 "회와 불고기가 더 맛있지."라고 대답했다. 공손추가 "그렇다면 선생님은 어째서 아버지께서 드시던 회와 불고기는 드시면서 대추는 드시지 않으셨습니까?"라고 물었다. 맹자는 "회와 불고기는 누구나 똑같이 즐기는 것이지만, 대

---

[529] 『孟子』「離婁上」: 曾子養曾晳, 必有酒肉, 將徹, 必請所與, 問有餘, 必曰, 有. 曾晳死, 曾元養曾子, 必有酒肉, 將徹, 不請所與, 問有餘, 曰, 亡矣, 將以復進也. 此所謂養口體者也, 若曾子則可謂養志也. 事親若曾子者可也.

추는 아버지만 즐기시던 것이기 때문이다. 비유하면, 이름은 휘諱하고 성은 휘하지 않는데, 성은 여러 사람이 함께 쓰고 이름은 혼자 쓰는 것과 같다."라고 하였다.[530]

'인구에 회자된다'고 할 때의 '회자'가 나오는 유명한 구절이다. 회와 구운 고기가 대추보다 더 맛있지만 회와 구운 고기는 모든 사람들이 좋아하는 음식이고, 대추는 자신의 아버지 증석이 유독 좋아하던 음식이라 차마 먹을 수 없다는 효자의 모습이다. 『맹자』 「등문공상」편 2장에는 등 나라 정공의 죽음 후 세자가 사람을 보내 맹자에게 상례에 대한 자문을 구하는데, 맹자는 "부모상은 원래 자신의 정성을 다해야 하는 것입니다. 증자께서도 '부모가 살아 계실 때는 예로 섬기고, 돌아가셨을 때는 예로 장사지내고, 예로 제사 지내면 효라고 할 수 있다'고 하셨습니다."라고 증자의 말을 인용해 대답한다.[531] 『예기』 「단궁상」편에는 증자가 제자인 자사에게 자신은 부모님의 상을 당했을 때 7일 동안 물도 마시지 않았다고 하는 이야기가 소개되어 있다.[532] 사람이 물도 마시지 않고 7일을 버틸 수는 없다. 증자의 효심을 전하는 과정에서 과도하게 부풀려졌을 것이다.

전국시대 후반기에 활동한 순자도 증자의 효행에 주목했다. 『순자』 「성악」편에서는 증자·민자건·효기 세 사람을 효를 잘 실천한 사람의 전

---

530 『孟子』 「盡心下」: 曾皙嗜羊棗, 而曾子不忍食羊棗. 公孫丑問曰, 膾炙與羊棗孰美. 孟子曰, 膾炙哉. 公孫丑曰, 然則曾子何爲食膾炙, 而不食羊棗. 曰, 膾炙所同也, 羊棗所獨也, 諱名不諱姓, 姓所同也, 名所獨也.
531 『孟子』 「滕文公上」: 孟子曰, 不亦善乎. 親喪固所自盡也. 曾子曰, 生事之以禮, 死葬之以禮, 祭之以禮, 可謂孝矣.
532 『禮記』 「檀弓上」: 曾子謂子思曰, 伋, 吾執親之喪也, 水漿不入於口者七日.

형으로 들고 있는데, 증자를 가장 먼저 들고 있다.[533] 『순자』「대략」편에는 남은 물고기의 보존 방법에 관한 이야기가 전해진다.

> 증자가 생선을 먹고 남은 것이 있어서 "끓여라."라고 말했다. 제자가 이 말을 듣고 "물고기를 끓인 것을 먹으면 사람이 상합니다. 소금을 넣어 절이는 것만 못합니다."라고 하자, 증자는 눈물을 흘리면서 "다른 마음이야 있었겠는가?"라고 하였다. 그 방법을 늦게 들어서 속이 상했던 것이다.[534]

얼른 이해하기 어렵지만 증자가 효자의 대명사라는 전제를 깔고 보면 이해가 된다. 물고기를 제대로 보존하는 방법을 알지 못해서 자신의 아버지 증석에게 잘못 보존된 물고기로 봉양했다는 의미가 된다. 현대적인 개념으로 볼 때 끓이는 것이 나을 것 같지만 당시의 상식을 기준으로 삼아 증자의 효심에 관한 이야기를 만든 것이다. '증자는『상례』를 읽을 때마다 눈물을 흘렸다'고 하는『시자』의 언급도 같은 맥락에서 소개한 것이다.[535]『시자』「권학」편에는 이 외에도 "부모님이 나를 사랑하면 기뻐하고 그 사랑을 잊지 말아야 하며, 부모님이 나를 미워하더라도 두려워하되 원망하지 말아야 한다."라는 증자의 말이 소개되어 있다.[536]

전국시대 말에 형성된『여씨춘추』에도 증자의 효행담이 기록되어 있다.「맹하기, 권학」편에는 아버지 증점의 심부름을 간 증자가 늦도록

---

[533] 『荀子』「性惡」: 天非私曾騫孝己, 而外衆人也. 然而曾騫孝己, 獨厚於孝之實, 而全於孝之名者, 何也. 以綦禮義故也.

[534] 『荀子』「大略」: 曾子食魚有餘曰, 泔之. 門人曰, 泔之傷人, 不若奧之. 曾子泣涕曰, 有異心乎哉. 傷其聞之晚也.

[535] 『尸子』券下: 曾子, 每讀喪禮, 泣下霑襟.

[536] 『尸子』「勸學」: 是故, 曾子曰, 父母愛之, 喜而不忘, 父母惡之, 懼而無咎.

돌아오지 않자, 주변 사람들이 증석에게 걱정되지 않느냐고 물었는데 증석은 "내가 살아있는데 아들이 감히 위험한 상태에 빠지기야 하겠습니까?"라고 대답하는 장면이 보인다.[537] 효성이 뛰어난 증자는 아버지가 살아계시는 한, 위험한 상황에 놓이는 행동을 하지 않을 것이라는 것을 간접적으로 알려준다. 『여씨춘추』 「효행람, 효행」편에는 증자의 말로 '몸은 부모에게서 받은 것이니 공경해야 한다'고 한 후, 이런 자세를 집에서는 물론이고 임금을 섬기고 관직을 수행하며, 친구를 사귀고 전쟁을 수행하는 데까지 유지해야 한다고 확대하고 있다.[538] 「효행람, 효행」편의 저자들은 역시 증자의 말로 '부모가 낳아주셨으니 자식은 목숨을 감히 잃어서는 안 되고, 부모가 잘 길러주셨으니 자식은 감히 자신을 함부로 해서는 안 되며, 부모가 자신을 온전하게 하셨으니 자식은 감히 손상시켜서는 안 된다. 그래서 (물을 건널 때는) 배를 타고 헤엄치지 아니하며, (길을 갈 때는) 큰 길로 가고 샛길로 가지 않으며, 몸을 온전히 해서 종묘를 지켜야 효라고 할 수 있다'[539]고 주장하고 있다. 유가 성향의 후학들이 증자의 권위를 빌려 자신들의 효행에 관한 논지를 펼친 것이라고 봐야 하겠다. 중앙집권적 통일제국을 향해 나아가는 시대 분위기가 효를 국가에 대한 충성으로 연결하고 있는 것이다.

증자의 효행 설화는 제자들에게까지 이어졌다. 「효행람, 효행」편에는 증자의 제자 악정자춘의 설화도 있다.

---

537 『呂氏春秋』「孟夏紀, 勸學」: 曾點使曾參, 過期而不至, 人皆見曾點曰, 無乃畏邪. 曾點曰, 彼雖畏, 我存, 夫安敢畏.

538 『呂氏春秋』「孝行覽, 孝行」: 曾子曰, 身者父母之遺體也. 行父母之遺體, 敢不敬乎. 居處不莊, 非孝也. 事君不忠, 非孝也. 莅官不敬, 非孝也. 朋友不篤, 非孝也. 戰陳無勇, 非孝也. 五行不遂, 災及乎親, 敢不敬乎.

539 『呂氏春秋』「孝行覽, 孝行」: 曾子曰, 父母生之, 子弗敢殺. 父母置之, 子弗敢廢. 父母全之, 子弗敢闕. 故舟而不游, 道而不徑, 能全支體, 以守宗廟, 可謂孝矣.

악정자춘이 당에서 내려오다가 발을 다쳤는데, 나은 후에도 몇 달이나 밖에 나오지 않고 오히려 근심스런 낯빛을 띠고 있었다. 문인들이 왜 그러는지 묻자, 악정자춘은 "좋은 질문이야. 내가 증자께 들었고, 증자께서는 공자께 들은 것인데, '부모님이 나를 온전하게 낳아주셨으니 자식인 나도 온전하게 돌아가야 한다. 몸을 이지러지지 않게 하고, 형태를 손상시키지 않아야 효라고 할 수 있다'고 하셨어. 그러니 군자는 한두 걸음을 걸을 때라도 그것을 잊어서는 안 돼. 그런데 나는 효의 도리를 잊었어. 이것을 걱정하는 것이야." 그래서 몸은 자신의 것이 아니라 부모님이 물려주신 것이라고 하는 것이다.[540]

이 이야기는 『예기』「제의」편에도 있는데 좀 더 길고 현학적으로 설명되어 있다.[541] 여기서 주목할 만한 내용은 악정자춘이 증자를 자신의 스승이라고 한 부분이다. 일반적으로 성리학의 입장에서는 증자-자사-맹자로 이어지는 학맥을 유학의 정통으로 보는데, 증자의 제자를 자임하는 사람 중에는 악정자춘도 있었던 것이다. 증자-악정자춘의 학맥을 이은 제자들은 전국시대 말까지 활동한 것으로 보인다. 『한비자』「현학」편에는 전국시대 말 8개의 유가 분파의 하나로 악정 씨의 유

---

[540] 『呂氏春秋』「孝行覽, 孝行」: 樂正子春下堂而傷足, 瘳而數月不出, 猶有憂色. 門人問之曰, 夫子下堂而傷足, 瘳而數月不出, 猶有憂色, 敢問其故. 樂正子春曰, 善乎而問之. 吾聞之曾子, 曾子聞之仲尼, 父母全而生之, 子全而歸之, 不虧其身, 不損其形, 可謂孝矣. 君子無行咫步而忘之. 余忘孝道, 是以憂. 故曰, 身者非其私有也, 嚴親之遺躬也.

[541] 『禮記』「祭義」: 樂正子春下堂而傷其足, 數月不出, 猶有憂色. 門弟子曰, 夫子之足瘳矣, 雖月不出猶有憂色何也. 樂正子春曰, 善如爾之問也, 善如爾之問也. 吾聞諸曾子, 曾子聞諸夫子. 曰, 天之所生, 地之所養, 無人爲大. 父母全而生之, 子全而歸之, 可謂孝矣. 不虧其體, 不辱其身, 可謂全矣. 故君子頃步, 而不敢忘孝也, 今予忘孝之道, 予是以有憂色也. 壹擧足而不敢忘父母, 壹出言而不敢忘父母. 壹擧足而不敢忘父母, 是故道而不徑. 舟而不游, 不敢以先父母之遺體行殆. 壹出言而不敢忘父母, 是故惡言不出於口, 忿言不反於身. 不辱其身, 不羞其親, 可謂孝矣.

가를 들고 있기 때문이다.[542] 악정 씨의 분파가 증자의 정신을 계승했는지는 모르지만, 적어도 그 분파에서 자신들의 학맥이 증자로부터 이어졌다고 주장했을 가능성은 있을 것이다. 『예기』「단궁하」편에는 악정자춘이 어머니가 돌아가셨을 때 5일간 먹지 않았다는 이야기가 있다.[543] 7일 동안 물도 마시지 않았다는 증자의 학맥을 이었다고 주장할 만하다. 어느 계통의 학맥에서 편찬한 것인지는 모르지만 한나라 시대까지 증자의 어록이 전해졌던 것 같다. 『한서』「예문지, 제자략」에는 『증자』 18편이 한나라 시대에 존재했다고 전한다.[544]

증자의 제자 중에는 악정자춘 외에도 이름이 알려진 제자가 더 있다. 『맹자』「공손추상」편에는 자양이라는 제자의 이름이 보인다. 맹자는 증자가 자양에게 "그대는 용기를 좋아하는가? 나는 용기에 대해 선생님께 들은 일이 있다. 스스로를 돌이켜보아서 옳지 않다면 누더기를 걸친 비천한 사람에 대해서도 두려움을 느끼게 될 것이고, 스스로 돌이켜보아서 옳다면 천군만마가 쳐들어와도 나아가 용감하게 대적할 수 있을 것이다."라고 말했다고 전하고 있다.[545] 『사기』「손자오기열전」[546]과 『여씨춘추』「중춘기, 당염」[547]에는 오기도 증자에게서 배운 것으로 되어 있다. 『사기』「유림열전」에는 오기가 자하의 제자로 소개되어 있어 이론

---

[542] 『韓非子』「顯學」: 自孔子之死也, 有子張之儒, 有子思之儒, 有顏氏之儒, 有孟氏之儒, 有漆雕氏之儒, 有仲良氏之儒, 有孫氏之儒, 有樂正氏之儒.
[543] 『禮記』「檀弓下」: 樂正子春之母死, 五日而不食, 曰, 吾悔之, 自吾母而不得吾情, 吾惡乎用其情.
[544] 『漢書』「藝文志」: 曾子十八篇. 名參, 孔子弟子.
[545] 『孟子』「公孫丑上」: 昔者, 曾子謂子襄曰, 子好勇乎. 吾嘗聞大勇於夫子矣. 自反而不縮, 雖褐寬博, 吾不惴焉, 自反而縮, 雖千萬人, 吾往矣.
[546] 『史記』「孫子吳起列傳」: 吳起者, 衛人也, 好用兵. 嘗學於曾子, 事魯君.
[547] 『呂氏春秋』「仲春紀, 當染」: 子貢·子夏·曾子學於孔子, 田子方學於子貢, 段干木學於子夏, 吳起學於曾子, 禽滑釐學於墨子, 許犯學於禽滑釐, 田繫學於許犯.

의 여지는 있다.⁵⁴⁸

전한시대 이후 출간된 책들에는 증자의 효행에 관한 설화가 좀 더 자극적으로 과장되어 있다. 증자가 아버지에게 몽둥이로 죽도록 맞고도 깨어난 직후 아버지의 안부를 묻고, 아무렇지도 않은 듯이 보이려고 거문고를 연주했다는 이야기는 앞의 「못난 아버지(?) 증석」부분에서 자세하게 기록하였다. 삼국시대에 만들어진 것으로 추정되는 『가어』「제자해」편에서는 증자의 효행설화가 다시 변형을 보인다. 「제자해」편은 공자의 제자들 중 증자에 대한 내용을 가장 길게 기술하고 있다. 전한시대에 비해 증자의 위상이 많이 올랐음을 알 수 있다.

증삼은 남무성 사람으로 자는 자여이고 공자보다 46세 연하다. 뜻을 효도에 두었기 때문에 공자가 증자에게 『효경』을 짓게 했다. 제나라에서 그를 초빙해 경으로 삼고자 했는데 거절하면서 "저는 부모님이 연로하신데, 남의 녹을 먹으면 남의 일을 걱정해야 되기 때문에 부모님을 멀리 떠나 남을 위해 일할 수가 없습니다."라고 하였다. 증자의 계모는 증자를 은혜롭게 대하지 않았지만 증자는 봉양하는 것을 게을리 하지 않았다. 증자는 그 아내가 (부모의 밥상에) 덜 익은 나물을 올렸다고 아내를 내쫓으려고 하였다. 사람들이 칠거지악을 범한 것도 아닌데 내쫓는다고 하자 증자는 "나물을 삶는 것은 작은 일입니다. 내가 나물 익히라고 한 것도 따르지 않았는데 하물며 큰일에는 어떻겠습니까?"라고 하면서 결국 쫓아내고 평생 재혼을 하지 않았다. 아들 원元이 재혼하기를 권하자 "(은나라) 고종高宗은 후처 때문에 아들 효기를 죽였고, 윤길보는 후처 때문에

---

⁵⁴⁸ 『史記』「儒林列傳」: 如田子方, 段干木, 吳起, 禽滑釐之屬, 皆受業於子夏之倫, 爲王者師, 是時獨魏文侯好學.

백기伯奇를 내쫓았다. 나는 위로는 고종에 미치지 못하고, 길보와도 견줄 수 없으니, 어떻게 그런 잘못을 범하지 않는다고 장담하겠느냐?"라고 했다.[549]

증자에 대한 소개가 길 뿐만 아니라 그 내용이 매우 황당하다. 앞부분에서 증자의 효행을 소개하다가 아내 이야기가 나오면서 반전된다. 나물을 잘못 삶았다고 아내를 쫓아내고, 후처를 들이면 후처가 자신과 아들을 이간시킬 것이기 때문에 재혼할 수 없다고 한다. 요즘 같으면 나쁜 남편의 전형이 될 것이다. 앞부분에서 증자의 효를 소개한 것이 무색해진다. 음모가 난무하던 삼국시대에 편찬된 문서답다.

『가어』「제자행」에서 자공은 증자에 대해 "가득 채워도 다 차지 않은 것 같고, 실하면서도 허한 듯하며, 지나쳐도 미치지 못한 듯이 하는 것은 선왕들도 어렵게 여긴 것입니다. 널리 배우지 않은 것이 없고, 모습은 온순하며, 덕행은 돈독하고, 그의 말이라면 믿지 않는 사람이 없으며, 어쩌다 교만을 부려도 항상 호탕합니다. 그래서 눈썹이 희어지도록 천수를 누렸는데 이것이 증삼의 행동입니다."[550]라고 평했다. 효에 대해서는 한 마디 언급도 없다. 증자의 효행은 어쩌면 일부 학파에서만 전해지던 이야기일 수도 있다. 증자보다 15세 연장자인 자공이 증자가

---

[549] 『孔子家語』「七十二弟子解」: 曾參, 南武城人, 字子輿, 少孔子四十六歲. 志存孝道, 故孔子因之以作孝經. 齊嘗聘欲與爲卿而不就曰, 吾父母老, 食人之祿, 則憂人之事, 故吾不忍遠親而爲人役. 參後母遇之無恩, 而供養不衰, 及其妻以藜烝不熟, 因出之. 人曰, 非七出也. 參曰, 藜烝小物耳, 吾欲使熟, 而不用吾命, 況大事乎. 遂出之, 終身不取妻. 其子元請焉, 告其子曰, 高宗以後妻殺孝己, 尹吉甫以後妻放伯奇, 吾上不及高宗, 中不比吉甫, 庸知其得免於非乎.
[550] 『孔子家語』「弟子行」: 滿而不盈, 實而如虛, 過之如不及, 先王難之. 博無不學, 其貌恭, 其德敦, 其言於人也, 無所不信, 其驕於人也, 常以浩浩. 是以眉壽, 是曾參之行也.

천수를 누렸는지 알 수 있으려면 자공은 훨씬 오래 살아야 했을 것이니 이 말은 후세 사람들의 창작품인 것도 알 수 있다.

증자에 관한 설화는 효행 외에도 몇 가지 전하는데 『한비자』 「외저설좌상」에는 '밝은 군주가 신의를 표하는 일은 증자가 돼지를 잡은 것과 같다.'라는 알쏭달쏭한 구절이 있다.[551] 「외저설좌상」의 전傳에는 이 구절에 대한 설화가 전해진다. 자녀를 가르칠 때 거짓말을 하면 안 된다고 부인에게 가르쳤다는 이야기다.

> 증자의 부인이 시장에 가는데 아들이 울면서 따라가려고 했다. 증자의 부인이 "네가 집으로 돌아가면 다녀와서 돼지를 잡아주마."라고 했다. 증자의 부인이 시장에서 돌아오자, 증자는 돼지를 잡으려고 했다. 증자의 부인이 말리면서 "애를 달래려고 한 말일 뿐입니다."라고 하자 증자는 "아이를 달래려고 말을 함부로 하는 것이 아닙니다. 아이는 아는 것이 없어서 부모에게서 배우고, 부모의 말로 가르침을 받습니다. 지금 아들을 속이면 아들에게 속이라고 가르치는 것입니다. 어머니가 아들을 속이면, 아들이 그 어머니를 믿지 않을 것이니 가르침이 이루어지지 않을 것입니다." 하고는 돼지를 삶았다.[552]

법가인 한비자답게 한 말에 대해 책임을 지는 모습을 표현한 설화다. 위의 『가어』 「제자해」편에서 나물을 잘못 삶았다고 아내를 쫓아내

---

551 『韓非子』 「外儲說左上」: 故明主信, 如曾子殺彘也.
552 『韓非子』 「外儲說左上」 傳: 曾子之妻之市, 其子隨之而泣. 其母曰, 女還, 顧反爲女殺彘. 妻適市來, 曾子欲捕彘殺之. 妻止之曰, 特與嬰兒戲耳. 曾子曰, 嬰兒非與戲也. 嬰兒非有知也, 待父母而學者也, 聽父母之教. 今子欺之, 是教子欺也. 母欺子, 子而不信其母, 非以成教也. 遂烹彘也.

는 모습과는 다른 모습이다. 『한비자』가 『가어』보다 먼저 성립되었다고 보면 이 설화가 증자 본래의 모습에 가까운 모습으로 생각된다. 이 설화가 『논어』나 『맹자』에 채택되었다면 조선시대 아동 교육에 큰 도움이 되었을 텐데, 아쉬운 마음이 든다. 『회남자』 「태족훈」편에는 증자가 위험하지도 않은 양을 나무에 매어두었다고 전해지기도 한다.[553] 『예기』 「단궁상」에도 그의 원칙주의자의 모습을 보여주는 이야기가 기록되어 있다.

증자가 병으로 자리에 누웠는데 중병이었다. 악정자춘은 병상 아래에 앉았고, 두 아들인 증원과 증신은 발쪽에 앉았으며, 동자들은 좌우에서 촛불을 들고 앉아있었다. 동자가 "화려하고 번쩍거리는 것을 보니 대부의 돗자리군요."라고 하자 악정자춘이 "가만히 있어라."라고 말했다. 증자가 이 대화를 듣고 "아, 화려하고 번쩍거리는 것이 대부의 돗자리네. 그래, 이것은 계손 씨가 내게 준 것인데, 아직 바꾸지 못하였구나. 원아, 일어나 이 돗자리를 바꾸어라."라고 하였다. 증원이 "아버지 병세가 위중하니 지금 바꿀 수는 없습니다. 다행히 내일아침까지 무사하면 바꾸도록 하겠습니다."라고 하자 증자는 "네가 나를 사랑하는 것이 저 아이만도 못하구나. 군자가 남을 사랑하는 것은 덕으로 하고, 보통 사람이 남을 사랑하는 것은 고식적인 방법으로 한다. 내가 무엇을 구하겠느냐? 나는 바른 것을 얻고 죽겠다는 것뿐이다."라고 하였다. 부축하여 돗자리를 바꾸고 제대로 눕기도 전에 죽었다.[554]

....

[553] 『淮南子』「泰族訓」: 故舜放弟, 周公殺兄, 猶之爲仁也, 文公樹米, 曾子架羊, 猶之爲知也.
[554] 『禮記』「檀弓上」: 曾子寢疾病. 樂正子春坐於牀下, 曾元曾申坐於足, 童子隅坐而執燭. 童子曰, 華而睆, 大夫之簀與. 子春曰, 止. 曾子聞之, 瞿然曰, 呼. 曰, 華而睆, 大夫之

죽음을 앞두고도 예법에 맞지 않는 일은 허용하지 못하는 증자의 모습이 그려져 있다. 『설원』「경신」편에도 증자의 임종 설화가 전해진다.[555] 여기서 증자는 두 아들의 품에 안겨 죽는데 두 아들에게 '유익한 일에 힘을 써라', '꽃이 많으면 열매가 적은 것은 자연의 법칙이고, 말이 많으면 실행이 적은 것은 인간의 실상이다', '높은 산의 새와 물고기가 미끼 때문에 잡히듯이 치욕은 이익을 추구하기 때문에 따라온다', '벼슬이 높아지면 나태해지고, 병이 조금 나으면 소홀히 해서 악화되며, 재앙은 게으른 데서 생기고, 효도는 처자를 두면서 쇠퇴한다' 등의 말들을 남겼다고 전하고 있다. 『설원』이 편집될 즈음에 인정되던 삶의 지혜를 증자의 입을 통해 전한 것이다.

『예기』「단궁하」편에는 현대사회에서도 통용될 만한 재미있는 일화가 전해지고 있다.

계손 씨의 어머니 상에 애공이 문상하고 있었다. 증자와 자공도 문상을 하러 갔는데 문지기가 임금이 안에 있다고 들어가지 못하게 하였다. 증자와 자공이 마구간에 가서 (좋은 옷으로) 용모를 고치고 자공이 먼저 들어가자 문지기는 "벌써 위에 알렸습니다."라고 하였고, 증자가 뒤따라 들어가니 길을 비켜주었다. 처마 안으로 들어서니 경대부들이 모두 자리를

簀與. 曾子曰, 然, 斯乃季孫之賜也, 我未之能易也. 元, 起易簀. 曾元曰, 夫子之病革矣, 不可以變. 幸而至於旦, 請敬易之. 曾子曰, 爾之愛我也, 不如彼. 君子之愛人也以德, 細人之愛人也以姑息. 吾何求哉. 吾得正而斃焉, 斯已矣. 擧扶而易之, 反席未安而沒.

[555] 『說苑』「敬愼」: 曾子有疾, 曾元抱首, 曾華抱足. 曾子曰, 吾無顏氏之才, 何以告汝. 雖無能, 君子務益. 夫華多實少者, 天也, 言多行少者 人也. 夫飛鳥以山爲卑, 而層巢其巓, 魚鱉以淵爲淺, 而穿穴其中, 然所以得者, 餌也. 君子苟能無以利害身, 則辱安從至乎. 官怠於宦成, 病加於少愈, 禍生於懈惰, 孝衰於妻子, 察此四者, 愼終如始. 詩曰 靡不有初, 鮮克有終.

비켜주었고, 애공은 한 계단을 내려와 읍을 하였다. 어느 군자가 여기에 대해 "꾸밈을 지극히 하는 것은 사람을 감동시킴이 크다."라고 하였다.[556]

공자의 후기 제자였던 증자는 효행의 대명사로 자리매김하면서 많은 효행 설화의 주인공이 되었다. 그리고 다시 각종 예법의 권위자로서의 지위를 가지게 되었다. 한편, 도가의 입장에서는 증자의 지나친 효행이 거슬렸던 것 같다. 『장자』「변무」편에서는 인仁에 지나쳐 덕德을 뽑아버리고 성性을 막아서 명예를 거두는 사람의 예로 증자를 들고 있다.[557] 『장자』「천지」편에서는 도척과 증삼·사어의 행위에는 차이가 있지만 그 본성을 잃은 것은 같다고도 했다.[558] 그럼에도 불구하고 도가의 입장에서 볼 때 증자의 후학들은 유가의 대표적인 학파였다. 『장자』「재유」편에서 유가와 묵가가 서로 자신들이 옳다면서 싸운다고 비판할 때 유가의 대표적인 인물로 증자를 들었다.[559]

---

[556] 『禮記』「檀弓下」: 季孫之母死, 哀公弔焉. 曾子與子貢弔焉, 閽人爲君在弗內也. 曾子與子貢入於其廐, 而修容焉. 子貢先入, 閽人曰, 鄉者已告矣. 曾子後入, 閽人辟之. 涉內霤, 卿大夫皆辟位, 公降一等而揖之. 君子言之曰, 盡飾之道, 斯其行者遠矣.

[557] 『莊子』「騈拇」: 枝於仁者, 擢德塞性以收名聲, 使天下簧鼓以奉不及之法非乎? 而曾史是已.

[558] 『莊子』「天地」: 跖與曾史, 行義有間矣, 然其失性均也.

[559] 『莊子』「在宥」: 施及三王, 而天下大駭矣. 下有桀跖, 上有曾史, 而儒墨畢起. 於是乎喜怒相疑, 愚知相欺, 善否相非, 誕信相譏, 而天下衰矣. 大德不同, 而性命爛漫矣. 天下好知, 而百姓求竭矣. 於是乎釿鋸制焉, 繩墨殺焉, 椎鑿決焉. 天下脊脊大亂. 罪在攖人心. …… 焉知曾史之不爲桀跖嚆矢也.

3 공자의 임시 후계자 유약

『사기』「제자열전」에는 유약에 대해 다음과 같이 기록되어 있다.

유약有若은 공자보다 43세 연하다. 유약은 "예를 실행할 때는 조화가 중요하다. 선왕들의 도도 이를 아름답게 여겼으므로 크고 작은 일들을 모두 이렇게 행하였다. 그러나 해서는 안 될 것이 있는데, 조화만 알아서 조화 위주로 하고, 예로 절제하지 않는다면 이런 예 역시 제대로 행해질 수 없을 것이다."라고 했다. 유약은 또 "약속이 의로움에 가까우면 그 약속한 말을 실천할 수 있고, 공손한 태도가 예에 가까우면 치욕을 멀리할 수 있으며, 친밀한 사람을 잃지 않는다면 존경받을 만하다."라고 했다. 공자가 세상을 떠난 후에도 제자들은 공자를 그리워하여 잊을 수 없었다. 유약이 공자를 닮았기 때문에 제자들이 그를 스승으로 추대하여 공자를 모시듯이 모셨다. 어느 날 한 제자가 유약에게 "옛날 공자께서 길을 떠날 때 저에게 우산을 준비하라고 시켰는데 정말 비가 왔습니다. 제가 '선생님 어떻게 비가 올 것을 아셨습니까?'라고 물었더니 공자께서는 『시경』에 달이 필성에서 떨어지면 비가 온다고 하지 않았어? 어제 저녁 달이 필성에 걸려 있었잖아'라고 하셨습니다. 어느 날 달이 필성에 걸려 있었는데 정말 비가 오지 않았습니다. 또 상구는 나이가 들도록 자식이 없어서 그 어머니가 아내를 얻도록 장가를 들였습니다. 공자께서 그를 제나라로 심부름 보내려고 하자 그 어머니는 (상구를 보내지 않도록) 부탁했습니다. 공자께서는 '걱정하지 마십시오. 상구 나이 마흔이 되면 다섯 아들을 두게 될 것입니다'라고 하셨습니다. 정말 그렇게 되었는데 공자께서 어떻게 그것을 아셨는지요?"라고 물었다. 유약은 아무 대답도 할 수 없었다. 그러자 그 제자가 일어나서 "유자는 그 자리에서 물러나십시오. 이 자리는 당신

이 앉을 자리가 아닙니다."라고 하였다.[560]

유약이 공자보다 43세 연하라고 하고, 천하주유 기간에 유약과 관련된 설화가 보이지 않는 것으로 판단할 때 유약은 공자가 천하주유를 마치고 노나라로 귀국한 다음 입문한 제자였을 가능성이 높다.『가어』「제자해」편은 유약이 노나라 사람이고, 공자보다 36세 연하라고 했으므로 나이는 논란이 있을 수 있지만, 공자가 노나라로 귀국한 다음에 입문한 제자인 것은 사실일 것이다.[561] 그렇다면 공자가 귀국한 후부터 사망할 때까지의 짧은 기간 공자의 제자로 있었던 것이 되고, 공자에게 배운 기간은 그리 길지 않았을 것이다. 유약은 공자 문하에 입문하기 전인 20대에 전투를 치른 경험도 있었다. 체력도 좋았다.『춘추좌씨전』애공 8년 조의 전傳에는 오나라가 쳐들어왔을 때 미호微虎라는 인물이 자신에게 속한 병졸 7백 명을 막사 앞뜰에서 세 번 뛰게 하여 3백 명을 뽑았는데 그 안에 유약도 포함되어 있었다는 내용이 있다.[562]

「제자열전」의 유약에 대한 설명은 크게 두 가지로 나눌 수 있다. 앞부분에는 유약의 말들을 소개하고 있고, 뒷부분에는 유약이 공자 사후

---

[560] 『史記』「仲尼弟子列傳」: 有若少孔子四十三歲. 有若曰, 禮之用, 和爲貴. 先王之道斯爲美, 小大由之. 有所不行, 知和而和, 不以禮節之, 亦不可行也. 信近於義, 言可復也, 恭近於禮, 遠恥辱也. 因不失其親, 亦可宗也. 孔子旣沒, 弟子思慕. 有若狀似孔子, 弟子相與共立爲師, 師之如夫子時也. 他日, 弟子進問曰, 昔夫子當行, 使弟子持雨具, 已而果雨. 弟子問曰, 夫子何以知之 夫子曰, 詩不云乎, 月離于畢, 俾滂沱矣. 昨暮月不宿畢乎. 他日, 月宿畢, 竟不雨. 商瞿年長無子, 其母爲取室. 孔子使之齊, 瞿母請之. 孔子曰, 無憂, 瞿年四十後當有五丈夫子. 已而果然. 敢問夫子何以知此. 有若默然無以應. 弟子起曰, 有子避之, 此非子之座也.

[561] 『孔子家語』「七十二弟子解」: 有若, 魯人, 字子有, 少孔子三十六歲.爲人强識, 好古道也.

[562] 『春秋左氏傳』哀公 八年 傳 : 明日, 舍于庚宗, 遂次于泗上, 微虎欲宵攻王舍, 私屬徒七百人, 三踊於幕庭, 卒三百人, 有若與焉.

에 공자를 대신해 스승의 지위에 올랐지만 무능함이 밝혀져 그 지위에서 내려오게 되었다는 이야기다. 「제자해」편에 따르면 유약을 공격하는 제자는 무마기다. 그는 별자리를 보고 비가 올 것을 미리 예측한 공자에게 그 원리를 물은 일이 있다.[563] 후한시대를 거치고 삼국시대가 되면 유약을 공격하는 데 돌격대로 나설 제자로는 어리바리한 무마기가 그럴 듯하다는 공감대가 생겼을 것이다.

『논어』에 유약과 관련된 장은 네 장이다. 「제자열전」에 소개된 유약의 두 말 중, 예와 조화에 대한 앞의 말은 『논어』 「학이」편 12장에 나오는 내용이고,[564] 이어지는 의로움, 예, 친밀함 등에 관한 내용은 「학이」편 13장에 나오는 내용이다.[565] 『논어』에는 이 외에도 유약과 관련된 내용이 있는 곳이 두 장 더 있다. 「학이」편 2장에는 다음과 같은 유약의 말이 소개되어 있다.

> 유자는 "사람됨이 효성스럽고 공손한 사람이 윗사람에게 대들기를 좋아하는 경우는 드물다. 윗사람에게 대들기를 좋아하지 않는 사람이 난을 일으키기를 좋아하는 경우는 없었다. 군자는 근본에 힘쓰는 법이고, 근본이 서면 도가 생기는 법이다. 효성과 공경은 어짊을 실천하는 근본이다."라고 하였다.[566]

....

[563] 『孔子家語』「七十二弟子解」: 巫馬期, 陳人, 字子期, 少孔子三十歲. 孔子將近行, 命從者皆持蓋, 而果雨. 巫馬期問曰, 旦無雲, 旣日出, 而夫子命持雨具, 敢問何以知之. 孔子曰, 暮月宿畢, 詩不云乎, 月離於畢俾滂沱矣. 以此知之.
[564] 『論語』「學而」: 有子曰, 禮之用, 和爲貴, 先王之道斯爲美, 小大由之. 有所不行, 知和而和, 不以禮節之, 亦不可行也.
[565] 『論語』「學而」: 有子曰, 信近於義, 言可復也. 恭近於禮, 遠恥辱也. 因不失其親, 亦可宗也.
[566] 『論語』「學而」: 有子曰, 其爲人也孝弟, 而好犯上者鮮矣. 不好犯上, 而好作亂者未之有也. 君子務本, 本立而道生. 孝弟也者, 其爲仁之本與.

「학이」편에 나오는 세 장의 공통점은 모두 유약을 유자有子라고 높여 부른다는 것이다.「학이」편의 유자 관련 내용은 유약을 추종하던 후학들이 편집에 참여했을 가능성이 높다는 것을 의미한다. 어쩌면「학이」편의 이 내용들이 편집된 시기가 유약이 공자를 이은 스승의 지위에 있을 때 이루어졌던 것일 수도 있겠다. 유약은『논어』「안연」편에 한 번 더 등장한다.

> 애공이 유약에게 "흉년이 들어 나라의 재정이 부족하니, 어떻게 하면 좋겠습니까?" 하고 물었다. 유약이 "왜 철법徹法을 시행하지 않으십니까?"라고 되묻자 애공은 "나에게는 10분의 2의 세금도 오히려 부족한데, 어떻게 철법을 시행하겠습니까?"라고 하자 유약은 "백성이 풍족한데 임금이 어떻게 부족하겠으며, 백성이 부족한데 임금이 어떻게 풍족하겠습니까."라고 대답하였다.[567]

노나라의 제후인 애공이 유약을 불러 나라의 어려움에 대해 자문을 구했다는 것은, 공자 사후에 유약이 공자의 지위를 대신했다는 이야기를 간접적으로 보여주는 것이기도 하다. 이 자리에서 한 유약의 대답을 보면 유약은 상당히 민본주의적인 입장을 가지고 있다는 것을 알 수 있다. 그리고 총론적인 이야기가 아니라 1/10 세법인 철법을 시행하는 것이 좋다고 구체적으로 방향을 제시한다.「학이」편 2장에서도 유약은 효와 공손함의 실천 같은 구체적인 행동 덕목을 제시하는 경향을 보인다. 유약은 민본주의적이면서도 구체적인 실천을 중요시한 제

---

[567] 『論語』「顔淵」: 哀公問於有若曰, 年饑用不足, 如之何. 有若對曰, 盍徹乎. 曰, 二吾猶不足, 如之何其徹也. 對曰, 百姓足, 君孰與不足, 百姓不足, 君孰與足.

자였다.『논어』의 내용으로만 보면 유약이 무능하다는 이유로 불신임을 받았다는『사기』「제자열전」의 내용은 이해하기 어렵다. 「제자열전」의 불신임보다 조금 더 원형에 가까운 이야기는 앞의 「공문 트로이카」 장에서 소개한『맹자』「등문공상」편 4장 후반의 이야기일 것이다. 여기서 제자들 사이의 의견 충돌 혹은 파벌 싸움의 징후를 볼 수 있다. 자하·자장·자유 세 제자들은 유약으로 하여금 공자의 지위를 잇게 하려는 움직임을 보인 반면, 증자는 반대하고 있다. 맹자는 자하·자장·자유가 유약을 추대한 이유가 유약이 공자를 닮았기 때문이라고 하였는데, 이것은 증자의 학맥을 이은 맹자의 주장이다. 공자와 닮았다는 이유만으로 유약을 추대하는 것은 옳지 않다는 명분을 내세운 증자의 입장을 지지하고 있는 것이다. 자하·자장·자유는 공자의 후계자를 세워 학단의 영향력을 계속 유지하고 싶었을 것이다. 어쩌면 별도의 제자를 두지 않은 유약을 추대하는 것이 자신들에게 가장 유리하다고 여겼을 수도 있다. 젊을 때부터 전투에 나가 인정을 받고 있던 유약이 권력층과 연계가 있었을 가능성도 배제할 수 없다.

증자의 반대로 유자가 공자의 후계자에서 중도하차를 했으니 증자를 지지하는 세력과 유약 및 자하·자장·자유 세 사람을 한 축으로 하는 세력 사이에는 갈등이 있었을 것이다.『예기』「단궁상」편에는 공자와 유약이 상을 치른 후 보인 태도의 차이를 언급하는 내용이 있다. 공자는 대상大祥을 지낸 후 5일이 지나 거문고를 연주했을 때는 그 슬픔이 가시지 않아 소리를 이루지 못했고, 10일이 지나서야 피리를 불 때 소리를 이루었는데, 유약은 대상을 지낸 후 실로 장식한 신을 신고, 좋은 끈으로 만든 갓끈을 사용하였다고 비판하고 있다.[568] 이 이야기는 증

---

[568] 『禮記』「檀弓上」: 孔子旣祥五日, 彈琴而不成聲, 十日而成笙歌. 有子蓋旣祥, 而絲屨

자 계통에서 전해진 이야기일 것이다. 앞의 「효행의 대명사 증자」 부분에서 언급한, 증자와 유약이 제나라 재상 안영에 대한 평가를 달리했다는 『예기』「단궁하」편 이야기도 이런 관계를 보여주는 사건이다.

「제자해」편은 유약에 대해 "사람됨이 굳세고 아는 것이 많았으며, 옛날의 도를 좋아했다."고 소개하고 있다.[569] 유약이 자신의 소신을 굽히지 않고, 논리적으로 상대를 논박하는 성격이었을 수도 있다. 노나라 제후에게 세금을 줄이라는 말을 했다는 이유로 정치적 탄압을 받았을 가능성도 배제할 수 없겠다.

『맹자』「등문공상」편에서는 유약이 공자를 대신할 수 없다는 총론적인 이유로 유약의 불신임을 소개한 반면, 「제자열전」에서는 유약이 불신임된 이유가 좀 더 구체화된다. 공자는 비가 올지 미리 예측할 수 있는 능력이 있었고, 아이를 얼마나 가질지 예측할 수 있었는데 비해 유약은 그렇지 못하다는 것이다. 전국시대를 거치면서 공자가 더욱 신비화되어, 예언자로서의 능력까지 갖추었다는 민간의 믿음이 생겨났다. 그래서 그런 능력이 없는 유약은 불신임을 받을 만하다는 논리가 전개된 것이다. 유약의 이야기를 통해 기원전 5세기 지식인들의 모습을 간접적으로나마 볼 수 있다.

김영기(2011)는 공자 사후 자하 등 당시의 고제들이 유자(유약)를 공문집단을 이끌어 갈 지도자로 추천한 것은 구심점을 잃고 자칫 대립과 분열로 치달을 수 있는 공문집단의 미래를 위한 불가피한 선택이었을 것으로 보았다. 또 증자의 반대는 도저히 오를 수 없는 지고의 존재였

組纓.
[569] 『孔子家語』「七十二弟子解」: 有若, 魯人, 字子有, 少孔子三十六歲. 爲人强識, 好古道也.

던 공자를 잃은 상실감과 공허감을 그 누구도 대신할 수 없다는 일시적인 의기에서 비롯되었을 것이라고 보았다. 증자의 반대를 빌미로 문인들의 집요한 비판으로부터 자유롭지 못했던 유자는 사실상 공문을 이끌어갈 동력을 상실한 채 중도에서 사퇴하였다는 것이다.[570]

『예기』「단궁상」편에 유약의 상에 노나라 제후인 도공이 문상을 왔고, 자유가 왼쪽에서 안내를 했다는 기록이 있는 것으로 볼 때, 공문 지도자의 자리에서 내려온 후에도 유약은 일정 정도의 권위를 가지고 있었을 것이다.[571] 증자의 학맥을 이어받은 맹자의 유약에 대한 평가도 나쁘지 않다. 『맹자』「공손추상」편 2장에서 맹자는 유약이 재아·자공과 함께 성인을 알아볼 만한 지혜를 가진 사람이며, 자신이 좋아한다고 아부를 할 사람은 아니라고 평했다.[572] 그리고 유약이 아주 훌륭한 비유를 들어 공자를 찬양했음을 소개하고 있다.[573] 맹자는 유약이 기린과 보통의 네 발 달린 짐승, 봉황과 보통의 새, 태산과 언덕이 서로 같은 부류이지만, 앞에 든 예들이 같은 부류 중에서도 뛰어난 존재인 것과 마찬가지로, 공자를 사람 중에서 가장 위대한 인물이라고 예찬했다고 언급했다.

법가도 유약에게 주목했다. 앞의「행정의 달인 자천」부분에서 소개했던 『한비자』「외저설좌상」편 이야기에서, 유약은 뛰어난 행정가 자천을 법가와 도가의 복합적인 정치를 펼치도록 가르친 사람으로 설정되

---

570 김영기 (2011). 공자 사후 공문 후계구도와 『논어』의 편찬, **中國語文學**, 58, 23-63.
571 『禮記』「檀弓下」: 有若之喪, 悼公弔焉, 子游擯由左.
572 『孟子』「公孫丑上」: 宰我·子貢·有若, 智足以知聖人, 汚不至阿其所好.
573 『孟子』「公孫丑上」: 有若曰, 豈惟民哉. 麒麟之於走獸, 鳳凰之於飛鳥, 太山之於丘垤, 河海之於行潦, 類也. 聖人之於民, 亦類也. 出於其類, 拔乎其萃. 自生民以來, 未有盛於孔子也.

어 있다. 비록 공자의 후계자 자리에서 내려왔지만 유약은 생존 기간에도 나름대로 존중을 받았고, 사후에도 상당기간 좋은 평을 받은 제자였다.

4 역사의 패배자 재아

『사기』「제자열전」에는 재아宰我에 대해 다음과 같이 기록되어 있다.

> 재여宰予의 자字는 자아子我이고 말을 잘 했다. 수업을 마치고 "삼년상은 너무 길지 않습니까? 군자가 3년 동안이나 예를 닦지 않으면 예는 반드시 무너질 것이고, 3년 동안이나 음악을 하지 않는다면 음악도 반드시 무너질 것입니다. (1년이면) 묵은 곡식은 다 없어지고, 햇곡식을 거두며, 불씨도 새로 만드니까 1년이면 될 것 같습니다."라고 했다. 공자는 "너는 그렇게 하면 마음이 편하겠어?"라고 물었고, 재아는 "편할 것 같습니다."라고 대답했다. 공자는 "네 마음이 편하다면 그렇게 해. 군자는 상을 치르는 동안에는 맛있는 음식을 먹어도 맛이 없고, 음악을 들어도 즐겁지 않기 때문에 그렇게 하지 않는 것이야"라고 말했다. 재아가 나가자 공자는 "여予(재아)는 어질지 못하구나. 자식은 3년이 지나야 부모의 품을 벗어난다. 그래서 삼년상은 천하의 공통된 도리인 것이다."라고 했다. 재아가 낮잠을 잤다. 이것을 본 공자는 "썩은 나무에는 조각을 할 수 없고, 더러운 흙으로 쌓은 담에는 흙손질을 할 수 없다."라고 말했다. 재아가 오제五帝의 덕에 대해 묻자 공자는 "너는 그것(오제의 덕)을 알 수 있는 사람이 아니야"라고 대답했다. 재아가 제나라의 대부가 되어 전상과 난을 일으켰다가 그

일족이 모두 죽임을 당했는데, 공자는 이것을 부끄럽게 여겼다.[574]

나쁜 이야기 일색이다. 사마천은 재아를 공자의 제자들 중 나쁜 사람의 전형이라고 생각하고 있었다. 사마천이 이렇게 생각한 데는 근거가 있다. 재아는 『논어』에 다섯 번 등장하는데[575] 네 번은 공자에게 좋은 소리를 듣지 못했다. 위의 「중니제자열전」에 처음 소개되는 삼년상 이야기는 『논어』「양화」편 21장에 나오는 이야기다.[576] 부모상을 삼년상으로 하는 것은 너무 길지 않느냐는 질문이었다. 공자는 부모상을 짧게 하면 네 마음이 편할 것 같으냐고 물었는데, 재아는 편할 것 같다고 대답한다. 공자는 마음이 편하면 그리하라고 한 후, 재아가 어질지 못하다고 평가한다. 배병삼(1999)은 이 대화에서 군자에 대한 공자와 재아의 인식 차이를 짚었다. 공자가 군자를 '이상적 인간형'의 모델로 상정했다면, 재아는 '정치적 통치자'로 이해했다고 보았다. 또 공자가 삼년상을 '인간답기 위한 공적이고 보편적인 인간성의 발현물'로 보았다면, 재아는 삼년상을 '통치자의 사적인 의례'로 보았다는 것이다. 배병삼은 재아의 길이 '통치자의 길'을 지향한 것이라면, 공자의 길은 '인간의 길'을 지

---

[574] 『史記』「仲尼弟子列傳」: 宰予, 字子我, 利口辯辭. 旣受業問, 三年之喪不已久乎. 君子三年不爲禮, 禮必壞, 三年不爲樂, 樂必崩. 舊穀旣沒, 新穀旣升, 鑽燧改火, 期可已矣. 子曰, 於汝安乎. 曰, 安. 汝安則爲之. 君子居喪, 食旨不甘, 聞樂不樂, 故弗爲也. 宰我出, 子曰, 予之不仁也. 子生三年然後免於父母之懷. 夫三年之喪, 天下之通義也. 宰予晝寢. 子曰, 朽木不可雕也, 糞土之牆不可圬也. 宰我問五帝之德, 子曰, 予非其人也. 宰我爲臨菑大夫, 與田常作亂, 以夷其族, 孔子恥之.

[575] 「팔일」편 21장, 「공야장」편 9장, 「옹야」편 24장, 「선진」편 2장, 「양화」편 21장.

[576] 『論語』「陽貨」: 宰我問三年之喪, 期已久矣. 君子三年不爲禮, 禮必壞, 三年不爲樂, 樂必崩. 舊穀旣沒, 新穀旣升, 鑽燧改火, 期可已矣. 子曰, 食夫稻, 衣夫錦, 於女安乎. 曰, 安. 女安則爲之. 夫君子之居喪, 食旨不甘, 聞樂不樂, 居處不安, 故不爲也. 今女安, 則爲之. 宰我出, 子曰, 予之不仁也. 子生三年, 然後免於父母之懷, 夫三年之喪, 天下之通喪也. 予也有三年之愛於其父母乎.

향한 것으로 파악했다.[577] 『논어』를 현대적 관점으로 이해한, 주목할 만한 분석이라고 하겠다.

그 다음 소개되는, 낮잠을 자다가 공자에게 들켜 질책을 받은 이야기는 『논어』 「공야장」편 9장에 나오는 이야기다.[578] 공자는 위에 나오는 "썩은 나무에는 조각을 할 수 없고, 더러운 흙으로 쌓은 담에는 흙손질을 할 수 없다."는 말 다음에 "여(재아)를 뭐라고 꾸짖겠느냐."라고 더 심한 말을 한다. 꾸짖을 필요도 없는, 마음속으로 버린 제자라는 뜻이다. 그리고 "처음에 나는 사람의 말을 들으면 그 행실도 그러리라 믿었는데, 이제 사람의 말을 들으면 그 사람의 행실까지 살펴보게 되었다. 여(재아)로 인해 이렇게 바뀐 것이다."라는 말도 덧붙였다. 최악의 평가를 받은 셈이다. 이것과 관계있는 표현이 「제자열전」의 담대멸명澹臺滅明 조에도 있어서[579] 앞의 「못생긴 군자 담대멸명」 부분에서 비교적 자세하게 언급한 바 있다.

재아가 오제의 덕을 물었다는 이야기는 『논어』에는 없는 이야기다. 『가어』 「오제덕」편에 재아가 공자에게 다섯 임금의 덕을 묻고 공자가 대답하는 내용이 길게 전개되어 있다.[580] 이야기의 막바지에 "너는 그것(오제의 덕)을 알 수 있는 사람이 아니야."라고 하는 장면이 있다. 위에 언급된 오제의 덕 이야기는 이런 전승이 전한시대에도 있었음을 알려

---

577 배병삼 (1999). 공자 대 재아. **한국정치학회보, 33(2),** 49-67.
578 『論語』「公冶長」: 宰予晝寢. 子曰, 朽木不可雕也, 糞土之牆不可杇也. 於予與何誅. 子曰, 始吾於人也, 聽其言而信其行, 今吾於人也, 聽其言而觀其行. 於予與改是.
579 『史記』「仲尼弟子列傳」: 孔子聞之曰, 吾以言取人, 失之宰予, 以貌取人, 失之子羽.
580 『孔子家語』「五帝德」: 宰我問於孔子曰, 昔者吾聞諸榮伊曰, 黃帝三百年. 請問, 黃帝者人也, 抑非人也, 何以能至三百年乎. 孔子曰, …… 孔子曰, 予大者如天, 小者如言, 民悅至矣, 予也, 非其人也. 宰我曰, 予也不足以戒, 敬承矣. 他日, 宰我以語子貢, 子貢以復孔子, 子曰, 吾欲以顏狀取人也, 則於滅明改矣. 吾欲以言辭取人也, 則於宰我改之矣. 吾欲以容貌取人也, 則於子張改之矣. 宰我聞之, 懼, 弗敢見焉.

준다.

위의 「제자열전」에는 소개되어 있지 않지만 『논어』에는 재아가 공자로부터 싫은 소리를 들은 사건이 두 번 더 있다. 『논어』 「옹야」편 24장에는 재아가 이상한 질문을 하는 사람으로 등장한다.[581] 어진 사람은 자신에게 누군가 우물에 빠졌다고 알려주면 그 사람을 구하기 위해 자신도 우물로 뛰어 들어갈 것이라고 말한다. 물론 공자로부터 이치에 맞지 않다고 반박 당한다. 군자를 우물까지 가게 할 수는 있지만 빠지게 할 수는 없고, 그럴듯한 말로 속일 수는 있지만 말도 되지 않는 말로 속일 수는 없다는 것이다. 『논어』 「팔일」편 21장에서는 사社의 나무, 즉 토지신의 신주에 관한 애공의 질문에 엉뚱한 대답을 하는 모습으로 등장한다.[582] 재아는 애공에게 하나라는 토지신 신주로 소나무[松]를 썼고, 은나라는 잣나무[柏], 주나라는 밤나무[栗]를 썼는데, 주나라가 밤나무를 쓴 이유는 백성들로 하여금 전율戰栗을 느끼게 하려는 것이었다고 답한다. 말솜씨가 뛰어난 재아답게 발음의 유사성으로 이야기를 풀어간 것이다. 이 이야기를 들은 공자는 재아의 말이 틀렸지만 벌써 애공에게 대답한 뒤라서 달리 말하지 않겠다는 반응을 보인다. 재아는 공자에게 주로 나쁜 평가를 받은 제자였다.

사마천은 마지막으로 재아에게 결정타를 날렸다. "재아가 제나라의 대부가 되어 전상田常과 난을 일으켰다가 그 일족이 모두 죽임을 당했는데, 공자는 이것을 부끄럽게 여겼다."는 기록이다. '난을 일으켰다[作亂]'는 말은 일반적으로 반란을 일으켰다는 의미로 쓰인다. 왕조시대에

---

[581] 『論語』 「雍也」: 宰我問曰, 仁者雖告之曰, 井有仁焉, 其從之也. 子曰, 何爲其然也. 君子 可逝也, 不可陷也, 可欺也, 不可罔也.
[582] 『論語』 「八佾」: 哀公問社於宰我. 宰我對曰, 夏后氏以松, 殷人以柏, 周人以栗, 曰, 使民戰栗. 子聞之曰, 成事不說, 遂事不諫, 旣往不咎.

반란을 일으킨 인물은 절대 용납될 수 없다. 그런 재아가 중국의 역대 왕조는 물론 조선에서도 공자를 모시는 문묘에 공문십철의 한 사람으로 배향되었다.[583] 앞뒤가 맞지 않는 이야기다.

여러 문헌은 재아가 반란을 일으켰다는 것에 동의하지 않는다. 『한비자』「난언」편에는 권력자를 설득하는 것의 어려움을 이야기하면서, 옛날부터 현자가 미움을 받는 말을 해서 재앙을 당한 예들을 들고 있는데, 이 가운데 "재여宰予도 전상田常으로부터 면하지 못했다."라는 표현이 있다.[584] 재아가 전상과 함께 반란을 일으킨 것이 아니라 제나라의 권력자인 전상에게 죽임을 당했다고 기록하고 있는 것이다. 더군다나 재여와 함께 예를 든 십여 명의 사람들 모두 어질고 현명하며, 충직하고 선량하며, 도덕과 법술을 가진 인물들인데, 불행하게도 도리를 모르는 어둡고 어리석은 군주를 만나 목숨을 잃은 사람들로 표현하고 있다. 법가인 한비자가 보기에도 재아는 반란을 일으킨 것이 아니라 억울하게 죽은 사람이었다.

『여씨춘추』「심분람, 신세」에도 "재아가 전상과 대립하다가 뜰에서 전상의 공격을 받았다."라고 기록되어 있다.[585] 전한시대에 편찬된 『회남

---

583 『世宗實錄』「世宗五禮, 吉禮序例, 神位」: 齊公, 宰予, 第四.
584 『韓非子』「難言」: 宰予不免於田常. …… 此十數人者, 皆世之仁賢忠良有道術之士也, 不幸而遇悖亂闇惑之主而死.
585 『呂氏春秋』「審分覽, 愼勢」: 齊簡公有臣, 曰諸御鞅, 諫於簡公曰, 陳成常與宰予之二臣者, 甚相憎也. 臣恐其相攻也. 相攻唯固則危上矣. 願君之去一人也. 簡公曰, 非而細人所能識也. 居無幾何, 陳成常果攻宰予於庭, 卽簡公於廟. 簡公喟焉太息曰, 余不能用鞅之言, 以至此患也.

자」「인간훈」편⁵⁸⁶과 『설원』「정간」편⁵⁸⁷에도 『여씨춘추』와 같은 맥락으로 기록되어 있다. 즉 『사기』「제자열전」을 제외한 전한시대까지의 문서는 재아가 전상으로부터 죽임을 당했다고 일관되게 기술하고 있다. 사마천이 편찬한 『사기』도 문서에 따라 재아의 죽음을 다르게 기록하고 있다. 「이사열전」에서는 이사가 진나라의 2세 황제에게 올린 상주문이 기록되어 있는데, 여기서 재아는 국권을 빼앗으려는 전상에게 뜰에서 죽임을 당했다고 되어있다.⁵⁸⁸ 『사기』에서 재아의 죽음과 관련된 기록은 「제태공세가」⁵⁸⁹와 「전경중완세가」⁵⁹⁰에 가장 자세히 기록되어 있는데, 이

---

586 『淮南子』「人間訓」: 諸御鞅復於簡公曰, 陳成常宰予二子者, 甚相憎也. 臣恐其構難而危國也, 君不如去一人. 簡公不聽. 居無幾何, 陳成常果攻宰予於庭中, 而弑簡公於朝. 此不知敬小之所生也.

587 『說苑』「正諫」: 齊簡公有臣, 曰諸御鞅. 諫簡公曰, 田常與宰予, 此二人者, 甚相憎也, 臣恐其相攻. 相攻雖叛而危之, 不可, 願君去一人. 簡公曰, 非細人之所敢議也. 居無幾何, 田常果攻宰予於庭, 賊簡公於朝, 簡公喟焉太息曰, 余不用鞅之言, 以至此患也. 故忠臣之言, 不可不察也.

588 『史記』「李斯列傳」: 陰取齊國, 殺宰予於庭, 卽弑簡公於朝, 遂有齊國.

589 『史記』「齊太公世家」: 簡公四年春, 初, 簡公與父陽生俱在魯也, 監止有寵焉. 及卽位, 使爲政. 田成子憚之, 驟顧於朝. 御鞅言簡公曰, 田監不可並也, 君其擇焉. 弗聽. 子我夕, 田逆殺人, 逢之, 遂捕以入. 田氏方睦, 使白病而遺守囚者酒, 醉而殺守者, 得亡. 子我盟諸田於陳宗. 初, 田豹欲爲子我臣, 使公孫言豹, 豹有喪而止. 後卒以爲臣, 幸於子我. 子我謂曰, 吾盡逐田氏而立女, 可乎. 對曰, 我遠田氏矣. 且其違者不過數人, 何盡逐焉. 遂告田氏. 子行曰, 彼得君, 弗先, 必禍子. 子行舍於公宮. 夏五月壬申, 成子兄弟四乘如公. 子我在幄, 出迎之. 遂入, 閉門. 宦者禦之, 子行殺宦者. 公與婦人飮酒於檀臺, 成子遷諸寢. 公執戈將擊之, 太史子余曰, 非不利也, 將除害也. 成子出舍于庫, 聞公猶怒, 將出曰, 何所無君. 子行拔劍曰, 需, 事之賊也. 誰非田宗, 所不殺子者有如田宗. 乃止. 子我歸, 屬徒攻闈與大門, 皆弗勝, 乃出. 田氏追之. 豊丘人執子我以告, 殺之郭關. 成子將殺大陸子方, 田逆請而免之. 以公命取車於道, 出雍門. 田豹與之車, 弗受曰, 逆爲余請, 豹與余車, 余有私焉. 事子我而有私於其讎, 何以見魯衛之士. 庚辰, 田常執簡公于徐州. 公曰, 余蚤從御鞅言, 不及此. 甲午, 田常弑簡公于徐州. 田常乃立簡公弟驁, 是爲平公.(밑줄은 中華書局 (1982) 판본의 한자를 따랐다.)

590 『史記』「田敬仲完世家」: 田常成子與監止俱爲左右相, 相簡公. 田常心害監止, 監止幸於簡公, 權弗能去. 於是田常復修釐子之政, 以大斗出貸, 以小斗收. 齊人歌之曰, 嫗乎采芑, 歸乎田成子. 齊大夫朝, 御鞅諫簡公曰, 田監不可並也, 君其擇焉. 君弗聽. 子我者, 監止之宗人也, 常與田氏有卻. 田氏疏族田豹事子我有寵. 子我曰, 吾欲盡滅田氏適, 以豹代

기록의 모태는 『춘추좌씨전』이다. 이 사건의 근거가 되는 역사 기록은 『춘추좌씨전』 애공 14년 조의 경經에 두 줄 언급되어 있다. "여름인 4월에 제나라 진항이 그 임금을 잡아 서주舒州에 유폐하였다."는 기록과 "제나라 사람들이 자신들의 임금인 임壬을 서주에서 시해하였다."는 기록이다.[591] 제나라의 진항 즉 진성자 일파가 자신들의 임금인 간공을 유폐했다가 시해했다는 것이다. 『춘추좌씨전』 애공 14년 조의 전傳은 이 내용을 좀 더 자세하게 기록하고 있다.[592] 여기서 반란을 주도한 진성자와 대립하고 있던 사람이 자아子我다. 「제자열전」은 재아의 본명이 재여宰予, 자字는 자아子我라고 했다. 우리가 흔히 재아라고 할 때는 앞의 성과 뒤의 자字를 붙여서 그렇게 부르는 것이다. 그러니까 재아는 반란을

....

田氏宗. 豹曰, 臣於田氏疏矣. 不聽. 已而豹謂田氏曰, 子我將誅田氏, 田氏弗先, 禍及矣. 子我舍公宮, 田常兄弟四人乘如公宮, 欲殺子我. 子我閉門. 簡公與婦人飲檀臺, 將欲擊田常. 太史子余曰, 田常非敢爲亂, 將除害. 簡公乃止. 田常出, 聞簡公怒, 恐誅, 將出亡. 田子行曰, 需, 事之賊也. 田常於是擊子我, 子我率其徒攻田氏, 不勝, 出亡. 田氏之徒追殺子我及監止.

[591] 『春秋左氏傳』 哀公 十四年 經 : 夏四月, 齊陳恒執其君, 寘于舒州. …… 齊人弑其君壬于舒州.

[592] 『春秋左氏傳』 哀公 十四年 傳 : 齊簡公之在魯也, 闞止有寵焉. 及卽位, 使爲政. 陳成子憚之, 驟顧諸朝. 諸御鞅言於公曰, 陳闞不可竝也, 君其擇焉, 弗聽. 子我夕, 陳逆殺人, 逢之, 遂執以入. 陳氏方睦, 使疾而遺之潘沐, 備酒肉焉. 饗守囚者, 醉而殺之, 而逃. 子我盟諸陳于陳宗. 初, 陳豹欲爲子我臣, 使公孫言己. 已有喪而止, 旣而言曰, 有陳豹者, 長而上僂肩背僂, 事君子必得志. 欲爲子臣, 吾憚其爲人也, 故緩以告. 子我, 何害, 是其在我也, 使爲臣. 他日, 與之言政說, 遂有寵, 謂之曰, 我盡逐陳氏而立女, 若何. 對曰, 我遠於陳氏矣. 且其違者, 不過數人, 何盡逐焉, 遂告陳氏. 子行曰, 彼得君, 弗先, 必禍子, 子行舍於公宮. 夏五月壬申, 成子兄弟四乘如公, 子我在幄, 出逆之. 遂入, 閉門, 侍人禦之, 子行殺侍人. 公與婦人飲酒于檀臺, 成子遷諸寢, 公執戈, 將擊之. 大史子餘曰, 非不利也, 將除害也. 成子出舍于庫, 聞公猶怒, 將出曰, 何所無君. 子行抽劍曰, 需, 事之賊也. 誰非陳宗, 所不殺子者, 有如陳宗, 乃止. 子我歸, 屬徒, 攻闈與大門簡, 皆不勝, 乃出. 陳氏追之, 失道于弇中, 適豐丘. 豐丘人執之, 以告, 殺諸郭關. 成子將殺大陸子方, 陳逆請而免之. 以公命取車於道, 及耏, 衆知而東之. 出雍門, 陳豹與之車. 弗受曰 逆爲余請, 豹與余車, 余有私焉. 事子我, 而有私于其讐, 何以見魯衛之士, 東郭賈奔衛. 庚辰, 陳恒執公于舒州. 公曰, 吾早從鞅之言, 不及此.

일으킨 진성자와 대립 관계에 있었다. 이 사건 중간에 진성자를 편드는 태사 자여子餘의 이름이 나오는데, 여餘자가 재아의 본명인 여予와 발음이 같지만 한자가 다르다.『춘추좌씨전』의 내용에는 재아에게 혐의를 둘 만한 내용이 없다. 사마천의『사기』「제태공세가」의 내용도 이와 크게 다르지 않다. 그런데「제태공세가」에는 진성자 편을 들었던 태사 자여子餘가 자여子余로 바뀌어 있다. 재아의 본명 재여宰予의 予자와 자여의 余자 모두 '나'라는 의미의 한자이기 때문에 혼동이 올 수 있다. 그런데 余자는 餘자의 속자로도 쓰인다.「제태공세가」에서 자여子余로 쓴 기록은「춘추좌씨전」의 자여子餘를 속자로 바꾸어 썼을 것이다. 그 과정에서 재아 즉 자아子我와 자여子餘의 혼동이 오게 되었다. 또「제태공세가」의 "자아가 조정에 있다가 나와서 그들을 맞이하였다. 진성자의 형제들은 들어간 후 문을 잠그고[子我在幄, 出迎之. 遂入, 閉門.]."라는 부분은 읽는 방식에 따라 안에 들어간 후 문을 잠근 사람을 자아로 읽을 수도 있다. 여기서 자아가 진성자 일족과 협력한 것으로 오해할 소지가 생긴 것이다.『사기』「전경중완세가」는「제태공세가」보다 이 내용을 조금 더 간략하게 소개하고 있다. 사마천이「제태공세가」와「전경중완세가」의 내용을 오해하고, 재아가 진성자와 함께 난을 일으켰다고 비난한 것인지, 재아가 진성자와의 관계가 나빠 진성자에게 반란을 일으킬 빌미를 주었다고 비난한 것인지는 알 수 없다. 전자일 가능성이 높다고 본다.

『설원』「지무」편에는 이 사건과 관련된 설화가 한 가지 소개되어 있다. 재아가 전성자를 공격하려고 군사를 매복시키고 전성자의 깃발과 부절을 보기 전에는 움직이지 않도록 일러두었다. 이 사실을 치이자피鴟夷子皮라는 사람이 전성자에게 알려주었고, 전성자는 위조된 깃발과 부절로 자아의 병사들을 움직이게 만든 다음 재아를 제거하였다는 이

야기다.⁵⁹³

「제자열전」은 위의 사건을 소개하면서 "공자는 이것을 부끄럽게 여겼다."고 전하고 있는데 이 사건과 관련된 『논어』의 기사에서 공자는 재아를 전혀 언급하지 않는다. 『논어』 「헌문」편 22장에는 제나라의 대부 진성자陳成子(=진항陳恒)가 제나라 임금인 간공簡公을 시해했다는 소식을 들은 공자가, 노나라 임금인 애공哀公에게 진성자를 토벌하자고 건의했다는 이야기가 나온다.[594] 애공은 노나라 대부들인 맹손 씨, 숙손 씨, 계손 씨 세 가문의 대부에게 이야기해 보라고 하였다. 공자는 다시 이들 세 대부에게 건의했지만 그들은 거절했다. 공자는 "내가 대부의 말석에 있기 때문에 감히 말하지 않을 수 없었다."라고 했다. 즉 도덕적 의무 때문에 건의는 했지만, 결정은 권력자의 몫이라는 의미다. 자신의 제자가 진성자와 같은 편이라면 이렇게 당당하게 이야기할 수는 없었을 것이다. 차라리 재아의 억울한 죽음에 대해 복수하려는 마음이 있었다고 상상하는 것이 논리적이다. 이 이야기는 『춘추좌씨전』 애공 14년 조의 전傳에도 소개되어 있다.[595] 『춘추좌씨전』에는 애공이 노나라가 제나라보다 약해서 토벌할 수 없다고 했고, 이에 대해 공자는 제나라 사람 절반이 진항과 함께 하지 않을 것이기 때문에, 노나라 사람에 제나라 사람의 절반을 보태면 이길 수 있다고 한 것으로 되어있다. 또

---

593 『說苑』「指武」: 田成子常與宰我爭, 宰我夜伏卒, 將以攻田成子. 令於卒中曰, 不見旌節, 毋起. 鴟夷子皮聞之, 告田成子. 田成子因爲旌節, 以起宰我之卒以攻之, 遂殘之也.

594 『論語』「憲問」: 陳成子弑簡公, 孔子沐浴而朝, 告於哀公曰, 陳恒弑其君, 請討之. 公曰, 告夫三子. 孔子曰, 以吾從大夫之後, 不敢不告也, 君曰, 告夫三子者. 之三子告, 不可. 孔子曰, 以吾從大夫之後, 不敢不告也.

595 『春秋左氏傳』哀公 十四年 傳: 甲午, 齊陳恒弑其君壬于舒州, 孔丘三日齊而請伐齊三. 公曰, 魯爲齊弱久矣, 子之伐之, 將若之何. 對曰, 陳恒弑其君, 民之不與者半. 以魯之衆, 加齊之半, 可克也. 公曰, 子告季孫. 孔子辭, 退而告人曰, 吾以從大夫之後也, 故不敢不言.

애공이 세 대부 가문이 아니라 당시 실권자였던 계손 씨와 상의하라고 말했다고 전한다. 어찌되었든 두 문헌 모두에 재아를 비난하는 말은 없다.

유가를 비난했던 묵가는 『묵자』「비유」편에서 공자와 다른 제자들이 반란에 협조했다고 비난했지만, 이런 문제로 재아를 비난한 적은 없다. 공자에게는 노나라 공실을 버리고 계손 씨를 받들었다고 공격하였다.[596] 공자 제자들에 대한 비난에서 자공과 계로는 공회를 도와 위나라를 어지럽혔다고 공격하였고, 양화는 노나라에서 반란을 일으켰으며, 필힐은 중모에서 반란을 일으켰고, 칠조개는 사형을 당했다고 비난했다.[597] 재아가 반란에 참여했다면, 그 반란에 성공한 전田 씨 일족이 뒷날 제나라의 새 왕조를 세웠으니, 묵가 입장에서 유가를 공격하기에 이것보다 좋은 소재는 없을 것이다. 묵가는 재아가 반란에 참여하지 않았다고 생각했기 때문에 재아가 비난에서 빠졌다고 보는 것이 논리적이다. 전한시대에 편찬된 『회남자』「인간훈」에도 재여와 진성상陳成常, 즉 진성자는 적대적인 관계였다고 기록되어 있다.[598] 종합적으로 판단하면 재아와 진성자는 적대적 관계였기 때문에, 재아는 진성자의 반란에 동참하지 않았다.

공자도 만년에 재아를 좋게 평가하고 있다. 『논어』「선진」편 2장에는 공자가 뛰어난 제자들 열 사람을 회상하는 장면이 나온다. 후세 사

---

[596] 『墨子』「非儒」: 孔某爲魯司寇, 舍公家而奉季孫. 季孫相魯君而走, 季系與邑人爭門關, 決植.

[597] 『墨子』「非儒」: 其徒屬弟子, 皆效孔某. 子貢季路, 輔孔悝亂乎衛, 陽貨亂乎魯, 佛肸以中牟叛, 漆雕刑殘, 亂某大焉.

[598] 『淮南子』「人間訓」: 諸御鞅復於簡公曰, 陳成常·宰予二子者, 甚相憎也, 臣恐其構難而危國也, 君不如去一人. 簡公不聽. 居無幾何, 陳成常果殺宰予於庭中, 而弑簡公於朝. 此不知敬小之所生也.

람들은 그들 열 사람을 일컬어 공문십철孔門十哲이라고 한다. 재아는 여기서 언어에 뛰어났던 제자로 소개되어 있다.[599] 『맹자』「공손추상」편 2장에도 맹자의 제자 공손추는 재아가 자공과 함께 말솜씨가 좋았던 사람으로 인식하고 있었고,[600] 맹자는 재아가 자공·유약과 함께 성인을 알아볼 만한 지혜를 가진 사람이며, 자신이 좋아한다고 아부를 할 사람은 아니라고 평했다.[601] 『여씨춘추』「효행람, 신인」편에는 공자가 진채 지간에서 어려움에 처했을 때 거문고를 타며 노래를 불렀는데, 그때 공자에게 거문고를 준비해준 사람을 재아로 설정되어 있다.[602]

후세 사람들에게 재아는 외교에도 능했던 것으로 알려져 있었다. 『사기』「공자세가」[603]와 『설원』「잡언」편[604]에는 초나라 소왕昭王이 공자를 불러 국정을 맡기고 700리 되는 서사書社의 땅을 봉하려고 하자, 자서子西라는 신하가 말렸다는 이야기가 있는데, 말린 이유 중에 재아가

---

[599] 『論語』「先進」: 從我於陳蔡者 皆不及門也 德行, 顔淵·閔子騫·冉伯牛·仲弓, 言語, 宰我·子貢, 政事, 冉有·季路, 文學, 子游·子夏.
[600] 『孟子』「公孫丑上」: 宰我·子貢善爲說辭.
[601] 孟子』「公孫丑上」: 宰我·子貢·有若, 智足以知聖人, 汚不至阿其所好. 宰我曰, 以予觀於夫子, 賢於堯舜遠矣.
[602] 『呂氏春秋』「孝行覽, 愼人」: 孔子窮於陳蔡之間, 七日不嘗食, 藜羹不糝. 宰予備矣, 孔子弦歌於室, 顔回擇菜於外.
[603] 『史記』「孔子世家」: 昭王將以書社地七百里, 封孔子. 楚令尹子西曰, 王之使使諸侯有如子貢者乎. 曰, 無有. 王之輔相有如顔回者乎. 曰, 無有. 王之將率有如子路者乎. 曰, 無有. 王之官尹有如宰予者乎. 曰, 無有. 且楚之祖封於周, 號爲子男五十里. 今孔丘述三五之法, 明周召之業, 王若用之, 則楚安得世世堂堂方數千里乎. 夫文王在豐, 武王在鎬, 百里之君卒王天下. 今孔丘得據土壤, 賢弟子爲佐, 非楚之福也. 昭王乃止. 其秋, 楚昭王卒于城父.
[604] 『說苑』「雜言」: 楚昭王召孔子, 將使執政, 而封以書社七百. 子西謂楚王曰, 王之臣, 用兵有如子路者乎. 使諸侯有如宰予者乎. 長官五官有如子貢者乎. 昔文王處酆, 武王處鎬之間百乘之地, 伐上殺主爲天子, 世皆曰聖. 王今以孔子之賢, 而有書社七百里之地, 而三子佐之, 非楚之利也. 楚王遂止. 夫善惡之難分也, 聖人獨見疑, 而況於賢者乎. 是以賢聖罕合, 諂諛常興也. 故有千歲之亂而無百歲之治, 孔子之見疑, 豈不痛哉.

들어간다. 공자에게는 용병에 뛰어난 자로, 사신의 일을 잘 수행할 수 있는 재여, 관원들을 잘 관리할 수 있는 자공 같은 제자들이 있어 공자에게 그런 땅을 맡기면 나중에 초나라에 위협이 될 수 있다는 것이 이유였다. 『가어』「제자해」편에는 재아를 '말재주가 좋기로 유명했다'라고 소개하고 있는데 약간 빈정거리는 투가 느껴진다.[605]

공부할 때 공자에게 싫은 소리를 몇 차례 듣기는 했지만 공자, 맹자 모두로부터 괜찮은 사람으로 평가받았던 재아가 「제자열전」에서 사마천의 혹평을 받은 이유는 무엇일까? 와타나베 다카시渡辺卓(1973)는 자공 계열의 후학들이 재아의 오명 형성에 관여했다고 추측할 만한 점들이 있다고 했다.[606] 『사기』「제자열전」[607]과, 「화식열전」[608]에 의하면 자공은 진성자 즉 전상이 반란을 일으켜 제나라의 실권자가 된 후, 외교적인 일로 만난 일도 있고, 큰 재산을 모아 집에 보관하고 있었으며, 제나라에서 삶을 마쳤다. 자공이 제나라에서 노후를 보낸 때는 전 씨 일족이 권력자로 있던 시절이다. 반란을 일으켜 권력을 잡은 전 씨 일족과 자공이 원만한 관계를 유지했다는 의미다. 그리고 부유하게 살던 자공의 집에는 많은 문사들이 출입했을 가능성이 높다. 전 씨 일족은 자신들의 반란 사건에 대한 명분이 필요했을 테니 재아의 전횡을 중심으로 기록을 남겨주기를 바랐을 수도 있겠다.

「제자열전」에 의하면 자공은 남의 장점은 칭찬하였지만 남의 단점

---

[605] 『孔子家語』「七十二弟子解」: 宰予, 字子我, 魯人, 有口才著名.
[606] 渡辺卓 (1973). 古代中国思想の研究 (pp. 198-199). 創文社.
[607] 『史記』「仲尼弟子列傳」: 遂行至齊, 說田常曰 …… 子貢好廢擧, 與時轉貨貲. 喜揚人之美, 不能匿人之過. 常相魯衛, 家累千金, 卒終于齊.
[608] 『史記』「貨殖列傳」: 子贛既學於仲尼, 退而仕於衛, 廢著鬻財於曹魯之閒. 七十子之徒, 賜最爲饒益.

은 덮어주지 못하는 성격이었다. 자공은 재아에 대해 경쟁심을 가졌을 수도 있다. 『논어』「선진」편에서 공자가 언어에 능한 제자 둘을 꼽을 때 재아를 자공보다 앞에 두었다. 『맹자』「공손추」편에서도 언어에 뛰어난 제자들을 이야기할 때 재아를 자공보다 앞에 들었다. 『시자』에는 자공은 예로 공자를 보필한 사람으로, 재아는 말로 공자를 보필한 사람으로 제시되어 있다.[609] 즉, 말솜씨는 재아가 자공보다 한 수 위인 것으로 인식하고 있었다. 자공으로서는 그리 기분 좋은 일이 아닐 수 있다. 『논어』 형성 과정에 자공이나 자공의 후학들이 관여했다면 자공에 관해서는 좋은 이야기 위주로, 재아에 관해서는 좋지 않은 평가 위주로 형성되도록 영향력을 행사할 수도 있었을 것이다. 부유한 자공의 후원으로 많은 양의 문헌이 만들어지고, 질 좋은 죽편에 기록되었다면 후세에 전해질 가능성이 더 높다. 「제자열전」에서 자공에 대한 기록이 가장 많은 분량을 차지하는 것도 우연이 아닐 것이다. 『논어』와 「제자열전」에 보이는, 재아에 대한 나쁜 평가들에는 자공이 영향을 끼쳤을 수도 있다.

---

[609] 『尸子』「下卷」: 仲尼志意不立, 子路侍, 儀服不修, 公西華侍, 禮不習, 子貢侍, 辭不辨, 宰我侍, 亡忽古今, 顏回侍, 節小物, 冉伯牛侍. 曰, 吾以夫六子自厲也.

제3부

주연

요절한 수제자 안연

『사기』「제자열전」에는 안연顔淵에 대해 다음과 같이 기록되어 있다.

안회라는 사람[顔回者]은 노나라 사람으로 자字는 자연子淵이고 공자보다 30세 연하다. 안연이 인仁에 대해 묻자 공자는 "자신의 사사로운 욕망을 이기고 예로 돌아가면 천하가 인仁으로 돌아갈 것이다."라고 대답했다. 공자는 안회에 대해 "안회는 참 어진 사람이구나. 한 그릇의 밥과 한 바가지의 물로 누추한 거리에 살면, 다른 사람들은 그것을 견디지 못할 텐데 안회는 자기가 즐겨하는 바를 바꾸지 않네. 안회는 어리석은 것 같지만 물러나 자기를 살피고 잘 실천하는 것을 보면 어리석은 것이 아니야. 기용하는 사람이 있으면 잘 실행하고 물러나면 조용히 지낼 사람은 오직 나와 너뿐이구나."라고 하였다. 안회는 29세에 머리가 하얗게 세더니 젊은 나이에 죽었다. 공자는 곡하고 몸부림치며 "내게 안회가 있을 때부터 제자들이 더욱 친해졌다."라고 하였다. 노나라 애공이 "제자들 중에 누가 배우기를 좋아합니까?" 하고 묻자, 공자는 "안회라는 제자가 있어 배우기를 좋아했고, 노여움을 남에게 옮기지 않았으며, 같은 잘못을 거듭하는 일이 없었는데 불행히도 젊은 나이에 죽고, 지금은 그런 제자가 없습니다."라고 대답했다.[610]

1 가난

안연의 이름은 안회다. 그래서 『논어』에서 공자가 안연을 부르거나 지칭할 때는 '회야回也'라는 표현을 주로 썼다. 안연의 신상정보에 대해서는 그가 노나라 사람이라는 것과 안로의 아들[611, 612]이라는 것 외에는 알려진 것이 많지 않다. 『논어』에는 안연의 가난에 대해 몇 차례 언급이 되어있어 그의 집안이 가난했을 것이라는 정도를 추측할 수 있다. 『논어』「옹야」편 9장에는 그가 '한 그릇의 밥과 한 바가지 물을 마시며 누추한 거리에서 사는 사람'으로 표현되어 있다.[613] 밥을 다른 반찬 없이 물과 함께 먹어야 하는 생활을 하고 있었고, 그의 집도 가난한 동네에 있었다는 표현이다. 『논어』「선진」편 18장에는 먹을 것이 자주 떨어진 사람으로 표현되어 있다.[614] 『논어』「선진」편 7장에는 안연이 젊어서 죽은 후 안연의 아버지는 안연의 관만 마련할 수 있었고, 관 밖에 설치하는 곽을 마련할 수 없었다는 이야기가 있다.[615]

반면에 『장자』「양왕」편에 전해지는 전승은 안연이 아주 가난한 삶

---

[610] 『史記』「仲尼弟子列傳」: 顏回者, 魯人也, 字子淵, 少孔子三十歲. 顏淵問仁, 孔子曰, 克己復禮, 天下歸仁焉. 孔子曰, 賢哉回也, 一簞食, 一瓢飲, 在陋巷, 人不堪其憂, 回也不改其樂. 回也如愚, 退而省其私, 亦足以發, 回也不愚. 用之則行, 捨之則藏, 唯我與爾有是夫. 回年二十九, 髮盡白, 蚤死. 孔子哭之慟曰, 自吾有回, 門人益親. 魯哀公問, 弟子孰爲好學. 孔子對曰, 有顏回者好學, 不遷怒, 不貳過, 不幸短命死矣, 今也則亡.

[611] 『史記』「仲尼弟子列傳」: 顏無繇, 字路. 路者, 顏回父, 父子嘗各異時事孔子.

[612] 『孔子家語』「七十二弟子解」: 顏由, 顏回父, 字季路, 孔子始教學於闕里而受學, 少孔子六歲.

[613] 『論語』「雍也」: 子曰, 賢哉回也. 一簞食, 一瓢飲, 在陋巷, 人不堪其憂, 回也不改其樂, 賢哉回也.

[614] 『論語』「先進」: 子曰, 回也其庶乎, 屢空. 賜不受命, 而貨殖焉, 億則屢中.

[615] 『論語』「先進」: 顏淵死, 顏路請子之車, 以爲之槨. 子曰, 才不才亦各言其子也, 鯉也死, 有棺而無槨, 吾不徒行, 以爲之槨, 以吾從大夫之後, 不可徒行也.

을 살았던 것은 아닐 수도 있다는 의문을 제기한다.[616] 여기서 안회는
가난하니까 벼슬을 하라는 공자의 권유에 대해 식량을 마련할 50묘
畝의 밭과, 삼베를 키우는 텃밭 10묘를 가지고 있어 스스로 즐길 정도
는 된다고 말했다. 50묘의 밭과, 삼베 밭 10묘는 어느 정도일까?『맹자』
「양혜왕상」편 7장에는 "5묘의 텃밭에 뽕나무를 심으면 50세 이상 된 이
들이 비단옷을 입을 수 있고, 닭이나 돼지, 개 같은 가축들을 때를 놓
치지 않고 잘 기르면 70세 이상의 노인들이 고기를 먹을 수 있으며,
100묘의 농지를 경작하는 데 그 농사철을 빼앗지 않으면 한 집의 여덟
식구가 굶주리지 않을 수 있습니다."라고 하는 맹자의 말이 있다.[617] 전
국시대 농지 50묘 정도면 4인 가족을 먹여 살릴 수 있는 면적이라는
이야기다. 「양혜왕상」편 3장[618]과 「진심상」편 22장[619]에도 이와 비슷한
내용이 있다. 또『맹자』「등문공상」편 3장에는 "하夏나라는 세대 당 밭
50묘를 주고 공법貢法을 행하였고 …… 경卿 이하의 관리에게는 반드시
규전圭田이 있어야 하는데, 규전은 50묘로 하라. 각 세대의 미혼 남자에
게는 25묘를 주라. …… 사방 1리가 1정井, 1정은 900묘다."[620]라는 표현
이 있다. 생산력이 낮았던 하나라 시대에도 한 가구당 평균 50묘 정도

....

[616] 『莊子』「讓王」: 孔子謂顏回曰, 回來, 家貧居卑, 胡不仕乎. 顏回對曰, 不願仕. 回有郭外之田五十畝, 足以給飦粥. 郭內之田十畝, 足以爲絲麻. 鼓琴足以自娛, 所學夫子之道者, 足以自樂也. 回不願仕.

[617] 『孟子』「梁惠王上」: 吾畝之宅, 樹之以桑, 五十者可以衣帛矣, 鷄豚狗彘之畜, 無失其時, 七十者可以食肉矣, 百畝之田, 勿奪其時, 八口之家可以無飢矣.

[618] 『孟子』「梁惠王上」: 五畝之宅, 樹之以桑, 五十者可以衣帛矣, 鷄豚狗彘之畜, 無失其時, 七十者可以食肉矣, 百畝之田, 勿奪其時, 數口之家可以無飢矣.

[619] 『孟子』「盡心上」: 五畝之宅, 樹墻下以桑, 匹婦蠶之, 則老者足以衣帛矣, 五母鷄, 二母彘, 無失其時, 老者足以無失肉矣. 百畝之田, 匹夫耕之, 八口之家可以無饑矣.

[620] 『孟子』「滕文公上」: 夏后氏五十而貢 …… 卿以下必有圭田, 圭田五十畝, 餘夫二十五畝. …… 方里而井, 井九百畝.

를 경작했고, 생산력이 하나라 시대보다 많이 발달한 전국시대에는 최고위급이 아닌 관리에게 지급하는 농지가 50묘 정도였다는 이야기다. 1리를 약 0.4km로 보면, 가로 세로 400미터 즉 160,000m^2가 1정, 1묘는 약 180m^2라는 이야기가 된다. 그렇다면 안연은 약 9,000m^2의 밭과 1,800m^2의 삼밭을 가지고 있었다는 이야기가 된다. 『맹자』「만장하」편 2장에는 "농부가 받는 농지는 100묘인데 거름을 어떻게 주는가에 따라 상급 농부는 9명, 그 다음은 8명, 중급 농부는 7명, 그 다음은 6명, 하급 농부는 5명을 먹여 살릴 수 있다."라는 표현이 있다.[621] 50묘의 농지로는 농사를 제대로 못 짓는 농부라고 하더라도 2~3명은 먹여 살릴 수 있다는 이야기다. 이 설화에 따르면 안연의 가난은 과장되었을 수도 있다.

　공자의 제자들 중 안顔 씨 성을 가진 사람들이 많다. 「제자열전」에는 안연과 그 아버지 안로를 제외하고 6명의 안 씨 성을 가진 제자들이 소개되어 있고,[622] 「제자해」편에도 두 사람 외에 5명의 안 씨 성을 가진 제자들이 소개되어 있다.[623] 공자의 주요 제자들 중 10% 정도가 안 씨였다는 의미다. 이 정도로 많은 제자들이 공부를 할 수 있는 집안이라면 그 수가 아주 많았거나 일정 이상의 경제력을 가지고 있었을 가능성이 높다. 『한비자』「현학」편에는 안顔 씨의 유학이 전국시대 말, 유가 8분파의 하나로 융성했다고 되어있다.[624] 이들 안 씨 제자들은 공자

---

[621] 『孟子』「萬章下」: 耕者之所獲, 一夫百畝, 百畝之糞, 上農夫, 食九人, 上次食八人, 中食七人, 中次食六人, 下食五人.
[622] 안행顔幸(字 子柳), 안고顔高(字 子驕), 안조顔祖(字 襄), 안지복顔之僕(字 叔), 안쾌顔噲(字 子聲), 안하顔何(字 冉).
[623] 안각顔刻(字 子驕), 안신顔辛(字 子柳), 안쾌顔噲(字 子聲), 안지복顔之僕(字 子叔), 안상顔相(字 子襄).
[624] 『韓非子』「顯學」: 自孔子之死也, 有子張之儒, 有子思之儒, 有顔氏之儒, 有孟氏之儒,

의 수제자인 안연을 자랑스러워했을 것이다. 그러니 안연이 최소한 굶을 정도로까지 가난했을까 하는 데에는 의문의 여지가 있다고 하겠다.

2 수제자

안연을 공자의 수제자라고 하는 데 이의를 달 사람은 없다. 안연은 『논어』에 21회 정도 등장하는데,[625] 안연에 대한 공자의 언급은 칭찬 일색이다. 『논어』에서 공자가 안연을 칭찬한 내용 중에서 가장 먼저 나오는 것은 「위정」편 9장이다. 공자는 "안회와 종일 얘기해 보면 마치 어리석은 사람 같다. 그러나 물러난 뒤의 그를 살펴보면 역시 잘 실천하고 있으니 안회는 어리석지 않다."라고 평가했다.[626] 아마도 공자의 가르침에 대해 예리한 질문을 하거나, 자신의 의견을 말하는 제자는 아니었던 듯하다. 다만 공자의 뜻을 제대로 실천하는 사람이었을 것이다. 「옹야」편 2장에서는 제자 중에서 누가 배움을 좋아하는지 묻는 애공의 질문에 대해 안연만이 배우기를 좋아한 제자라고 하였고,[627] 「옹야」편 5장에서는 다른 제자들은 하루에 한 번이나 한 달에 한 번 정도 인仁에 이르는데 안연의 마음은 석 달이나 인仁에서 떠나지 않는다고 칭찬하였으

有漆雕氏之儒, 有仲良氏之儒, 有孫氏之儒, 有樂正氏之儒.
[625] 「위정」편 9장, 「공야장」편 8장, 25장, 「옹야」편 2장, 5장, 9장, 「술이」편 10장, (「태백」편 5장), 「자한」편 10장, 19장, 20장, 「선진」편 2장, 3장, 6장, 7장, 8장, 9장, 10장, 18장, 22장, 「안연」편 1장, 「위령공」편 10장. 「태백」편 5장은 증자의 간접적 표현으로 아마도 안연을 지칭한 것으로 추정된다.
[626] 『論語』「爲政」: 子曰, 吾與回言終日, 不違如愚, 退而省其私, 亦足以發, 回也不愚.
[627] 『論語』「雍也」: 哀公問, 弟子孰爲好學. 孔子對曰, 有顔回者. 好學, 不遷怒, 不貳過. 不幸短命死矣. 今也則亡, 未聞好學者也.

며,[628] 「옹야」편 9장에서는 안연이 누추한 동네에 살면서 한 그릇의 밥과 한 바가지의 물로 끼니를 때우는 가난 속에서도 도를 즐긴다고 칭찬하였다.[629] 『맹자』 「이루하」편 29장에서 맹자도 이 이야기를 언급하고 있다.[630] 『논어』 「술이」편 10장에서는 진퇴를 제대로 할 수 있는 사람은 자신과 안연뿐이라고 하였고,[631] 「자한」편 19장에서는 도를 말해주면 실천을 게을리 하지 않는 사람은 안연뿐이라고 하였으며,[632] 「자한」편 20장에서는 안연이 전진하는 것만 보았지 멈추는 것은 보지 못했다고 칭찬하였다.[633] 「선진」편 2장에서는 안연을 덕행이 뛰어난 제자로 인정하고 있고,[634] 「선진」편 3장에서는 자신의 모든 말을 기쁘게 받아들이는 안연에 대해 "안회는 나를 도와주는 사람이 아니다."라고 역설적으로 표현하고 있기도 하다.[635] 도와주지 않는다는 것은 약간의 진심이 담겨 있을 수 있다. 공자의 교수법은 제자들이 질문을 할 때 '그게 아니고' 하면서 설명해 주는 경우가 많다. 공자의 뜻에 맞게 생각하고 행동하는 안회에게는 이런 교수법이 잘 통하지 않았을 것이다. 그러니 "안회는 나를 도와주는 자가 아니다."라고 한 것도 무리가 아니다. 「선진」

---

[628] 『論語』 「雍也」: 子曰, 回也其心三月不違仁, 其餘則日月至焉而已矣.
[629] 『論語』 「雍也」: 子曰, 賢哉回也. 一簞食, 一瓢飲, 在陋巷, 人不堪其憂, 回也不改其樂, 賢哉回也.
[630] 『孟子』 「離婁下」: 禹稷當平世, 三過其門而不入, 孔子賢之. 顔子當亂世, 居於陋巷, 一簞食, 一瓢飲, 人不堪其憂, 顔子不改其樂, 孔子賢之. 孟子曰, 禹稷顔回同道. 禹思天下有溺者, 由己溺之也, 稷思天下有飢者, 由己飢之也, 是以如是其急也. 禹稷顔子易地則皆然.
[631] 『論語』 「述而」: 子謂顔淵曰, 用之則行, 舍之則藏, 惟我與爾有是夫.
[632] 『論語』 「子罕」: 子曰, 語之而不惰者, 其回也與.
[633] 『論語』 「子罕」: 子謂顔淵曰, 惜乎, 吾見其進也, 未見其止也.
[634] 『論語』 「先進」: 子曰, 從我於陳蔡者皆不及門也. 德行顔淵·閔子騫·冉伯牛·仲弓, 言語宰我·子貢, 政事冉有·季路, 文學子游·子夏.
[635] 『論語』 「先進」: 子曰, 回也非助我者也. 於吾言, 無所不說.

편 6장에서는 제자 가운데 누가 배움을 좋아하는지 묻는 계강자의 질문에 대해 오직 안연만이 배우기를 좋아했다고 하였고,[636] 「선진」편 18장에서는 안연을 도에 거의 이른 사람으로 평가하였다.[637]

공자가 안연을 높게 평가한 전승들은 『논어』 외에도 여러 문헌에서 찾아볼 수 있다. 『회남자』「인간훈」편에서는 공자가 안연의 어짊이 자신보다 낫다고 했고,[638] 『설원』「잡언」편[639]과 『공자가어』「육본」편[640]에서는 안연의 미더움이 자신보다 낫다고 한 표현이 있다. 『설원』「잡언」편[641]과 『가어』「육본」편[642]에는 안연이 네 가지 군자의 도를 가지고 있다고 칭찬했다. 자신이 의를 실천하는 데는 강하고, 남의 권고를 듣는 데는 수월하며, 녹을 받는 일은 겁을 내었고, 몸을 지키고 다스리는 데는

....

[636] 『論語』「先進」: 季康子問, 弟子孰爲好學. 孔子對曰, 有顔回者好學, 不幸短命死矣. 今也則亡.
[637] 『論語』「先進」: 子曰, 回也其庶乎, 屢空. 賜不受命, 而貨殖焉, 億則屢中.
[638] 『淮南子』「人間訓」: 人或問孔子曰, 顔何如人也. 曰, 仁人也, 丘弗如也. 子貢何如人也. 曰, 辯人也, 丘不如也. 子路何如人也. 曰, 勇人也, 丘不如也. 賓曰, 三人皆賢夫子, 而爲夫子役, 何也. 孔子曰, 丘能仁且忍, 辯且訥, 勇且怯. 以三子之能, 易丘一道, 丘弗爲也, 孔子知所施之也.
[639] 『說苑』「雜言」: 子夏問仲尼曰, 顔淵之爲人也, 何若. 曰, 回之信, 賢於丘也. 曰, 子貢之爲人也, 何若. 曰, 賜之敏, 賢於丘也. 曰, 子路之爲人也, 何若. 曰, 由之勇, 賢於丘也. 曰, 子張之爲人也, 何若. 曰, 師之莊, 賢於丘也. 於是子夏避席而問曰, 然則四者何爲事先生. 曰, 坐, 吾語汝. 回能信而不能反, 賜能敏而不能屈, 由能勇而不能怯, 師能莊而不能同. 兼此四子者, 丘不爲也. 夫所謂至聖之士, 必見進退之利, 屈伸之用者也.
[640] 『孔子家語』「六本」: 子夏問於孔子曰, 顔回之爲人奚若. 子曰, 回之信賢於丘. 曰, 子貢之爲人奚若. 子曰, 賜之敏賢於丘. 曰, 子路之爲人奚若. 子曰, 由之勇賢於丘. 曰, 子張之爲人奚若. 子曰, 師之莊賢於丘. 子夏避席而問曰, 然則四子何爲事先生. 子曰, 居, 吾語汝. 夫回能信而不能反, 賜能敏而不能詘, 由能勇而不能怯, 師能莊而不能同, 兼四子者之有以易吾弗與也, 此其所以事吾而弗貳也.
[641] 『說苑』「雜言」: 孔子曰, 回若有君子之道四. 强於行己, 弱於受諫, 怵於待祿, 愼於持身.
[642] 『孔子家語』「六本」: 孔子曰, 回有君子之道四焉. 强於行義, 弱於受諫, 怵於待祿, 愼於治身.

신중하다고 칭찬한 것이다. 그 외 여러 문헌에서 안연과 자로 및 자공이 각각 자신의 뜻을 말하고, 마지막으로 말한 안연이 공자로부터 칭찬받도록 하는 전승들이 전해진다.

『외전』 7권에는 공자와 함께 자로, 자공 그리고 안연이 경산景山에 올라 각자의 뜻을 말하는 장면이 있다. 여기서 안연은 "작은 나라의 재상이 되어 임금은 도로써 다스리고 신하는 덕으로써 교화하여, 군신이 한마음이 되고 내외가 서로 상응하면, 열국 제후들이 바람에 풀이 눕듯이 의를 따르지 않는 자가 없을 것이고, 힘 있는 자는 스스로 나서며, 늙은 자는 부축하여 오고, 백성들에게는 교화가 행해지며, 덕은 사방 오랑캐에게까지 베풀어져서, 군대를 버리지 않는 나라 없고, 도성의 사방 문에 사람들이 모여들도록 하였으면 좋겠습니다. 그래서 천하가 영원한 안녕을 얻어, 온갖 곤충들조차 각각 타고난 성품을 즐깁니다. 어진 이를 추천하고 능력 있는 자에게 각각 그 일을 맡깁니다. 그렇게 되면 임금은 그 윗자리에서 편안하고 신하는 그 아래에서 조화를 이루어, 팔짱을 끼고 아무런 작위가 없어도, 움직이면 도에 맞고 조용히 있으면 그대로 예에 맞을 것입니다. 인의를 말하는 자에게 상을 내리고, 전쟁과 싸움을 말하는 자에게는 죽음을 내리면 어찌 자로가 나서서 구할 일이 있겠으며, 자공이 나서서 해결할 일이 있겠습니까?"[643]라고 장황하게 자신의 포부를 말한다. 도가적 분위기까지 풍기는 이 말이 안

---

[643] 『韓詩外傳』券七: 孔子遊於景山之上, 子路·子貢·顔淵從. 孔子曰, 君子登高必賦. 小子願者何. 言其願, 丘將啟汝. …… 顔淵曰, 願得小國而相之, 主以道制, 臣以德化, 君臣同心, 外內相應, 列國諸侯, 莫不從義響風, 壯者趨而進, 老者扶而至, 教行乎百姓, 德施乎四蠻, 莫不釋兵, 輻輳乎四門. 天下咸獲永寧, 蝖飛蠕動, 各樂其性. 進賢使能, 各任其事. 於是君綏於上, 臣和於下, 垂拱無爲, 動作中道, 從容得禮. 言仁義者賞, 言戰鬪者死, 則由何進而救, 賜何難之解. 孔子曰, 聖士哉, 大人出, 小子匿. 聖者起, 賢者伏. 回與執政, 則由賜焉施其能哉. 詩曰, 雨雪麃麃, 見晛日消.

연의 말일 가능성은 거의 없고, 이 전승을 전하는 인물들의 이상을 안연의 입을 빌려 했을 것이다. 공자는 안연의 이 말에 대해 '거룩한 선비[聖士]'라고 칭찬했다. 『외전』 9권에서도 같은 상황을 소개하고 있는데 장소는 경산이 아니고 융산戎山으로 설정하고 있다. 여기서 안연은 "현명한 왕이나 성스러운 군주의 재상이 되어, 성곽을 쌓지 않고 해자를 파지 않아도 음양이 조화를 이루고, 집집마다 사람들이 모두 풍족하게 살게 하며, 무기를 녹여 농기구를 만들고자 합니다."644라고 간단하게 대답한다. 여기서 공자는 안연을 '큰 선비[大士]'라고 칭찬하면서 자신이 왕이 된다면 안연을 재상으로 삼겠다고 했다. 음양 개념이 나오는 것으로 봐서 전국시대 이후에 형성된 이야기로 보인다. 이와 비슷한 이야기가 『설원』 「지무」편645과 『가어』 「치사」편646에도 있는데 장소가 농산農山으로 설정되어 있다.

---

644 『韓詩外傳』 券九: 孔子與子貢·子路·顏淵游於戎山之上. 孔子喟然嘆曰, 二三子者各言爾志, 予將覽焉. …… 回爾何如. 對曰, 鮑魚不與蘭茝同笥而藏, 桀紂不與堯舜同時而治. 二子已言, 回何言哉. 孔子曰, 回有鄙之心. 顏淵曰, 願得明王聖主爲之相, 使城郭不治, 溝池不鑿, 陰陽和調, 家給人足, 鑄庫兵以爲農器. 孔子曰, 大士哉, 由來區區汝何攻, 賜來便便汝何使. 願得衣冠爲子宰焉.

645 『說苑』 「指武」: 孔子北遊, 東上農山, 子路·子貢·顏淵從焉. 孔子喟然歎曰, 登高望下, 使人心悲. 二三子者, 各言爾志, 丘將聽之. …… 顏淵獨不言, 孔子曰, 回來, 若獨何不願乎. 顏淵曰, 文武之事, 二子已言之, 回何敢與焉. 孔子曰, 若鄙心不與焉, 第言之. 顏淵曰, 回聞鮑魚蘭芷, 不同篋而藏, 堯舜桀紂, 不同國而治, 二子之言, 與回言異. 回願得明王聖主而相之, 使城郭不修, 溝池不越, 鍛劍戟以爲農器, 使天下千歲無戰鬪之患. 如此則由何憤憤而擊, 驁又何僕僕而使乎. 孔子曰, 美哉德乎, 姚姚者乎. 子路擧手問曰, 願聞夫子之意. 孔子曰, 吾所願者, 顏氏之計, 吾願負衣冠而從顏氏子也.

646 『孔子家語』 「致思」: 孔子北遊於農山, 子路·子貢·顏淵侍側. 孔子四望, 喟然而嘆曰, 於斯致思, 無所不至矣. 二三子各言爾志, 吾將擇焉. …… 顏回退而不對. 孔子曰, 回來, 汝奚獨無願乎. 顏回對曰, 文武之事, 則二者, 卽(旣)言之矣, 回何云焉. 孔子曰, 雖然, 各言爾志也, 小子言之. 對曰, 回聞薰蕕不同器而藏, 堯桀不共國而治, 以其類異也. 回願得明王聖主輔相之, 敷其五敎, 導之以禮樂, 使民城郭不修, 溝池不越, 鑄劍戟以爲農器, 放牛馬於原藪, 室家無離曠之思, 千歲無戰鬥之患, 則由無所施其勇, 而賜無所用其辯矣. 夫子凜然曰, 美哉, 德也.

공자 밑에서 같이 공부하던 다른 제자들도 안연을 찬양했다. 『논어』 「공야장」편 8장[647]에 보면 공자가 자공에게 안연과 자공 중에서 누가 더 뛰어난지 물었다. 자공은 "제가 감히 어떻게 안연을 바라볼 수 있겠습니까. 안연은 하나를 들으면 열을 알고, 저는 하나를 들으면 둘을 아는 정도입니다."라고 대답했다. '하나를 들으면 둘을 안다'는 자공의 자부심도 만만하지 않은데, 안연에 대한 공자의 총애가 지나쳐, 공자는 자공의 면전에서 대놓고 안연이 자공보다 뛰어나다고 했다. 심지어 공자 자신도 안연보다 못하다고도 했다[吾與女, 弗如也]. 자공은 은근히 공자가 자신도 상당한 수준이라고 인정해주기를 바랐을 지도 모른다. 그렇지만 공자 자신도 안연보다 못하다고 하는 데야 방법이 없었을 것이다. 『가어』 「제자행」에는 위나라 장군 문자의 질문에 자공이 안연을 '아침 일찍 일어나고 밤늦게 자며, 시를 외우고 예를 숭상하며, 허물을 두 번 거듭하지 않고, 구차한 말을 하지 않는 것이 안연의 행실'이라고 평했다[648]는 이야기도 있다.

안연에 대한 찬양에는 증자도 동참하고 있다. 『논어』 「태백」편 5장에서 증자는 자신의 어떤 학우에 대해 "유능하면서 유능하지 않은 사람에게 묻고, 많이 알면서 적게 아는 사람에게 물으며, 있으면서도 없는 듯이 하고, 꽉 찼으면서 텅 빈 듯이 하며, 남이 무례하게 굴어도 신경쓰지 않음을 옛날 나의 벗이 행하였다."라고 하였는데 일반적으로 이 찬양은 안연에 대한 것으로 알려져 있다.[649] 안연이 훌륭한 제자였다는

---

[647] 『論語』 「公冶長」: 子謂子貢曰, 女與回也孰愈. 對曰, 賜也, 何敢望回. 回也, 聞一以知十, 賜也, 聞一以知二. 子曰, 弗如也, 吾與女, 弗如也.
[648] 『孔子家語』 「弟子行」: 子貢對曰, 夫能夙興夜寐, 諷誦崇禮, 行不貳過, 稱言不苟, 是顔回之行也.
[649] 『論語』 「泰伯」: 曾子曰, 以能問於不能, 以多問於寡, 有若無, 實若虛, 犯而不校, 昔

평가는 전국시대까지 이어져 맹자의 제자 공손추公孫丑는 안연을 성인의 전체 모습을 갖추었지만 조금 미약한 정도로 파악하고 있다.[650]

이렇게 공자와 다른 제자들로부터 칭찬을 받은 안연이었지만, 칭찬을 받을 만한 그의 구체적 행위와 관련된 이야기가 많지는 않다. 다만 『논어』「공야장」편 25장에는 그의 행위를 짐작할 만한 내용이 보인다.[651] 안연과 자로가 함께 있을 때 공자는 각자의 뜻을 말해보라고 했다. 이에 대해 안연은 "저는 잘하는 걸 자랑하지 않고, 공로를 과시하지 않으려고 합니다."라고 간단하게 대답한다. 여기서 안연에게 자랑할 만한 일, 공로가 있었음을 짐작할 수 있다. 『논어』의 편집자가 볼 때 뭘 더 닦아야 할 수준이 아니고 겸손하면 되는 수준이라고 생각했을 것이다. 위의 「제자열전」에서도 공자가 안연에 대해 "내게 안회가 있을 때부터 제자들이 더욱 친해졌다."고 하였고, 『가어』「제자해」편에도 그로 인해 공자의 문하생들이 날마다 더 친해졌다는 기록이 있다.[652] 이를 통해 공자의 제자들이 안연을 헌신적으로 봉사하는 큰 인물로 인정하였음을 짐작할 수 있다.

『논어』에는 다른 제자들과 달리 안연이 공자에게 한 질문이 많지 않다. 겨우 두어 가지만 소개되어 있을 뿐이다. 「안연」편 1장에는 안

者吾友嘗從事於斯矣.

650 『孟子』「公孫丑」: 昔者竊聞之, 子夏·子游·子張皆有聖人之一體, 冉牛·閔子·顏淵則具體而微, 敢問所安.

651 『論語』「公冶長」: 顏淵季路侍. 子曰, 盍各言爾志. 子路曰, 願車馬衣輕裘, 與朋友共, 敝之而無憾. 顏淵曰, 願無伐善無施勞. 子路曰, 願聞子之志. 子曰, 老者安之, 朋友信之, 少者懷之.

652 『孔子家語』「七十二弟子解」: 顏回, 魯人, 字子淵, 年二十九而髮白, 三十一早死. 孔子曰, 自吾有回, 門人日益親. 回之德行著名. 孔子稱其仁焉.

연이 공자에게 인仁에 대해 묻는 내용이 있다.653 공자는 '자신의 사욕을 이기고 예로 돌아가는 것[克己復禮]'이 인仁을 행하는 것이라고 가르치고, 실천 조목에 대한 답변에서 "예가 아니면 보지 말고, 예가 아니면 듣지 말며, 예가 아니면 말하지 말고, 예가 아니면 행하지 말아야 한다."라고 가르쳤다. 안연은 "제가 비록 불민하지만 이 말씀을 받들겠습니다."라고 인仁의 실천을 다짐했다. 『논어』「위령공」편 10장에는 안연이 공자에게 나라를 다스리는 방법을 묻는 장면이 있다. 개인적으로 내면의 덕을 쌓는 데 치중한 것으로 알려진 안연의 질문으로는 조금 의외이다. 이 질문에 대해 공자는 "하夏나라의 역법을 쓰고, 은殷나라의 수레를 타며, 주周나라의 복식을 따르고, 음악은 (우임금의 음악인) 소무韶舞를 쓰며, 정鄭나라 음악은 금하고, 말 잘하는 사람은 멀리해야 하는데, 정나라 음악은 음탕하고 말 잘하는 사람은 위태롭다."654고 대답했다. 평소 공자의 대답 방식과는 다른 분위기가 느껴진다. 후세의 편집자가 자신의 생각을 공자와 안연을 빌려 적은 것이 아닌지 의심된다. 『외전』 10권에는 안연이 "저는 가난을 부유함으로 여기고, 천함을 귀함으로 여기며, 용기 없음을 위엄으로 여기면서, 선비들과 서로 통하고 종신토록 환난이 없이 살고 싶습니다. 그렇게 살아도 될까요?"라고 묻는 질문이 있다.655 당연히 공자는 좋은 생각이라고 칭찬했다. 『가어』「현

---

653 『論語』「顏淵」: 顏淵問仁, 子曰, 克己復禮爲仁, 一日克己復禮, 天下歸仁焉, 爲仁由己, 而由人乎哉. 顏淵曰, 請問其目. 子曰, 非禮勿視, 非禮勿聽, 非禮勿言, 非禮勿動. 顏淵曰, 回雖不敏, 請事斯語矣.
654 『論語』「衛靈公」: 顏淵問爲邦, 子曰, 行夏之時, 乘殷之輅, 服周之冕, 樂則韶舞, 放鄭聲, 遠佞人, 鄭聲淫, 佞人殆.
655 『韓詩外傳』券十: 顏淵問於孔子曰, 淵願貧如富, 賤如貴, 無勇而威, 與士交通, 終身無患難, 亦且可乎. 孔子曰, 善哉回也. 夫貧而如富, 其知足而無欲也, 賤而如貴, 其讓而有禮也, 無勇而威, 其恭敬而不失於人也. 終身無患難, 其擇言而出之也. 若回者, 其至乎. 雖上古聖人, 亦如此而已.

군」편에는 안연이 서쪽 송나라로 여행을 가게 되어 공자에게 몸가짐에 대해 물었고 공자는 공경과 충신忠信의 태도를 지니라고 가르쳤다는 이야기가 전해진다.[656]

공자가 아끼는 수제자답게 안연도 공자를 잘 따랐고, 존경했다. 『논어』「자한」편 10장에는 안연이 공자를 "우러러 볼수록 더 높아지고, 파고들수록 더 견고해진다. 쳐다볼 때는 앞에 계신 것 같았는데 홀연히 뒤에 가 계신다. 선생님께서는 차근차근 사람을 잘 이끌어 주셔서, 학문으로 나를 넓혀 주셨고, 예로 나를 절제하게 해 주셨다. 그만두려고 해도 그만둘 수 없어 나의 재주를 다해 보았더니, 우뚝하게 서 계신 것이 보였다. 비록 그분을 따라가려 해도 따라갈 방법이 없네."라고 찬양한 내용이 보인다.[657] 『장자』「전자방」편에도 안연이 공자를 찬양하는 내용이 나오는데 비슷한 구도를 가지고 있다. 여기서 안연은 "선생님께서 걸으시면 저도 걷고, 선생님께서 뛰시면 저도 뛰며, 선생님께서 달리시면 저도 달립니다. 그런데 선생님께서 빨리 달리시되 먼지 하나 없이 달리시면 저는 다만 눈을 크게 뜨고 뒤만 바라봅니다."[658]라고 표현하고 있다.

---

[656] 『孔子家語』「賢君」: 顏淵將西遊於宋, 問於孔子曰, 何以爲身. 子曰, 恭敬忠信而已矣. 恭則遠於患, 敬則人愛之, 忠則和於衆, 信則人任之, 勤斯四者, 可以政國, 豈特一身者哉. 故夫不比於數, 而比於疏, 不亦遠乎. 不修其中, 而修外者, 不亦反乎. 慮不先定, 臨事而謀, 不亦晚乎.

[657] 『論語』「子罕」: 顏淵喟然歎曰, 仰之彌高, 鑽之彌堅, 瞻之在前, 忽焉在後. 夫子循循然善誘人, 博我以文, 約我以禮. 欲罷不能, 旣竭吾才, 如有所立卓爾. 雖欲從之, 末由也已.

[658] 『莊子』「田子方」: 顏淵問於仲尼曰, 夫子步亦步, 夫子趨亦趨, 夫子馳亦馳. 夫子奔逸絕塵, 而回瞠若乎後矣.

3 천하주유

안연은 공자가 천하를 주유하던 기간에 공자와 함께한 것으로 전해진다. 『논어』 「선진」편 2장에서 공자는 진채지간에서 고난을 함께한 제자의 하나로 안연을 들고 있다.[659] 『논어』 「선진」편 22장에는 공자가 광 땅에서 포위되었을 때의 일화가 전해해지는데,[660] 마침 그 때 안연이 뒤처져 있다가 나중에 따라왔다. 안연이 나타나자 공자는 "나는 네가 죽은 줄 알았다."라고 말한다. 깊은 걱정을 담았으나 조금 무심해 보이는 이 말에 대해 안연은 "선생님께서 살아계신데 제가 어찌 감히 죽겠습니까?"라고 대답한다. 안연다운 대답이다. 이 이야기는 『여씨춘추』 「맹하기, 권학」편[661]과 『사기』 「공자세가」[662]에도 기록되어 있다. 이런 말을 했지만 안연은 결국 공자보다 먼저 죽는다.

진채지간에서 공자 일행이 곤궁한 처지에 빠졌을 때 자로, 혹은 자로와 자공이 공자에게 불만을 터뜨렸다는 이야기를 전하는 일부 문헌에도 안연이 등장하는데, 조연 정도의 역할만 한다. 『장자』 「양왕」편에는 자로와 자공이 공자에 대한 불만을 이야기할 때 안연은 그 대화에 끼지 않고 조용히 나물을 다듬다가 공자에게 두 사람의 대화 내용을

---

659 『論語』「先進」: 子曰, 從我於陳蔡者皆不及門也. 德行顔淵·閔子騫·冉伯牛·仲弓, 言語宰我·子貢, 政事엔冉有·季路, 文學子游·子夏.
660 『論語』「先進」: 子畏於匡, 顔淵後. 子曰, 吾以女爲死矣. 曰, 子在回何敢死.
661 『呂氏春秋』「孟夏紀, 勸學」: 孔子畏於匡, 顔淵後. 孔子曰, 吾以汝爲死矣. 顔淵曰, 子在, 回何敢死.
662 『史記』「孔子世家」: 將適陳, 過匡, 顔刻爲僕, 以其策指之曰, 昔吾入此, 由彼缺也. 匡人聞之, 以爲魯之陽虎. 陽虎嘗暴匡人, 匡人於是遂止孔子. 孔子狀類陽虎, 拘焉五日, 顔淵後. 子曰, 吾以汝爲死矣. 顔淵曰, 子在, 回何敢死.

전하는 역할만 한다.[663] 『여씨춘추』 「효행람, 신인」편에도 같은 내용이 기록되어 있다.[664] 『사기』 「공자세가」에는 진채지간에서 공자 일행이 곤경에 처했을 때 공자가 제자들의 마음이 상했다는 것을 알고 자로, 자공 그리고 안연을 불러 각자에게 동일한 질문을 했다는 이야기가 있다. 그 질문은 『시경』 「소아小雅」편에 나오는 '코뿔소도 아니고 호랑이도 아닌 것이 광야에서 헤매고 있네'라는 구절을 인용하면서 무엇이 잘못되어 공자와 일행들이 이런 일을 당하고 있는지 묻는 질문이었다. 이 질문에 대해 안연은 "선생님의 도가 지극히 크기 때문에 천하 사람들이 받아들이지 못합니다. 비록 그렇지만 선생님께서는 그 도를 미루어 행하시면 될 것이니, 세상 사람들에게 받아들여지지 않는다고 한들 무슨 상관이 있겠습니까? 받아들여지지 않은 후에 군자의 진가가 드러나는 것입니다. 도를 닦지 않는 것은 우리의 수치고, 도가 이미 잘 닦여졌는데도 받아들이지 않는 것은 나라를 가진 이의 수치입니다. 받아들여지지 않는다고 해서 무슨 상관이 있겠습니까? 받아들여지지 않은 후에 군자의 진가가 드러나는 것입니다."라고 대답했다. 안연의 대답에 공자는 만족하여 웃으면서 "안 씨의 아들은 이 정도라니까. 네가 재산이 많다면 나는 너의 재산 관리자가 될 것이야."라고 대답했다고 전한다.[665]

....

663 『莊子』「雜篇, 讓王」: 孔子窮於陳蔡之間, 七日不火食, 藜羹不糝, 顔色甚憊, 而猶弦歌於室. 顔回擇菜於外, 子路子貢相與言曰, …… 顔回無以應, 入告孔子.
664 『呂氏春秋』「孝行覽, 愼人」: 孔子窮於陳蔡之間, 七日不嘗食, 藜羹不糝. 宰予備矣, 孔子弦歌於室. 顔回擇菜於外. 子路與子貢相與而言曰, 夫子逐於魯, 削迹於衛, 伐樹於宋, 窮於陳蔡, 殺夫子者無罪, 藉夫子者不禁, 夫子弦歌鼓舞, 未嘗絶音, 蓋君子之無所醜也若此乎. 顔回無以對, 入以告孔子.
665 『史記』「孔子世家」: 子貢出, 顔回入見. 孔子曰, 回, 詩云, 匪兕匪虎, 率彼曠野. 吾道非邪, 吾何爲於此. 顔回曰, 夫子之道至大, 故天下莫能容. 雖然, 夫子推而行之, 不容何病. 不容然後見君子. 夫道之不脩也, 是吾醜也, 夫道既已大脩而不用, 是有國者之醜也. 不容何病. 不容然後見君子. 孔子欣然而笑曰, 有是哉顔氏之子. 使爾多財, 吾爲爾宰.

천하주유 중에 안연이 공자에게 늘 칭찬만 받는 모습을 보던 자공이 드디어 안연의 잘못을 목격하고 공자에게 이르는 이야기가 『가어』 「재액」편에 전해진다.

진채지간에서 곤경에 처했을 때 자공이 포위망을 뚫고 어렵게 쌀을 한 섬 구해왔다. 이 쌀로 안연과 자로가 밥을 짓다가 그만 그을음이 밥 속에 들어가고 말았다. 안연은 그을음이 들어간 밥을 떠서 먹어버렸다. 안연이 솥에서 밥을 떠먹는 것을 본 자공이 안연의 행동이 잘못된 것 아니냐고 공자에게 일렀고, 공자는 안연에게 이유를 물었다. 안연은 그을음이 들어간 밥을 제사상에 올릴 수도 없고 버리기도 아까워서 자신이 먹었다고 대답했고, 공자는 자신이라도 그렇게 했을 것이라고 했다.[666]

포위망을 뚫고 어렵게 구해온 쌀로 지은 밥을 안연이 먼저 떠먹는 모습을 본 자공은 눈이 뒤집어졌을 것이다. 공자가 그런 안연의 진짜 인간됨을 알아야 한다고 생각했을 것이다. 그래서 공자에게 일렀다. 저래도 되느냐고. 자공의 의도와는 달리 결론은 안연의 완승으로 끝나고 말았다.

....
[666] 『孔子家語』「在厄」: 孔子厄於陳蔡, 從者七日不食. 子貢以所齎貨, 竊犯圍而出, 告糴於野人, 得米一石焉. 顏回仲由炊之於壞屋之下, 有埃墨墮飯中, 顏回取而食之. 子貢自井望見之, 不悅, 以爲竊食也. 入問孔子曰, 仁人廉士, 窮改節乎. 孔子曰, 改節卽何稱於仁義哉. 子貢曰, 若回也, 其不改節乎. 子曰, 然. 子貢以所飯告孔子. 子曰, 吾信回之爲仁久矣, 雖汝有云, 弗以疑也, 其或者必有故乎, 汝止, 吾將問之. 召顏回曰, 疇昔予夢見先人, 豈或啓祐我哉. 子炊而進飯, 吾將進焉. 對曰, 向有埃墨墮飯中, 欲置之則不潔, 欲棄之則可惜, 回卽食之, 不可祭也. 孔子曰, 然乎, 吾亦食之. 顏回出, 孔子顧謂二三子曰, 吾之信回也, 非待今日也. 二三子由此乃服之.

4 요절

안연을 언급할 때 그의 이른 죽음이 자주 거론된다. 우선 안연이 사망한 시점을 살펴보자.「제자열전」에서 사마천은 "29세에 머리가 하얗게 세더니 젊은 나이에 죽었다."라고 소개하고 있다. 그런데 몇 살에 죽었는지는 밝히지 않고 있다. 문맥으로 보면 머리가 세고 나서 오래지 않은 시기, 즉 30대 초에 죽은 것처럼 느껴진다. 실제로『가어』「제자해」에는 안연이 31세에 일찍 사망했다고 기록되어 있다.[667] 그런데『사기』「공자세가」는 안연이 노나라 애공 14년에 죽었다고 기록하고 있다.[668] 애공 14년이면 기원전 481년으로 공자가 71세일 때다.「제자열전」은 안연이 공자보다 30세 연하라고 했으므로 안연이 41세에 사망했다는 이야기가 된다. 평균 수명이 짧은 당시에 41세에 죽은 사람을 젊었을 때 죽었다고 하지는 않을 것이다. 앞뒤가 맞지 않는 것 같다.『논어』「옹야」편 2장에 나오는 공자와 노나라 애공의 대화에도 뭔가 부자연스러운 분위기가 묻어난다.

> 애공이 "제자 중에 누가 배우기를 좋아합니까?"라고 물었다. 공자는 "안회라는 제자가 있었는데, 배우기를 좋아하고, 노여움을 다른 사람에게 옮기지 않았으며, 같은 잘못을 두 번 되풀이하지 않았는데, 불행히도 명이 짧아 죽었습니다. 지금은 그런 사람이 없으니, 아직 배우기를 좋아하는 자가 있다는 얘기를 들어보지 못했습니다."라고 대답하였다.[669]

---

[667]『孔子家語』「七十二弟子解」: 顏回, 魯人, 字子淵, 年二十九而髮白, 三十一早死. 孔子曰, 自吾有回, 門人日益親. 回之德行著名. 孔子稱其仁焉.

[668]『史記』「孔子世家」: 魯哀公十四年春, …… 顏淵死, 孔子曰, 天喪予.

[669]『論語』「雍也」: 哀公問, 弟子孰爲好學. 孔子對曰, 有顏回者. 好學, 不遷怒, 不貳過.

『사기』「공자세가」에 따르면 공자가 사망한 연도는 기원전 479년으로 노나라 애공 16년이다.[670] 그렇다면 이 대화는 애공 14년과 애공 16년 사이에 이루어진 대화라고 봐야 한다. 그런데 공자는 '안회라는 제자가 있었는데[有顔回者]'라고 애공이 안연을 모른다는 전제 아래 대화를 진행하고 있다. 애공이 최근에 죽은 공자의 가장 뛰어난 제자를 모른다는 것은 앞뒤가 맞지 않는다. 안연의 사망 연도가 그보다 훨씬 앞이어야 이 대화의 분위기가 성립될 수 있다. 이와 비슷한 문답이 공자와 계강자 사이에서도 있었다. 『논어』「선진」편 6장에는 계강자가 "제자 중에 누가 배우기를 좋아합니까?"라고 물었을 때 공자는 "안회라는 제자가 있어 배우기를 좋아했는데, 불행히도 명이 짧아 죽었습니다. 지금은 그런 사람이 없습니다."라고 대답한다.[671] 여기서도 공자는 '안회라는 제자가 있었는데[有顔回者]'라는 표현을 쓴다. 계강자가 안연을 모른다는 전제 하에서 이야기를 진행하고 있다. 자로와 염유를 알고 있던 계강자에게, 사망한 지 2년이 되지 않는 자신의 수제자를 소개하는 표현으로는 어색하다. 사마천은 「공자세가」를 편집할 때 여러 문헌을 종합해 사건들을 시간 순으로 배열했을 것이다. 그런 문헌들 중에는 전승 과정에서 시간적 오류가 생긴 문헌들도 있었을 것이고, 그런 문헌들을 나름대로 합리적으로 배열하다보니 안회의 죽음이 실제보다 늦어진 41세가 될 수밖에 없었을 것이다. 사마천도 조금 어색함을 느낀 듯하다. 「제자열전」에서 다른 제자들은 모두 이름만 적고 소개를 시작하는데 유독 안연만은 '안회라는 사람은[顔回者]'으로 소개를 시작하면서 공자

不幸短命死矣. 今也則亡, 未聞好學者也.
[670] 『史記』「孔子世家」:孔子年七十三, 以魯哀公十六年四月己丑卒.
[671] 『論語』「先進」: 季康子問, 弟子孰爲好學. 孔子對曰, 有顔回者. 好學. 不幸短命死矣. 今也則亡.

가 말한 '안회라는 제자'에 의미를 부여하는 방법을 쓰고 있다. 안연의 이른 죽음의 원인에 대해 「제자열전」의 "29세에 머리가 하얗게 세더니 젊은 나이에 죽었다."라는 말 이외에는 별로 알려진 것이 없다. 후한시대 왕충王充이 쓴 『논형』 「서허」에는 이와 관련된 재미있는 이야기가 실려 있다.

> 안연과 공자가 함께 태산에 올랐다. 공자가 동남쪽을 바라보니 오나라 도성의 창문昌門 밖에 흰 말이 매여져 있었다. 안연을 오라고 해서 보여주면서 오나라 도성의 창문이 보이느냐고 물었다. 안연이 보인다고 하자 무엇이 있는지 물었다. 안연은 뭔가 매여 있는 것 같다고 대답했다. 공자가 안연의 눈을 어루만져 바르게 해주고 같이 내려왔다. 산을 내려온 후 안연은 백발이 되고 이가 빠지더니 병으로 죽었다. 안연의 정신력이 공자보다 약한데도 극단적으로 기력을 써서 기력이 고갈되어 일찍 죽게 된 것이다.[672]

태산에서 오나라 수도의 성문 앞에 있는 말을 본다는 것은 아마도 백두산 정상에서 제주도 목장에 있는 말을 보는 것과 비교할 수 있을 것이다. 다시 말하자면 공자가 천리안을 가지고 있었다는 이야기다. 안연도 공자의 지도로 비슷한 능력을 가지게 되었는데 기력이 달려 이른 죽음을 맞이했다는 이야기다. 안연의 후세 사람들은 안연의 이른 죽음에 대해 설명할 필요를 느꼈을 것이다. 전국시대를 거쳐 후한시대가 되

---

[672] 『論衡』「書虛」: 傳書或言, 顏淵與孔子俱上魯太山. 孔子東南望, 吳閶門外有繫白馬, 引顏淵指以示之曰, 若見吳昌門乎. 顏淵曰, 見之. 孔子曰, 門外何有. 曰, 有如繫練之狀. 孔子撫其目而正之, 因與俱下. 下而顏淵髮白齒落, 遂以病死. 蓋以精神不能若孔子, 彊力自極, 精華竭盡, 故早夭死.

면 일반 백성들에게는 공자가 무소불위의 능력을 갖춘 능력자로 인식된다. 공자의 수제자도 공자의 능력에 가깝게 도달하기는 했지만 공자만큼은 아니어서 일찍 기력이 소진되어 죽었다는 이야기다.『논형』의 저자 왕충王充도 이 이야기를 '전해지는 글에 나오는 이야기'라고 하면서 신빙성을 두지 않고 있다. 이 내용이 있는 편명 자체가 '글이 허황되다'는 뜻인「서허書虛」인 것을 봐도 짐작할 수 있다. 이 이야기를 소개한 왕충은 안연이 지칠 정도로 공부한 사람으로, 자신의 재주가 스스로를 죽인 것으로 보는 입장이다.[673]『회남자』「정신훈」은 안연의 이른 죽음이 성정이 조화를 이루지 못해 일찍 죽은 것으로 해석하고 있다.[674] 도가적 경향이 있는 해석이다.

『장자』「지락」편에는 안회의 죽음과 관련하여 다른 해석도 존재한다. 안연이 제나라 임금을 만나러 갔는데 공자가 근심하는 기색이 있었다. 자공이 그 이유를 물어보니 공자는 안연이 제나라 임금 앞에서 요, 순, 황제, 수인씨燧人氏, 신농씨神農氏의 이야기를 하게 될 것인데 제나라 임금이 그것을 깨닫지 못해 안연에게 의혹을 가지게 될 것이고, 제나라 제후가 의혹을 가지게 되면 안연이 죽게 될 것이기 때문에 근심한다는 대답을 한다.[675] 도가 입장의 문헌이기 때문에 깨닫지 못한 사람이 안연이라고 해석할 여지도 있다. 이렇게 해석하면 안연이 자신의 의혹 때

---

[673] 『論衡』「命義」: 若顏淵·伯牛之徒, 如何遭凶. 顏淵·伯牛行善者也, 當得隨命, 福祐隨至, 何故遭凶. 顏淵困於學, 以才自殺, 伯牛空居而遭惡疾.

[674] 『淮南子』「精神訓」: 夫顏回·季路·子夏·冉伯牛, 孔子之通學也. 然顏淵夭死, 季路菹於衛, 子夏失明, 冉伯牛爲厲, 此皆迫性拂情, 而不得其和也.

[675] 『莊子』「至樂」: 顏淵東之齊, 孔子有憂色. 子貢下席而問曰, 小子敢問, 回東之齊, 夫子有憂色, 何邪. 孔子曰, 善哉汝問. 昔者管子有言, 丘甚善之曰, 褚小者不可以懷大, 綆短者不可以汲深. 夫若是者, 以爲命有所成而形有所適也, 夫不可損益. 吾恐回與齊侯, 言堯·舜·黃帝之道, 而重以燧人·神農之言. 彼將內求於己而不得, 不得則惑, 人惑則死.

문에 고민하다 죽을 것이라는 해석도 가능하다. 도가 입장에서 안연이 일찍 죽은 원인을 제시한 문헌이란 점에서 흥미롭다.

가장 아끼던 안연이 죽자 공자는 엄청나게 비통해했다. 『논어』 「선진」편 9장에는 공자가 큰 소리로 울면서 곡을 했다고 전한다.[676] 큰 소리로 운다는 의미의 한자 慟자에서 움직인다는 의미의 動이 반드시 음만을 나타낸 것은 아니라고 볼 때, 몸부림을 치면서 울었을 수도 있다. 이 모습을 본 누군가가 위신을 잃고 대성통곡하는 공자의 모습이 민망했던지 그 모습을 지적했다. 그러자 공자는 "너무 크게 운다고? 내가 이 사람을 위해 대성통곡하지 않고 누구를 위해 하겠느냐?"라고 따지듯 반문하는 모습을 보일 정도였다. 『논어』 「선진」편 8장에는 공자가 "아아, 하늘이 나를 버리셨구나. 하늘이 나를 버리셨구나."라고 두 번 반복하여 좌절하는 모습을 보이기도 했다.[677] 수제자인 안연을 통해 자신이 추구하던 이상을 후세에 전달하려던 기대가 무너진 데 대한 반응이었을 것이다. 그런 미련은 계속 남아서 『논어』 「자한」편 20장에서는 "그의 죽음이 정말 애석하구나, 나는 그의 학문이 앞으로 나아가는 것만 보았지 멈추는 것은 보지 못했다."라고 아쉬워했다.[678] 위에서 소개한 애공과 계강자와의 대화에서도 공자의 말에는 안연에 대한 진한 아쉬움이 묻어난다. 『예기』 「단궁상」편에는 안연의 사망에 대한 공자의 아쉬움이 안연의 대상大祥까지 이어졌음을 보여주는 기록이 있다. 그 기록은 "고기를 보내오자 공자가 나가서 받고 들어온 후 마음을 안정시

---

[676] 『論語』 「先進」: 顔淵死, 子哭之慟. 從者曰, 子慟矣. 曰, 有慟乎, 非夫人之爲慟, 而誰爲.
[677] 『論語』 「先進」: 顔淵死, 子曰, 噫, 天喪予, 天喪予.
[678] 『論語』 「子罕」: 子謂顔淵曰, 惜乎, 吾見其進也, 未見其止也.

키기 위해 거문고를 연주한 다음에 먹었다."[679]고 전하고 있다. 이 이야기는 『가어』「곡례공서적문」편에도 전해지는데 안연의 대상 때 고기를 가져온 사람이 안연의 아버지 안로라는 말이 추가되어 있다.[680]

그런데 이렇게 애통해하던 공자가 안연의 장례 절차와 관련해서는 조금 다른 모습을 보인다. 『논어』「선진」편 7장에 보면 안연의 아버지 안로는 아들의 장례에 관만 있고 곽을 만들 형편이 되지 않는 것이 안타까웠다. 그래서 공자에게 와서 공자의 수레를 처분해 안연의 곽을 마련하면 안 되겠느냐고 부탁을 한다. 공자는 이 부탁을 단호하게 거절한다. "재주가 있건 없건 각자 제 자식을 말하는 법인데, 내 아들 리鯉가 죽었을 때에도 관만 있었고 곽은 없었다. 그때 내가 그냥 걸어 다니기로 하고 곽을 마련할 수도 있었는데 그렇게 하지 않은 것은, 내가 그래도 대부의 뒷자리라도 차지하는 신분이어서 그냥 걸어 다닐 수 없었기 때문이다."라고 대답했다.[681] 수레가 없으면 대부의 위신이 서지 않기 때문에 아들 장례 때도 수레를 처분해 곽을 마련하지 않았다는 이야기다. 『사기』「공자세가」를 따른다면 사구司寇 벼슬을 한 공자는 대부의 신분이었다. 그런데 대부가 장남의 시신을 관에만 넣고 곽도 없이 장사지냈다면 그것도 예에 어긋나는 일이었을 것이다. 정말 대부 신분이었다면 우선 아들의 시신을 곽에 넣어 장사지낸 후, 그 다음에 수레를 마련할 방도를 마련하는 것이 옳다. 이런 논리는 사구 벼슬을 지냈다는 「공자세가」자체를 부정하는 결론으로 귀결되니까 이 부분을 연구하는

---

679 『禮記』「檀弓上」: 顏淵之喪, 饋祥肉, 孔子出受之, 入彈琴而后食之.
680 『孔子家語』「曲禮公西赤問」: 顏淵之喪既祥, 顏路饋祥肉於孔子. 孔子自出而受之, 入彈琴以散情, 而後乃食之.
681 『論語』「先進」: 顏淵死, 顏路請子之車, 以爲之槨. 子曰, 才不才亦各言其子也, 鯉也死, 有棺而無槨, 吾不徒行, 以爲之槨, 以吾從大夫之後, 不可徒行也.

학자들에게 맡기고 넘어간다. 『논어』「선진」편 10장에서도 공자는 냉정한 모습을 보인다.[682] 제자들이 동문 안연의 장례를 후하게 치르려고 하자 공자는 그러면 안 된다고 했다. 그래도 제자들이 후하게 장례를 치르자 공자는 제자들을 나무랐다. 그리고는 "내 잘못이 아니고 너희들 잘못이다."라고 책임소재를 제자들에게 돌렸다. 예에 어긋나는 일에 대한 책임을 회피하려는 의도가 담긴 말이다. 실제 공자가 그렇게 말했을지 조금 의심이 가는 대목이다. 예를 중요시하는 학파에서 공자를 가장 아끼는 제자의 죽음 앞에서도 개인적 감정을 극복하고 예를 주장하는 모습으로 그린 것이 아닐까 하는 의심이 생기는 것이다.

5 기타 전승

안연은 사리를 잘 분별하는 사람으로 알려졌다. 그 예로 '동야필東野畢의 말' 이야기가 여러 문헌에 전해진다. 『순자』「애공」편에 소개된 이야기는 다음과 같다.

정공이 안연에게 "동야필이 말을 잘 모는군요."라고 물었다. 안연은 "잘 몰기는 합니다만 말이 장차 달아날 것입니다."라고 대답하였다. 정공은 기분이 나빠서 주변 사람들에게 "군자는 원래 남을 헐뜯는가?"라고 했다. 3일 뒤, 말을 관리하는 사람이 와서 "동야필의 말이 달아났습니다. 바깥쪽 말은 고삐를 끊고 달아났고, 안쪽 말 두 마리만 우리에 들어갔습니

---

[682] 『論語』「先進」: 顔淵死, 門人欲厚葬之. 子曰, 不可. 門人厚葬之. 子曰, 回也視予猶父也, 予不得視猶子也, 非我也, 夫二三子也.

다."라고 보고했다. 정공은 놀라서 "빨리 수레를 보내어 안연을 모셔오너라" 하고 시켰다. 안연이 도착하자 정공은 "전에 과인이 선생에게 물었을 때 선생은 '동야필이 말을 잘 몰기는 합니다만 말이 장차 달아날 것입니다'라고 하였는데, 선생은 어떻게 그것을 알았는지 모르겠습니다." 하였다. 안연은 "저는 말을 다루는 것을 보고 알았습니다. 옛날에 순임금은 백성 부리는 데 뛰어났고, 조보造父는 말 부리는 데 뛰어났습니다. 순임금은 백성을 궁지로 몰아넣지 않았고, 조보는 말을 궁지로 몰아넣지 않았습니다. 이런 이유로 순임금에게서 달아나는 백성이 없었고, 조보에게서 달아나는 말이 없었습니다. 지금 동야필이 말을 부리는 것을 보면 수레에 올라 고삐를 잡고 말몰이하는 자세는 바르고, 걷거나 달리는 방법에 대한 조련은 마쳤지만, 험한 길을 지나 멀리까지 이르자면 말의 힘이 다하게 되는데도 오히려 말을 부리기를 멈추지 않습니다. 그래서 알 수 있었습니다."라고 대답했다. 정공이 "좋습니다. 좀 더 들을 수 있겠습니까?"라고 하자 안연은 "제가 듣기로는 새가 궁지에 몰리면 쪼고, 짐승이 궁지에 몰리면 대들며, 사람이 궁지에 몰리면 속인다고 합니다. 옛날부터 지금까지 아랫사람을 곤궁하게 하고 위태롭지 않은 경우는 없었습니다."라고 대답했다.[683]

애공에게 백성을 힘이 다할 때까지 몰아붙이지 말라는 경고를 한

---

[683] 『荀子』「哀公」: 定公問於顔淵曰, 東野畢之善馭乎. 顔淵對曰, 善則善矣. 雖然其馬將失. 定公不悅, 入謂左右曰, 君子固讒人乎. 三日而校來謁曰, 東野畢之馬失. 兩驂列, 兩服入廐. 定公越席而起曰, 趨駕召顔淵. 顔淵至, 定公曰, 前日寡人問吾子, 吾子曰, 東野畢之馭善則善矣, 雖然其馬將失. 不識吾子何以知之. 顔淵對曰, 臣以政知之. 昔舜巧於使民, 而造父巧於使馬. 舜不窮其民, 造父不窮其馬, 是以舜無失民, 造父無失馬也. 今東野畢之馭, 上車執轡銜體正矣, 步驟馳騁朝禮畢矣, 歷險致遠, 馬力盡矣. 然猶求馬不已, 是以知之也. 定公曰, 善, 可得少進乎. 顔淵對曰, 臣聞之, 鳥窮則啄, 獸窮則攫, 人窮則詐. 自古及今, 未有窮其下而能無危者也.

것이다. 이 이야기는『신서』「잡사」편[684] 및『외전』2권[685],『가어』「안회」편[686]에도 수록되어 있다. 뒤의 두 문헌은 말이 달아난 것이 아니라 쓰러진 것으로 설정하고 있다. 이들 이야기에서 안연은 사리판단도 잘 하고, 말을 함부로 다루는 것과 임금이 백성을 함부로 대하는 것이 같다고 하여, 정공에게 백성을 함부로 대하지 못하도록 가르치는 역할도 동시에 수행한다. 이 이야기의 원형은 아마도『장자』「달생」편에 있는 '동야직東野稷의 말' 이야기일 것이다.[687]『장자』에는 말을 모는 사람이 동야

---

[684] 『新序』「雜事」: 顏淵侍魯定公于臺, 東野畢御馬於臺下. 定公曰, 善哉, 東野畢之御. 顏淵曰, 善則善矣. 雖然, 其馬將失. 定公不悅, 以告左右曰, 吾聞之, 君子不讒人, 君子亦讒人乎. 顏淵不悅, 歷階而去. 須臾, 馬敗聞矣. 定公躐席而起曰, 趨駕請顏淵. 顏淵至, 定公曰, 向寡人曰, 善哉, 東野畢御也, 吾子曰, 善則善矣. 雖然, 其馬將失矣. 不識君子何以知之也. 顏淵曰, 臣以政知之. 昔者, 舜工於使人, 造父工於使馬. 舜不窮其民, 造父不盡其馬, 是以舜無失民, 造父無失馬. 今東野之禦也, 上馬執轡, 禦體正矣, 周旅灸驟, 朝禮畢矣, 歷險致遠, 而馬力殫矣, 然求不已, 是以知其失矣. 定公曰, 善, 可少進與. 顏淵曰, 獸窮則觸, 鳥窮則啄, 人窮則軸. 自古及今, 有窮其下能無危者, 未之有也. 詩曰, 執轡如組, 兩驂如舞. 善禦之謂也. 定公曰, 善哉, 寡人之過也.

[685] 『韓詩外傳』券二: 顏淵侍坐魯定公于臺, 東野畢御馬于臺下. 定公曰, 善哉, 東野畢之御也. 顏淵曰, 善則善矣, 其馬將佚矣. 定公不說, 以告左右, 聞君子不諧人, 君子亦譖人乎. 顏淵退, 俄而廏人以東野華馬佚聞矣. 定公揭席而起曰, 趣駕召顏淵. 顏淵至, 定公曰, 鄕寡人曰, 善哉東野畢之御也. 吾子曰, 善則善矣, 然則馬將佚矣, 不識吾子何以知之. 顏淵曰, 臣以政知之. 昔者舜工於使人, 造父工於使馬. 舜不窮其民, 造父不極其馬. 是以舜無佚民, 造父無佚馬. 今東野畢之上車執轡, 銜體正矣, 周旋步驟, 朝禮畢矣, 歷險致遠, 馬力殫矣. 然猶策之不已, 所以知其佚也. 定公曰, 善, 可少進. 顏淵曰, 獸窮則齧, 鳥窮則啄, 人窮則詐. 自古及今, 窮其下, 能不危者, 未之有也. 詩曰, 執轡如組, 兩驂如舞. 善御之謂也. 定公曰, 寡人之過矣.

[686] 『孔子家語』「顏回」: 魯定公問於顏回曰, 子亦聞東野畢之善御乎. 對曰, 善則善矣, 雖然, 其馬將必佚. 定公色不悅, 謂左右曰, 君子固有誣人也. 顏回退, 後三日, 牧來訴之曰, 東野畢之馬佚, 兩驂曳兩服入于廄. 公聞之, 越席而起, 促駕召顏回. 回至, 公曰, 前日寡人問吾子以東野畢之御, 而子曰善則善矣, 其馬將佚, 不識吾子奚以知之. 顏回對曰, 以政知之. 昔者, 帝舜巧於使民, 造父巧於使馬. 舜不窮其民力, 造父不窮其馬力, 是以舜無佚民, 造父無佚馬. 今東野畢之御也, 升馬執轡, 銜體正矣, 步驟馳騁, 朝禮畢矣, 歷險致遠, 馬力盡矣. 然而猶乃求馬不已, 臣以此知之. 公曰, 善, 誠若吾子之言也. 吾子之言, 其義大矣, 願少進乎. 顏回曰, 臣聞之, 鳥窮則啄, 獸窮則攫, 人窮則詐, 馬窮則佚. 自古及今, 未有窮其下, 而能無危者也. 公悅, 遂以告孔子, 孔子對曰, 夫其所以爲顏回者, 此之類也, 豈足多哉.

[687] 『莊子』「達生」: 東野稷以御見莊公, 進退中繩, 左右旋中規, 莊公以爲文弗過也, 使之

필이 아니라 동야직이라고 되어있고, 말이 쓰러질 것으로 예상한 사람이 안연이 아니라 안합顔闔으로 되어있다. 또 말을 잘 다룬다고 칭찬한 사람이 정공이 아니라 장공莊公이라고 되어있다. 『여씨춘추』「이속람, 적위」편도 『장자』의 기록을 따르고 있다.[688] 먼저 기록된 '동야직의 말' 이야기가 원형에 좀 더 가까운 이야기로 추정된다. 안연을 높이는 과정에서 동야직이 동야필, 안합이 안연으로 변형되어 전해졌을 것이다.

『설원』「변물」편[689]과 『가어』「안회」편[690]에는 안연이 울음소리를 듣고 그 울음소리의 의미를 파악하는 능력을 보여주었다는 이야기가 있다. 공자가 새벽에 일어나니 주변에서 애처로운 울음소리가 들렸다. 공자가 안연에게 애처로운 울음소리의 의미를 묻자 안연은 "사람이 죽어서 우는 것뿐만이 아니라 생이별까지 해서 우는 소리인 것 같습니다."라고 대답했다. 공자가 사람을 시켜서 알아보니 전날 아버지가 죽은 사

鉤百而反. 顏闔遇之, 入見曰, 稷之馬將敗. 公密而不應. 少焉, 果敢而反. 公曰, 子何以知之. 曰, 其馬力竭矣, 而猶求焉, 故曰敗.
[688] 『呂氏春秋』「離俗覽, 適威」: 東野稷以御見莊公, 進退中繩, 左右旋中規. 莊公曰, 善, 以爲造父不過也, 使之鉤百而少及焉. 顏闔入見. 莊公, 子遇東野稷乎. 對曰, 然, 臣遇之, 其馬必敗. 莊公, 將何敗. 少頃, 東野之馬敗而至. 莊公召顏闔而問之曰, 子何以知其敗也. 顏闔對曰, 夫進退中繩, 左右旋中規, 造父之御, 無以過焉. 鄉臣遇之, 猶求其馬, 臣是以知其敗也.
[689] 『說苑』「辨物」: 孔子晨立堂上, 聞哭者聲音甚悲, 孔子援琴而鼓之, 其音同也. 孔子出 而弟子有吒者, 問誰也. 曰, 回也. 孔子曰, 回何爲而吒. 回曰, 今者有哭者, 其音甚悲, 非獨哭死, 又哭生離者. 孔子, 何以知之. 回曰, 似完山之鳥. 孔子曰, 何如. 回曰, 完山之鳥生四子, 羽翼已成, 乃離四海, 哀鳴送之, 爲是往而不復返也. 孔子使人問哭者, 哭者曰, 父死家貧, 賣子以葬之, 將與其別也. 孔子, 善哉, 聖人也.(밑줄은 동양고전종합DB(http://db.cyberseodang.or.kr/)의 한자를 따랐다.)
[690] 『孔子家語』「顏回」: 孔子在衛, 昧旦, 晨興, 顏回侍側, 聞哭者之聲甚哀. 子曰, 回, 汝知此何所哭乎. 對曰, 回以此哭聲, 非但爲死者而已, 又有生離別者也. 子曰, 何以知之. 對曰, 回聞桓山之鳥, 生四子焉, 羽翼旣成, 將分于四海, 其母悲鳴而送之, 哀聲有似於此, 謂其往而不返也, 回竊以音類知也. 孔子使人問哭者, 果曰, 父死家貧, 賣子以葬, 與之長決. 子曰, 回也, 善於識音矣.

람이 가난해서 자식을 팔아 장례를 치르게 되었다고 했다. 아버지도 잃고 자식도 잃은 자의 울음이었던 것이다. 안연의 지혜를 말한 이야기지만 이 이야기가 만들어질 당시의 풍습을 짐작할 수 있는 이야기다.

공자의 수제자 안연에게 도가도 관심을 보였다. 그리고 도가적 논리에 안연을 적극 활용했다. 도가에서 안연이 공자로부터 칭찬이 아닌 편잔을 들은 일이 있다고 주장하는 문헌도 있다. 그 문헌은 『장자』이다. 『장자』「전자방」편[691]에는 안연이 공자로부터 "조용히 해라. 너는 거기에 대해 말하지 말라.[默. 女無言.]"라는 말을 듣는 모습이 보인다. 문왕이 강태공을 등용할 때 신하들 앞에서 꿈을 빙자했다는 이야기를 들은 안연이 문왕이 뭔가 부족한 사람이었는지 묻다가 공자에게 이 말을 들은 것으로 설정되어 있다. 「인간세」편에는 정치가 어지러운 위衛나라로 가서 배운 바를 실천하겠다는 안회에게 공자가 도가적 방식으로 처신하라고 가르친다는 이야기가 있다.[692] 앞에서 소개한 「지락」편도 안연에 대해 도가가 관심을 보인 이야기다. 「대종사」편에서 안연은 맹손재라는 사람이 어머니 상에 눈물을 흘리지 않았고, 마음속으로 슬퍼하지도 않았으며, 상중에 애통해 하지도 않았는데도 상주 노릇을 잘 했다는 소문이 난 이유를 공자에게 묻는 역할을 맡았다.[693] 물론 공자는 도가적 입장에서 설명해 준다. 도가적 주장을 공자의 가르침으로 포장한

....

[691] 『莊子』「田子方」: 顔淵問於仲尼曰, 文王其猶未邪. 又何以夢爲乎. 仲尼曰, 黙. 汝無言. 夫文王盡之也, 而又何論刺焉. 彼直以循斯須也.
[692] 『莊子』「人間世」: 顔回見仲尼, 請行. 曰, 奚之. 曰, 將之衛. 曰, 奚爲焉. 曰, 回聞, 衛君其年壯, 其行獨, 輕用其國, 而不見其過, 輕用民死, 死者以國量乎澤若蕉, 民其無如矣. 回嘗聞之夫子曰, 治國去之, 亂國就之, 醫門多疾, 願以所聞, 思其所行, 則庶幾其國有瘳乎. 仲尼曰, 譆, 若殆往而刑耳. 夫道不欲雜, 雜則多, 多則擾, 擾則憂, 憂而不救. 古之至人, 先存諸己而後存諸人, 所存於己者未定, 何暇至於暴人之所行. ……
[693] 『莊子』「大宗師」: 顔回問仲尼曰, 孟孫才, 其母死, 哭泣無涕, 中心不戚, 居喪不哀. 無是三者, 以善喪蓋魯國, 固有無其實, 而得其名者乎. 回壹怪之.

것이다. 같은 「대종사」편에서는 안연이 인의와 예악도 잊고, 앉아서 지체와 총명까지 잊어버리는 좌망坐忘 단계에 도달했다고 공자에게 말해 공자의 칭찬을 듣는 이야기도 있다.[694] 「천운」편에는 안연이 위나라로 떠나는 공자의 여행이 어떨 것인지 사금師金이라는 사람에게 물어보았고, 여행 중에 좋지 않은 일이 있을 것이라는 대답을 들었다는 이야기가 있다.[695] 「달생」편에는 안연과 공자가 배 젓는 기술의 의미에 대해 토론을 벌이는 이야기도 있다.[696] 「산목」편에는 공자 일행이 진채지간에서 재난을 당했을 때 공자와 안연이 재난과 그에 대처하는 태도에 대해 토론하는 모습이 보인다. 물론 공자는 도가적 입장에서 이야기한다.[697] 「지북유」편에는 안연이 공자에게 배운 '보내지도 말고 맞이하지도 말아라'고 하는 말의 의미를 묻는 장면이 나온다.[698] 공자는 역시 도가적 입장에서 가르친다. 도가는 자신들의 논리를 전개하기 위해, 공자의 제자 중 지명도가 높았던 안연을 활용한 것이다.

---

[694] 『莊子』「大宗師」: 顔回曰, 回益矣. 仲尼曰, 何謂也. 曰, 回忘仁義矣. 曰, 可矣, 猶未也. 他日復見曰, 回益矣. 曰, 何謂也. 曰, 回忘禮樂矣. 曰, 可矣, 猶未也. 它日復見曰, 回益矣. 曰, 何謂也. 曰, 回坐忘矣. 仲尼蹴然曰, 何謂坐忘. 顔回曰, 墮肢體, 黜聰明, 離形去知, 同於大通, 此謂坐忘. 仲尼曰, 同則無好也, 化則無常也, 而果其賢乎. 丘也請從而後也.
[695] 『莊子』「天運」: 孔子西遊於衛, 顔淵問師金曰, 以夫子之行爲奚如. 師金曰, 惜乎, 而夫子其窮哉.
[696] 『莊子』「達生」: 顔淵問仲尼曰, 吾嘗濟乎觴深之淵, 津人操舟若神. 吾問焉曰, 操舟可學邪. 曰, 可. 善游者數能, 若乃夫沒人, 則未嘗見舟而便操之也. 吾問焉而不吾告, 敢問何謂也. 仲尼曰, ……
[697] 『莊子』「山木」: 孔子窮於陳蔡之間, 七日不火食, 左據槁木, 右擊槁枝, 而歌猋氏之風. …… 顔回端拱還木而窺之. 仲尼恐其廣己而造大也, 愛己而造哀也, 曰, 回, 無受天損易, 無受人益難, 無始而非卒也, 人與天一也. 夫今之歌者, 其誰乎. ……
[698] 『莊子』「知北遊」: 顔淵問乎仲尼曰, 回嘗聞諸夫子, 曰, 無有所將, 無有所迎, 回敢問其遊. 仲尼曰, ……

외교의 달인 자공

『사기』「제자열전」은 여러 제자 중 자공子貢을 가장 길게 소개하였다. 다른 제자들과 같은 일반적인 소개 외에도 그의 외교적 활약을 상세하고 길게 다루고 있기 때문이다.

단목사端沐賜는 위衛나라 사람으로 자字가 자공이고, 공자보다 31세 연하다. 자공은 말솜씨가 뛰어났는데, 공자는 항상 그의 말재주를 억누르곤 했다. 공자가 "너와 안회 중에 누가 낫지?"라고 묻자 자공은 "제가 어찌 감히 안회를 바라보겠습니까? 안회는 하나를 들으면 열을 알고, 저는 하나를 들으면 둘을 압니다."라고 대답했다. 수업을 마친 뒤 자공이 공자에게 "저는 어떤 사람입니까?"라고 묻자 공자는 "너는 그릇이다."라고 대답했다. 자공은 다시 "어떤 그릇입니까?"라고 물었고 공자는 "(종묘의 제사 때 기장을 담는 데 쓰이는 옥으로 된 그릇인) 호련瑚璉이다."라고 대답했다. 진자금이陳子禽 자공에게 "공자는 누구에게 배웠습니까?"라고 물었다. 자공은 "문왕과 무왕의 도가 아직 땅에 떨어지지 않고 사람들 사이에서 전해오고 있습니다. 현명한 사람은 그 중에 큰 것을 알고, 현명하지 못한 사람은 그 중에 작은 것을 압니다. 문왕과 무왕의 도가 아닌 것이 없는데 선생님께서 어디서든 배우지 않으셨겠습니까? 또 누구를 정해진 스승으로 하셨겠습니까?"라고 대답했다. 또 "공자는 이 나라에 오면 반드시 정치에 대해 듣는데, 공자가 듣기를 요구하는 것입니까, 아니면 사람들이 자진해서 들려주는 것입니까?"라고 물었다. 자공은 "선생님은 온화하고 선량하며, 공손하고 절제하며, 겸양하는 덕이 있어 그렇게 되는 것입니다. 선생님께서 구하는 것은 아마 다른 사람이 구하는 것과는 다를 것입니다."라고 대답하였다. 자공이 공자에게 "부유하지만 교만하지 않고, 가난하지만 아첨하지 않는다면 어떻습니까?"라고 물었다. 공자는 "좋기는 하지만 가난하면서도 도를 즐기고 부유하면서도 예를 좋아하는 것만 못하다."라고 대답했다. …… (중략: 자공의 외교적 활약 부분은 너무 길기 때문에 따로 떼어서 이 글 뒤에 소개한다.) …… 그러므로 자공은 한 번 나서서 노나라를 보존시켰고, 제나라를 어지럽게 하였으며, 오나라를 멸망시켰고, 진나라를 강한 나라가 되게 하였으며 월나라를 패자로 만들었다. 자공이 한 번 사신으로 나서니 여러 나라의 형세가 무너져 10년 안에 다섯 나라에 변화가 만들어졌다. 자공은 싸게 사서 비싸게 파는 일을 좋아하여 때에 맞게 돈을 잘 굴렸다. 남의 장점을 칭찬하는 것을 좋아했지만 남의 잘못을 덮어줄 줄은 몰랐다. 노나라와 위나라에서 재상을 지냈고, 집 안에 천금을 쌓아두었으며 제나라에서 삶을 마쳤다.[699]

---

[699] 『史記』「仲尼弟子列傳」: 端沐賜, 衛人, 字子貢. 少孔子三十一歲. 子貢利口巧辭, 孔子常黜其辯. 問曰, 汝與回也孰愈. 對曰, 賜也何敢望回. 回也聞一以知十, 賜也聞一以知二. 子貢既已受業, 問曰, 賜何人也. 孔子曰, 汝器也. 曰, 何器也. 曰, 瑚璉也. 陳子禽問子貢曰, 仲尼焉學. 子貢曰, 文武之道未墜於地, 在人. 賢者識其大者, 不賢者識其小者. 莫不有文武之道, 夫子焉不學, 而亦何常師之有. 又問曰, 孔子適是國必聞其政, 求之與, 抑與之與?" 子貢曰, 夫子溫良恭儉讓以得之. 夫子之求之也, 其諸異乎人之求之也. 子貢問曰, 富而無驕, 貧而無諂, 何如. 孔子曰, 可也, 不如貧而樂道, 富而好禮. …… 故子貢一出, 存魯, 亂齊, 破吳, 彊晉而霸越. 子貢一使, 使勢相破, 十年之中, 五國各有變. 子貢好廢擧, 與時轉貨賫. 喜揚人之美, 不能匿人之過. 常相魯衛, 家累千金, 卒終于齊.

1   상인

자공의 이름은 단목사다. 그래서 『논어』에서 공자가 자공을 부르거나 지칭할 때는 '사야賜也'라는 표현을 주로 썼다. 자공이 위衛나라 사람이라는 것은 대부분의 문헌에서 일치하는 내용이다. 『가어』 「제자해」편에도 자공이 위나라 사람이라고 되어있다.[700] 『시자』 「권학」편에는 자공이 위나라에서 상점을 가지고 장사하던 사람이었다고 언급되어 있고,[701] 『외전』 8권에도 염유의 말로, 같은 내용이 언급되어 있다.[702] 『순자』 「대략」편은 자공이 본래 촌사람이었는데, 학문을 닦고 예의를 몸에 익혀 천하의 유명한 명사의 반열에 들었다고 언급하고 있다.[703]

상인 출신답게 자공은 돈을 버는 데 소질이 있었다. 위의 「제자열전」에서도 '자공은 싸게 사서 비싸게 파는 일을 좋아하여 때에 맞게 돈을 잘 굴렸다'라고 했고, 그는 돈을 잘 굴린 사람들의 열전인 『사기』 「화식열전」에도 이름을 올렸다.

자공은 공자에게 배운 뒤 물러나 위衛나라에서 벼슬하였고, 조나라와 노나라 사이에 재물을 쌓아두고 사고팔면서 재산을 모았다. 공자의 70여 제자들 중에서 자공이 가장 부유하였고, 원헌은 술지게미나 쌀겨조차도 마다하지 않을 정도로 가난하여 후미진 뒷골목에서 숨어살았다. 자공은

---

[700] 『孔子家語』「七十二弟子解」: 端木賜, 字子貢, 衛人, 有口才著名.
[701] 『尸子』「勸學」: 是故, 子路卞之野人, 子貢衛之賈人, 顏涿聚盜也, 顓孫師駔也, 孔子教之, 皆爲顯士.
[702] 『韓詩外傳』卷八: 夫子路, 卞之野人也, 子貢, 衛之賈人也, 皆學問於孔子, 遂爲天下顯士.
[703] 『荀子』<大略>: 子贛季路, 故鄙人也, 被文學服禮義, 爲天下列士.

사두마차를 타고 비단을 폐백으로 들고 제후들을 찾아갔으므로, 그가 가는 곳마다 몸소 뜰까지 내려와 예를 다해 맞이하지 않는 임금이 없었다. 대체로 공자의 이름이 천하에 널리 알려지게 된 것도 자공이 앞뒤에서 도왔기 때문이다. 이것이 이른바 세력을 얻으면 세상에 더욱 드러난다는 것이리라.[704]

자공이 공자의 활동 경비를 제공했기 때문에 공자의 이름이 천하에 알려지게 되었다는 이야기는 의미심장하다. 자공은 많은 재물을 가지고 있었기 때문에 제후들을 방문할 때 값진 선물을 들고 갈 수 있었다. 공자의 제자인데다 귀한 선물을 가지고 오는 자공을 마다할 사람이 있겠는가. 『사기』「유림열전」은 그가 제나라에서 여생을 보냈다고 전하고 있다.[705] 아마도 좋은 대우를 받고 각계에 영향력을 행사하면서 살았을 것이다. 당시 제나라는 전상이 임금의 자리를 찬탈해 왕조가 바뀐 상태였는데 전상과도 잘 지냈을 것이다.

공자는 자공의 신세를 지긴 했지만 자공이 재산을 모으는 방식에 대해서는 조금 불만이 있었던 듯하다. 『논어』「선진」편 18장에서 공자는 '하늘의 명을 받지 않고[不受命]' 재산을 모았다고 했다.[706] 하늘의 명을 거스르고 재산을 모았다는 뜻일 수도 있고, 하늘의 명을 받지 않았는데도 재산을 잘 모았다는 뜻일 수도 있지만, 자공이 재산을 모은

---

[704] 『史記』「貨殖列傳」: 子贛既學於仲尼, 退而仕於衛, 廢著鬻財於曹魯之閒, 七十子之徒, 賜最爲饒益. 原憲不厭糟穅, 匿於窮巷. 子貢結駟連騎, 束帛之幣以聘享諸侯, 所至國君無不分庭與之抗禮. 夫使孔子名布揚於天下者, 子貢先後之也. 此所謂得埶而益彰者乎.
[705] 『史記』「儒林列傳」: 自孔子卒, 七十子之徒散遊諸侯, 大者爲師傅卿相, 小者友教士大夫, 或隱而不見. 故子路居衛, 子張居陳, 澹臺子羽居楚, 子夏居西河, 子貢終於齊.
[706] 『論語』「先進」: 子曰, 回也其庶乎, 屢空, 賜不受命, 而貨殖焉, 億則屢中.

일이 하늘의 명에 부합되지 않는다는 점을 분명히 한 것이다. 한편 공자는 자공이 장사를 하는 데 "짐작을 하면 잘 맞아떨어졌다[億則屢中]"라고 하여 자공의 상업적 재능을 인정한다. 공자는 또 자공이 재물을 아끼는 데 대해 때때로 불편한 심기를 드러내기도 하였다. 『논어』 「팔일」편 17장에는 희생양을 아까워하다가 공자의 핀잔을 받는 자공의 모습이 보인다.[707] 반면 자공이 재물을 밝히지 않았다는 전승도 있다. 『여씨춘추』 「선식람, 찰미」편,[708] 『회남자』 「제속훈」편[709] 및 「도응훈」편[710]과 『설원』 「정리」편,[711] 『가어』 「치사」편[712]에는 자공이 보상금의 의의를 잘못 판단해 사양했다가 공자의 비판을 받은 이야기가 있다. 노나라에는 다른 나라에 잡혀있는 사람을 구해오면 나라에서 보상금을 주는 제도가 있었다. 자공이 사람들을 구해온 후 보상금을 사양했다. 공자는 그

---

707 『論語』 「八佾」: 子貢欲去告朔之餼羊, 子曰, 賜也爾愛其羊, 我愛其禮.

708 『呂氏春秋』 「先識覽, 察微」: 魯國之法, 魯人爲人臣妾於諸侯, 有能贖之者, 取其金於府. 子貢贖魯人於諸侯, 來而讓不取其金. 孔子曰, 賜失之矣. 自今以往, 魯人不贖人矣. 取其金則無損於行, 不取其金則不復贖人矣. 子路拯溺者, 其人拜之以牛, 子路受之. 孔子曰, 魯人必拯溺者矣. 孔子見之以細, 觀化遠也.

709 『淮南子』 「齊俗訓」: 子贛撜溺, 而受牛謝. 孔子曰, 魯國必好救人於患. 子贛贖人, 而不受金於府. 孔子曰, 魯國不復贖人矣. 子路受而勸德, 子贛讓而止善. 孔子之明, 以小知大, 以近知遠, 通於論者也.

710 『淮南子』 「道應訓」: 魯國之法, 魯人爲人妾於諸侯, 有能購之者, 取金於府. 子贛購魯人於諸侯來, 而辭不受金. 孔子曰, 賜失之矣. 夫聖人之擧事也, 可以移風易俗, 而敎順可施後世, 非獨以適身之行也. 今國之富者寡, 而貧者衆, 購而受金, 則爲不廉, 不受金, 則不復購人. 自今以來, 魯人不復購人於諸侯矣. 孔子亦可謂化矣. 故老子曰, 見小曰明.

711 『說苑』 「政理」: 魯國之法, 魯人有贖臣妾於諸侯者, 取金於府. 子貢贖人於諸侯, 而還其金. 孔子聞之曰, 賜失之矣. 聖人之擧事也, 可以移風易俗, 而敎導可施於百姓, 非獨適其身之行也. 今魯國富者寡而貧者衆, 贖而受金則爲不廉, 不受金則後莫復贖, 自今以來, 魯人不復贖矣. 孔子可謂通於化矣. 故老子曰, 見小曰明.

712 『孔子家語』 「致思」: 魯國之法, 贖人臣妾于諸侯者, 皆取金於府. 子貢贖之, 辭而不取金. 孔子聞之曰, 賜失之矣. 夫聖人之擧事也, 可以移風易俗, 而敎導可以施之於百姓, 非獨適身之行也. 今魯國富者寡而貧者衆, 贖人受金則爲不廉, 則何以相贖乎. 自今以後, 魯人不復贖人於諸侯.

렇게 하면 다른 사람들이 사람을 구해오려고 노력하지 않을 것이라고 비판했다. 이 이야기에서 자공이 최소한 돈에 집착한 인물은 아니었다는 것을 간접적으로 짐작할 수 있다. 『맹자』 「등문공상」편 4장에는 공자 사망 후에 자공이 상주 역할을 했다는 기록이 있다.[713] 자공이 공자 학단의 재정을 담당했기 때문에 그를 상주로 불렀을 가능성이 높다. 『사기』 「공자세가」에는 공자 사후에 다른 제자들은 삼년상을 마치고 떠났지만 자공은 여막을 짓고 6년간 시묘를 했다는 기록도 있다.[714] 자공이 6년을 시묘했다는 이야기는 『가어』 「종기해」편에도 계승되었다.[715]

2 경쟁

자공은 『논어』에 38회 등장하는데, 자로 다음으로 많이 등장한다.[716] 「제자열전」은 자공이 등장하는 『논어』의 문답을 몇 가지 소개하고 있다. 첫 문답으로 선택한 것이 공자의 "너와 안회 중에 누가 낫지?"라는 질문으로 시작되는 의미심장한 문답인데, 『논어』 「공야장」편 8장

---

[713] 『孟子』 「滕文公上」: 昔者孔子沒, 三年之外, 門人治任將歸, 入揖於子貢, 相嚮而哭, 皆失聲然後歸. 子貢反築室於場, 獨居三年然後歸.
[714] 『史記』 「孔子世家」: 孔子葬魯城北泗上, 弟子皆服三年. 三年心喪畢, 相訣而去, 則哭, 各復盡哀, 或復留. 唯子贛廬於冢上, 凡六年, 然後去.
[715] 『孔子家語』 「終記解」: 二三子三年喪畢, 或留或去, 惟子貢廬於墓六年. 自後群弟子及魯人處於墓如家者百有餘家, 因名其居曰孔里焉.
[716] 「학이」편 10장, 15장, 「위정」편 13장, 「팔일」편 17장, 「공야장」 3장, 8장, 11장, 12장, 14장, 「옹야」편 6장, 28장, 「술이」편 14장, 「자한」편 6장, 12장, 「선진」편 2장, 12장, 15장, 18장, 「안연」편 7장, 8장, 23장, 「자로」편 20장, 24장, 「헌문」편 18장, 30장, 31장, 37장, 「위령공」편 2장, 9장, 23장, 「양화」편 19장, 24장, 「자장」편 20장, 21장, 22장, 23장, 24장, 25장.

에 나오는 문답이다.[717] 위에서 자공이 공자보다 31세 연하라고 했는데 공자의 수제자 안연보다 한 살 적다. 자공은 한 살 차이의 안연이 항상 공자의 칭찬을 듣는 것을 보며 지냈다. 시기심이 생길 수도 있다. 그래서 자공에게 이런 질문을 했다고 설정했을 것이다. 이 질문에 "제가 감히 어떻게 안회를 바라보겠습니까? 안회는 하나를 들으면 열을 알고, 저는 하나를 들으면 둘을 압니다."라고 대답했다는 것은 자공이 우열을 수긍한 것일 수도 있고, 질문하는 공자의 마음을 읽었을 수도 있겠다. 하나를 들으면 둘을 아는 정도라고 자신을 평가한 것은 자공 자신도 상당하다는 의미도 포함되어 있다. 공자도 그런 자공의 마음을 다독일 필요가 있었을 것이다. 그래서 "너는 안회만 못하지. 나도 너처럼 안회만 못해.[弗如也. 吾與女弗如也.]"라고 자신도 안연보다 못하다는 말로 자공을 위로한다. 앞의 「요절한 수제자 안연」 부분에서 소개한, 『가어』 「재액」편의 이야기에서도 안연에 대한 자공의 경쟁심을 엿볼 수 있다. 자공이 안연의 잘못을 발견하고 공자에게 일렀는데, 공자는 도리어 안연의 손을 들어주었다.

이어지는 문답은 자공이 공자에게 "저는 어떤 사람입니까?"라고 묻는 질문이다. 공자는 "너는 그릇이다."라고 대답했다. 자공은 다시 "어떤 그릇입니까?"라고 물었고 공자는 "(종묘의 제사 때 기장을 담는 데 쓰이는 옥으로 된 그릇인) 호련瑚璉이다."라고 대답했다. 이 문답은 『논어』 「공야장」편 3장에 있는 문답이다.[718] 사마천은 자공이 비록 안연보다는 못하지만 상당히 중요한 인물임을 부각시키고 싶어 이 문답을 「제자열

---

717 『論語』「公冶長」: 子謂子貢曰, 女與回也孰愈. 對曰, 賜也何敢望回. 回也聞一以知十, 賜也는聞一以知二. 子曰, 弗如也. 吾與女, 弗如也.
718 『論語』「公冶長」: 子貢問曰, 賜也何如. 子曰, 女器也. 曰, 何器也. 曰, 瑚璉也.

전」에서 채택했을 것이다.

마지막 문답은 『논어』「학이」편 15장에 나오는 문답으로, 자공이 추구하는 바를 짐작하게 해주는 문답이다.[719] 자공은 "부유하지만 교만하지 않고, 가난하지만 아첨하지 않는다면 어떻습니까?"라고 물었다. 공자는 "좋기는 하지만 가난하면서도 도를 즐기고 부유하면서도 예를 좋아하는 것만 못하다."라고 대답했다. 자공은 '부유하지만 교만하지 않고'를 앞에 두었으므로 그 점에 비중을 두어 질문을 한 것이고, 공자는 '가난하면서도 도를 즐기고'를 앞에 배치하였으므로 그 점에 중점을 두어 대답한 것이다. '가난하면서도 도를 즐기고'라는 말에서 안빈낙도의 삶을 살았던 안연이 연상되고, '부유하지만 교만하지 않고'라는 말에서 돈을 버는 데 능했던 자공이 연상된다. 자공은 이 대화중에 절차탁마 切磋琢磨라는 숙어로 유명한 『시경』「위풍衛風, 기욱淇奧」의 구절을 인용하였고, "사와는 이제 같이 시에 대해 말할 수 있겠다. 지난 일을 말해주니 앞일을 아는구나."라는 공자의 칭찬을 받기도 했다. 그래도 이 문답에서 안연의 그림자가 느껴지는 것은 어쩔 수 없다.

자공은 어쩌면 재아에게도 경쟁심을 가졌을 수 있다. 『논어』「선진」편에서 공자가 언어에 능한 제자 둘을 꼽을 때 재아를 자공보다 앞에 두었다.[720] 『맹자』「공손추」편에서도 언어에 뛰어난 제자들을 이야기할 때 재아를 자공보다 앞에 들었다.[721] 『시자』에는 '공자의 예절이 적절하지 못할 때는 자공이 보필하였고, 공자의 말이 제대로 되지 않을 때는

---

[719] 子貢曰, 貧而無諂, 富而無驕, 何如. 子曰, 可也, 未若貧而樂, 富而好禮者也. 子貢曰, 詩云如切如磋, 如琢如磨, 其斯之謂與. 子曰, 賜也始可與言詩已矣. 告諸往而知來者.
[720] 『論語』「先進」:子曰, 從我於陳蔡者皆不及門也. 德行顏淵·閔子騫·冉伯牛·仲弓, 言語宰我·子貢, 政事엔冉有·季路, 文學子游·子夏.
[721] 『孟子』「公孫丑上」:宰我·子貢善爲說辭, 冉牛·閔子·顏淵善言德行.

재아가 보필하였으며'라는 언급이 있는데 언어는 재아가 뛰어났고, 자공은 언어보다 예절에 뛰어난 것으로 묘사되어 있다.[722] 즉, 말솜씨는 재아가 자공보다 한 수 위인 것으로 인식하고 있었다. 그런데 전한시대 이후의 문헌들에서는 재아가 무시되는 경향이 있고, 「제자열전」에는 재아가 나쁜 사람으로 기록되어 있다. 와타나베 다카시渡辺卓(1973)는 자공 계열의 후학들이 재아의 오명 형성에 관여했다고 추측할 만한 점들이 있다고 했다.[723] 재력과 정치력을 가지고 있던 자공은 많은 문객들 혹은 제자들을 거느렸을 것이다. 그 문객들 혹은 제자들은 많은 문헌들을 생산했을 것으로 추측할 수 있으며, 그런 문헌들은 『논어』, 『사기』 등의 책들이 정리되고 편찬되는 과정에서 영향을 미쳤을 수 있다. 전한시대의 사마천은 「제자열전」에서 재아는 나쁜 사람, 자공은 유능하고 좋은 사람으로 표현했다. 자공이 승리한 것이다.

3 스승

위의 「제자열전」에 "공자는 누구에게 배웠습니까?"라는 진자금陳子禽의 질문에 대해, 자공이 "문왕과 무왕의 도가 아닌 것이 없는데 선생님께서 어디서든 배우지 않으셨겠습니까? 또 누구를 정해진 스승으로 하셨겠습니까?"라고 대답하는 문답이 있다. 공자에게 특정한 스승이 없었다는 대답은 사실이라기보다는 『논어』의 이 부분이 형성될 당시,

....

[722] 『尸子』「下卷」: 仲尼志意不立, 子路侍, 儀服不修, 公西華侍, 禮不習, 子貢侍, 辭不辨, 宰我侍, 亡忽古今, 顔回侍, 節小物, 冉伯牛侍. 曰, 吾以夫六子自厲也.
[723] 渡辺卓(1973). **古代中国思想の研究** (pp. 198-199). 創文社.

이미 공자를 성인으로 보는 공자관이 형성되었기 때문에 이런 문답이 만들어졌을 가능성이 더 높다. 이 문답은『논어』「자장」편 22장에 나오는 문답의 변형인데『논어』「자장」편 22장에는 이 문답의 질문자가 위衛 나라 대부 공손조公孫朝로 되어있다.[724] 두 문헌의 내용이 모두 역사적 사실이라면『사기』「제자열전」의 질문자인 진자금과『논어』「자장」편의 질문자인 공손조는 동일인이어야 한다. 그런데『가어』「제자해」편에는 진자금이 공자의 제자이고 이름이 진강陳亢이며, 진陳나라 사람이라고 되어있고,[725]『열자』「양주」편에는 정나라 재상 자산의 형 이름이 공손조라고 소개하는 내용이 있다.[726] 진자금은 진나라 사람이므로 위나라의 대부 공손조와 동일인일 가능성은 별로 없다. 두 문헌 중 한 문헌의 질문자는 잘못된 것이라고 결론을 내릴 수밖에 없다. 한편 진자금이 이 질문을 했다고 기록한「제자열전」에는 제자들 명단에 진자금이 없다. 또「제자열전」에서 진자금은 공자를 선생님이란 의미의 부자夫子로 부르지 않고, 중니仲尼라고 부르고 있으므로 사마천은 진자금이 공자의 제자가 아니라는 전제 하에서 기록한 것이다.

위에서 자공은 공자에게는 특정한 스승이 없다고 대답했다. 사실이라기보다는 주장에 가깝다. 공자에게 특정한 스승이 있었다고 기록한 문헌도 많다.『여씨춘추』「중춘기, 당염」편에는 공자가 노담老聃 즉 노자, 맹소기孟蘇夔, 정숙靖叔으로부터 배웠다는 기록이 있다.[727] 공자가 노자

---

[724] 『論語』「子張」: 衛公孫朝問於子貢曰, 仲尼焉學. 子貢曰, 文武之道未墜於地, 在人. 賢者識其大者, 不賢者識其小者, 莫不有文武之道焉, 夫子焉不學, 而亦何常師之有.
[725] 『孔子家語』「七十二弟子解」: 陳亢陳人, 字子亢, 一字子禽, 少孔子四十歲.
[726] 『列子』「楊朱」: 子產相鄭, 專國之政三年, 善者服其化, 惡者畏其禁, 鄭國以治, 諸侯憚之. 而有兄曰公孫朝, 有弟曰公孫穆, 朝好酒, 穆好色.
[727] 『呂氏春秋』「仲春紀, 當染」: 孔子學於老聃, 孟蘇夔, 靖叔.

를 만나 배웠다는 이야기는 신빙성이 떨어지고, 맹소기와 정숙 두 사람
도 실존인물인지는 알 수 없다. 그렇지만 전국시대 말에 이들 세 사람
으로부터 공자가 배웠다는 믿음은 전해지고 있었을 것이다. 『신서』 「잡
사」편[728]과 『외전』 5권[729]에도 자하의 말로, 공자가 노담에게서 배웠다는
말이 언급된다. 『회남자』 「수무훈」에는 항탁項託이 7세 때 공자의 스승
이 되었다는 말도 있다.[730] 『신서』 「잡사」편에는 제나라 여구공이란 사람
의 말로 진秦나라의 항탁이 일곱 살에 성인의 스승이 되었다는 언급이
있는데,[731] 『회남자』 「수무훈」의 표현은 여기서 유래하는 듯하다. 그렇지
만 진나라의 어린 소년이 멀리 노나라까지 와서 공자의 스승이 되었다
는 말은 사실이 아닐 것이다.

「제자열전」에서 이어지는 문답은 진자금의 질문으로 시작되는데,
『논어』 「학이」편 10장에 나오는 문답이다.[732] 공자가 자신의 나라에 올
때마다 그 나라의 정치적 상황에 대해 듣는 것을 의아하게 여긴 자금
이, 공자가 정치에 관심이 있어 일부러 물어보는 것 아니냐는 의심을

---

[728] 『新序』 「雜事」: 魯哀公問子夏曰, 必學而後可以安國保民乎. 子夏曰, 不學而能安國 保民者, 未嘗聞也. 哀公曰, 然則五帝有師乎. 子夏曰, 有. 臣聞黃帝學乎大眞, 顓頊學乎綠 圖, 帝嚳學乎赤松子, 堯學乎尹壽, 舜學乎務成跗, 禹學乎西王國, 湯學乎威子伯, 文王學 乎鉸時子斯, 武王學乎郭叔, 周公學乎太公, 仲尼學乎老聃. 此十一聖人, 未遭此師, 則功 業不著乎天下, 名號不傳乎千世. 詩曰, 不愆不忘, 率由舊章, 此之謂也. 夫不學不明古道, 而能安國者, 未之有也.

[729] 『韓詩外傳』 券五: 『韓詩外傳』 券五: 哀公問於子夏曰, 必學然後可以安國保民乎. 子 夏曰, 不學而能安國保民者, 未之有也. 哀公曰, 然則五帝有師乎. 子夏曰, 臣聞, 黃帝學乎 大墳, 顓頊學乎祿圖, 帝嚳學乎赤松子, 堯學乎務成附, 舜學乎尹壽, 禹學乎西王國, 湯 學乎貸子相, 文王學乎錫疇子斯, 武王學乎太公, 周公學乎虢叔, 仲尼學乎老聃. 此十一聖 人, 未遭此師, 則功業不能著於天下, 名號不能傳乎後世者也. 詩曰, 不衍不忘, 率由舊章.

[730] 『淮南子』 「修務訓」: 夫項託七歲, 爲孔子師. 孔子有以聽其言也.

[731] 『新序』 「雜事」: 齊有閭丘邛年十八 …… 道鞍宣王曰秦項橐七歲爲聖人師.

[732] 『論語』 「學而」: 子禽問於子貢曰, 夫子至於是邦也, 必聞其政, 求之與, 抑與之與. 子 貢曰, 夫子溫良恭儉讓以得之, 夫子之求之也, 其諸異乎人之求之與.

나타낸 질문이다. 자공은 이에 대해 공자가 워낙 훌륭한 분이라 저절로 그렇게 되는 것이라고 대답한다. 이런 질문 외에도 자공이 공자에 대한 비판적 질문에 대해 방어적 대답을 한 문답이 『논어』 몇 곳에 보인다. 「자한」편 6장에는 태재가 자공에게 "선생님께서는 성인이십니까? 어떻게 그렇게 여러 가지를 잘 하시지요?"라고 묻는 질문이 있다.[733] 비꼬는 투가 역력한 질문이다. 계급사회에서 높은 신분의 사람은 다스리는 역할만 하면 되고, 뛰어난 스승은 학문만 잘 하면 되는데, 다양한 일을 할 줄 아는 공자가 과연 성인인가 하는 질문이다. 자공은 "정말 하늘이 내신 한없는 덕을 지닌 성인이시고, 또 재능도 많으십니다."라고 대답했다. 공자가 이 말을 듣고 "태재가 나를 아는구나. 내가 젊었을 때 미천했기 때문에 여러 잡다한 일에 능하게 되었다. 그러나 군자가 재능이 많아야 할 필요가 있을까? 많을 필요는 없다."라고 했다. 『사기』 「공자세가」에는 공자의 출신성분이 미천했고, 계씨 아래에서 말단관리로 있었다는 기록이 있는 것으로 봐서 젊은 시절 공자의 직책이 낮았던 것은 사실일 것이다.[734] 또 「자장」편 23장에서는 노나라의 대부인 숙손무숙叔孫武叔이 궁정에서 자공이 공자보다 현명하다고 막말을 한다. 이 말을 전해준 자복경백子服景伯에게 자공은 "대궐의 담장에 비유하면 저의 담장은 어깨 높이 정도여서 집 안의 좋은 것들을 들여다 볼 수 있습니다. 선생님의 담장은 몇 길이나 되어서 그 문을 들어서지 않으면 종묘의 아름다움이나 많은 백관들을 볼 수 없습니다."고 대답한다. 그리고 마지막으로 "그 문을 들어간 사람이 적으니 그 사람(숙손무숙)이 그렇게 말

---

[733] 『論語』 「子罕」: 大宰問於子貢曰, 夫子聖者與, 何其多能也. 子貢曰, 固天縱之將聖, 又多能也. 子聞之曰, 大宰知我乎. 吾少也賤, 故多能鄙事, 君子多乎哉, 不多也. 牢曰, 子云, 吾不試故藝.

[734] 『史記』 「孔子世家」: 孔子貧且賤. 及長, 嘗爲季氏史, 料量平, 嘗爲司職吏, 而畜蕃息.

하는 것도 당연하지 않겠습니까?"라고 한다.[735] 공자를 변호하면서도 자공은 자신을 은근히 드러내고 있다. 자신을 어깨 높이 정도로 표현하고, '집 안의 좋은 것들' 즉 자신의 장점도 언급한다. 자신은 '그 문을 들어간 사람'이 되어 공자의 높은 수준을 짐작할 수 있다는 의미도 내포되어 있다. 또 '그 사람(숙손무숙)이 그렇게 말하는 것도 당연하지 않겠습니까?'라는 말에도 은근히 자신을 드러내는 의도가 보인다.「자장」편 24장에서도 숙손무숙이 공자를 혹평한다. 거기에 대해 자공은 "그러지 마십시오. 중니는 헐뜯을 수 없는 분이십니다. 다른 사람의 훌륭함은 언덕과 같아서 넘을 수 있지만, 중니의 훌륭함은 해나 달 같아서 넘을 수 없습니다. 사람들이 비록 그와 관계를 끊으려 한들 어찌 해와 달에 손상이 되겠습니까? 단지 자기의 분수를 모른다는 사실만 드러낼 뿐입니다."라고 나무란다.[736] 여기서도 자공은 자신은 언덕 정도는 된다고 말하고 있다. 자공이 공자를 선생님[夫子]이 아니라 중니라고 한 것은 숙손무숙이 높은 지위에 있는 사람이어서 그랬을 것이다. 「자장」편 25장은 진자금과 자공의 문답이다. 진자금이 자공에게 "당신이 공손해서 그렇지 중니가 어떻게 당신보다 낫겠습니까?"라고 묻는다. 자공은 "군자는 한 마디 말로 지혜롭게 되기도 하고 한 마디 말로 지혜롭지 못하게도 되니까 말을 삼가지 않으면 안 됩니다. 선생님의 경지에 미칠 수 없는 것은 하늘에 사다리를 놓고 오를 수 없는 것과 같습니다. 선생님께서 나라를 얻으시게 되면, 이른바 '세우면 이에 서고, 인도하면 이

---

735 『論語』「子張」: 叔孫武叔語大夫於朝曰, 子貢賢於仲尼. 子服景伯, 以告子貢. 子貢曰, 譬之宮墻, 賜之墻也及肩, 窺見室家之好. 夫子之墻數仞, 不得其門而入, 不見宗廟之美, 百官之富. 得其門者或寡矣, 夫子之云, 不亦宜乎.

736 『論語』「子張」: 叔孫武叔毀仲尼, 子貢曰, 無以爲也. 仲尼不可毀也, 他人之賢者, 丘陵也, 猶可踰也, 仲尼日月也, 無得而踰焉. 人雖欲自絶, 其何傷於日月乎. 多見其不知量也.

에 따르며, 편안하게 해주면 이에 따라오고, 고무시키면 이에 화합하여, 그가 살아 계시면 영광으로 여기고, 돌아가시면 슬퍼한다'는 것인데, 어떻게 그 경지에 미칠 수 있겠습니까?"라고 대답한다.[737] 공자의 경지에 미칠 수 없는 이유가 집권하면 정치를 잘 할 수 있는 사람이어서 그렇다는 논리인데, 공자 당시의 논리라고 보기는 어렵다. 『외전』 8권에도 자공이 공자에 대해 '하늘에 사다리를 놓고 오를 수 없는 것'과 비슷한 비유법을 쓰는 모습이 보인다. 공자에 관한 제나라 경공의 질문에 자공이 대답하는 이야기다.

> 제나라 경공이 자공에게 "선생께서는 누구에게 배웠습니까?"라고 물었다. 자공이 "노나라 중니입니다."라고 대답하자 경공이 "중니는 현명한 사람입니까?"라고 다시 물었다. 자공은 "성인이십니다. 어떻게 현명한 정도일 뿐이겠습니까?"라고 대답했다. 경공이 비웃으면서 "어떻게 성스럽습니까?"라고 묻자 자공은 "모릅니다."라고 대답했다. 경공이 화난 기색으로 "처음에는 성인이라고 해놓고 지금은 모른다고 하는데 왜 그렇습니까?"라고 물었다. 자공은 "저는 평생 하늘을 이고 살지만 하늘의 높이를 알지 못하고, 평생 땅을 밟고 다니지만 땅의 두께를 알지 못합니다. 제가 중니를 모시는 것은 비유하면 목마를 때 작은 주전자나 국자를 들고 강이나 바다에서 떠서 마시고 배가 차면 떠나는 것과 같은데, 그렇게 한다고 강과 바다의 깊이를 알 수 있겠습니까?"라고 대답했다. 경공이 "선생의 자랑이 너무 심한 것 아닙니까?"라고 하자 자공은 "제가 어떻게 감히 심한

---

[737] 『論語』「子張」: 陳子禽謂子貢曰, 子爲恭也, 仲尼豈賢於子乎. 子貢曰, 君子一言以爲知, 一言以爲不知, 言不可不愼也. 夫子之不可及也, 猶天之不可階而升也. 夫子之得邦家者, 所謂立之斯立, 道之斯行, 綏之斯來, 動之斯和, 其生也榮, 其死也哀, 如之何其可及也.

말을 하겠습니까? 오히려 제대로 표현하지 못할까 염려됩니다. 제가 중니를 자랑하는 것은 비유하자면 두 손으로 흙을 파서 태산에 보탠다고 태산이 더 높아지지 않는 것과 같습니다. 제게 중니를 자랑하지 말라고 하는 것은 비유하자면 두 손으로 태산에서 흙을 파낸다고 태산이 낮아지지 않는 것과 같습니다."라고 대답했다. 경공은 "훌륭합니다. 어떻게 이렇게 잘 비유하십니까? 훌륭합니다. 어떻게 이렇게 잘 비유하십니까?"라고 하였다. 『시경』에 '끊임없이 이어지고 정연하니 헤아릴 수도 이길 수도 없네'라고 하였다.[738]

여기서 자공이 공자를 중니라고 한 것도 역시 제후 앞이라서 공자를 낮추되, 자신의 스승이라서 이름은 부를 수 없는 입장이라, 중니라는 자字로 호칭했을 것이다. 후세 사람들이 만들어낸 이야기일 가능성이 높지만, 언어에 뛰어난 자공에 어울리게 자공은 뛰어난 비유법을 구사하고 있다. 이 이야기는 『설원』「선설」편에 질문자를 달리 하여, 조금씩 다른 표현으로 소개되어 있다.[739, 740, 741]

....

[738] 『韓詩外傳』券八: 齊景公謂子貢曰, 先生何師. 對曰, 魯仲尼. 曰, 仲尼賢乎. 曰, 聖人也, 豈直賢哉. 景公嘻然而笑, 其聖何如. 子貢曰, 不知也. 景公悖然作色曰, 始言聖人, 今言不知, 何也. 子貢曰, 臣終身戴天, 不知天之高也, 終身踐地, 不知地之厚也. 若臣之事仲尼, 譬猶渴操壺杓, 就江海而飮之, 腹滿而去, 又安知江海之深乎. 景公曰, 先生之譽, 得無太甚乎. 子貢曰, 臣賜何敢甚言, 尚慮不及耳. 臣譽仲尼, 譬猶兩手捧土而附泰山, 其無益亦明矣. 使臣不譽仲尼, 譬猶兩手杷泰山, 無損亦明矣. 景公曰, 善, 豈其然, 善, 豈其然. 詩曰, 綿綿翼翼, 不測不克.

[739] 『說苑』「善說」: 子貢見太宰嚭, 太宰嚭問曰, 孔子何如. 對曰, 臣不足以知之. 太宰曰, 子不知, 何以事之. 對曰, 惟不知, 故事之. 夫子其猶大山林也, 百姓各足其材焉. 太宰嚭曰, 子增夫子乎. 對曰, 夫子不可增也. 夫賜其猶一累壤也, 以一累壤增大山, 不益其高, 且爲不知. 太宰嚭曰, 然則子有所酌也. 對曰, 天下有大樽, 而子獨不酌焉, 不識誰之罪也.

[740] 『說苑』「善說」: 趙簡子問子貢曰, 孔子爲人何如. 子貢對曰, 賜不能識也. 簡子不說曰,

4 정치

『논어』「옹야」편 6장을 보면, 계강자가 자공이 정치를 할 만한 인물인지 물었을 때 공자는 "자공은 통달했는데, 정치에 종사하는 데 무슨 어려움이 있겠습니까?"라고 대답한다.[742] 자공이 공자가 살아있을 때 관직에 진출했는지는 확실하지 않다. 후세 사람들은 「옹야」편 6장에 근거해 자공이 관직에도 진출했을 것으로 믿었을 것이다. 『설원』「정리」편은 자공이 신양信陽이라는 곳의 수령으로 임명되었다고 전하고 있다.[743] 수령이 되어 공자에게 인사를 왔을 때 공자는 "힘써 일하고 순리대로 하며, 하늘이 정한 때를 따르고 강제로 빼앗지 말며, 토벌하지 말고 사납게 굴지 말며, 도둑질하지 말아야 한다."라고 당부한다. 자공이 도둑질이라는 말에 발끈했다. 공자를 모시던 자신이 설마 도둑질을 하겠느냐는 의미였다. 공자는 '남의 공로를 자신의 것으로 만드는 것'이 도둑질이라고 가르친다. 이 이야는 『공자가어』「변정」편에도 계승되어

....
夫子事孔子數十年, 終業而去之, 寡人問子, 子曰, 不能識, 何也. 子貢曰, 賜譬渴者之飲江海, 知足而已, 孔子, 猶江海也, 賜則奚足以識之. 簡子曰, 善哉, 子貢之言也.
[741] 『說苑』「善說」: 齊景公謂子貢曰, 子誰師. 曰, 臣師仲尼. 公曰, 仲尼賢乎. 對曰, 賢. 公曰, 其賢何若. 對曰, 不知也. 公曰, 子知其賢, 而不知其奚若, 可乎. 對曰, 今謂天高, 無少長愚智, 皆知高, 高幾何, 皆曰不知也. 是以知仲尼之賢, 而不知其奚若.
[742] 『論語』「雍也」: 季康子問, 仲由可使從政也與. 子曰, 由也果, 於從政乎, 何有. 曰, 賜也 可使從政也與. 曰, 賜也達, 於從政乎, 何有. 曰, 求也可使從政也與. 曰, 求也는藝於從政乎, 何有.
[743] 『說苑』「政理」: 子貢爲信陽令, 辭孔子而行. 孔子曰, 力之順之, 因天之時, 無奪無伐, 無暴無盜. 子貢曰, 賜少而事君子, 君子固有盜者邪. 孔子曰, 夫以不肖伐賢, 是謂奪也. 以賢伐不肖, 是謂伐也. 緩其令, 急其誅, 是謂暴也. 取人善以自爲己, 是謂盜也. 君子之盜, 豈必當財幣乎. 吾聞之曰, 知爲吏者奉法利民, 不知爲吏者, 枉法以侵民, 此皆怨之所由生也. 臨官莫如平, 臨財莫如廉, 廉平之守, 不可攻也. 匿人之善者, 是謂蔽賢也, 揚人之惡者, 是謂小人也, 不內相教, 而外相謗者, 是謂不足親也. 言人之善者, 有所得而無所傷也. 言人之惡者, 無所得而有所傷也. 故君子愼言語矣, 毋先己而後人, 擇言出之, 令口如耳. (밑줄은 동양고전종합DB(http://db.cyberseodang.or.kr/)의 한자를 따랐다.)

있다.⁷⁴⁴ 이 전승을 전하던 사람들은 말 잘하는 자공이 저지를 수 있는 잘못이라고 보았을 것이다.

후세 사람들은 자공이 부하 관원들을 잘 관리할 수 있는 능력을 가졌다고 믿고 있었다. 앞의 「역사의 패배자 재아」 부분에서 언급한 것처럼, 초나라 소왕이 공자를 등용하지 못하도록 만류한 자서子西가 공자를 등용하면 안 되는 이유로 제시한 것 중 한 가지가 관원들을 잘 관리할 수 있는 자공의 존재였다. 이와 비슷한 이야기가 『설원』 「봉사」 편에도 있다.⁷⁴⁵ 조간자가 위나라를 침략하기 위해 사암史黯이라는 사람을 첩자로 보냈는데, 기한보다 훨씬 늦게 돌아와서는 침략하지 않는 것이 좋겠다고 보고한다. 그 이유로 '거백옥蘧伯玉이 재상으로 있고, 사추史鰌가 보좌하고 있으며, 공자가 위나라에 손님으로 와있고, 자공이 위나라 임금의 명령을 수행하고 있기 때문'이라고 대답한다. 조간자가 위나라를 공격하지 못한 이유 중 한 가지가 자공의 존재였다는 것이다. 뛰는 놈 위에 나는 놈이 있는 법. 『회남자』 「주술훈」은 조간자가 위나라를 공격하지 못한 이유로 거백옥만을 들고 있다.⁷⁴⁶ 그 앞의 대화도

---

⁷⁴⁴ 『孔子家語』 「辯政」:子貢爲信陽宰, 將行, 辭於孔子. 孔子曰, 勤之愼之, 奉天子之時, 無奪無伐, 無暴無盜. 子貢曰, 賜也少而事君子, 豈以盜爲累哉. 孔子曰, 汝未之詳也, 夫以賢代賢, 是謂之奪, 以不肖代賢, 是謂之伐, 緩令急誅, 是謂之暴, 取善自與, 謂之盜. 盜非竊財之謂也. 吾聞之, 知爲吏者, 奉法以利民, 不知爲吏者, 枉法以侵民, 此怨之所由也. 治官莫若平, 臨財莫如廉. 廉平之守, 不可改也. 匿人之善, 斯謂蔽賢. 揚人之惡, 斯爲小人. 內不相訓, 而外相謗, 非親睦也. 言人之善, 若己有之, 言人之惡, 若己受之. 故君子無所不愼焉.

⁷⁴⁵ 『說苑』 「奉使」:趙簡子將襲衛, 使史黯往視之, 期以一月, 六月而後反. 簡子曰, 何其久也. 黯曰, 謀利而得害, 由不察也. 今蘧伯玉爲相, 史鰌佐焉, 孔子爲客, 子貢使令於君前, 甚聽. 易曰, 渙其群元吉, 渙者賢也, 群者衆也, 元者吉之始也, 渙其群元吉者, 其佐多賢矣. 簡子按兵而不動耳.(밑줄은 동양고전종합DB(http://db.cyberseodang.or.kr/)의 한자를 따랐다.)

⁷⁴⁶ 『淮南子』 「主術訓」:蘧伯玉爲相, 子貢往觀之, 曰, 何以治國. 曰, 以弗治治之. 簡子欲伐衛, 使史黯往覿焉, 還報曰, 蘧伯玉爲相, 未可以加兵.

자공이 묻고 거백옥이 대답하는 형식을 취하고 있다. 거백옥이 위나라의 재상이 되자 자공이 거백옥에게 어떤 정치를 펼칠 것인지 물었는데, 거백옥은 무위의 정치를 펼칠 것이라고 대답했다. 여기서 등장하는 거백옥은 『논어』「헌문」편 26장[747]과 「위령공」편 6장[748]에 등장하는데, 공자로부터 좋은 평가를 받은 인물이다. 도가적 경향을 지닌 『회남자』에서는 공자로부터 칭찬을 받은 인물을 무위의 정치를 펼친 정치가로 만들어, 관리 능력이 뛰어난 자공과 비교함으로써 도가적 입장의 우위를 말한 것이다.

5 말솜씨

자공은 공자의 제자 중에서도 언어에 능한 제자로 유명하다.[749] 『논어』에서 그의 말솜씨를 짐작하게 하는 문답이 몇 곳 보인다. 먼저 『논어』「술이」편 14장을 살펴보자.[750] 염유와 자공은 공자가 위衛나라 임금을 도와 정치에 참여할 것인지 아닌지가 궁금했다. 당시 위나라는 아버지인 괴외蒯聵(장공莊公)와 아들 첩輒(출공出公)이 제후의 지위를 다투는 상황이었다. 자공이 공자의 마음을 알아보기로 하고 공자에게 질문을

---

[747] 『論語』「憲問」: 蘧伯玉使人於孔子, 孔子與之坐而問焉曰, 夫子何爲. 對曰, 夫子欲寡其過, 而未能也. 使者出, 子曰, 使乎使乎.
[748] 『論語』「衛靈公」: 子曰, 直哉, 史魚. 邦有道, 如矢, 邦無道, 如矢. 君子哉, 蘧伯玉. 邦有道則仕, 邦無道則可卷而懷之.
[749] 『論語』「先進」: 子曰, 從我於陳蔡者皆不及門也. 德行顔淵·閔子騫·冉伯牛·仲弓, 言語宰我·子貢, 政事엔冉有·季路, 文學子游·子夏.
[750] 『論語』「述而」: 冉有曰, 夫子爲衛君乎. 子貢曰, 諾, 吾將問之. 入曰, 伯夷·叔齊何人也. 曰, 古之賢人也. 曰, 怨乎. 曰, 求仁而得仁, 又何怨. 出曰, 夫子不爲也.

했는데, 얼른 보기에는 엉뚱한 질문을 했다. 자공은 "백이伯夷와 숙제 叔齊는 어떤 사람입니까?"라고 물었고, 공자는 "옛날의 훌륭한 분들이지."라고 대답했다. 자공이 다시 "나라를 양보한 것을 후회했습니까?"라고 묻자 공자는 "그분들은 인仁을 추구하다 인仁을 얻었는데, 다시 무엇을 후회했겠어?"라고 대답했다. 이 문답을 마친 자공은 밖으로 나와 염유에게 "선생님께서는 위나라에서 일하지 않으실 것이야."라고 대답했다. 우회적인 문답으로, 공자가 부자간에 제후의 지위를 다투는 나라에서 일하지는 않을 것이라는 추정을 했다는 의미다. 『논어』「자한」편 12장에도 자공의 말솜씨를 보여주는 문답이 있다.[751] 공자가 현실 정치에 참여하기를 바라던 자공이 우회적인 질문을 했다. "만약 여기 아름다운 옥이 있다면 상자 속에 숨겨서 간직해야 합니까, 아니면 좋은 값을 주겠다는 사람을 찾아 팔아야 합니까?"라고 물었다. 공자는 "팔아야지, 팔아야지. 나는 좋은 값을 쳐주는 사람을 기다리는 것이야."라고 대답했다. 자공의 마음을 아는 공자는 '팔아야지'라는 말을 두 번이나 반복해서 강한 의지를 보여주고 있다. 공자가 속마음을 털어놓을 수 있도록 만들 정도의 말솜씨가 있었던 것이다.

    자공은 말솜씨만 있었던 것이 아니라 말의 중요성을 잘 알았다. 『설원』「선설」편은 자공이 "말을 입 밖에 내는 것은 자신의 득실과 국가의 안위에 관계된다."고 말한 것으로 전하고 있다.[752] 자공이 말을 잘 하고 똑똑했다는 인식은 전국시대 이후 일반적으로 인정되고 있었다. 『회남자』「인간훈」편에는 공자가 자공의 말솜씨는 자신보다 낫다고 인정하

---

[751] 『論語』「子罕」: 子貢曰, 有美玉於斯, 韞匵而藏諸, 求善賈而沽諸. 子曰, 沽之哉沽之哉, 我待賈者也.
[752] 『說苑』「善說」: 子貢曰, 出言陳辭는 身之得失과 國之安危也.

는 이야기가 있고,⁷⁵³ 『설원』 「잡언」편⁷⁵⁴과 『공자가어』 「육본」편⁷⁵⁵에는 공자가 자공의 기민함은 자신보다 낫다고 표현한 기록이 있다.

말솜씨가 뛰어난 자공은 우회적인 표현을 쓸 줄도 알았다. 『설원』 「권모」편에는 자공이 우회적인 표현으로 위나라 영공에게 간언을 했다는 이야기가 전해진다.⁷⁵⁶ 영공이 평상복을 입고 부인들과 놀고 있을 때 자공을 만났다. 영공은 조금 민망했던지 자공에게 위나라가 망할 것인지 물었다. 자공은 "옛날 하나라의 걸桀왕과 은나라의 주紂왕은 자신의 잘못을 받아들이지 않았기 때문에 망했고, 성탕成湯과 문왕 및 무왕은 자신의 잘못을 받아들일 줄 알았기 때문에 망하지 않았습니다. 위나라가 어떻게 망할 수가 있겠습니까?"라고 말했다. '그만 놀고 이제 일 좀 하시오'라는 의미였을 것이다.

자공은 멋진 비유도 잘 사용했다. 『설원』 「잡언」에는 동곽자혜東郭子惠란 사람이 공자 주변에 잡다한 사람들이 모인다고 비난하자, 자공이 멋진 비유를 들어 그 사람의 입을 막은 이야기가 전해진다. 자공은 "나

---

⁷⁵³ 『淮南子』「人間訓」: 人或問孔子曰, 顔回何如人也. 曰, 仁人也, 丘弗如也. 子貢何如人也. 曰, 辯人也, 丘不如也. 子路何如人也. 曰, 勇人也, 丘不如也. 賓曰, 三人皆賢夫子, 而爲夫子役, 何也. 孔子曰, 丘能仁且忍, 辯且訥, 勇且怯. 以三子之能, 易丘一道, 丘弗爲也, 孔子知所施之也.

⁷⁵⁴ 『說苑』「雜言」: 子夏問仲尼曰, 顔淵之爲人也, 何若. 曰, 回之信, 賢於丘也. 曰, 子貢之爲人也, 何若. 曰, 賜之敏, 賢於丘也. 曰, 子路之爲人也, 何若. 曰, 由之勇, 賢於丘也. 曰, 子張之爲人也, 何若. 曰, 師之莊, 賢於丘也. 於是子夏避席而問曰, 然則四者何爲事先生. 曰, 坐, 吾語汝. 回能信而不能反, 賜能敏而不能屈, 由能勇而不能怯, 師能莊而不能同. 兼此四子者, 丘不爲也. 夫所謂至聖之士, 必見進退之利, 屈伸之用者也.

⁷⁵⁵ 『孔子家語』「六本」: 子夏問於孔子曰, 顔回之爲人奚若. 子曰, 回之信賢於丘. 曰, 子貢之爲人奚若. 子曰, 賜之敏賢於丘. 曰, 子路之爲人奚若. 子曰, 由之勇賢於丘. 曰, 子張之爲人奚若. 子曰, 師之莊賢於丘. 子夏避席而問曰, 然則四子何爲事先生. 子曰, 居, 吾語汝. 夫回能信而不能反, 賜能敏而不能詘, 由能勇而不能怯, 師能莊而不能同, 兼四子者之有以易吾弗與也, 此其所以事吾而弗貳也.

⁷⁵⁶ 『說苑』「權謀」: 衛靈公襜被以與婦人游, 子貢見公. 公曰, 衛其亡乎. 對曰, 昔者夏桀·殷紂不任其過, 故亡. 成湯·文·武知任其過, 故興. 衛奚其亡也.

무릎 펴는 기구 옆에는 굽은 나무가 많고, 좋은 의사의 문전에는 병든 사람이 많으며, 숫돌 옆에는 무딘 칼이 많은 법입니다. 공자께서는 도덕을 닦아 천하 사람들을 기다리므로 사람들이 끊이지 않고 모여들었고, 이 때문에 잡다한 사람들이 모이는 것입니다."라고 대답했다.[757]

　말솜씨가 뛰어난 자공이었지만 모든 사람을 설득할 수 있는 것은 아니었다. 공자에게도 자공의 말재주가 통하지 않을 때가 있었다. 『사기』「공자세가」에는 진채지간에서 공자 일행이 곤경에 처했을 때, 공자가 제자들의 마음이 상했다는 것을 알고 자로, 자공 그리고 안연을 불러 각자에게 동일한 질문을 했다고 전한다. 그 질문은 『시경』「소아小雅」편에 나오는 '코뿔소도 아니고 호랑이도 아닌 것이 광야에서 헤매고 있네'라는 구절을 인용하면서 무엇이 잘못되어 공자와 일행들이 이런 일을 당하고 있는지 묻는 질문이었다. 이 질문에 대해 자공은 "선생님의 도가 지극히 크기 때문에 천하가 선생님을 받아들이지 못합니다. 선생님께서 수준을 조금 낮추시는 것이 어떻겠습니까?"라고 대답했다. 공자를 추켜세우면서도 세상과 적당히 타협을 좀 하라는 이야기다. 자공다운 말솜씨와 처세술이다. 여기에 대해 공자는 "사賜야, 농사를 잘 짓는 좋은 농부라고 해서 반드시 수확할 수 있는 것이 아니고, 정교한 기술을 가진 좋은 장인이라고 해서 반드시 손님을 만족시킬 수 있는 것이 아냐. 군자가 도를 잘 닦고, 기강을 세우며, 이치에 통달한다고 해도 꼭 받아들여지는 것은 아냐. 너는 지금 너의 도를 닦지 않고서 받아들여지기를 바라는구나. 사야, 네 뜻이 원대하지 못하구나."라고 자공

---

[757] 『說苑』「雜言」: 東郭子惠問於子貢曰, 夫子之門何其雜也. 子貢曰, 夫隱括之旁多枉木, 良醫之門多疾人, 砥礪之旁多頑鈍. 夫子修道以俟天下, 來者不止, 是以雜也.

을 나무랐다.⁷⁵⁸ 이런 대화 후에도 자공에 대한 공자의 믿음이 흔들리지는 않았다. 이 대화 직후 공자는 자공을 초나라 소왕에게 보내 도움을 청했고, 소왕의 도움으로 공자 일행은 어려움에서 벗어났다고 전한다.⁷⁵⁹ 『여씨춘추』「효행람, 필기」편에는 자공이 설득에 실패한 재미있는 이야기가 전해진다.

공자 일행이 길을 가다가 쉬고 있는데 말이 도망가서 남의 집 벼를 뜯어 먹었다. 그 밭의 주인은 그 말을 잡고 놓아주지 않았다. 자공이 가서 설득했지만 그 농부는 듣지 않았다. 공자를 모신 지 얼마 되지 않는 비천한 출신의 사람이 설득해보겠다고 나섰다. 그 사람이 "당신이 동해에서 농사를 짓고, 내가 서해에서 농사를 짓지 않는 다음에야 제 말이 당신 밭에서 벼를 뜯어먹는 일은 어쩔 수 없는 일이 아니겠소?"라고 했다. 그 농부가 기뻐하면서 "당신은 정말 말을 잘 하는군요. 조금 전에 간 사람과는 정말 다르네요." 하고는 말을 풀어주었다.⁷⁶⁰

위의 이야기는 『회남자』「인간훈」에도 전해진다.⁷⁶¹ 농부의 마음은

---

⁷⁵⁸ 『史記』「孔子世家」: 子路出, 子貢入見. 孔子曰, 賜, 詩云, 匪兕匪虎, 率彼曠野. 吾道非邪, 吾何爲於此. 子貢曰, 夫子之道至大也, 故天下莫能容夫子. 夫子蓋少貶焉. 孔子曰, 賜, 良農能稼而不能爲穡, 良工能巧而不能爲順. 君子能脩其道, 綱而紀之, 統而理之, 而不能爲容. 今爾不脩爾道而求爲容. 賜, 而志不遠矣.

⁷⁵⁹ 『史記』「孔子世家」: 於是使子貢至楚. 楚昭王興師迎孔子, 然後得免.

⁷⁶⁰ 『呂氏春秋』「孝行覽, 必己」: 孔子行道而息, 馬逸, 食人之稼. 野人取其馬. 子貢請往說之, 畢辭, 野人不聽. 有鄙人始事孔子者曰, 請往說之. 因謂野人曰, 子不耕於東海, 吾不耕於西海也, 吾馬何得不食子之禾. 其野人大說, 相謂曰, 說亦皆如此其辯也, 獨如嚮之人. 解馬而與之.

⁷⁶¹ 『淮南子』「人間訓」: 孔子行游, 馬失, 食農夫之稼. 野人怒, 取馬而繫之. 子貢往說之, 卑辭而不能得也. 孔子曰, 夫以人之所不能聽說人, 譬以大牢享野獸, 以九韶樂飛鳥也, 予之罪也, 非彼人之禍也. 乃使馬圉往說之. 至見野人曰, 子耕於東海, 至於西海, 吾馬之失,

농부가 알기 때문에 농사를 지어보지 않은 자공보다 비천한 출신의 사람이 더 설득력이 있었다는 이야기다. 『한비자』「설림하」편에도 설득에 실패한 자공의 모습이 소개되어 있다.[762] 자공이 공자의 명을 받고 헛된 이름을 탐내는 자서子西라는 사람을 설득하러 갔지만 실패했다고 전한다. 『설원』「경신」편에는 자공이 초라한 상복 차림의 행인에게 예를 갖추지 않고 길을 묻다가 지적을 받았다는 이야기도 전해진다.[763] 앞의 「염치와 청빈의 원헌」 부분에서 소개한, 초라한 모습으로 가난하게 살던 원헌에게 무슨 병에라도 걸린 것인지 묻다가 망신을 당한 이야기도 있다.

자공은 말솜씨가 뛰어났지만 남의 험담도 잘했다. 『논어』「헌문」편 31장에는 공자가 이런 자공에게 "자공은 현명한 모양이다. 나는 그럴 겨를이 없는데."라고 일침을 가하는 내용이 있다.[764] 위의 『사기』「제자열전」도 자공에 대해 "남의 장점을 칭찬하는 것을 좋아했지만 남의 잘못을 덮어줄 줄은 몰랐다."고 평가하고 있다. 정도 차이는 있지만 자공이 말재주는 뛰어나지만 실천에는 약한 면을 보이는 데 대한 공자의 지적도 있었다. 『논어』「위정」편 13장에는 자공이 군자에 대해 물었을 때 공자가 "먼저 행하고, 말은 그 다음에 하는 것이다."라고 지적하는 내용

安得不食子之苗. 野人大喜, 解馬而與之.
[762] 『韓非子』「說林下」:孔子謂弟子曰, 孰能導子西之釣名也. 子貢曰, 賜也能. 乃導之, 不復疑也. 孔子曰, 寬哉, 不被於利, 絜哉. 民性有恆, 曲爲曲, 直爲直. 孔子曰, 子西不免. 白公之難, 子西死焉. 故曰, 直於行者曲於欲.
[763] 『說苑』「敬愼」:子贛之承或, 在塗見道側巾弊布擁蒙而衣衰, 其名曰舟綽. 子贛問焉曰, 此至承幾何. 嘿然不對, 子贛曰, 人問乎己而不應, 何也. 屛其擁蒙而言曰, 望而黬人者仁乎, 睹而不識者智乎, 輕侮人者義乎. 子贛下車曰, 賜不仁過問, 三言可復聞乎. 曰, 是足於子矣, 吾不告子. 於是子贛三偶則式, 五偶則下.
[764] 『論語』「憲問」:子貢方人, 子曰, 賜也賢乎哉, 夫我則不暇.

이 있다.⁷⁶⁵ 『논어』「공야장」편 11장에도 공자가 자공에게 일침을 가하는 이야기가 있다. "저는 남이 나에게 하지 않았으면 하는 일을 저 역시 남에게 하지 않으려고 합니다."라고 말하자 공자는 "사야, 네가 할 수 있는 일이 아니다."라고 자공의 수준을 자각하게 만든다.⁷⁶⁶ 그런데 이 부분에서 자공은 조금 억울할 수도 있다. 『논어』「위령공」편 23장을 보면 이 말은 공자가 자공에게 시킨 말이다.⁷⁶⁷ 자공이 죽을 때까지 행할 만한 한 마디 말을 알려달라고 했을 때 공자는 "그건 서恕라는 말일 것이다. 자기가 하고 싶지 않은 것을 남에게도 시키지 않는 것이다."라고 대답했던 것이다. 심지어 이 말은 『논어』「안연」편 2장에서 중궁仲弓에게도 해준 말이다.⁷⁶⁸ 실컷 그렇게 살라고 해놓고는 '네가 할 수 있는 일이 아니다'라고 하면 힘이 빠질 것 같다. 공자는 어쩌면 자공의 말과 행동이 다른 것을 지적한 것일 수도 있겠다.

『외전』 1권⁷⁶⁹과 『신서』「절사」편⁷⁷⁰에는 자공이 남을 비판했는데, 그

---

765 『論語』「爲政」: 子貢問君子, 子曰, 先行其言, 而後從之.
766 『論語』「公冶長」: 子貢曰, 我不欲人之加諸我也, 吾亦欲無加諸人. 子曰, 賜也非爾所及也.
767 『論語』「衛靈公」: 子貢問曰, 有一言而可以終身行之者乎. 子曰, 其恕乎, 己所不欲, 勿施於人.
768 『論語』「顔淵」: 仲弓問仁, 子曰, 出門如見大賓, 使民如承大祭, 己所不欲, 勿施於人, 在邦無怨, 在家無怨. 仲弓曰, 雍雖不敏, 請事斯語矣.
769 『韓詩外傳』券一: 鮑焦衣弊膚見, 挈畚持蔬, 遇子貢於道. 子貢曰, 吾子何以至於此也. 鮑焦曰, 天下之遺德教者衆矣. 吾何以不至於此也. 吾聞之, 世不己知, 而行之不已者, 爽行也. 上不己用, 而干之不止者, 是毁廉也. 行爽毁廉, 然且不舍, 惑於利者也. 子貢曰, 吾聞之, 非其世者不生其利, 汙其君者不履其土. 非其世而持其蔬, 詩曰, 溥天地下, 莫非王土, 此誰有之哉. 鮑焦曰, 於戱, 吾聞賢者重進而輕退, 廉者易愧而輕死. 於是棄蔬, 而立槁於洛水之上. 君子聞之曰, 廉夫剛哉. 夫山銳則不高, 水徑則不深, 行磏者德不厚, 志與天地擬者, 其爲人不祥. 鮑子可謂不祥矣, 其節度淺深, 適至而止矣. 詩云, 亦已焉哉, 天實爲之, 謂之何哉.
770 『新序』「節士」: 鮑焦衣弊膚見, 挈畚將蔬, 遇子贛將於道. 子贛曰, 吾子何以至此也. 焦曰, 天下之遺德教者衆矣. 吾何以不至於此也. 吾聞之, 世不己知, 而行之不已者, 是爽

사람이 죽음을 선택한 전승도 전해진다.

자공이 포초鮑焦라는 은자를 만나 토론을 했다. 포초는 윗사람이 자신을 알아주지 않으면 물러나야 한다고 주장했다. 자공은 "세상이 잘못되었다고 하는 사람은 그 세상에서 이익을 취하지 않고, 임금을 더럽다고 하는 사람은 그 나라 땅을 밟지 않는다고 들었습니다. 그런데 지금 당신은 임금이 더럽다고 하면서 그 땅을 밟고 있고, 세상이 잘못되었다고 하면서 그 땅의 나물을 뜯고 있는데, 그 나물은 누구의 소유이겠습니까?"라고 공격했다. 그 후 포초는 낙수洛水 가에서 아무 것도 먹지 않아 말라죽어 버렸다.

백이숙제를 희롱한 성삼문을 연상시키는 발언이다. 포초의 죽음에 대해서는 『장자』「도척」편[771]과 『신서』「잡사」편[772]에도 간단하게 언급되어 있다. 포초에 대해 『장자』에서는 행동을 꾸민 부정적인 인물로, 『신서』에서는 긍정적인 인물로 평가했다. 말솜씨는 좋았지만 가시 돋친 말로 상대방을 죽음에 이르게 했다는 자공의 설화는 여러 가지를 생각하게 만든다.

....

行也. 上不己知, 而干之不止者, 是毁廉也. 行爽廉毁, 然且不舍, 惑於利者也. 子贛曰, 吾聞之, 非其世者不生其利, 汗其君者, 不履其土. 今吾子汗其君而履其土, 非其世而將其蔬, 此誰之有哉. 鮑焦曰, 嗚呼, 吾聞賢者重進而輕退, 廉者易醜而輕死. 乃弃其蔬而立, 橋死於洛水之上. 君子聞之曰, 廉夫剛哉. 夫山銳則不高, 水狹而不深, 行特者其德不厚, 志與天地疑者, 其爲人不祥. 鮑子可謂不祥矣, 其節度淺深, 適至而止矣. 詩曰, 已焉哉, 天實爲之, 謂之何哉.

[771] 『莊子』「盜跖」: 鮑焦飾行非世, 抱木而死.
[772] 『新序』「雜事」: 此鮑焦之所以忿於世, 而不留於富貴之樂也.

6 외교

전국시대를 거치면서 말솜씨가 뛰어난 자공은 외교에서도 뛰어난 능력을 보여주었다. 『춘추좌씨전』 애공 15년 조의 전傳에는 제나라와 평화협상을 진행하여 빼앗겼던 성成 읍을 되찾아 왔다는 기록이 있다.[773] 이런 자공에 대해 춘추시대 말기의 여러 나라에 걸쳐 일어난 사건이 모두 자공의 외교 결과라는 전승이 만들어져, 『사기』 「제자열전」에 채택되었다. 그는 제나라가 노나라를 공격하려고 하자 제나라의 권력을 차지하려는 전상田常의 야욕을 이용해, 전상에게 제나라 귀족들의 힘을 약화시키기 위해서는 노나라보다 오나라를 공격해야 한다고 설득한다. 전상이 노나라를 공격하기 위해 군대가 떠난 상태에서 오나라를 공격하는 것은 명분이 약하다고 하자, 잠시 군대를 멈추라고 하고는 오나라로 간다. 자공은 오나라 왕에게 패자가 되기 위해서는 군소 제후국들을 동원해 제나라를 공격해 노나라를 구해야 한다고 설득한다. 오나라 왕이 그러고 싶지만 배후에 있는 월나라가 신경 쓰인다고 하자, 자공은 월나라가 협조하게 만들겠다고 하고는 월나라 왕을 만난다. 자공은 월나라 왕에게 오나라에 복종하는 척 하면서 기회를 노리라고 설득한다. 월나라 왕을 설득한 후 그는 오나라 왕을 안심시켜 오나라가 제나라를 공격하게 한다. 이번에는 진나라로 가서 오나라가 제나라에게

---

[773] 『春秋左氏傳』哀公 十五年 傳: 冬, 及齊平. 子服景伯如齊, 子贛爲介, 見公孫成曰, 人皆臣人, 而有背人之心, 況齊人. 雖爲子役, 其有不貳乎. 子周公之孫也, 多饗大利, 猶思不義, 利不可得, 而喪宗國, 將焉用之. 成曰, 善哉, 吾不早聞命. 陳成子館客曰, 寡君使恒告曰, 寡人願事君如事衛君. 景伯揖, 子贛而進之, 對曰, 寡君之願也. 昔晉人伐衛, 齊爲衛故, 伐晉冠氏, 喪車五百, 因與衛地, 自濟以西, 禚媚杏以南, 書社五百. 吳人加敝邑以亂, 齊因其病, 取讙與闡, 寡君是以寒心. 若得視衛君之事君也, 則固所願也. 成子病之, 乃歸成. 公孫宿以其兵甲入于嬴.

이길 경우 진나라를 공격할 것이니 준비하라고 시킨다. 오나라가 제나라에게 이긴 후 진나라를 공격하지만 백중지세여서 승부가 쉽게 나지 않고, 연이은 전투로 인해 오나라 병사들이 지친 틈을 이용해 월나라 왕 구천이 오나라를 공격해 오나라를 멸망시킨다는 이야기다.[774] 춘추시대 말기의 역사적 사실을 자공의 활약으로 인한 결과로 윤색한 것이리라. 이 이야기는 『묵자』 「비유하」편에서 공자를 비난하기 위해 조금 다른 형태로 전해진다.[775] 제나라가 노나라를 정벌하려 한다는 소식을 들은 공자는 자공을 제나라에 파견하는데, 자공은 공자가 제나라에 첩자로 남겨둔 남곽혜자南郭惠子를 통해 전상을 만났다고 전한다. 전상에게 오나라를 공격하도록 설득하고, 월나라를 설득해 오나라를 공격하도록 한 것은 동일하다. 3년 동안의 전쟁으로 인해 제나라와 오나라는 나라가 파탄이 날 정도로 어려움을 겪었다고 전한다. 이 이야기는 『설원』 「봉사」편에도 「제자열전」보다는 좀 더 간단한 형태로 전해진다.

제나라가 노나라를 공격하자 자공은 노나라 애공에게 오나라에 구원을 요청하자고 하였다. 노나라 애공은 "어떻게 선대 제후들께서 남겨주신 보물을 써서 구원을 요청하겠소?"라고 하였다. 자공은 "오나라가 우리나라의 보물을 요구하면서 우리 군대를 돕겠다고 해도 이것을 믿을 수는 없습니다."라고 하였다. 자공은 버드나무와 고라니의 힘줄로 만든 좋은 활 여섯 개를 가지고 오나라에 갔다. 자공이 오나라 왕에게 "제나라가 무도하여 주공의 후예(노나라 제후)로 하여금 제사를 잇지 못하게 하려고 합

---

[774] 이 글 말미에 그 자세한 내용을 소개한다.
[775] 『墨子』「非儒下」: 有頃閒, 齊將伐魯. 告子貢曰, 賜乎, 舉大事, 於今之時矣. 乃遣子貢之齊, 因南郭惠子, 以見田常, 勸之伐吳. 以敎高, 國, 鮑, 晏, 使毋得害田常之亂. 勸越伐吳. 三年之內, 齊吳破國之難, 伏尸以言術數. 孔某之誅也.

니다. 그렇게 되면 노나라의 병사와 세금 500과 노나라의 부용국인 주邾나라의 병사와 세금 300을 제나라에 더 보태주는 결과가 되는데, 오나라에 유리할지 불리할지 모르겠습니다."라고 하였다. 오나라 왕은 이런 결과가 두려워 군대를 일으켜 노나라를 구원하였다. 이 소식을 들은 제후들은 "제나라가 주공의 후예인 노나라를 토벌하려 하자 오나라가 구해주었다." 하고는 오나라에 조회를 왔다.[776]

반면 이 사건을 다르게 보는 문헌도 있다. 『한비자』 「오두」편은 자공이 노나라를 공격하려는 제나라를 설득하는 데 실패해 성문에서 10리 떨어진 곳까지 빼앗겼다고 전하고 있다.[777]

자공의 외교 설화는 『회남자』 「인간훈」편에도 전해지고 있다.

위衛나라의 제후가 오나라에 내조했는데 오나라 왕이 그를 가두고서 바닷가로 유배를 보내려고 했다. 이 소식을 들은 노나라 제후가 걱정을 하자 공자의 권유로 자공을 오나라에 파견하였다. 자공은 오나라의 태재太宰 관직에 있는 비嚭라는 사람을 만나 설득하였다. '위나라에서 진晉나라에 내조할지 오나라에 내조할지 의견이 반반이었는데 위나라 제후가 오나라를 선택했습니다. 그런 위나라 제후를 가두고 유배를 보내려고 하면 위나라에서 오나라를 지지한 사람들이 궁지에 몰릴 것입니다. 다른 제

---

[776] 『說苑』 「奉使」: 齊攻魯, 子貢見哀公, 請求救於吳. 公曰, 奚先君寶之用. 子貢曰, 使吳責吾寶, 而與我師, 是不可恃也. 於是以楊干麇筋之弓六往. 子貢謂吳王曰, 齊爲無道, 欲使周公之後不血食, 且魯賦五百, 邾賦三百, 不識以此益齊, 吳之利與, 非與. 吳王懼, 乃興師救魯. 諸侯曰, 齊伐周公之後, 而吳救之, 遂朝於吳.(밑줄은 동양고전종합DB(http://db.cyberseodang.or.kr/)의 한자를 따랐다.)

[777] 『韓非子』 「五蠹」: 齊將攻魯, 魯使子貢說之. 齊人曰, 子言非不辯也, 吾所欲者土地也, 非斯言所謂也. 遂擧兵伐魯, 去門十里以爲界.

후들도 지금 오나라를 선택할지 진나라를 선택할지 주저하고 있습니다'라는 요지였다. 이 말을 전해들은 오나라 왕이 위나라 제후를 풀어주었다.[778]

『사기』「공자세가」에는 오나라에서 백뢰百牢를 요구하고, 태재 관직에 있는 비가 계강자를 소환하자 노나라에서는 자공을 보내 이 문제를 해결하였다는 기록도 있다.[779] 이런 전승들이 전해지자 후세 사람들은 자공이 원래 외교에 뜻을 두고 있었다는 전승도 만들었다. 『외전』 7권에는 공자와 자로, 자공, 안연이 함께 경산景山에 놀러 가서 세 사람에게 각자의 원하는 바를 이야기해 보라고 했을 때 자공은 "두 나라 사이에 갈등이 생겨 병사들이 진을 치고 먼지가 하늘을 덮을 때, 한 자루의 무기도, 한 되의 양식도 들이지 않고 중재에 나서 두 나라 사이의 갈등을 해결하고 싶습니다. 저를 기용하는 나라는 살아남고 저를 기용하지 않는 나라는 망할 것입니다."라고 자신 있게 대답한다.[780] 『외전』 9권에는

---

[778] 『淮南子』「人間訓」: 昔者衛君朝於吳, 吳王囚之, 欲流之於海. 說者冠蓋相望, 而弗能止. 魯君聞之, 撤鐘鼓之縣 縞素而朝. 仲尼入見曰, 君胡爲有憂色. 魯君曰, 諸侯無親, 以諸侯爲親, 大夫無黨, 以大夫爲黨. 今衛君朝於吳王, 吳王囚之, 而欲流之於海, 孰衛君之仁義, 而遭此難也, 吾欲免之而不能, 爲奈何. 仲尼曰, 若欲免之, 則請子貢行. 魯君召子貢, 授之將軍之印. 子貢辭曰, 貴無益於解患, 在所由之道, 斂躬而行. 至於吳, 見太宰嚭. 太宰嚭甚悅之, 欲薦之於王. 子貢曰, 子不能行說於王, 奈何吾因子也. 太宰嚭曰, 子焉知嚭之不能也. 子貢曰, 衛君之來也, 衛國之半曰, 不若朝於晉, 其半曰, 不若朝於吳, 然衛君以爲吳可以歸骸骨也, 故束身以受命. 今子受衛君而囚之, 又欲流之於海, 是賞言朝於晉者, 而罰言朝於吳也. 且衛君之來也, 諸侯皆以爲著龜兆, 今朝於吳而不利, 則皆移心於晉矣. 子之欲成霸王之業, 不亦難乎. 太宰嚭入, 復之於王. 王報出令於百官曰, 比十日, 而衛君之禮不具者死. 子貢可謂知所以說矣.

[779] 『史記』「孔子世家」: 其明年, 吳與魯會繒, 徵百牢. 太宰嚭召季康子, 康子使子貢往, 然後得已.

[780] 『韓詩外傳』卷七: 孔子遊於景山之上, 子路·子貢·顔淵從. 孔子曰, 君子登高必賦. 小子願者何. 言其願, 丘將啟汝. …… 子貢曰, 兩國搆難, 壯士列陣, 塵埃漲天, 賜不持一尺之兵, 一斗之糧, 解兩國之難. 用賜者存, 不用賜者亡. 孔子曰, 辯士哉.

같은 인물들이 같은 상황을 연출하는데 무대가 융산戎山으로 바뀐다. 여기서 자공은 "흰옷에 하얀 관을 쓰고, 사신이 되어 두 나라 사이를 오가며 한 자루의 무기도, 한 되의 양식도 들이지 않고 두 나라를 형제처럼 친하게 지내게 하고 싶습니다."라고 말했다고 전해진다.[781] 공자는 이런 자공에 대해 '변사辯士'라고 평가했다고 한다. 비슷한 이야기가 『설원』 「지무」편[782]과 『가어』 「치사」편[783]에도 전해진다. 이 두 문헌은 이 대화가 농산農山에서 이루어졌다고 기록하고 있다.

7 기타 전승

자공에 관한 의외의 모습들을 전하는 전승도 있다. 『외전』 1권에는 자공이 공자와 함께 초나라로 가다가 아곡阿谷이란 곳에서 어느 여인에게 세 차례에 걸쳐 수작을 걸다가 여인의 훈계를 듣는다는 이야기가 있다.

공자 일행이 남쪽으로 여행할 때 초나라로 가다가 아곡이란 마을의 남쪽

---

[781] 『韓詩外傳』券九:孔子與子貢·子路·顏淵游於戎山之上, 孔子喟然嘆曰, 二三子者各言爾志, 予將覽焉. …… 賜爾何如. 對曰, 得素衣縞冠, 使於兩國之間, 不持尺寸之兵, 升斗之糧, 使兩國相親如兄弟. 孔子曰, 辯士哉.
[782] 『說苑』「指武」:孔子北遊東上農山, 子路·子貢·顏淵從焉. 孔子喟然歎曰, 登高望下, 使人心悲, 二三子者, 各言爾志, 丘將聽之. …… 子貢曰, 賜也願齊楚合戰於莽洋之野, 兩壘相當, 旌旗相望, 塵埃相接, 接戰構兵, 賜願著縞衣白冠, 陳說白刃之間, 解兩國之患, 獨賜能耳, 使夫二子者爲我從焉. 孔子曰, 辯哉士乎, 僊僊者乎.
[783] 『孔子家語』「致思」:孔子北遊於農山, 子路·子貢·顏淵侍側. 孔子四望, 喟然而嘆曰, 於斯致思, 無所不至矣. 二三子各言爾志, 吾將擇焉. …… 子貢復進曰, 賜願使齊楚, 合戰於漭瀁之野, 兩壘相望, 塵埃相接, 挺刃交兵, 賜著縞衣白冠, 陳說其間, 推論利害, 釋國之患, 唯賜能之, 使夫二子者從我焉. 夫子曰, 辯哉.

에 도달했을 때 옥으로 몸을 장식한 처녀가 빨래를 하고 있었다. 공자는 "저 여인은 말을 걸어볼 만한 사람이다." 하고는 술잔을 꺼내 자공에게 주면서 "말을 잘 걸어보고 무슨 말을 하는지 들어보아라."라고 하였다. 자공이 그 여인에게 가서 "저는 북쪽의 촌사람으로 남쪽 초나라로 가는 중인데 더운 날씨를 만나 마음이 답답하니 물 한잔 얻어 마시고 제 마음을 식혔으면 합니다."라고 하였다. 그 여인은 "아곡의 물길은 숨겨지거나, 굽이지거나, 웅덩이를 이루거나, 맑거나, 흐리더라도 흘러가서 바다로 갑니다. 마시고 싶으면 마시면 되지 왜 여인에게 그런 것을 묻습니까?"라고 하고는 자공의 술잔을 받아 물길 방향을 거슬러 물을 떠서는 뿌려버리고, 다시 물길 방향 따라 물을 떠서는 넘치게 한 후 강변에 놓고는 "예법은 남녀가 직접 주는 것이 아닙니다."라고 하였다. 자공이 공자에게 보고하자 공자는 "내 그럴 줄 알았지." 하고는 거문고를 꺼내고 음을 조절하는 진軫을 빼고 자공에게 주면서 "말을 잘 걸어보고 무슨 말을 하는지 들어보아라."라고 하였다. 자공이 "조금 전 당신의 말은 온화하기가 맑은 바람과 같았습니다. 제 말이 거슬린다고 여기지 않고 제 마음을 시원하게 해 주었습니다. 여기 거문고가 있는데 음을 조절하는 진이 없습니다. 음을 조절해줄 수 있겠습니까?"라고 하였다. 그 여인은 "나는 거친 곳에 사는 시골사람이라 그런 것을 배울 마음조차 없었습니다. 오음도 모르는데 어떻게 거문고를 조율할 수 있겠습니까?"라고 하였다. 자공이 공자에게 보고하자 공자는 "내 그럴 줄 알았지." 하고는 좋은 비단 다섯 냥을 꺼내어 자공에게 주면서 "말을 잘 걸어보고 무슨 말을 하는지 들어보아라."라고 하였다. 자공이 "저는 북쪽의 촌사람으로 남쪽 초나라로 가는 중입니다. 제가 감히 이것을 직접 드릴 수는 없으니 물가에 두고 가겠습니다."라고 하였다. 그 여인은 "당신은 갈 길을 지체시키면서 재물을 들에 버리는군요. 나는 어려서 당신이 주는 것을 받을 수 없습니다. 당신이 빨리 이곳을 떠나지 않으면 나를 지키기 위해 사람들이 미친 듯이 몰려올 겁니다."라고 하였다. 『시경』에 '남쪽의 높은 나무 그 아래 쉴 수 없고, 한수 가에 수영하는 여인 어찌할 수 없네'라고 하였는데 이런 경우를 이르는 말이다.[784]

공자는 특별한 이유도 없이 자공으로 하여금 세 번이나 그 여인에게 접근하도록 시킨다. 아무리 봐도 남자가 여자에게 수작을 거는 장면 이상은 아니다. 어쩌면 공자는 자공의 배필로 생각한 것인지도 모르겠다. 한영이 이 이야기를 채택한 이유는 알 수 없지만 후세 사람들은 『열녀전』에 이 이야기를 싣고, 그 여인에게 '아곡처녀'라는 이름을 붙여 주었다.

『사기』「공자세가」에는 조선시대 말기의 흥선대원군이 스스로를 칭했다는 '상갓집의 개' 이야기가 나온다.

공자 일행이 정鄭나라로 가다가 서로 일행을 놓치고 공자 혼자 성의 동문에 서있게 되었다. 정나라 사람 중 누군가가 자공에게 "성의 동문에 누군가 서있는데 이마는 요임금과 비슷하게 생겼고, 목은 (순임금 때 법관이었던) 고요와 비슷하며, 어깨는 자산과 비슷하고, 허리 이하는 우임금

---

[784] 『韓詩外傳』券一 : 孔子南遊適楚, 至於阿谷之隧, 有處子佩瑱而浣者. 孔子曰, 彼婦人其可與言矣乎. 抽觴以授子貢曰, 善爲之辭, 以觀其語. 子貢曰, 吾北鄙之人也, 將南之楚, 逢天之暑, 思心潭潭, 顧乞一飮, 以表我心. 婦人對曰, 阿谷之隧, 隱曲之汜, 其水載清載濁, 流而趨海, 欲飮則飮, 何問婦人乎. 受子貢觴, 迎流而挹之, 奐然而棄之, 促流而挹之, 奐然而溢之, 坐置之沙上曰, 禮固不親授. 子貢以告, 孔子曰, 丘知之矣. 抽琴去其軫, 以授子貢曰, 善爲之辭, 以觀其語. 子貢曰, 嚮子之言, 穆如清風, 不悖我語, 和暢我心. 於此有琴而無軫, 願借子以調其音. 女人對曰, 吾野鄙之人也, 僻陋無心, 五音不知, 安能調琴. 子貢以告, 孔子曰, 丘知之矣. 抽絺紘五兩, 以授子貢曰, 善爲之辭, 以觀其語. 子貢曰, 吾北鄙之人也, 將南之楚. 於此有絺紘五兩, 吾不敢以當子身, 敢置之水浦. 婦人對曰, 客之行, 差遲乘人, 分其資財, 棄之野鄙. 吾年甚少, 何敢受子. 子不早去, 今竊有狂夫守之者矣. 詩曰, 南有喬木, 不可休思, 漢有游女, 不可求思. 此之謂也.

보다 세 치 정도 짧군요. 고달픈 모습이 마치 상갓집의 개 같습디다."라고 하였다. 자공이 이 말을 공자에게 전하자 공자는 흔쾌히 웃으면서 "모습이 중요한 것은 아니지. 상갓집의 개 같다고 한 말은 정말 그렇지, 그렇고말고."라고 하였다.[785]

이 이야기는 『외전』 9권에도 소개되어 있는데, 위衛나라에서 있었던 일이라고 소개하고 있고, 공자에게 그 말을 한 사람이 고포자경姑布子卿이라는 사람이라고 하면서 더 길게 소개되어있다.[786] 『외전』에서 공자는 상갓집의 개는 아무도 거들떠보지 않는데 공자 자신의 처지가 그러하다고 인정한다.

앞의 「효행의 대명사 증자」 부분에서 소개한, 『예기』 「단궁하」편의 옷차림의 효과에 대한 이야기는 현대사회에서도 통용될 만한 재미있는 일화다. 『외전』 3권에는 자공이 이상주의자로 묘사되어 있다.[787] 계손 씨

---

[785] 『史記』 「孔子世家」: 孔子適鄭, 與弟子相失, 孔子獨立郭東門. 鄭人或謂子貢曰, 東門有人, 其顙似堯, 其項類皋陶, 其肩類子產, 然自要以下不及禹三寸. 纍纍若喪家之狗. 子貢以實告孔子, 孔子欣然笑曰, 形狀, 末也. 而謂似喪家之狗, 然哉, 然哉.

[786] 『韓詩外傳』 券九: 孔子出衛之東門, 逆姑布子卿曰, 二三子引車避. 有人將來, 必相我者也. 志之. 姑布子卿亦曰, 二三子引車避. 有聖人將來. 孔子下步, 姑步子卿迎而視之五十步, 從而望之五十步, 顧子貢曰, 是何爲者也. 子貢曰, 賜之師也, 所謂魯孔丘也. 姑布子卿曰, 是魯孔丘歟. 吾固聞之. 子貢曰, 賜之師何如. 姑布子卿曰, 得堯之志, 舜之目, 禹之頸, 皋陶之喙. 從前視之, 盎盎乎似有王者. 從後視之, 高肩弱脊, 循循固得之, 轉廣一尺四寸, 此惟不及四聖者也. 子貢吁然. 姑布子卿曰, 子何患焉. 汗面而不惡, 葭喙而不藉. 遠而望之, 羸乎若喪家之狗. 子何患焉, 子何患焉. 子貢以告孔子. 孔子無所辭, 獨辭喪家狗耳曰, 丘何敢乎. 子貢曰, 汗面而不惡, 葭喙而不藉, 賜以知之矣. 不知喪家之狗, 何足辭也. 子曰, 賜, 汝獨不見夫喪家之狗歟. 既斂而木享, 布席而祭, 顧望無人. 意欲施之, 上無明王, 下無賢士方伯, 王道衰, 政教失, 強陵弱, 衆暴寡, 百姓縱心, 莫之綱紀. 是人固以丘爲欲當之者也. 丘何敢乎.

[787] 『韓詩外傳』 券三: 季孫之治魯也, 衆殺人而必當其罪, 多罰人而必當其過. 子貢曰, 暴哉治乎. 季孫聞之曰, 吾殺人必當其罪, 罰人必當其過, 先生以爲暴, 何也. 子貢曰, 夫奚不若子產之治鄭. 一年而負罰之過省, 二年而刑殺之罪亡, 三年而庫無拘人. 故民歸之如水就下, 愛之, 如孝子敬父母. 子產病將死, 國人皆吁嗟曰, 誰可使代子產死者乎. 及其不

가 형벌을 사용하였지만 나름대로 공정하게 처리했는데 자공이 그를 '포악하다'고 비판했다고 한다. 첫째 이유는 정치를 잘 하는 것이란 죄를 지은 사람이 없어지게 하는 것이고, 둘째 이유는 계손 씨가 죽을병이 들었을 때 모든 사람들이 기뻐하고, 회생하자 모든 사람들이 두려워했기 때문이라는 것이다.

『시자』「하권」에는 자공의 조금 엉뚱한 질문이 소개되어 있다.[788] 자공이 공자에게 "옛날 황제黃帝라는 임금은 얼굴이 네 개였다는데 믿을 만한 것입니까?"라고 물었다. 공자는 "황제는 자신의 뜻에 맞는 사람 네 명을 선택해서 사방을 다스리게 하였는데, 도모하지 않아도 백성들과 친하게 되었고, 기약하지 않아도 성공하게 되어 큰 공을 세웠다. 이것을 잘못 알고 네 개의 얼굴을 가졌다고 하는 것이야."라고 대답하였다. 공자 시대에 황제라는 인물이 알려져 있었는지 의문이어서, 이 문답이 실제로 있었던 일인지는 알 수 없지만, 황제라는 임금의 신화적 요소를 합리적 요소로 전환하는 측면을 가진 문답이라는 의의를 지닌다.

『설원』「정리」편에는 위령공 앞에서 사추史鰌라는 사람은 사법에 힘써야 한다고 하고, 자로는 군정에 힘써야 한다고 할 때, 자공은 교화에 힘써야 한다고 주장했다는 이야기도 있다.[789]

免死也. 士大夫哭之於朝, 商賈哭之於市, 農夫哭之於野. 哭子產者, 皆如喪父母. 今竊聞夫子疾之時, 則國人喜, 活則國人皆駭. 以死相賀, 以生相恐, 非暴而何哉. 賜聞之, 託法而治, 謂之暴, 不戒致期, 謂之虐, 不教而誅, 謂之賊, 以身勝人, 謂之責. 責者失身, 賊者失臣, 虐者失政, 暴者失民. 且賜聞, 居上位, 行此四者, 而不亡者, 未之有也. 於是季孫稽首謝曰, 謹聞命矣. 詩曰, 載色載笑, 匪怒伊教.

[788] 『尸子』「下卷」: 子貢問孔子曰, 古者, 黃帝四面, 信乎. 孔子曰, 黃帝取合己者四人, 使治四方, 不謀而親, 不約而成, 大有成功. 此之謂四面也.
[789] 『說苑』「政理」: 衛靈公問於史鰌曰, 政孰爲務. 對曰, 大理爲務. 聽獄不中, 死者不可生也, 斷者不可屬也. 故曰, 大理爲務. 少焉, 子路見公. 公以史鰌言告之. 子路曰, 司馬爲

『가어』「정론해」편에는 '가혹한 정치는 호랑이보다 무섭다'는 의미를 가진 가정맹어호苛政猛於虎라는 고사성어가 만들어진 일화가 소개되어 있는데, 그때 공자를 대신해 울고 있는 여인에게 그 이유를 물어본 사람이 자공으로 설정되어 있다.[790] 『신서』「잡사」편에는 공자가 직접 물어보았고 자공에게는 그 교훈만 들려준 것으로 되어있다.[791] 『예기』「단궁하」편에는 울고 있는 여인에게 그 이유를 물어본 사람이 자로로 설정되어 있다.[792]

공자의 제자 중 유명했던 자공을 도가에서도 그냥 지나치지 않았다. 『장자』「천지」편에는 자공이 초나라에서 진나라로 가던 중에 (아마도 외교적 활약을 할 때로 설정한 듯하다.) 기인을 만난 이야기를 전하고 있다.

> 자공이 남쪽으로 초나라를 여행하고 진나라로 돌아올 때 한수의 남쪽을 지나는데 한 노인이 야채밭에서 막 밭일을 하고 있는 것을 보았다. 그

....

務, 兩國有難, 兩軍相當, 司馬執枹以行之, 一鬪不當, 死者數萬, 以殺人爲非也, 此其爲殺人亦衆矣. 故曰, 司馬爲務. 少焉, 子貢入見, 公以二子言告之, 子貢曰, 不識哉. 昔禹與有扈氏戰, 三陳而不服, 禹於是修敎一年, 而有扈氏請服. 故曰, 去民之所事, 奚獄之所聽. 兵革之不陳, 奚鼓之所鳴. 故曰, 敎爲務也.

[790] 『孔子家語』「正論解」: 孔子適齊, 過泰山之側, 有婦人哭於野者而哀. 夫子式而聽之曰, 此哀一似重有憂者. 使子貢往問之. 而曰, 昔舅死於虎, 吾夫又死焉, 今吾子又死焉. 子貢曰, 何不去乎. 婦人曰, 無苛政. 子貢以告孔子, 子曰, 小子識之, 苛政猛於暴虎.

[791] 『新序』「雜事」: 孔子北之山戎氏, 有婦人哭於路者, 其哭甚哀. 孔子立輿而問曰, 曷爲哭哀至於此也. 婦人對曰, 往年虎食我夫, 今虎食我子, 是以哀也. 孔子曰, 嘻, 若是, 則曷爲不去也. 曰, 其政平, 其吏不苛, 吾以是不能去也. 孔子顧子貢曰, 弟子記之, 夫政之不平而吏苛, 乃等於虎狼矣. 詩曰, 降喪饑饉, 斬伐四國. 夫政不平也, 乃斬伐四國, 而況二人乎. 其不去宜哉.

[792] 『禮記』「檀弓下」: 孔子過泰山側, 有婦人哭於墓者而哀. 夫子式而聽之, 使子路問之曰, 子之哭也壹似重有憂者. 而曰, 然, 昔者吾舅死於虎, 吾夫又死焉, 今吾子又死焉. 夫子曰, 何爲不去也. 曰, 無苛政. 夫子曰, 小子識之, 苛政猛於虎也.

노인은 우물에 가서 항아리로 물을 길어 밭에 물을 주고 있었는데, 힘은 많이 들지만 효과는 적었다. 자공이 "여기 기계가 있는데 하루에 백 이랑의 물을 댈 수 있습니다. 힘을 아주 적게 들이고도 효과는 크게 얻을 수 있는데 어르신은 그걸 바라지 않으십니까?"라고 물었다. 밭일을 하던 노인이 자공을 쳐다보면서 "어떻게 하는 것입니까?"라고 물었다. 자공은 "나무를 깎아서 만든 기계인데 뒤쪽은 무겁고 앞쪽은 가볍게 하면 잡아당기듯 물을 끌어올리는데 콸콸 넘치듯이 빠릅니다. 그 이름을 용두레라고 합니다."라고 하였다. 밭일하던 노인은 발끈하여 얼굴빛을 붉혔다가 웃으면서 말했다. "내가 우리 선생님께 듣기로는 기계라는 것이 있으면 반드시 기계로 인한 일이 생기고, 기계로 인한 일이 생기면 반드시 기계로 인해 욕심이 생기게 되며, 기계로 인해 욕심이 가슴 속에 있으면 순수 결백함이 갖추어지지 못하고, 순수 결백함이 갖추어지지 못하면 신묘한 본성이 안정되지 않고, 정신이 안정되지 않으면 도가 깃들지 않습니다. 내가 그 기계의 편리함을 알지 못하는 것이 아니라 부끄러워 쓰지 않는 것입니다." 자공은 매우 참담하여 고개를 숙이고 대답을 못했는데, 얼마 있다 그 노인이 "당신은 무엇을 하는 사람입니까?"라고 물었다. 자공은 "공자의 제자입니다."라고 대답하였다. 밭일 하던 노인은 "그 사람은 박학함으로 성인인 척하고, 허튼 소리로 많은 사람의 눈을 가리며, 홀로 거문고를 타면서 슬픈 목소리로 노래하여 온 천하에 명성을 팔려는 자가 아닌가요? 이제 당신이 정신과 기운을 잊고 당신의 형상마저 잊는다면 도에 가까워질 것입니다. 자신의 몸 하나도 다스리지 못하면서 어느 겨를에 천하를 다스리겠습니까? 내 일을 방해하지 말고 가시오."라고 하였다. 자공은 부끄러워서 얼굴이 창백해진 채로 망연자실 해 있다가 30리를 가서야 겨우 정신이 들었다. 자공의 제자가 "아까 그 사람은 어떤 사람입니까? 선생님께서는 왜 그를 보고 얼굴이 창백해져서 종일 회복하지 못하십니까?"

라고 물었다. 자공은 "처음에 나는 천하에 우리 선생님 한 분만 계신 줄 알았지, 저런 분이 계신 줄 몰랐다. 나는 선생님께 '일은 가능성을 따져서 하고, 공로는 이루어지기를 바라며, 힘은 적게 쓰고 효과는 많이 보는 것이 성인의 도다'라고 들었는데, 이제 비로소 그렇지 않다는 것을 알게 되었다. 도를 잡으면 덕이 온전해지고 덕이 온전해지면 형체가 온전해지며 형체가 온전해지면 정신이 온전해지니 정신이 온전해지는 것이 성인의 도다. 성인은 자신의 삶을 세상에 맡겨서 백성들과 함께 나란히 걸어가지만 어디로 가는지 알지 못한다. 얽매임 없이 순박함을 온전히 갖추고 있는지라 일의 효과와 이익, 기계와 기교 따위는 반드시 그의 마음에 있지 않을 것이다. 그 같은 사람은 자기의 뜻이 아니면 어디에도 가지 않고, 자기의 마음이 아니면 어떤 일도 하지 않아서 비록 온 천하 사람들이 칭찬하면서 그가 하는 말이 옳다 해도 거들떠보지 아니하고, 온 천하 사람들이 그를 비난하면서 그의 말을 잘못이라 해도 태연히 들은 체하지 않는다. 온 천하 사람들이 비난하거나 칭찬해도 그에게는 아무런 영향이 없으니 이런 사람을 일컬어 온전한 덕을 갖춘 사람이라 할 것이다. 그에 비하면 나는 바람에 흔들리는 물결 같은 사람일 뿐이다."라고 하였다. 자공이 노나라로 돌아와 공자에게 이야기하자 공자는 "혼돈씨의 술법을 잘못 닦은 자다. 하나는 알고 둘은 모르며, 내면의 덕은 다스리되 외면의 형체는 다스리지 못한 사람이다. 명백함으로 소박함에 들어가고 무위로 질박함을 회복하여, 본성을 체득하고 정신을 지키면서 세속에서 자유로이 노니는 사람이었다면 네가 놀랄 것까지 있었겠느냐? 또 혼돈씨의 술법을 나나 네가 어떻게 충분히 알아차리겠느냐?"라고 하였다.[793]

....
793 『莊子』「天地」: 子貢南遊於楚, 反於晉, 過漢陰, 見一丈人, 方將爲圃畦. 鑿隧而入井, 抱甕而出灌, 滑滑淵用力甚多而見功寡. 子貢曰, 有械於此, 一日浸百畦, 用力甚寡而見功

도가 입장에서는 공자의 뛰어난 제자인 자공도 도가의 평범한 노인의 상대가 되지 못했다는 이야기를 전하고 싶었을 것이다.『장자』「천운」편에는 자공이 공자의 소개로 노자를 만나 토론을 벌였다는 설정도 있다.[794] 도가의 입장에서 만든 설정이니 당연히 자공이 쩔쩔매는 상황으로 끝을 맺는다.

『사기』「제자열전」자공 조에 있는 자공의 자세한 외교적 활약은 다음과 같다.

(제나라의 대부인) 전상田常이 제나라에서 반란을 일으키려고 하였지만, (제나라 귀족들인) 고高 씨, 국國 씨, 포鮑 씨, 안晏 씨 세력들이 두려워 그들의 군대를 동원하여 노나라를 치기로 하였다. 이 소식을 들은 공자는 "노나라는 조상의 무덤이 있는 부모의 나라다. 나라가 이런 위기에 처했는데 너희들은 어째서 나서지 않지?"라고 말했다. 자로가 나서기를 청했지

多, 夫子不欲乎. 爲圃者仰而視之曰, 奈何. 曰, 鑿木爲機, 後重前輕, 挈水若抽, 數如泆湯, 其名爲槹. 爲圃者忿然作色而笑曰, 吾聞之吾師, 有機械者必有機事, 有機事者必有機心. 機心存於胸中, 則純白不備, 純白不備, 則神生不定, 神生不定者, 道之所不載也. 吾非不知, 羞而不爲也. 子貢瞞然慙, 俯而不對. 有閒, 爲圃者曰, 子奚爲者邪. 曰, 孔丘之徒也. 爲圃者曰, 子非夫博學以擬聖, 於于以蓋衆, 獨弦哀歌, 以賣名聲於天下者乎. 汝方將忘汝神氣, 墮汝形骸, 而庶幾乎. 而身之不能治, 而何暇治天下乎. 子往矣, 無乏吾事. 子貢卑陬失色, 頊頊然不自得, 行三十里而後愈. 其弟子曰, 向之人何爲者邪, 夫子何故見之變容失色, 終日不自反邪. 曰, 始吾以夫子爲天下一人耳, 不知復有夫人也. 吾聞之夫子, 事求可, 功求成, 用力少, 見功多者, 聖人之道. 今徒不然, 執道者德全, 德全者形全, 形全者神全, 神全者, 聖人之道也. 託生與民, 竝行而不知其所之, 沕乎淳備哉. 功利機巧, 必忘夫人之心. 若夫人者, 非其志不之, 非其心不爲, 雖以天下譽之, 得其所謂, 警然不顧, 以天下非之, 失其所謂, 儻然不受. 天下之非譽, 無益損焉. 是謂全德之人哉. 我之謂風波之民. 反於魯, 以告孔子, 孔子曰, 彼假修渾沌氏之術者也, 識其一, 不知其二, 治其內, 而不治其外. 夫明白入素, 無爲復朴, 體性抱神, 以遊世俗之間者. 汝將固驚邪. 且渾沌氏之術, 予與汝何足以識之哉.

[794] 『莊子』「天運」: 子貢曰, 然則人固有尸居而龍見, 雷聲而淵默, 發動如天地者乎. 賜亦可得而觀乎. 遂以孔子聲見老聃. 老聃方將倨堂而應微曰, 予年運而往矣, 子將何以戒我乎. 子貢曰, 夫三皇五帝之治天下不同, 其係聲名一也,.. 而先生獨以爲非聖人, 如何哉.

만 공자는 그만두라고 하였고, 자장과 자석子石이 가기를 청했지만 공자는 허락하지 않았는데 자공이 가기를 청하자 공자는 허락하였다.

자공이 제나라로 가서 전상을 설득하였다. "당신이 노나라를 치기로 한 것은 잘못된 판단입니다. 노나라는 공격하기 어려운 나라입니다. 성벽은 얇고 낮으며, 해자는 좁고 얕으며, 임금은 어리석고 어질지 못하며, 대신은 거짓되고 쓸모가 없으며, 병사와 백성은 전쟁을 싫어하여 싸울 만한 나라가 아니니 오나라를 공격하는 것만 못합니다. 오나라는 성은 높고 두터우며, 해자는 넓고 깊으며, 갑옷은 튼튼하고 새것이며, 병사들은 정예병이고 배부르며, 튼튼한 병기와 정예 병사들이 성 안에 있는데다가 현명한 대부들을 시켜 지키게 하고 있으니 공격하기 쉽습니다."라고 하였다. 전상이 벌컥 화를 내면서 "당신이 어렵다고 하는 것은 사람들이 쉽다고 하는 것이고, 당신이 쉽다고 하는 것은 사람들이 어렵다고 하는 것인데 이것으로써 나를 가르치는 이유가 뭐요?"라고 물었다. 자공은 "제가 듣기로는 나라 안에 걱정거리가 있으면 강한 적을 공격하고, 나라 밖에 걱정거리가 있으면 약한 적을 공격한다고 합니다. 당신은 지금 나라 안에 걱정거리가 있습니다. 제가 듣기로 당신은 세 번 봉해질 수 있었는데 세 번 모두 이루어지지 못한 것은 대신들 중에 그것을 반대하는 사람들이 있어서 그렇습니다. 지금 당신이 노나라를 쳐서 제나라 땅을 넓힌다면 승전한 제나라 임금을 교만하게 만들고, 노나라를 친 대신들을 더욱 높이게 될 것인데, 당신은 공을 인정받지 못하고 임금과의 관계는 날로 소원해질 것입니다. 이렇게 위로는 임금의 마음을 교만하게 만들고 아래로는 신하들을 방자하게 만들면 큰일을 이루고자 한들 어려울 것입니다. 일반적으로 위가 교만하면 방자해지고 신하들이 교만하면 다투게 되는데 이것은 당신이 위로는 임금과 틈이 생기고 아래로는 대신들과 권력을 다투게 됩니다. 이렇게 되면 제나라에서 당신의 입지가 위험해집니다. 그래서 오나라를 공격하는 것보다 못하다고 한 것입니다. 오나라를 공격해 승리하지 못하면 백성들은 나라 밖에서 죽고 대신들은 나라 안에서 없어지게 되어, 당신은 위로는 강한 신하라는 적이 없어지게 되고 나라 안에서는 백성들의 비난이 없게 되어, 군주를 고립시키고 제나라를 마음대로 할 수 있는 사람은 당신밖에 없게 됩니다."라고 하였다. 전상은 "좋은 말입니다. 그렇지만 우리 군대가 벌써 노나라로 떠났기 때문에 노나라를 떠나 오나라로 가라고 하면 대신들이 나를 의심할 텐데 어떻게 하면 좋겠소?"라고 물었다. 자공은 "당신은 군대를 멈추고 공격하지 마십시오. 그 동안에 제가 오나라 왕에게 가서 노나라를 구하기 위해 제나라를 공격하도록 할 테니 그때 당신은 오나라를 맞아 싸우십시오."라고 하였다. 전상은 허락하고 자공이 남쪽으로 가서 오나라 왕을 만나도록 하였다.

자공은 오나라 왕에게 "제가 듣기로는 왕의 자리에 있는 사람은 제후국의 대를 끊지 않고, 패자는 강한 적을 만들지 않는다고 합니다. 천 균鈞의 무게도 1수銖나 1량兩의 무게로 저울이 기울어집니다. 지금 전차 만 대를 가진 제나라가 전차 천 대를 가진 노나라를 공격해 차지하려는 것은 오나라와 강함을 다투려고 하는 것이니, 저는 이것이 왕을 위태롭게 할 것이라 생각합니다. 게다가 노나라를 구하는 것은 명분을 드높이는 일이 되고, 제나라를 치는 것은 큰 이익을 얻는 길입니다. 사수泗水 주변의 제후들을 구슬려서 포악한 제나라를 주벌하고 강한 진晉나라를 복종시킨다면 이보다 큰 이익이 없을 것입니다. 명분은 망해가는 노나라를 존속시킨다는 것이지만 실제로는 강한 제나라를 곤경에 처하도록 하는 것이니, 지혜로운 사람이라면 이를 의심하지 않을 것입니다."라고 했다. 오나라 왕은 "좋습니다. 그렇지만 나는 일찍이 월나라와 전쟁을 벌여 월나라 왕을 회계산으로 몰아넣은 일이 있는데, 그 뒤 월나라 왕은 와신상담하고 병사들을 양성하면서 내게 복수하려는 마음을 가지고 있소. 당신이 내가 월나라를 정벌할 때까지 기다려준다면 그대의 말을 따르겠소."라고 하였다. 자공은 "월나라의 강함은 노나라에 지나지 않고 오나라의 강함은 제나라에 지나지 않습니다. 왕께서 제나라를 놓아두고 월나라를 친다면 제나라는 벌써 노나라를 평정한 뒤일 것입니다. 또 왕께서는 이제 망해가는 나라를 존속시켜 끊어지는 후사를 이어준다는 것으로 명분을 삼게 되는데도 작은 월나라를 치고 강한 제나라를 두려워한다면 용맹한 행동이 아닙니다. 용맹한 사람은 어려움을 피하지 않고, 어진 사람은 곤경에 처한 사람을 궁지로 몰지 않으며, 지혜로운 사람은 때를 놓치지 않고, 왕자王者는 남의 나라의 후사를 끊지 않음으로써 그 의로움을 세웁니다. 지금 월나라를 그대로 두어 제후들에게 어진 모습을 보이고, 노나라를 구하고 제나라를 정벌하여 진나라에게 위세를 보인다면, 제후들이 반드시 앞 다투어 오나라에 조회하러 올 것이니 자연히 패업을 이루게 될 것입니다. 또 왕께서 굳이 월나라를 미워하신다면 제가 월나라로 가서 출병하여 왕을 따르게 할 것이니, 이는 실제로는 월나라를 비게 하고, 명분은 제후들을 이끌고 제나라를 정벌하게 되는 것입니다."라고 하였다. 오나라 왕은 크게 기뻐하며 자공을 월나라로 보냈다.

월나라 왕은 길을 청소하고 교외까지 나와 자공을 맞이하여 숙소까지 몸소 수레를 몰면서 "이곳은 오랑캐의 나라인데 선생께서는 왜 몸소 이곳까지 오셨습니까?"라고 물었다. 자공은 "이번에 저는 오나라 왕에게 노나라를 구하고 제나라를 정벌하라고 유세했는데, 오나라 왕은 그렇게 하고 싶지만 월나라를 두려워해서 '내가 월나라를 정벌할 동안 기다리고 있으면 그렇게 하겠습니다'라고 했습니다. 사정이 이러하니 오나라는 반드시 월나라를 칠 것입니다. 또 남에게 보복할 뜻이 없는 데도 의심을 사는 것은 서투른 것이고, 남에게 보복할 뜻이 있으면서 남에게 그 사실을 알게 하는 것은 위태로운 것이며, 일이 시작되지도 않았는데 상대가 먼저 듣는다면 위험한 것입니다. 이 세 가지는 일을 실행하는 데 있어 큰 우환거리입니다."라고 말했다. 월나라 왕 구천은 머리를 조아리며 두 번 절하면서 "저는 제 힘을 헤아리지 않고 오나라와 전쟁을 벌였다가 회계에서 큰 곤욕을 치렀는데, 그 아픔이 골수에 맺혀 밤낮으로 입술이 타들어가고 혀가 말랐습니다. 오나라 왕과 맞서 싸우다가 죽는 것이 내 소원입니다."라고 하였다. 월나라 왕 구천이 자공에게 오나라 왕에게 복수하는 방법을 묻자 자공은 "오나라 왕은 사납고 포악하여 신하들이 견디지 못하고, 나라는 잦은 전쟁으로 피폐해져 병사들은 참지 못하며, 백성들은 윗사람을 원망하고 대신들은 속으로 동요하고 있습니다. 오자서는 간하다가 죽었고, 태재 백비가 나랏일을 맡고 있지만, 임금의 잘못에 순응하며 자신의 이익만 챙기고 있으니 이것은 나라를 망치는 정치입니다. 지금 왕께서 군사와 병졸을 보내서 그의 뜻에 맞추고, 귀중한 보배로 그의 마음을 달래며, 자신을 낮추는 말로 그를 높여주면, 반드시 제나라를 칠 것입니다. 그 전쟁에서 이기지 못하면 왕의 복이고, 이긴다면 반드시 병사를 이끌고 진晉나라를 치러 갈 것입니다. 그러면 제가 북쪽 진나라로 가서 진나라 왕을 뵙고 함께 공격하도록 하면 반드시 오나라를 약하게 할 수 있습니다. 오나라의 정예병은 제나라에서 힘을 다 소모했고, 중무장을 한 병사는 진나라에서 곤경에 빠질 것이니, 왕께서 그 틈을 타 공격한다면 반드시 오나라를 멸망시킬 수 있을 것입니다."라고 하였다. 월나라 왕은 크게 기뻐하며 허락하였다. 자공을 보낼 때 금 백 일鎰과 칼 한 자루, 좋은 창 두 자루를 선물로 주었지만 자공은 받지 않고 오나라로 갔다.

자공이 오나라 왕에게 "제가 대왕의 말씀을 받들어 월나라 왕에게 전했더니 월나라 왕은 크게 두려워하며 '저는 불행히도 어려서 아버지를 잃고 제 분수도 헤아리지 못하고서 오나라를 거스르는 죄를 지어, 군대는 패하고 몸은 욕을 당하여 회계산에서 살면서 나라를 폐허로 만들었습니다.

다행히 대왕의 은혜로 다시 조상님들께 제사를 지낼 수 있게 되었으니, 죽어도 그 은혜를 잊을 수 없는데, 어떻게 감히 공격할 생각을 하겠습니까?'라고 하였습니다." 하고 보고하였다.

5일 후에 월나라에서 대부 문종文種이 사신으로 와서 "동해의 신하 구천의 사자인 저 문종은 삼가 왕의 신하들을 통해 문안드립니다. 지금 들으니 대왕께서 의로운 군사를 일으켜 강자를 주벌하고 약자를 구원하며, 포악한 제나라를 곤경에 빠뜨림으로써 주나라 왕실을 편안하게 하신다고 하니, 저희 병사 3천을 동원하고, 구천이 스스로 갑옷을 입고 무기를 들어 앞장서서 적의 화살과 돌을 맞고 싶습니다. 그리고 월나라의 신하 문종 저도 선대로부터 물려받은 갑옷 스무 벌, 도끼, 굴로屈盧라는 장인이 만든 창, 보광검을 받들어 올려 군사를 일으키심에 대해 하례를 드립니다."라고 하였다. 오나라 왕은 크게 기뻐하며 자공에게 "월나라 왕이 몸소 나를 따라 제나라 정벌에 나서겠다는데 허락해도 좋겠소?"라고 하였다. 자공은 "안 됩니다. 남의 나라를 텅 비게 하고 모든 군사를 동원시키면서 그 임금까지 따라나서게 하는 것은 옳지 않습니다. 임금께서는 선물과 군사만 받으시고 왕의 종군은 사양하는 것이 좋겠습니다."라고 하였다. 오나라 왕은 허락하고 월나라 왕이 종군하는 것은 사양하였다. 이에 오나라 왕은 아홉 군의 군사를 동원해 제나라를 치러 갔다.

자공은 진나라로 가서 임금에게 "제가 듣기로는 생각이 먼저 정해지지 않으면 갑작스런 일에 대응할 수 없고, 병사가 미리 준비되어 있지 않으면 적을 이길 수 없다고 들었습니다. 지금 제나라와 오나라가 싸우려고 하는데 오나라가 지면 월나라가 오나라를 공격할 것입니다. 오나라가 제나라를 이기면 그 군대는 진나라로 오게 될 것입니다."라고 하였다. 진나라 임금이 크게 두려워하며 "어떻게 하면 되겠소?"라고 물었다. 자공은 "군대를 잘 정비하고 병졸들을 쉬게 하시고 기다리십시오."라고 하였다. 진나라 임금이 허락하자 자공은 진나라를 떠나 노나라로 갔다.

오나라 왕이 과연 제나라와 애릉艾陵에서 싸워 제나라 군대를 크게 이기고 제나라 7명의 장군이 이끄는 병사들을 포로로 잡았으나 오나라로 돌아가지 않았다. 과연 군대를 이끌고 진나라로 와서 진나라 군대와 황지에서 서로 만났다. 오나라와 진나라가 서로 강함을 다투다가 진나라가 공격하여 오나라 군대를 크게 패배시켰다. 월나라 왕이 이 소식을 듣고 강을 건너 오나라를 습격하여 도성 밖 7리쯤 떨어진 곳에 주둔하였다. 오나라 왕이 이 소식을 듣고 진나라를 떠나 돌아와 월나라 군대와 오호五湖에서 싸웠다. 세 차례 싸웠지만 이기지 못해 성문을 지키지 못하였고, 마침내 월나라 군대가 왕궁을 포위하여 오나라 왕 부차를 죽이고 재상 백비도 죽였다. 오나라를 무너뜨리고 3년이 지나자 월나라는 동방 제후들의 패자가 되었다.[795]

....

[795] 『史記』「仲尼弟子列傳」: 田常欲作亂於齊, 憚高·國·鮑·晏, 故移其兵欲以伐魯. 孔子聞之, 謂門弟子曰, 夫魯, 墳墓所處, 父母之國. 國危如此, 二三子何爲莫出. 子路請出, 孔子止之, 子張·子石請行, 孔子弗許, 子貢請行, 孔子許之. 遂行至齊, 說田常曰, 君之伐魯過矣. 夫魯, 難伐之國. 其城薄以卑, 其地狹以泄, 其君愚而不仁, 大臣僞而無用, 其士民又惡甲兵之事, 此不可與戰, 君不如伐吳. 夫吳, 城高以厚, 地廣以深, 甲堅以新, 士選以飽, 重器精兵盡在其中, 又使明大夫守之, 此易伐也. 田常忿然作色曰, 子之所難, 人之所易, 子之所易, 人之所難, 而以敎常, 何也. 子貢曰, 臣聞之, 憂在內者攻彊, 憂在外者攻弱. 今君憂在內. 吾聞君三封而三不成者, 大臣有不聽者也. 今君破魯以廣齊, 戰勝以驕主, 破國以尊臣, 而君之功不與焉, 則交日疏於主. 是君上驕主心, 下恣羣臣, 求以成大事, 難矣. 夫上驕則恣, 臣驕則爭, 是君上與主有郤, 下與大臣交爭也. 如此, 則君之立於齊危矣. 故曰不如伐吳. 伐吳不勝, 民人外死, 大臣內空, 是君上無彊臣之敵, 下無民人之過, 孤主制齊者唯君也. 田常曰, 善. 雖然, 吾兵業已加魯矣, 去而之吳, 大臣疑我, 柰何. 子貢曰, 君按兵無伐, 臣請往使吳王, 令之救魯而伐齊, 君因以兵迎之. 田常許之, 使子貢南見吳王. 說曰, 臣聞之, 王者不絶世, 霸者無彊敵. 千鈞之重加銖兩而移. 今以萬乘之齊而私千乘之魯, 與吳爭彊, 竊爲王危之. 且夫救魯, 顯名也, 伐齊, 大利也. 以撫泗上諸侯, 誅暴齊以服彊晉, 利莫大焉. 名存亡魯, 實困彊齊, 智者不疑也. 吳王曰, 善. 雖然, 吾嘗與越戰, 棲之會稽, 越王苦身養士, 有報我心. 子待我伐越而聽子. 子貢曰, 越之勁不過魯, 吳之彊不過齊, 王置齊而伐越, 則齊已平魯矣. 且王方以存亡繼絶爲名, 夫伐小越而畏彊齊, 非勇也. 夫勇者不避難, 仁者不窮約, 智者不失時, 王者不絶世, 以立其義. 今存越示諸侯以仁, 救魯伐齊, 威加晉國, 諸侯必相率而朝吳, 霸業成矣. 且王必惡越, 臣請東見越王, 令出兵以從, 此實空

이 이야기는 『가어』「굴절해」에도 소개되어 있다.[796]

....

越, 名從諸侯以伐也. 吳王大說, 乃使子貢之越. 越王除道郊迎, 身御至舍而問曰, 此蠻夷之國, 大夫何以儼然辱而臨之. 子貢曰, 今者吾說吳王以救魯伐齊, 其志欲之而畏越也, 待我伐越乃可. 如此, 破越必矣. 且夫無報人之志而令人疑之, 拙也, 有報人之志, 使人知之, 殆也, 事未發而先聞, 危也. 三者擧事之大患. 句踐頓首再拜曰, 孤嘗不料力, 乃與吳戰, 困於會稽, 痛入於骨髓, 日夜焦脣乾舌. 徒欲與吳王接踵而死, 孤之願也. 遂問子貢. 子貢曰, 吳王爲人猛暴, 羣臣不堪, 國家敝以數戰, 士卒弗忍, 百姓怨上, 大臣內變. 子胥以諫死, 太宰嚭用事, 順君之過以安其私, 是殘國之治也. 今王誠發士卒佐之以徼其志, 重寶以說其心, 卑辭以尊其禮, 其伐齊必也. 彼戰不勝, 王之福矣. 戰勝, 必以兵臨晉. 臣請北見晉君, 令共攻之, 弱吳必矣. 其銳兵盡於齊, 重甲困於晉, 而王制其敝, 此滅吳必矣. 越王大說, 許諾. 送子貢金百鎰, 劍一, 良矛二, 子貢不受, 遂行. 報吳王曰, 臣敬以大王之言告越王, 越王大恐曰, 孤不幸, 少失先人, 內不自量, 抵罪於吳, 軍敗身辱, 棲於會稽, 國爲虛莽. 賴大王之賜, 使得奉俎豆而修祭祀, 死不敢忘, 何謀之敢慮. 後五日, 越使大夫種頓首言於吳王曰, 東海役臣孤句踐使者臣種, 敢修下吏問於左右. 今竊聞大王將興大義, 誅彊救弱, 困暴齊而撫周室, 請悉起境內士卒三千人, 孤請自被堅執銳, 以先受矢石. 因越賤臣種奉先人藏器, 甲二十領, 鈇屈盧之矛, 步光之劍, 以賀軍吏. 吳王大說, 以告子貢曰, 越王欲身從寡人伐齊, 可乎. 子貢曰, 不可. 夫空人之國, 悉人之衆, 又從其君, 不義. 君受其幣, 許其師, 而辭其君. 吳王許諾, 乃謝越王. 於是吳王乃遂發九郡兵伐齊. 子貢因去之晉, 謂晉君曰, 臣聞之, 慮不先定不可以應卒, 兵不先辨不可以勝敵. 今夫齊與吳將戰, 彼戰而不勝, 越亂之必矣. 與齊戰而勝, 必以其兵臨晉. 晉君大恐曰, 爲之柰何. 子貢曰, 修兵休卒以待之. 晉君許諾, 子貢去而之魯. 吳王果與齊人戰於艾陵, 大破齊師, 獲七將軍之兵而不歸. 果以兵臨晉, 與晉人相遇黃池之上. 吳晉爭彊, 晉人擊之, 大敗吳師. 越王聞之, 涉江襲吳, 去城七里而軍. 吳王聞之, 去晉而歸, 與越戰於五湖. 三戰不勝, 城門不守, 越遂圍王宮, 殺夫差而戮其相. 破吳三年, 東向而霸.

[796] 『孔子家語』「屈節解」: 孔子在衛, 聞齊國田常將欲爲亂, 而憚鮑晏, 因欲移其兵以伐魯. 孔子會諸弟子而告之曰, 魯父母之國, 不可不救, 不忍視其受敵, 今吾欲屈節於田常以救魯, 二三子誰爲使. 於是子路曰, 請往齊. 孔子弗許. 子張請往, 又弗許. 子石請往, 又弗許. 三子退, 謂子貢曰, 今夫子欲屈節以救父母之國, 吾三人請使而不獲往, 此則吾子用便之時也, 吾子盍請行焉. 子貢請使, 夫子許之. 遂如齊, 說田常曰, 今子欲收功於魯, 實難. 不若移兵於吳, 則易. 田常不悅. 子貢曰, 夫憂在內者攻強, 憂在外者攻弱. 吾聞子三封而三不成, 是則大臣不聽令, 戰勝以驕主, 破國以尊臣, 而子之功不與焉, 則交日疏於主, 而與大臣爭, 如此, 則子之位危矣. 田常曰, 善, 然兵甲已加魯矣, 不可更, 如何. 子貢曰, 緩師, 吾請於吳, 令救魯而伐齊, 子因以兵迎之. 田常許諾. 子貢遂南說吳王曰, 王者不滅國, 霸者無強敵, 千鈞之重, 加銖兩而移. 今以齊國而私千乘之魯, 與吾爭彊, 甚爲王患之. 且夫救魯以顯名, 以撫泗上諸侯, 誅暴齊以服晉, 利莫大焉. 名存亡魯, 實困強齊, 智者不疑. 吳王曰, 善, 然吳常困越, 越王今苦身養士, 有報吳之心, 子待我先越, 然後乃可. 子貢曰, 越之勁不過魯, 吳之彊不過齊, 而王置齊而伐越, 則齊已私魯矣. 王方以存亡繼絶之名, 棄齊而伐小越, 非勇也. 勇而不計難, 仁者不窮約, 智者不失時, 義者不絶世. 今存越示天下以仁, 救魯伐齊, 威加晉國, 諸侯必相率而朝, 霸業盛矣. 且王必惡越, 臣請見越君, 令出兵以從, 此則實害越, 而名從諸侯以伐齊. 吳王悅, 乃遣子貢之越. 越王郊迎, 而自爲子貢御,

....
曰, 此蠻夷之國, 大夫何足儼然辱而臨之. 子貢曰, 今者吾說吳王以救魯伐齊, 其志欲之, 而心畏越, 曰, 待我伐越而後可, 則破越必矣. 且無報人之志, 而令人疑之, 拙矣. 有報人之意, 而使人知之, 殆乎. 事未發而先聞者, 危矣, 三者舉事之患矣. 勾踐頓首曰, 孤嘗不料力, 而興吳難, 受困會稽, 痛於骨髓, 日夜焦脣乾舌, 徒欲與吳王接踵而死, 孤之願也. 今大夫幸告以利害. 子貢曰, 吳王爲人猛暴, 群臣不堪, 國家疲弊, 百姓怨上, 大臣內變, 申胥以諫死, 太宰嚭用事, 此則報吳之時也. 王誠能發卒佐之, 以邀射其志, 而重寶以悅其心, 卑辭以尊其禮, 則其伐齊必矣, 此聖人所謂屈節求其達者也. 彼戰不勝, 王之福, 若勝, 則必以兵臨晉, 臣還北, 請見晉君, 共攻之, 其弱吳必矣, 銳兵盡於齊, 重甲困於晉, 而王制其弊焉. 越王頓首, 許諾. 子貢返五日, 越使大夫文種, 頓首言於吳王曰, 越悉境內之士三千人以事吳. 吳王告子貢曰, 越王欲身從寡人, 可乎. 子貢曰, 悉人之率衆, 又從其君, 非義也. 吳王乃受越王卒, 謝留勾踐. 遂自發國內之兵以伐齊, 敗之. 子貢遂北見晉君, 令承其弊, 吳晉遂遇於黃池, 越王襲吳之國, 吳王歸與越戰, 滅焉. 孔子曰, 夫其亂齊存魯, 吾之始願, 若能强晉以弊吳, 使吳亡而越霸者, 賜之說之也. 美言傷信, 愼言哉.

의리의 사나이 자로

『사기』「제자열전」에는 자로子路에 대해 다음과 같이 길게 소개되어 있다.

중유仲由는 자字가 자로子路이고, 변卞 땅 사람이며, 공자보다 9세 연하다. 자로는 성품이 거칠고 촌스러워 힘자랑하기를 좋아했지만, 뜻이 강하고 곧았다. 수탉의 깃으로 된 관을 쓰고, 수퇘지의 가죽으로 만든 주머니를 차고 다니며, 한때 공자를 업신여기고 모욕한 일도 있었다. 공자가 예로써 대하며 자로를 조금씩 바른 길로 인도해주자 자로는 나중에 유자의 옷을 입고 예물을 올리며 공자의 문인을 통해 제자가 되고 싶다고 했다. 자로가 정치에 대해 묻자 공자는 "솔선수범하고 힘써 노력해야 한다."라고 했다. 자로가 더 말씀해달라고 청하자 공자는 "그걸 게을리 하지 말아야 한다."라고 했다. 자로가 "군자도 용맹을 좋아합니까?"하고 물었다. 공자는 "의를 가장 소중히 여긴다. 군자가 용맹함만을 소중히 여기고 의를 소중히 여기지 않으면 세상을 어지럽히게 되고, 소인이 용맹함만을 소중히 여기고 의를 소중히 여기지 않으면 도적이 된다."라고 대답했다. 자로는 좋은 말을 듣고 아직 미처 실천하지 못했으면 행여 다른 말을 들을까 두려워했다. 공자는 "말 한 마디로 처벌 여부를 판결할 수 있는 사람은 아마 자로일 것이다. 자로는 나보다 용맹함을 더 좋아하지만 그것을 적절히 쓰지 못한다. 자로는 제 명에 죽지 못할 것이다. 해진 솜옷을 입고도 여우나 담비 가죽으로 만든 옷을 입은 사람과 함께 서있어도 부끄러워하지 않을 사람은 자로일 것이다. 자로의 학문은 문턱은 넘었다. 아직 높은 경지에 이르지는 못했지만."이라고 했다. 계강자가 "자로는 어진 사람입니까?"라고 묻자 공자는 "전차 천 대를 가진 나라에서 군사의 일을 담당할 만한 인물이지만 어진지는 모르겠습니다."라고 대답했다. 자로는 놀러 다니기를 좋아했는데 그 과정에서 장저·걸닉·삼태기를 멘 노인을 만났다. 자로가 계씨의 재宰가 되었을 때 계손 씨가 "자로는 대신이 될 만한 인물입니까?"라고 묻자 공자는 "조정의 구색을 갖추기 위한 보직을 맡을 신하 정도는 됩니다."라고 대답했다. 자로가 포 땅의 대부가 되어 공자에게 인사를 왔다. 공자는 "포 땅은 힘센 자들이 많아 다스리기 어려운 곳이다. 그래서 너에게 이르는 말인데, 공손하고 받들면서 일하면 용맹한 자들을 모을 수 있고, 너그럽고 바르게 일하면 백성들을 따르게 할 수 있으며, 공손하고 바르게 하여 안정시키는 것이 윗사람의 은혜에 보답하는 것이다."라고 하였다. 일찍이 위나라 영공은 남자라는 부인을 총애하였다. 영공의 태자 괴외가 남자에게 죄를 짓고 처벌이 두려워 나라 밖으로 달아났다. 영공이 죽자 남자는 공자 영郢을 임금으로 세우려고 하였다. 영은 안 된다고 하면서 "태자의 아들 첩輒이 있습니다."라고 하였다. 위나라에서 첩을 임금으로 세웠는데 이 사람이 바로 출공出公이다. 출공이 임금이 된 지 12년이 지났는데도 아버지 괴외는 여전히 나라 밖에서 살면서 국내로 들어오지 못했다. 당시 자로는 위나라 대부 공회孔悝의 읍재邑宰로 있었다. 괴외는 공회와 반란을 꾀하고, 공회의 집으로 은밀히 숨어들어가 마침내 공회의 무리와 함께 출공을 습격하였다. 출공은 노나라로 달아났고 괴외가 임금 자리에 올랐는데 이 사람이 바로 장공莊公이다. 공회가 난을 일으켰을 때 밖에 있던 자로는 그 소식을 듣자 바로 달려갔다. 성문을 빠져나오던 자고를 만났는데 자고는 자로에게 "출공은 달아났고, 성문은 벌써 닫혔으니 그냥 돌아가는 것이 좋겠습니다. 공연히 들어갔다가 화를 당할 필요가 없습니다."라고 하였다. 자로는 "녹을 먹은 사람은 준 사람의 어려움을 피하지 않는 법이다."라고 대답했다. 자고는 결국 가버렸다. 성으로 들어가려는 사람이 있어 성문이 열리자 자로도 따라 들어갔다. 괴외가 있는 곳으로 가니 괴외는 공회와 누대에 오르고 있었다. 자로가 "임금은 어찌 공회를 쓰려고 하십니까? 그를 죽이도록 해주십시오."라고 했지만 괴외가 듣지 않았다. 자로가 누대를 불태우려고 하자 괴외는 두려워 석걸과 호염을 내려 보내 자로를 공격하게 하였다. 그들이 자로의 갓끈을 끊자 자로는 "군자는 죽더라도 관을 벗지 않는다."라고 하며 갓끈을 다시 매고 죽었다. 공자는 위나라에서 반란이 일어났다는 소식을 듣고 "아, 자로가 죽겠구나."라고 하였는데 과연 자로가 죽었다. 공자는 "내가 자로를 제자로 삼은 뒤로는 남의 비난을 듣지 않았다."라고 했다. 이 때 자공은 노나라를 위하여 제나라에 사자로 파견되었다.[797]

....

[797] 『史記』「仲尼弟子列傳」: 仲由, 字子路, 卞人也, 少孔子九歲. 子路性鄙好勇力, 志伉直, 冠雄雞, 佩豭豚, 陵暴孔子. 孔子設禮稍誘子路, 子路後儒服委質, 因門人請爲弟子. 子路問政, 孔子曰, 先之, 勞之. 請益, 曰, 無倦. 子路問, 君子尙勇乎. 孔子曰, 義之爲上. 君子好勇而無義則亂, 小人好勇而無義則盜. 子路有聞, 未之能行, 唯恐有聞. 孔子曰, 片言可以折獄者, 其由也與. 由也好勇過我, 無所取材. 若由也, 不得其死然. 衣敝縕袍與衣狐貉者立而不恥者, 其由也與. 由也升堂矣, 未入於室也. 季康子問, 仲由仁乎. 孔子曰, 千乘之國可使治其賦, 不知其仁. 子路喜從游, 遇長沮·桀溺·荷蓧丈人. 子路爲季氏宰, 季孫問曰, 子路可謂大臣與. 孔子曰, 可謂具臣矣. 子路爲蒲大夫, 辭孔子. 孔子曰, 蒲多壯士, 又難治. 然吾語汝, 恭以敬, 可以執勇, 寬以正, 可以比衆, 恭正以靜, 可以報上. 初, 衛靈公有寵姬曰南子. 靈公太子蕢聵得過南子, 懼誅出奔. 及靈公卒, 而夫人欲立公子郢. 郢不肯曰, 亡人太子之子輒在. 於是衛立輒爲君, 是爲出公. 出公立十二年, 其父蕢聵居外, 不得入. 子路爲衛大夫孔悝之邑宰. 蕢聵乃與孔悝作亂, 謀入孔悝家, 遂與其徒襲攻出公. 出公奔魯, 而蕢聵入立, 是爲莊公. 方孔悝作亂, 子路在外, 聞之而馳往. 遇子羔出衛城門, 謂子路曰, 出公去矣, 而門已閉, 子可還矣, 毋空受其禍. 子路曰, 食其食者不避其難. 子羔卒去. 有使者入城, 城門開, 子路隨而入. 造蕢聵, 蕢聵與孔悝登臺. 子路曰, 君焉用孔悝, 請得而殺之. 蕢

공자의 제자들 중 가장 인기 있는 제자가 자로다. 자로의 인기는 현대사회에서도 여전하고, 높게 평가하는 학자도 있다. 손세제(2017)는 '공문 최고의 고족제자였고 공문 제자들이 가장 사랑했으며 가장 어울리고 싶어 했던 인물'이라고 평가했다.[798] 사마천은 「제자열전」에서 자로를 소개하면서 자로의 기본적인 인적사항, 공자를 만나기 전의 자로, 공자와 자로의 문답, 자로에 대한 인물평, 공자와의 천하주유 중에 만난 사람들, 자로의 공직생활 관련 이야기, 자로의 죽음 등을 열거하고 있다.

자로는 공자의 제자 중 『논어』에 가장 많이 등장하는데 41회 정도 등장한다.[799] 「제자열전」에 소개된 내용 중 상당 부분은 『논어』에 나오는 내용으로, 사마천이 자로의 성격을 잘 나타낸다고 봐서 소개했을 것이다.

1 출신

자로의 이름은 중유다. 그래서 『논어』에서 공자가 자로를 부르거나 지칭할 때는 '유야由也'라는 표현을 주로 썼다. 위의 「제자열전」에서는 자로를 변卞 땅 출신으로 소개하고 있다. 『시자』「권학」편에는 자로가

聵弗聽. 於是子路欲燔臺, 蕢聵懼, 乃下石乞·壺黶, 攻子路. 擊斷子路之纓, 子路曰, 君子死而冠不免, 遂結纓而死. 孔子聞衛亂曰, 嗟乎, 由死矣, 已而果死. 故孔子曰, 自吾得由, 惡言不聞於耳. 是時子貢爲魯使於齊.

[798] 손세제 (2017). 자로(子路)의 인물됨과 사승(師承) 관계 고찰. **동방학, 37**, 9-41.
[799] 「위정」편 17장, 「공야장」편 6장, 7장, 13장, 25장, 「옹야」편 6장, 26장, 「술이」편 10장, 18장, 34장, 「자한」편 11장, 26장, 「향당」편 17장, 「선진」편 2장, 11장, 12장, 14장, 17장, 21장, 23장, 24장, 25장, 「안연」편 12장, 「자로」편 1장, 3장, 28장, 「헌문」편 13장, 17장, 23장, 38장, 41장, 45장, 「위령공」편 1장, 3장, 「계씨」편 1장, 「양화」편 5장, 7장, 8장, 23장, 「미자」편 6장, 7장.

변卞 땅의 농사꾼[野人]이었다고 언급되어 있고,[800] 『외전』 8권에는 노나라 애공哀公의 질문에 염유가 답하는 형식으로, 공자를 만나기 전의 자로를 역시 변 땅의 농사꾼이었다고 표현하고 있다.[801] 『논어』「선진」편 17장에는 "시(자고)는 우직하고, 삼(증자)은 노둔하며, 사(자장)는 겉모습에 치중하고, 유(자로)는 거칠다[喭]."라고 제자들을 평가한 내용이 있다.[802] 농사꾼[野人]이라는 말에 '거칠다[喭]'라는 말을 연결시키면 자로는 시골의 건달 출신이었던 것으로 이해하면 되겠다. 『가어』「제자해」편에는 자로가 변卞 땅 사람이라고 되어있다.[803] 발음은 같은데 한자는 다르다. 변 땅이라는 지명이 구전으로 전해지는 과정에서 문헌에 따라 다른 한자를 사용해 정착한 것으로 추정된다. 『순자』「대략」편은 자로가 촌스런 사람이었는데 학문을 닦고 예의를 몸에 익혀 천하의 유명한 명사의 반열에 들었다고 언급하고 있다.[804] 자로가 공자보다 9세 연하라고 하였으니, 공자의 제자 중에는 공자와의 나이 차이가 아주 적은 세대에 속했을 것이다.

「제자열전」은 다음으로 공자를 만나기 전 자로의 거친 모습을 소개하고 있다. '수탉의 깃으로 된 관을 쓰고, 수퇘지의 가죽으로 만든 주머니를 차고 다니며'라는 표현은 다른 문헌에서 확인하기 어려운 표현이다. 다만 『장자』「도척」에는 이런 표현의 원형이 되는 기록이 보인다. 도척이 공자를 비난하는 말 중에 공자를 만나기 전후의 자로의 모습에

---

800 『尸子』「勸學」: 是故, 子路卞之野人, 子貢衛之賈人, 顔涿聚盜也, 顓孫師駔也, 孔子教之, 皆爲顯士.
801 『韓詩外傳』券八: 夫子路, 卞之野人也, 子貢, 衛之賈人也, 皆學問於孔子, 遂爲天下顯士.
802 『論語』<先進>: 柴也愚, 參也魯, 師也辟, 由也喭.
803 『孔子家語』「七十二弟子解」: 仲由, 弁人, 字子路, 有勇力才藝, 以政事著名.
804 『荀子』<大略>: 子贛季路, 故鄙人也, 被文學服禮義, 爲天下列士.

대해 기록하고 있다. 도척은 "당신은 감언이설로 자로를 유혹해 당신을 따르도록 했고, 관을 벗고 장검을 풀어 버리고 당신에게 가르침을 받도록 하여, 천하 사람들이 '공자가 폭력을 그치게 하고 나쁜 짓을 못하게 했다'고 말하게 하였다."는 표현이 있다.[805] 공자를 만나기 전 자로가 '높은 관'을 쓰고, '장검'을 차고 다니며 폭력을 일삼는 건달이었다는 인식은 전국시대부터 있었다고 봐야 한다. 『설원』 「건본」편[806]과 『가어』 「자로초견」편[807]에는 공자와 자로가 처음 만났을 때 나눈 대화를 연상시키는 이야기가 있다. 공자가 자로에게 무엇을 좋아하느냐고 묻자 자로는 긴 칼을 좋아한다고 대답했다. 공자는 거기에 학문을 더한다면 따라올 사람이 없을 것이라고 학문을 권했다. 자로는 "남산의 대나무는 바로잡아 주지 않아도 저절로 반듯하게 자라는데, 그 대나무를 잘라서 화살을 만들면 물소의 가죽도 뚫을 수 있습니다. 이런데도 꼭 학문을 할 필요가 있겠습니까?"라고 반문한다. 자로다운 말이다. 이 반문에 대해 공자는 "화살 한 쪽에 깃을 달고, 다른 한 쪽에 촉을 갈아서 달면 화살이 더욱 깊이 박히지 않겠어?"라고 대답했다. 제자들의 관심사에

---

[805] 『莊子』「盜跖」: 子以甘辭說子路, 而使從之, 使子路去其危冠, 解其長劍, 而受教於子, 天下皆曰, 孔丘能止暴禁非.

[806] 『說苑』「建本」: 孔子謂子路曰, 汝何好. 子路曰, 好長劍. 孔子曰, 非此之問也. 請以汝之所能, 加之以學, 豈可及哉. 子路曰, 學亦有益乎. 孔子曰, 夫人君無諫臣則失政, 士無教友則失德. 狂馬不釋其策, 操弓不返於檠. 木受繩則直, 人受諫則聖. 受學重問, 孰不順成. 毀仁惡士, 且近於刑, 君子不可以不學. 子路曰, 南山有竹, 弗揉自直, 斬而射之, 通於犀革, 又何學爲乎. 孔子曰, 括而羽之, 鏃而砥礪之, 其入不益深乎. 子路拜曰, 敬受教哉.

[807] 『孔子家語』「子路初見」: 子路見孔子, 子曰, 汝何好樂. 對曰, 好長劍. 孔子曰, 吾非此之問也, 徒謂以子之所能, 而加之以學問, 豈可及乎. 子路曰, 學豈益哉也. 孔子曰, 夫人君而無諫臣則失正, 士而無教友則失聽, 御狂馬不釋策, 操弓不反檠, 木受繩則直, 人受諫則聖, 受學重問, 孰不順哉. 毀仁惡仕, 必近於刑, 君子不可不學. 子路曰, 南山有竹, 不柔自直, 斬而用之, 達于犀革, 以此言之, 何學之有. 孔子曰, 括而羽之, 鏃而礪之, 其入之不亦深乎. 子路再拜曰, 敬而受教.

따라 적합한 대답을 해주는 공자의 특징이 잘 나타난 비유라고 하겠다.

『설원』「건본」편[808]과 『가어』「치사」편[809]에는 자로 자신의 말로 "예전에 부모를 모실 때 명아주와 콩잎 같은 거친 음식을 먹고 부모를 위하여 백 리 밖에서 쌀을 지고 왔다."는 표현이 있다. 또 『예기』「단궁하」편에는 자로가 '부모님이 살아계실 때는 봉양할 것이 없었고, 돌아가신 후에도 예를 행할 것이 없는' 자신의 처지를 한탄했다는 이야기도 있다.[810] 사실 여부는 확실하지 않지만 공자를 만나기 전 가난하게 살았을 가능성은 있다. 반면 『사기』「공자세가」는 공자가 위衛나라에 있을 때 안탁추顏濁鄒의 집에 머물렀는데 이 사람은 자로와 동서 사이라고 언급하고 있다.[811] 또 『맹자』「만장상」편[812]과 『설원』「지공」편[813]에는 공자가 위나라에서 안탁추와 동일인으로 추정되는 안수유顏讎由의 집에 머물렀다고 언급한 후, 위나라 제후의 총애를 받던 미자彌子가 자로의 손위동서라고 소개하고 있다. 안탁추(혹은 안수유)와 미자가 동일인인지는 명확하지 않지만, 손위동서가 위나라의 고위직에 있었다는 말이 된다. 자로가 공자를 만나기 전에 결혼했다면 그는 유력한 가문 출신일 가능성도 있다.

---

[808] 『說苑』「建本」: 昔者由事二親之時, 常食藜藿之實, 而爲親負米百里之外.
[809] 『孔子家語』「致思」: 子路見於孔子曰, 負重涉遠, 不擇地而休, 家貧親老, 不擇祿而仕. 昔者, 由也事二親之時, 常食藜藿之實, 爲親負米百里之外.
[810] 『禮記』「檀弓下」: 子路曰, 傷哉, 貧也. 生無以爲養, 死無以爲禮也.
[811] 『史記』「孔子世家」: 孔子遂適衛, 主於子路妻兄顏濁鄒家.
[812] 『孟子』「萬章上」: 孟子曰, 否, 不然也, 好事者爲之也. 於衛, 主顏讎由, 彌子之妻, 與子路之妻兄弟也.
[813] 『說苑』「至公」: 孟子曰, 否, 不然, 好事者爲之也. 於衛, 主顏讐由, 彌子之妻, 與子路之妻, 兄弟也.

참고로 『사기』「공자세가」에는 안탁추顏濁鄒가 공자의 72제자에 들지는 못하지만 공자에게 두루 배운 제자라고 소개되어 있다.[814] 안탁추를 안탁취라고 발음하는 경우가 많은데 제나라 대부 안탁취顏涿聚와 혼동했을 가능성이 많다.『춘추좌씨전』 노애공 23년 조의 주注에는 비슷한 이름인 안탁취가 위나라가 아닌 제나라의 대부라고 소개되어 있고,[815] 『설원』「정간」편에는 『춘추좌씨전』의 안탁취와 동일인물일 가능성이 있는 안촉추顏燭趨라는 인물이 제나라 경공에게 바른말을 하는 신하로 소개되어 있다.[816] 『시자』「권학」편은 안탁취顏涿聚가 도둑이었다가 공자의 제자가 된 사람이라고 소개하고 있는데,[817] 한자 이름은 다르지만 정황상 추측이 가능한 위나라의 안탁추顏濁鄒를 의미하는지, 한자 이름이 동일한 제나라의 안탁취顏涿聚를 의미하는지 혼동이 된다.

....

[814] 『史記』「孔子世家」:孔子以詩書禮樂敎, 弟子蓋三千焉, 身通六藝者七十有二人. 如顏濁鄒之徒, 頗受業者甚衆.
[815] 『春秋左氏傳』魯哀公 二十三年 注:顏庚, 齊大夫顏涿聚.
[816] 『說苑』「正諫」:齊景公遊於海上, 而樂之六月不歸, 令左右曰, 敢有先言歸者, 致死不赦. 顏燭趨進諫曰, 君樂治海上, (不樂治國), 而六月不歸, 彼儻有治國者, 君且安得樂此海也. 景公援戟將斫之, 顏燭趨進, 撫衣待之曰, 君奚不斫也, 昔者桀殺關龍逢, 紂殺王子比干, 君之賢, 非此二主也, 臣之材, 亦非此二子也, 君奚不斫, 以臣參此二人者, 不亦可乎. 景公說, 遂歸, 中道, 聞國人謀不內矣.
[817] 『尸子』「勸學」:是故, 子路卞之野人, 子貢衛之賈人, 顏涿聚盜也, 顓孫師駔也, 孔子敎之, 皆爲顯士.

2 용맹

위에서 "군자도 용맹을 좋아합니까?"라고 물은 자로의 두 번째 질문과 공자의 답은 『논어』 「양화」편 23장에 나오는 문답이다.[818] 공자는 용맹하고 무용을 좋아하는 자로에게 용맹함은 의로운 데 쓰여야 한다고 가르쳐준다. 비슷한 질문이 『공자가어』 「호생」편에도 보인다.[819] 여기서 자로는 오랑캐의 복장으로 칼을 빼들고 춤을 추면서, 옛날 군자들도 칼로 자신을 지켰는지 질문한다. 공자는 그들은 충심을 바탕으로 삼고 어진 마음으로 자신을 지켰다고 대답한다.

"자로는 나보다 더 용맹함을 좋아하지만 그것을 적절히 쓰지 못한다."는 공자의 평은 『논어』 「공야장」편 6장에 있는 내용이다.[820] 이 말 앞에 공자는 "도가 행해지지 않아 내가 뗏목을 타고 해외로 나갈까 하는데, 나를 따를 자는 아마도 자로일 것이다."라고 자로에 대한 깊은 믿음을 보여준다. 이 말을 들은 자로가 기뻐하자, 물불 가리지 않는 자로의 성격에 일침을 가하는 말로 나온 것이다.

자로가 용맹하고 무용을 좋아했다는 이야기는 그 후에 다양한 문헌에 전해지고 있다. 『논어』 「선진」편 25장에는 공자가 몇몇 제자들에게 제후가 자신을 알아줘서 등용한다면 어떻게 할 것인지 묻는 이야기

---

[818] 『論語』 「陽貨」: 子路曰, 君子尚勇乎. 子曰, 君子義以爲上, 君子有勇而無義, 爲亂, 小人有勇而無義, 爲盜.
[819] 『孔子家語』 「好生」: 子路戎服見於孔子, 拔劍而舞之曰, 古之君子, 以劍自衛乎. 孔子曰, 古之君子, 忠以爲質, 仁以爲衛, 不出環堵之室, 而知千里之外. 有不善則以忠化之, 侵暴則以仁固之, 何持劍乎. 子路曰, 由乃今聞此言, 請攝齊以受教.
[820] 『論語』 「公冶長」: 子曰, 道不行, 乘桴, 浮于海, 從我者, 其由與. 子路聞之, 喜. 子曰, 由也好勇, 過我, 無所取材.

가 있다.[821] 이런 공자의 질문에 자로는 "전차 천 대를 보유한 작은 제후국이 큰 나라들 사이에 끼여, 군사들이 쳐들어오고 더구나 기근까지 겹쳤을 때, 제가 그 나라를 다스린다면 3년 만에 백성들을 용맹스럽게 만들고, 또 의로운 길로 향할 줄 알도록 하겠습니다."라고 대답한다. 『외전』 7권[822] 및 9권,[823] 『설원』 「지무」편[824]과 『가어』 「치사」편[825]에는 위와 비슷한 이야기를 조금씩 달리 전하고 있다. 몇몇 제자들과 소풍을 간 공자가 제자들의 포부를 물었을 때 자로는 『외전』 7권에서는 "저는 긴 창을 들고 삼군을 휘젓고 다니면서, 젖먹이는 어미 호랑이가 뒤에 있고 적군이 앞에서 밀려온다 해도, 벼룩처럼 뛰고 교룡처럼 떨치며 나가

---

[821] 『論語』「先進」: 子路曾皙冉有公西華侍坐. 子曰, 以吾一日長乎爾, 毋吾以也. 居則曰, 不吾知也, 如或知爾, 則何以哉. 子路率爾而對曰, 千乘之國, 攝乎大國之間, 加之以師旅, 因之以饑饉, 由也爲之, 比及三年, 可使有勇, 且知方也. 夫子哂之.

[822] 『韓詩外傳』 券七: 孔子遊於景山之上, 子路·子貢·顏淵從. 孔子曰, 君子登高必賦. 小子願者何. 言其願, 丘將啟汝. 子路曰, 由願奮長戟, 盪三軍, 乳虎在後, 仇敵在前, 蠡躍蛟奮, 進救兩國之患. 孔子曰, 勇士哉.

[823] 『韓詩外傳』 券九: 孔子與子貢·子路·顏淵游於戎山之上, 孔子喟然嘆曰, 二三子各言爾志, 予將覽焉. 由爾何如. 曰, 得白羽如月, 赤羽如朱, 擊鐘鼓者, 上聞於天, 下槊於地, 使由將而攻之, 惟由爲能. 孔子曰, 勇士哉.

[824] 『說苑』「指武」: 孔子北遊, 東上農山, 子路·子貢·顏淵從焉. 孔子喟然歎曰, 登高望下, 使人心悲, 二三子者, 各言爾志, 丘將聽之. 子路曰, 願得白羽若月, 赤羽若日, 鐘鼓之音上聞乎天, 旌旗翩翻, 下蟠於地. 由且舉兵而擊之, 必也攘地千里, 獨由能耳, 使夫二子者爲從焉. 孔子曰, 勇哉士乎, 憤憤者乎. 子貢曰, 賜也, 願齊楚合戰於莽洋之野, 兩壘相當, 旌旗相望, 塵埃相接, 接戰構兵, 賜願著縞衣白冠, 陳說白刃之間, 解兩國之患, 獨賜能耳, 使夫二者爲我從焉. 孔子曰, 辯哉士乎, 儒儒者乎. 顏淵獨不言. 孔子曰, 回, 來, 若獨何不願乎. 顏淵曰, 文武之事, 二子已言之, 回何敢與焉. 孔子曰, 若鄙, 心不與焉, 第言之. 顏淵曰, 回聞鮑魚蘭芷不同篋而藏, 堯舜桀紂不同國而治, 二子之言與回言異. 回願得明王聖主而相之, 使城郭不修, 溝池不越, 鍛劍戟以爲農器, 使天下千歲無戰鬥之患, 如此則由何憤憤而擊, 賜又何儒儒而使乎. 孔子曰, 美哉, 德乎, 姚姚者乎. 子路舉手問曰, 願聞夫子之意. 孔子曰. 吾所願者, 顏氏之計. 吾願負衣冠而從顏氏子也.

[825] 『孔子家語』「致思」: 孔子北遊於農山, 子路·子貢·顏淵侍側. 孔子四望, 喟然而嘆曰, 於斯致思, 無所不至矣. 二三子各言爾志, 吾將擇焉. 子路進曰, 由願得白羽若月, 赤羽若日, 鐘鼓之音, 上震於天, 旌旗繽紛, 下蟠于地, 由當一隊而敵之, 必也攘地千里, 搴旗執馘, 唯由能之, 使二子者從我焉. 夫子曰, 勇哉.

싸워, 두 나라의 환난을 해결해 주고 싶습니다."라고 답하고, 『외전』 9권에서는 "달처럼 흰 깃발과 붉은 깃발을 얻어서, 종과 북을 치는 소리가 하늘과 땅을 울리면, 장군으로서 공격하는 일은 오직 저만 할 수 있습니다."라고 자신 있게 말한다. 『설원』「지무」편의 대답은 『외전』 9권과 비슷하지만 "반드시 천 리의 땅을 빼앗을 것입니다."라는 의지가 추가되어 있다.

『외전』 6권에 전해지는 이야기도 있다.[826] 공자가 천하주유를 하던 중, 광 땅에서 포위된 일이 있다. 한영韓嬰은 이 사건을 간자簡子가 양호陽虎를 죽이려고 하였는데, 공자가 양호와 비슷하게 생겨 양호로 착각해서 그렇게 한 사건으로 해석하고 있다. 이 때 자로는 화를 내며 창을 들고 나가서 맞서려고 하였는데, 공자가 말리면서 자로에게 노래를 부르자고 했다. 자로가 노래를 부르면 공자가 화답했는데 세 곡을 부르자 그들이 포위를 풀고 갔다는 이야기다. 자로의 용맹함, 버럭 하는 성격과 공자가 시키는 대로 노래를 부르는 단순한 성격이 잘 표현된 이야기다. 이 이야기는 『장자』「추수」편,[827] 『설원』「잡언」편[828]과 『가어』「곤서」편[829]

---

[826] 『韓詩外傳』券六:孔子行, 簡子將殺陽虎, 孔子似之, 帶甲以圍孔子舍. 子路慍怒, 奮戟將下, 孔子止之曰, 由, 何仁義之寡裕也. 夫詩書之不習, 禮樂之不講, 是丘之罪也. 若吾非陽虎, 而以我爲陽虎, 則非丘之罪也, 命也夫. 歌, 予和若. 子路歌, 孔子和之. 三終而圍罷. 詩曰, 來游來歌. 以陳盛德之和, 而無爲也.

[827] 『莊子』「外篇, 秋水」:孔子遊於匡, 衛人圍之數匝, 而絃歌不輟. 子路入見曰, 何夫子之娛也. 孔子曰, 來, 吾語女. 我諱窮久矣而不免, 命也. 求通久矣而不得, 時也. 當堯舜之時而天下無窮人, 非知得也. 當桀紂之時而天下無通人, 非知失也. 時勢適然. 夫水行不避蛟龍者, 漁父之勇也. 陸行不避兕虎者, 獵夫之勇也. 白刃交於前, 視死若生者, 烈士之勇也. 知窮之有命, 知通之有時, 臨大難而不懼者, 聖人之勇也. 由處矣, 吾命有所制矣. 無幾何, 將甲者進辭曰, 以爲陽虎也, 故圍之, 今非也, 請辭而退.

[828] 『說苑』「雜言」:孔子之宋, 匡簡子將殺陽虎, 孔子似之. 甲士以圍孔子之捨, 子路怒, 奮戟將下鬪. 孔子止之曰, 何仁義之不免俗也. 夫詩書之不習, 禮樂之不修也, 是丘之過也. 若似陽虎, 則非丘之罪也, 命也夫. 由, 歌予和汝. 子路歌, 孔子和之, 三終而甲罷.

[829] 『孔子家語』「困誓」:孔子之宋, 匡人簡子以甲士圍之, 子路怒, 奮戟將與戰. 孔子止之

에도 기록되어 있다. 자로가 용맹하고 무용을 좋아했다는 이야기는 그 외에도 다양한 형태로 많은 문헌에 보인다. 『사기』에는 자로가 노나라 정공 때 유력 대부들의 세 성을 훼파하는 데 앞장선 것으로 기록되어 있는데,830, 831 이 이야기는 『가어』 「상노」편에도 계승되었다.832

『설원』 「귀덕」편에는 자로가 검을 가지고 다니자 공자가 그 이유를 물었는데, 자로는 "제게 호의를 가지고 대하는 사람은 호의로 대하고, 적대적인 사람에 대해서는 검으로 저를 지키려고 합니다."라고 대답했다는 이야기가 있다. 이에 대해 공자는 "적대적인 사람은 충忠으로 감화시키고 포악한 사람은 인仁으로 막아야 한다."고 가르친다.833 『회남자』 「인간훈」편834과 『설원』 「잡언」편,835 『가어』 「육본」

....

曰, 惡有修仁義而不免世俗之惡者乎. 夫詩書之不講, 禮樂之不習, 是丘之過也. 若以述先王, 好古法而爲咎者, 則非丘之罪也, 命之夫. 歌, 予和汝. 子路彈琴而歌, 孔子和之, 曲三終, 匡人解甲而罷.

830 『史記』 「魯周公世家」: (定公) 十二年, 使仲由毁三桓城, 收其甲兵.
831 『史記』 「孔子世家」: 定公十三年夏, 孔子言於定公曰, 臣無藏甲, 大夫毋百雉之城. 使仲由爲季氏宰, 將墮三都.
832 『孔子家語』 「相魯」: 孔子言於定公曰, 家不藏甲, 邑無百雉之城, 古之制也. 今三家過制, 請皆損之. 乃使季氏宰仲由隳三都.
833 『說苑』 「貴德」: 子路持劍, 孔子問曰, 由, 安用此乎. 子路曰, 善吾者, 固以善之, 不善吾者, 固以自衛. 孔子曰, 君子以忠爲質, 以仁爲衛, 不出環堵之內, 而聞千里之外. 不善以忠化, 寇暴以仁圍, 何必持劍乎. 子路曰, 由也請攝齊以事先生矣.(밑줄은 동양고전종합DB(http://db.cyberseodang.or.kr/)의 한자를 따랐다.)
834 『淮南子』 「人間訓」: 人或問孔子曰, 顔回何如人也. 曰, 仁人也, 丘弗如也. 子貢何如人也. 曰, 辯人也, 丘不如也. 子路何如人也. 曰, 勇人也, 丘不如也. 賓曰, 三人皆賢夫子, 而爲夫子役, 何也. 孔子曰, 丘能仁且忍, 辯且訥, 勇且怯. 以三子之能, 易丘一道, 丘弗爲也, 孔子知所施之也.
835 『說苑』 「雜言」: 子夏問仲尼曰, 顔淵之爲人也, 何若. 曰, 回之信, 賢於丘也. 曰, 子貢之爲人也, 何若. 曰, 賜之敏, 賢於丘也. 曰, 子路之爲人也, 何若. 曰, 由之勇, 賢於丘也. 曰, 子張之爲人也, 何若. 曰, 師之莊, 賢於丘也. 於是子夏避席而問曰, 然則四者何爲事先生. 曰, 坐, 吾語汝. 回能信而不能反, 賜能敏而不能屈, 由能勇而不能怯, 師能莊而不能同. 兼此四子者, 丘不爲也. 夫所謂至聖之士, 必見進退之利, 屈伸之用者也.

편[836]에는 공자가 자로의 용맹은 자신보다 낫다고 평가하면서도 겁낼 줄을 모르는 단점을 가지고 있다고 지적한 이야기가 소개되어 있다.

후세 사람들은 자로가 용맹했을 뿐 아니라 용병을 잘 했을 것이라는 인식을 가지고 있었다. 앞의 「역사의 패배자 재아」 부분에서 언급한 것처럼, 초나라 소왕이 공자를 등용하지 못하도록 만류한 자서子西가 공자를 등용하면 안 되는 이유로 제시한 것 중 한 가지가 용병에 뛰어난 자로의 존재였다. 『설원』「정리」편에는 위나라 영공이 사추史鰌, 자로, 자공 세 사람에게 임금이 가장 힘써야 할 일을 물었는데 사추는 형벌을 신중하게 해야 한다고 대답했고, 자로는 군사 문제에 가장 힘써야 한다고 대답했으며, 자공은 백성들의 교화에 가장 힘써야 한다고 대답했다는 이야기도 전해진다.[837] 「제자열전」에는 다른 사람의 질문에 대한 공자의 인물평도 소개되어 있다. 계강자가 "자로는 어진 사람입니까?"라고 묻자 공자는 "전차 천 대를 가진 나라에서 군사의 일을 담당할 만한 인물이지만 어진지는 모르겠습니다."라고 대답한다. 이 이야기는 『논어』「공야장」편 7장의 전반부와 비슷한 내용이지만 「공야장」편에

---

[836] 『孔子家語』「六本」: 子夏問於孔子曰, 顔回之爲人奚若. 子曰, 回之信賢於丘. 曰, 子貢之爲人奚若. 子曰, 賜之敏賢於丘. 曰, 子路之爲人奚若. 子曰, 由之勇賢於丘. 曰, 子張之爲人奚若. 子曰, 師之莊賢於丘. 子夏避席而問曰, 然則四子何爲事先生. 子曰, 居, 吾語汝. 夫回能信而不能反, 賜能敏而不能詘, 由能勇而不能怯, 師能莊而不能同, 兼四子者之有以易吾弗與也, 此其所以事吾而弗貳也.

[837] 『說苑』「政理」: 衛靈公問於史鰌曰, 政孰爲務. 對曰, 大理爲務, 聽獄不中, 死者不可生也, 斷者不可屬也. 故曰, 大理爲務. 少焉, 子路見公, 公以史鰌言告之. 子路曰, 司馬爲務, 兩國有難, 兩軍相當, 司馬執枹以行之, 一鬥不當, 死者數萬, 以殺人爲非也, 此其爲殺人亦衆矣. 故曰, 司馬爲務. 少焉, 子貢入見, 公以二子言告之, 子貢曰, 不識哉. 昔禹與有扈氏戰, 三陳而不服, 禹於是修教一年, 而有扈氏請服. 故曰, 去民之所爭, 奚獄之所聽. 兵革之不陳, 奚鼓之所鳴. 故曰, 教爲務也.(밑줄은 동양고전종합DB(http://db.cyberseodang.or.kr/)의 한자를 따랐다.

는 맹무백孟武伯이 질문한 것으로 되어있다.[838] 한편, 「제자열전」의 염유冉有를 소개하는 부분에서는 공자는 자로가 염유와 같다고 대답했는데, 염유에 대해서 천 가구의 읍을 다스리거나, 100대의 전차를 지닌 대부의 관리가 되는 정도라고 평했으므로 여기서보다 조금 낮게 평가한 전승도 전해졌다고 볼 수 있다.[839]

3 성격

위의 「제자열전」에는 자로에 대한 다양한 인물평들을 소개하고 있다. '자로는 좋은 말을 듣고 아직 미처 실천하지 못했으면 행여 다른 말을 들을까 두려워했다'는 말은 『논어』「공야장」편 13장에 나오는 내용이다.[840] 실천해서 몸에 익숙해지기도 전에 새로운 내용을 또 배우게 될까봐 겁을 냈다는 이야기다. 일단 배운 내용은 실천하려고 하는 자로의 성격을 잘 나타내고 있다. 『예기』「단궁상」에는 자로가 누님의 상을 당하여 상복을 벗어야 할 시기가 지났는데도 계속 상복을 입고 있다가 공자의 지적을 받는 내용이 있다. 자로가 형제가 적어 동기간의 정이 남달라 차마 상복을 벗지 못하겠다고 하자, 공자는 차마 하지 못하는 마음이 있더라도 예법을 지켜야 한다고 가르쳤고, 자로는 이 가르침

---

[838] 『論語』「公冶長」: 孟武伯問, 子路仁乎. 子曰, 不知也. 又問, 子曰, 由也, 千乘之國, 可使治其賦也, 不知其仁也. 求也何如. 子曰, 求也, 千室之邑, 百乘之家, 可使爲之宰也, 不知其仁也. 赤也何如. 子曰, 赤也, 束帶立於朝, 可使與賓客言也, 不知其仁也.
[839] 『史記』「仲尼弟子列傳」: 季康子問孔子曰, 冉求仁乎. 曰, 千室之邑, 百乘之家, 求也可使治其賦, 仁則吾不知也. 復問, 子路仁乎. 孔子對曰, 如求.
[840] 『論語』「公冶長」: 子路有聞, 未之能行, 唯恐有聞.

을 따랐다.[841] 정이 많은 자로의 성격을 보여주는 이야기다.

자로는 성미가 급한 사람이었다. 위의 "말 한 마디로 처벌 여부를 판결할 수 있는 사람은 아마 자로일 것이다."라는 평가는 『논어』「안연」편 12장에 나오는 내용으로,[842] 자로의 급한 성격을 잘 나타내고 있다. 「안연」편에는 공자의 이 말 외에 '자로는 승낙한 일에 대해서는 묵혀두는 법이 없었다'라는 말이 있는데 자로의 이름인 '유由' 대신 '자로'라는 자字를 쓴 것으로 볼 때 공자의 말이라기보다는 「안연」편 편찬자의 평가일 가능성이 높다. 이 역시 자로의 급한 성격을 잘 보여주고 있다. 『예기』「단궁상」편에는 아침에 대상大祥을 지내고 저녁에 노래를 부르는 사람을 비웃다가, 삼년상을 치른 사람을 비웃는다고 공자로부터 책망을 듣는 모습도 보인다.[843] 위의 "자로는 제 명에 죽지 못할 것이다."라는 공자의 평은 『논어』「선진」편 12장에 나와 있다.[844] 제자들이 공자를 모시고 있는 모습들이 각각 특색이 있는데 자로는 굳센 모습이었다. 공자는 제자들의 모습을 보고 기뻐하면서도 물러설 줄 모르는 그의 성격이 그를 제 명에 죽지 못하게 만들 것이라고 예언한 것이다. 이는 자로의 죽음을 공자가 미리 예견하였다고 설정한 것이다.

자로는 당당한 성격의 사람이었다. "해진 솜옷을 입고 여우나 담비 가죽으로 만든 옷을 입은 사람과 함께 서있어도 부끄러워하지 않을 사람은 자로일 것이다."라는 「제자열전」의 평은 『논어』「자한」편 26장에

....

[841] 『禮記』「檀弓上」: 子路有姊之喪, 可以除之矣, 而弗除也. 孔子曰, 何弗除也. 子路曰, 吾寡兄弟, 而弗忍也. 孔子曰, 先王制禮, 行道之人, 皆弗忍也. 子路聞之, 遂除之.
[842] 『論語』「顏淵」: 子曰, 片言, 可以折獄者, 其由也與. 子路, 無宿諾.
[843] 『禮記』「檀弓上」: 魯人有朝祥, 而莫歌者, 子路笑之. 夫子曰, 由, 爾責於人, 終無已夫. 三年之喪, 亦已久矣夫. 子路出, 夫子曰, 又多乎哉. 踰月則其善也.
[844] 『論語』「先進」: 閔子侍側, 誾誾如也, 子路, 行行如也, 冉有子貢, 侃侃如也, 子樂. 若由也, 不得其死然.

나온다.[845] 공자는 또 "남을 해치지도 않고 남의 것을 탐내지도 않는다."
고 칭찬을 더한다. 공자의 칭찬에 신이 난 자로가 늘 이 말을 외우고 다
니자 공자는 또 "이것은 사람의 당연한 도리이지 어찌 이것으로 충분
하다고 하겠느냐?"라고 편잔을 주기도 한다.

위의 "자로의 학문은 문턱은 넘었다[升堂]. 아직 높은 경지[入於室]
에 이르지는 못했지만."이라는 인물평은 『논어』 「선진」편 14장에 나오
는 이야기다.[846] 이 이야기의 배경은 조금 특이하다. 공자는 자로가 비
파 연주하는 소리를 듣고 그 소리가 조화를 이루지 못한다고 생각해
편잔을 줬다. 그러자 다른 제자들이 자로를 무시하기 시작했다. 이것을
본 공자가 자로를 변호하기 위해 한 말이다. 공자의 입장에서 조금 미
안했을 수도 있겠다. 자로가 음악에 재능이 없었다는 이야기는 이 외에
도 더 있다. 『설원』 「수문」편에는 자로가 비파를 연주하다가 공자로부
터 재능이 없다는 평을 들었다고 전하고 있다.[847]

자로는 공자가 흔들리지 않게 잡아주는 역할도 했다. 『논어』에는
반란을 일으킨 인물이 공자를 초빙한 일이 두 번 보인다. 두 번 모두 공
자의 마음이 흔들렸는데 자로가 공자에게 바른말을 해서 흔들리는 마
음을 잡아주었다. 『논어』 「양화」편 5장에 보면 비費 읍에서 권력자 계
씨 아래에 있다가 반란을 일으킨 공산불요公山弗擾가 공자를 초빙하자
공자가 가려고 했다.[848] 자로가 말리자 공자는 작은 땅이지만 동쪽의 주

---

845 『論語』 「子罕」: 子曰, 衣敝縕袍, 與衣狐貉者, 立而不恥者, 其由也與. 不忮不求, 何
用不臧. 子路終身誦之. 子曰, 是道也, 何足以臧.
846 『論語』 「先進」: 子曰, 由之瑟, 奚爲於丘之門. 門人, 不敬子路, 子曰, 由也, 升堂矣,
未入於室也.
847 『說苑』 「修文」: 子路鼓瑟, 有北鄙之聲. 孔子聞之曰, 信矣, 由之不才也.
848 『論語』 「陽貨」: 公山弗擾以費畔, 召, 子欲往. 子路不說曰, 末之也已, 何必公山氏
之之也. 子曰, 夫召我者, 而豈徒哉, 如有用我者, 吾其爲東周乎.

나라로 만들 수 있다는 자신감을 내비친다. 『사기』 「공자세가」는 노나라 정공 9년, 공자가 50세 되던 해에 공산불요가 노나라의 실권자였던 계씨에게 반란을 일으킨 것이었고, 공자는 자로의 반대로 결국 가지 않았다고 전한다.[849] 『논어』 「양화」편 7장에는 역시 반란을 일으킨 필힐佛肸이란 사람이 공자를 초빙하자 공자는 또 가려고 하였다.[850] 소식을 들은 자로가 자신에게는 선하지 않은 사람에게 가지 말라고 해놓고 왜 가려고 하는지 따졌다. 이에 대해 공자는 가려고 한 사실을 시인하면서 자신이 견고하고 깨끗하면 물들지 않을 수 있다고 변명한다. 그리고 솔직히 속마음을 털어놓는다. 자신이 한 곳에만 매달려 있는, 먹을 사람도 없는 조롱박처럼 살고 싶지 않다는 뜻을 내비친 것이다. 이 이야기 역시 『사기』 「공자세가」에도 소개되어 있다.[851] 「공자세가」는 이 사건을 조간자趙簡子가 필힐이 다스리던 중모中牟 지역을 공격하자 필힐이 반기를 든 상황으로 소개하고 있다.

『논어』 「옹야」편 26장에도 자로가 공자의 처신이 적절한지 따지는 장면이 있다.[852] 평판이 좋지 않았던 여인인 남자南子를 만난 일을 두고 자로가 화를 내자 공자는 의리에 어긋나는 일이 없었다고 맹세하는 상

---

[849] 『史記』 「孔子世家」: 公山不狃以費畔季氏, 使人召孔子. 孔子循道彌久, 溫溫無所試, 莫能己用, 曰, 蓋周文武起豐鎬而王, 今費雖小, 儻庶幾乎, 欲往. 子路不說, 止孔子. 孔子曰, 夫召我者豈徒哉. 如用我, 其爲東周乎. 然亦卒不行.

[850] 『論語』 「陽貨」: 佛肸召, 子欲往. 子路曰, 昔者由也聞諸夫子, 曰, 親於其身, 爲不善者, 君子不入也, 佛肸以中牟畔, 子之往也, 如之何. 子曰, 然, 有是言也. 不曰堅乎, 磨而不磷不曰白乎, 涅而不緇. 吾豈匏瓜也哉, 焉能繫而不食.

[851] 『史記』 「孔子世家」: 佛肸爲中牟宰. 趙簡子攻范·中行, 伐中牟. 佛肸畔, 使人召孔子, 孔子欲往. 子路曰, 由聞諸夫子, 其身親爲不善者, 君子不入也. 今佛肸親以中牟畔, 子欲往, 如之何. 孔子曰, 有是言也. 不曰堅乎, 磨而不磷, 不曰白乎, 涅而不淄. 我豈匏瓜也哉, 焉能繫而不食.

[852] 『論語』 「雍也」: 子見南子, 子路不說. 夫子矢之曰, 予所否者, 天厭之天厭之.

황을 연출하기도 한다. 『사기』 「공자세가」도 이 사건을 전하고 있는데, 남자가 먼저 공자에게 만나자고 해서 만났다든가, 휘장을 사이에 두고 있었다든가 하는 부연 설명으로 공자를 변호하고 있다.[853] 특이한 것은 사마천은 『논어』 「자한」편 17장[854]과 「위령공」편 12장[855]에 나오는, "나는 덕을 좋아하기를 미색을 좋아 하듯이 하는 사람을 보지 못하였다."라는 공자의 말을 이 상황, 즉 위나라 영공이 남자를 좋아하는 모습을 보고 한 것으로 설정하고 있다. 전국시대 이후 사람들은 공자가 흔들릴 때는 옆에서 흔들리지 않게 보필한 자로의 모습을 주목했다. 그래서 『시자』 「하권」에는 '공자의 의지가 확고하게 서지 않을 때는 자로가 보필하였다'는 말이 있었을 것이다.[856]

자로는 신의를 중요시하는 사람이었다. 『춘추좌전』 애공 14년 조의 전傳에 보면 소주小邾의 사射라는 사람이 구역句繹 땅을 가지고 노나라로 도망 와서 자로가 자신의 신분보장을 해준다면 자신은 굳이 노나라 조정과 약속하지 않아도 된다고 했다. 그만큼 자로를 믿었다는 뜻이다. 그런데 자로는 사양했다. 계강자가 염유를 보내서 천 대의 전차를 가진 나라의 약속보다 자로의 약속을 더 믿는다는데 왜 수치로 여기느냐고 물었다. 이에 대해 자로는 "나라에서 소주와 전쟁할 일이 있다면 그 이

---

[853] 『史記』「孔子世家」: 去即過蒲. 月餘, 反乎衛, 主蘧伯玉家. 靈公夫人有南子者, 使人謂孔子曰, 四方之君子不辱欲與寡君爲兄弟者, 必見寡小君. 寡小君願見. 孔子辭謝, 不得已而見之. 夫人在絺帷中. 孔子入門, 北面稽首. 夫人自帷中再拜, 環珮玉聲璆然. 孔子曰, 吾鄉爲弗見, 見之禮答焉. 子路不說. 孔子矢之曰, 予所不者, 天厭之, 天厭之. 居衛月餘, 靈公與夫人同車, 宦者雍渠參乘出, 使孔子爲次乘, 招搖市過之. 孔子曰, 吾未見好德如好色者也. 於是醜之, 去衛, 過曹. 是歲, 魯定公卒.
[854] 『論語』「子罕」: 子曰, 吾未見好德, 如好色者也.
[855] 『論語』「衛靈公」: 子曰, 已矣乎. 吾未見好德, 如好色者也.
[856] 『尸子』「下卷」: 仲尼志意不立, 子路侍, 儀服不修, 公西華侍, 禮不習, 子貢侍, 辭不辨, 宰我侍, 亡忽古今, 顔回侍, 節小物, 冉伯牛侍. 曰, 吾以夫六子自厲也.

유를 묻지 않고 소주의 성 앞에서 죽을 용의가 있지만 사射는 자기 나라에서 신하의 도리를 다하지 않은 사람인데 그 말을 들어준다면 그를 옳게 여기는 것이니 저는 그렇게 할 수 없습니다."라고 주장했다.[857] 『설원』「입절」편은 자로가 "부지런하지 않아 힘든 것을 달가워하지 않고, 가난을 편안히 여기지 못하며, 죽음을 가볍게 여기지 않으면서 '나는 의를 행할 수 있다'라고 하면 나는 믿지 못하겠다."라고 말한 것으로 전하고 있다.[858] 자로가 신의 있는 사람이라는 믿음이 만들어낸 전승일 것이다.

『논어』「공야장」 25장에는 자신의 뜻을 말해보라는 공자의 말에 "저는 마차와 가벼운 가죽옷을 친구와 같이 쓰다가 그것을 망가뜨려도 서운해 하지 않는 사람이고 싶습니다."라고 대답하는 자로의 모습이 보인다.[859] 일반적으로 자로의 수준 낮은 대답으로 폄하되지만, 이 정도 수준에 도달하기도 쉽지 않다. 자신의 새 차를 빌려간 친구가 긁어서 왔거나, 새로 산 명품 코트를 친구가 빌려가 흠집을 내서 돌려주었을 때 웃으며 받을 수 있는 경지는 아무나 오를 수 있는 경지가 아니다.

---

857 『春秋左傳』哀公 十四年 : 小邾射以句繹來奔曰, 使季路要我, 吾無盟矣. 使子路, 子路辭. 季康子使冉有謂之曰, 千乘之國, 不信其盟, 而信子之言, 子何辱焉. 對曰, 魯有事于小邾, 不敢問故, 死其城下可也. 彼不臣, 而濟其言, 是義之也, 由弗能.
858 『說苑』「立節」: 子路曰, 不能甘勤苦, 不能恬貧窮, 不能輕死亡, 而曰我能行義, 吾不信也.(밑줄은 동양고전종합DB(http://db.cyberseodang.or.kr/)의 한자를 따랐다.
859 『論語』「公冶長」: 顔淵季路侍. 子曰, 盍各言爾志. 子路曰, 願車馬衣輕裘, 與朋友共, 敝之而無憾. 顔淵曰, 願無伐善無施勞. 子路曰, 願聞子之志. 子曰, 老者安之, 朋友信之, 少者懷之.

4   정치

「제자열전」에서 공자와 자로의 문답 중 처음 나오는, 정치에 관한 자로의 질문과 공자의 대답은 『논어』「자로」편 1장에 나오는 내용이다.[860] 제자의 특성에 따라 질문에 대답하는 공자의 교육 방식을 잘 반영한 대화다. 성격이 급하고 직설적인 자로에게는 우선 솔선수범하고 힘써 노력하라고 가르친 것이다. 자로의 불같은 성격 때문인지 그에게는 정적이 있었다. 『논어』「헌문」편 38장에 보면 자로를 계손씨에게 참소한 공백료公伯寮란 인물이 등장한다.[861] 자로와 같은 편인 자복경백子服景伯이란 사람은 공자 앞에서 공백료를 죽여 그 시신을 저자거리에 늘어놓을 수도 있다는, 살벌한 말을 내뱉을 정도로 험악한 분위기를 연출하기도 했다. 자로의 성격을 잘 아는 공자는 이런 사태를 예상하고 있었던 것인지도 모른다.

자로는 공문십철 중 정치에 뛰어난 인물로 분류되었다.[862] 「제자열전」에는 없지만 『논어』「옹야」편에는 계강자가 "자로는 정치에 종사하게 할 만한 인물입니까?"라고 물었을 때 공자는 "자로는 과감한 사람이니 정치에 종사하는 데 무슨 어려움이 있겠습니까?"라고 긍정적으로 답했다는 이야기가 있다.[863] 반면 공자는 자로의 정치인으로서의 능력

---

[860] 『論語』「子路」: 子路問政, 子曰, 先之勞之. 請益, 曰, 無倦.
[861] 『論語』「憲問」: 公伯寮愬子路於季孫, 子服景伯以告曰, 夫子固有惑志於公伯寮, 吾力猶能肆諸市朝. 子曰, 道之將行也與命也, 道之將廢也與命也. 公伯寮其如命何.
[862] 『論語』「先進」: 子曰, 從我於陳蔡者, 皆不及門也. 德行, 顔淵·閔子騫·冉伯牛·仲弓. 言語, 宰我·子貢. 政事, 冉有·季路. 文學, 子游·子夏.
[863] 『論語』「雍也」: 季康子問, 仲由可使從政也與. 子曰, 由也果, 於從政乎, 何有. 曰, 賜也 可使從政也與. 曰, 賜也達, 於從政乎, 何有. 曰, 求也可使從政也與. 曰, 求也는藝於從政乎, 何有.

에 대해 약간 부정적인 평가를 한 일도 있다. 자로가 계씨의 재宰가 되었을 때 계손씨가 "자로는 대신이 될 만한 인물입니까?"라고 묻자 공자는 "조정의 구색을 갖추기 위한 보직을 맡을 신하 정도는 됩니다."라고 대답하였다. 이 이야기는 위의「제자열전」에 소개되었는데, 『논어』「선진」편 23장에 먼저 나오는 이야기다.[864] 자로와 염유가 대신이 될 만한 인물인지 묻는 계자연의 질문에 대해 공자는 자로와 염유가 '조정의 구색을 갖추기 위한 보직을 맡을 정도의 신하'라고 시큰둥하게 평가한 것이다. 다만 '아비나 임금을 죽이는 일은 따르지 않을 것'이라고 하여, 최소한 큰 불의에 동참하지는 않을 것이라고 알려준다.

위의「제자열전」에는 자로가 포蒲 땅의 대부가 되어 공자에게 인사를 왔고, 공자는 공손하고 너그러운 마음으로 다스리라는 당부를 했다는 이야기가 있다. 이 이야기는 『논어』에는 보이지 않는다. 전한시대에 이 이야기가 광범위하게 유포된 것으로 보인다. 『설원』「정리」편[865]과 『가어』「치사」편[866]에도 비슷한 내용의 이야기가 있다. 『외전』6권에는 자로가 포 읍을 다스린 지 3년이 지난 후 공자가 그 읍을 방문하고 자로를 만나보기도 전에 자로가 정치를 잘한다고 칭찬했다는 이야기가 있다.

---

864 『論語』「先進」: 季子然問, 仲由冉求, 可謂大臣與. 子曰, 吾以子爲異之問, 曾由與求之問. 所謂大臣者, 以道事君, 不可則止, 今由與求也, 可謂具臣矣. 曰, 然則從之者與. 子曰, 弑父與君, 亦不從也.
865 『說苑』「政理」: 子路治蒲, 見於孔子曰, 由願受教. 孔子曰, 蒲多壯士, 又難治也. 然吾語汝, 恭以敬, 可以攝勇, 寬以正, 可以容衆, 恭以潔, 可以親上.
866 『孔子家語』「致思」: 子路治蒲, 請見於孔子曰, 由願受敎於夫子. 子曰, 蒲其如何. 對曰, 邑多壯士, 又難治也. 子曰, 然, 吾語爾, 恭而敬, 可以攝勇, 寬而正, 可以懷强. 愛而恕, 可以容困. 溫而斷, 可以抑姦. 如此而加之, 則正不難矣.

자로가 포 지역을 다스린 지 3년이 되었을 때 공자가 그곳을 지나가게 되었다. 그 지역의 경계에 들어서서 훌륭하다 여기고서, "유(자로)가 공경으로써 미덥게 하였구나."라고 하였다. 읍내에 들어서자 공자는 "훌륭해. 유가 충심과 믿음으로써 너그럽게 하였구나."라고 하였다. 자로가 다스리는 관청의 뜰에 이르자 공자는 "훌륭해. 유는 밝게 살피고 나서 판단을 하는구나."라고 하였다. 자공이 공자 수레의 고삐를 잡고 "선생님께서는 자로를 만나보지도 않으시고 세 번이나 칭찬을 하셨는데 그 이유를 말씀해주실 수 있습니까?"라고 물었다. 공자는 "자로가 다스리는 경내에 들어서니 밭과 이랑이며 풀과 곡식이 아주 잘 정리되어 있었어. 이것은 공경으로써 미덥게 하였기 때문에 백성들이 그 힘을 다한 것이야. 자로가 다스리는 읍내에 들어서니 담과 집들이 잘 정리되어 있었고, 나무들이 무성하였어. 이것은 충심과 믿음으로써 너그럽게 하였기 때문에 백성들이 일을 게을리 하지 않아 그런 것이야. 관청의 뜰에 들어서니 아주 한가해 보이네. 이것은 밝게 살피고 나서 판단을 하였기 때문에 백성들이 동요하지 않은 것이지."라고 하였다. 『시경』에 '일찍 일어나 늦게 자고, 물 뿌리고 비질하여 뜰을 쓰네'라고 하였다.[867]

자로가 정치를 잘 했다는 이야기를 전하고 있지만, 사실은 전한시대 사람들이 생각하는 이상적인 정치를 공자의 입을 통해 말하고 있다.

---

[867] 『韓詩外傳』券六: 子路治蒲三年, 孔子過之. 入境而善之, 曰, 由, 恭敬以信矣. 入邑曰, 善哉, 由, 忠信以寬矣. 至庭曰, 善哉, 由, 明察以斷矣. 子貢執轡而問曰, 夫子未見由, 而三稱善, 可得聞乎. 孔子曰, 入其境, 田疇草萊甚辟. 此恭敬以信, 故其民盡力. 入其邑, 墉屋甚尊, 樹木甚茂, 此忠信以寬, 其民不偷. 入其庭, 甚閑, 此明察以斷, 故民不擾也. 詩曰, 夙興夜寐, 灑掃庭內.

이 이야기는 『가어』「변정」⁸⁶⁸편에도 전해진다. 『설원』「신술」편⁸⁶⁹과 『가어』「치사」편⁸⁷⁰에도 자로가 포 땅에서 관직을 맡았을 때의 일화가 기록되어 있다. 두 문헌의 내용을 종합하면 다음과 같다.

자로가 포의 수령이 되어 수해를 대비하려고 봄에 백성들과 함께 도랑을 정비하자 사람들이 고통스러워하였다. 이 때문에 일하는 모든 사람들에게 밥과 마실 것을 지급하였다. 이 소식을 들은 공자는 자공을 보내 중지하게 하였다. 자로는 화가 나고 기분이 나빠, 공자에게 가서 "저는 앞으로 폭우가 오면 수해가 생길까 걱정되었습니다. 그래서 백성들과 함께 도랑을 정비하여 수재에 대비하였습니다. 백성들 대부분이 먹을 것이 떨어졌기 때문에 사람마다 도시락 하나의 밥과 한 병의 음료수를 지급하였는데, 선생님께서 자공을 보내 저지하셨으니 무엇 때문입니까? 선생님께서는 저의 어진 행동을 말리셨습니다. 선생님께서는 제게 어짊을 가르치시

---

868 『孔子家語』「辯政」: 子路治蒲三年, 孔子過之, 入其境曰, 善哉由也, 恭敬以信矣. 入其邑曰, 善哉由也, 忠信而寬矣. 至廷曰, 善哉由也, 明察以斷矣. 子貢執轡而問曰, 夫子未見由之政, 而三稱其善, 其善可得聞乎. 孔子曰, 吾見其政矣. 入其境, 田疇盡易, 草萊甚辟, 溝洫深治, 此其恭敬以信, 故其民盡力也. 入其邑, 牆屋完固, 樹木甚茂, 此其忠信以寬, 故其民不偸也. 至其庭, 庭甚清閒, 諸下用命, 此其明察以斷, 故其政不擾也. 以此觀之, 雖三稱其善, 庸盡其美乎.

869 『說苑』「臣術」: 子路爲蒲令, 備水災, 與民春修溝瀆, 爲人煩苦. 故予人一簞食, 一壺漿. 孔子聞之, 使子貢復之. 子路忿然不悅, 往見夫子曰, 由也以暴雨將至, 恐有水災. 故與人修溝瀆以備之, 而民多匱於食. 故人與一簞食一壺漿, 而夫子使賜止之, 何也. 夫子止由之行仁也. 夫子以仁教, 而禁其行仁也, 由也不受. 子曰, 爾以民爲餓, 何不告於君, 發倉廩以給食之, 而爾私饋之. 是汝不明君之惠, 見汝之德義也, 速已則可矣, 否則爾之受罪不久矣. 子路心服而退也.

870 『孔子家語』「致思」: 子路爲蒲宰, 爲水備, 與其民修溝瀆, 以民之勞煩苦也, 人與之一簞食一壺漿. 孔子聞之, 使子貢止之. 子路忿不悅, 往見孔子曰, 由也以暴雨將至, 恐有水災, 故與民修溝洫以備之, 而民多匱餓者, 是以簞食壺漿而與之. 夫子使賜止之, 是夫子止由之行仁也. 夫子以仁敎而禁其行, 由不受也. 孔子曰, 汝以民爲餓也, 何不白於君, 發倉廩以賑之, 而私以爾食饋之, 是汝明君之無惠. 而見己之德美矣. 汝速已則可, 不則汝之見罪必矣.

고 어진 행동을 말리셨으니 저는 받아들이지 못하겠습니다."라고 항의하였다. 공자는 "너는 백성들이 굶주리거든 왜 임금께 보고하여 창고를 열어 밥을 먹이지 않고, 네 개인 식량으로 먹였느냐? 이는 네가 임금의 은혜를 널리 알리지 않고 너의 은덕을 드러내는 것이니, 빨리 그만두면 괜찮지만 그렇지 않으면 너는 오래지 않아 죄를 받을 것이다." 자로는 마음속으로 복종하며 물러갔다.

법가적 분위기를 풍기는 이 이야기는 『한비자』「외저설우상」편[871]에도 전해지는데, 「외저설우상」에는 자로가 포 읍이 아닌, 노나라의 후郈 읍의 수령이 되었다고 하고, 자공을 보내 밥을 엎어버리게 했다고 하는 등, 내용이 조금 다르다. 「외저설우상」에서는 공자가 이 사건으로 인해 노나라를 떠나야 했던 것으로 설정하고 있다. 『한비자』가 『설원』이나 『가어』보다 더 앞선 문헌이라고 볼 때, 원래는 노나라 읍인 후 읍의 이야기로 전해지다가, 자로가 위나라에서 관직을 맡았다는 다른 이야기와 앞뒤를 맞추기 위해 뒤에 포 읍으로 무대를 바꾼 것으로 보는 것이 옳겠다. 이 이야기는 실제 역사적 사실이라기보다는 전국시대 이후에 민간에서 전승되던 이야기를 기록한 것으로 보인다.

참고로 노나라의 후 읍과 『논어』에 자주 등장하는 비費 읍은 같은 읍이거나 바로 옆에 있는 인근 읍이었을 것이다. 「제자열전」의 자고子羔

---

[871] 『韓非子』「外儲說右上」: 季孫相魯, 子路爲郈令. 魯以五月起衆爲長溝, 當此之時, 子路以其私秩粟爲漿飯, 要作溝者於五父之衢而飡之. 孔子聞之, 使子貢往覆其飯, 擊毁其器, 曰, 魯君有民, 子奚爲乃飡之. 子路怫然怒, 攘肱而入請曰, 夫子疾由之爲仁義乎. 所學於夫子者, 仁義也. 仁義者, 與天下共其所有, 而同其利者也. 今以由之秩粟而飡民, 不可何也. 孔子曰, 由之野也. 吾以女知之, 女徒未及也. 女故如是之不知禮也. 女之飡之, 爲愛之也. 夫禮, 天子愛天下, 諸侯愛境內, 大夫愛官職, 士愛其家, 過其所愛曰侵. 今魯君有民, 而子擅愛之, 是子侵也, 不亦誣乎. 言未卒, 而季孫使者至, 讓曰, 肥也, 起民而使之, 先生使弟令徒役而飡之, 將奪肥之民耶. 孔子駕而去魯.

를 소개하는 부분에서, 자로가 자고를 비후費邱 읍의 재宰로 삼으려고 하자 공자는 "남의 자식을 해치려고 하는구나."라고 하면서 반대하였다는 기록이 있다.[872] 이 이야기는 『논어』「선진」편 24장에 나오는 이야기인데, 「선진」편에는 그냥 비 읍으로 되어있다.[873]

5   천하주유

자로는 공자와 천하주유를 함께 했다. 『사기』「공자세가」는 제나라에서 노나라의 정치를 문란하게 만들기 위해 무희들을 파견하였고, 노나라 정공과 실권자였던 계환자가 무희들을 받아들이려고 하자 공자에게 노나라를 떠나자고 한 사람이 자로라고 소개하고 있다.[874] 이런 자로의 건의에 대해 오히려 공자가 주저하는 모습을 보였다. 먼저 말을 꺼낸 자로로서는 따라가야만 하는 입장이었다.

위의 「제자열전」은 자로가 천하주유 시기에 만난 세 사람의 기인들을 소개하고 있다. 장저長沮와 걸닉桀溺을 만난 이야기는 『논어』「미자」편 6장에 소개되어 있다.[875] 공자가 자로를 시켜 나루터의 위치를 묻게

---
[872] 『史記』「仲尼弟子列傳」: 高柴, 字子羔. 少孔子三十歲. 子羔長不盈五尺. 受業孔子, 孔子以爲愚. 子路使子羔爲費邱宰, 孔子曰, 賊夫人之子. 子路曰, 有民人焉, 有社稷焉, 何必讀書然後爲學. 孔子曰, 是故惡夫佞者.
[873] 『論語』「先進」: 子路使子羔爲費宰, 子曰, 賊夫人之子. 子路曰, 有民人焉, 有社稷焉, 何必讀書然後爲學. 子曰, 是故惡夫佞者.
[874] 『史記』「孔子世家」: 子路曰, 夫子可以行矣. 孔子曰, 魯今且郊, 如致膰乎大夫, 則吾猶可以止.
[875] 『論語』「微子」: 長沮桀溺耦而耕, 孔子過之, 使子路問津焉. 長沮曰, 夫執輿者爲誰. 子路曰, 爲孔丘. 曰, 是魯孔丘與. 曰, 是也. 曰, 是知津矣. 問於桀溺, 桀溺曰, 子爲誰. 曰, 爲仲由. 曰, 是魯孔丘之徒與. 對曰, 然. 曰, 滔滔者天下皆是也, 而誰以易之, 且而與其從

하였는데 장저는 심부름을 시킨 사람이 공자라는 것을 확인한 후 걸닉에게 물어보라고 미루고, 걸닉은 세상을 바꾸려 하지 말라고 권한다. 이 이야기는 『사기』「공자세가」에도 소개되어 있다.[876] 하조장인荷蓧丈人, 즉 '삼태기를 멘 노인' 이야기는 『논어』「미자」편 7장에 소개되어 있다.[877] 공자를 뒤따라가던 자로가 공자 일행을 놓치고 하조장인을 만나 "어르신께서는 우리 선생님을 보셨습니까?"라고 공자의 행방을 묻자, 하조장인은 직접 일하지도 않고, 농사도 모르는 사람을 왜 선생님이라고 부르느냐고 면박을 준다. 그래도 그 노인은 자로를 잘 대접해 보낸다. 다음날 공자에게 이 이야기를 하자 공자는 그 사람을 은자라고 평가한다. 자로를 시켜 다시 가보게 하였는데, 그 노인은 떠나고 없었다. 이 이야기도 『사기』「공자세가」에 소개되어 있다.[878] 이렇게 세 명의 기인을 만난 곳은 아마도 초나라 인근으로 생각되는데, 도가적 경향과 묵가 혹은 농가적 경향을 보이는 인물들이다. 당시 초나라 일대에서 공자 일행을 보는 눈이 곱지만은 않았음을 알 수 있다. 전국시대에 들어가면 벌어질 사상논쟁의 서곡이었을 수도 있다.

....

辟人之士也, 豈若從辟世之士哉, 耰而不輟. 子路行, 以告, 夫子憮然曰, 鳥獸不可與同群, 吾非斯人之徒與, 而誰與, 天下有道, 丘不與易也.

[876] 『史記』「孔子世家」: 去葉, 反于蔡, 長沮·桀溺耦而耕, 孔子以爲隱者, 使子路問津焉. 長沮曰, 彼執輿者爲誰. 子路曰, 爲孔丘. 曰, 是魯孔丘與. 曰, 然. 曰, 是知津矣. 桀溺謂子路曰, 子爲誰. 曰, 爲仲由. 曰, 子孔丘之徒與. 曰, 然. 桀溺曰, 悠悠者天下皆是也, 而誰以易之. 且與其從辟人之士, 豈若從辟世之士哉, 耰而不輟. 子路以告孔子, 孔子憮然曰, 鳥獸不可與同群. 天下有道, 丘不與易也.

[877] 『論語』「微子」: 子路從而後, 遇丈人, 以杖荷蓧. 子路問曰, 子見夫子乎. 丈人曰, 四體不勤, 五穀不分, 孰爲夫子. 植其杖而芸. 子路拱而立, 止子路宿, 殺鷄爲黍而食之, 見其二子焉. 明日, 子路行, 以告, 子曰, 隱者也, 使子路, 反見之, 至則行矣. 子路曰, 不仕無義, 長幼之節, 不可廢也, 君臣之義, 如之何其廢之. 欲潔其身而亂大倫. 君子之仕也, 行其義也, 道之不行, 已知之矣.

[878] 『史記』「孔子世家」: 他日, 子路行, 遇荷蓧丈人, 曰, 子見夫子乎. 丈人曰, 四體不勤, 五穀不分, 孰爲夫子, 植其杖而芸. 子路以告, 孔子曰, 隱者也. 復往, 則亡.

『묵자』에는 진채지간에서 공자를 위해 나름대로 노력한 자로의 모습이 역설적으로 전해진다. 『묵자』「비유하」편은 공자 일행이 겪은 진채지간의 고난을 놓치지 않고 공자를 비난하는 데 활용했는데, 공자를 공격하기 위해 자로를 등장시켰다. 진채지간의 어려움을 당할 때에는 자로가 돼지고기를 구해 삶아주자 공자는 출처를 묻지도 않고 먹었고, 남의 옷을 빼앗아서 술을 사다주었을 때도 출처를 묻지 않고 마셨는데, 노나라로 돌아와 애공의 환대를 받자 방석이 반듯하지 않으면 앉지 않았고, 고기가 바로 썰어져 있지 않으면 먹지 않았다고 비난했다. 요지는 공자가 위선적인 사람이라는 것이지만 부수적으로 공자에 대한 자로의 헌신적인 모습이 부각되었다.[879]

천하주유를 하면서 자로가 공자에게 고분고분하지만은 않았다. 천하주유 중에 공자가 진나라와 채나라 사이에서 어려움에 처했는데 자로가 "군자도 궁할 때가 있습니까?" 하고 공자에게 대든 이야기가 『논어』「위령공」편 1장에 전해지고 있다.[880] 이 이야기는 『사기』「공자세가」에도 언급되어 있고,[881] 『가어』「재액」편에도 전해진다.[882] 「공자세가」와

---

[879] 『墨子』「非儒下」: 孔某窮于蔡陳之間, 藜羹不糂十日. 子路爲亨豚, 孔某不問肉之所由來而食. 褫人衣以酤酒, 孔某不問酒之所由來而飲. 哀公迎孔子, 席不端弗坐, 割不正弗食. 子路進請曰, 何其與陳蔡反也. 孔某曰, 來, 吾語女. 曩與女爲苟生, 今與女爲苟義. 夫飢約則不辭妄取以活身, 嬴鲍則僞行以自飾. 汚邪詐僞, 孰大于此.

[880] 『論語』「衛靈公」: 在陳絶糧, 從者病, 莫能興. 子路慍見曰, 君子亦有窮乎. 子曰, 君子固窮, 小人窮斯濫矣.

[881] 『史記』「孔子世家」: 孔子遷于蔡三歲, 吳伐陳. 楚救陳, 軍于城父. 聞孔子在陳蔡之間, 楚使人聘孔子. 孔子將往拜禮, 陳蔡大夫謀曰, 孔子賢者, 所刺譏皆中諸侯之疾. 今者久留陳蔡之間, 諸大夫所設行皆非仲尼之意. 今楚, 大國也, 來聘孔子. 孔子用於楚, 則陳蔡用事大夫危矣. 於是乃相與發徒役, 圍孔子於野. 不得行, 絶糧. 從者病, 莫能興. 孔子講誦弦歌不衰. 子路慍見曰, 君子亦有窮乎. 孔子曰, 君子固窮, 小人窮斯濫矣.

[882] 『孔子家語』「在厄」: 楚昭王聘孔子, 孔子往拜禮焉, 路出于陳蔡. 陳蔡大夫相與謀曰, 孔子聖賢, 其所刺譏, 皆中諸侯之病, 若用於楚, 則陳蔡危矣. 遂使徒兵距孔子. 孔子不得行, 絶糧七日, 外無所通, 藜羹不充, 從者皆病. 孔子愈慷慨講誦, 弦歌不衰, 乃召子路而問

「재액」편은 공자가 초나라로 가게 될 경우 자신들에게 불리하게 작용할 것이라고 우려한 진나라와 채나라의 대부들이 공자를 포위한 사건으로 설정하고 있다. 『가어』「곤서」편에는 같은 상황에서 자로가 설정을 조금 달리하여 "선생님께서 노래를 부르는 것이 예입니까?"라고 따졌고, 공자의 설명을 들은 후 도끼를 잡고 춤을 추었다고 전하고 있다.[883] 이 이야기는 『순자』「유좌」편,[884] 『외전』 7권[885]과 『설원』「잡언」편[886]에 좀 더 구체적인 모습으로 전해진다. 세 문헌을 종합한 이야기는 이러하다.

공자가 진채지간에서 곤액에 처하여 좁고 누추한 집에 거하면서, 겨우 세 줄짜리 자리를 깔았고, 7일 동안 익힌 음식을 먹지 못했으며, 콩잎 죽에 쌀가루도 넣지 못해 제자들이 굶주린 기색이 역력했지만, 공자는 책을 읽고 예악을 익히기를 그치지 않았다. 자로가 "착한 일을 하는 자는 하늘이 복을 내리고, 옳지 못한 일을 하는 자는 하늘이 화를 내린다고 합니다.

....

焉曰, 詩云, 匪兕匪虎, 率彼曠野. 吾道非乎, 奚爲至於此. 子路慍, 作色而對曰, 君子無所困, 意者, 夫子未仁與, 人之弗吾信也, 意者, 夫子未智與, 人之弗吾行也. 且由也, 昔者聞諸夫子, 爲善者天報之以福, 爲不善者天報之以禍. 今夫子積德懷義, 行之久矣, 奚居之窮也.

[883] 『孔子家語』「困誓」: 孔子遭厄於陳蔡之間, 絕糧七日, 弟子餒病, 孔子絃歌. 子路入見曰, 夫子之歌, 禮乎. 孔子弗應, 曲終而曰, 由, 來, 吾語汝. 君子好樂, 爲無驕也, 小人好樂, 爲無懾也. 其誰之子, 不我知而從我者乎. 子路悅, 援戚而舞, 三終而出, 明日免於厄.

[884] 『荀子』「宥坐」: 孔子南適楚, 厄於陳蔡之間, 七日不火食, 藜羹不糂, 弟子皆有飢色. 子路進之曰, 由聞之, 爲善者, 天報之以福, 爲不善者, 天報之以禍. 今夫子累德積義, 懷美行之日久矣, 奚居之隱也.

[885] 『韓詩外傳』券七: 孔子困於孫蔡之間, 即三經之席, 七日不食, 藜羹不糂, 弟子有飢色, 讀書習禮樂不休. 子路進諫曰, 爲善者, 天報之以福, 爲不善者, 天報之以賊. 今夫子積德累仁, 爲善久矣. 意者, 當遺行乎, 奚居之隱也.

[886] 『說苑』「雜言」: 孔子困於陳蔡之間, 居環堵之內, 席三經之席, 七日不食, 藜羹不糂, 弟子皆有飢色, 讀詩書治禮不休. 子路進諫曰, 凡人爲善者天報以福, 爲不善者天報以禍. 今先生積德行, 爲善久矣. 意者尚有遺行乎. 奚居之隱也.(밑줄은 동양고전종합DB(http://db.cyberseodang.or.kr/)의 한자를 따랐다.)

지금 선생님께서는 덕을 쌓고 어진 일을 하시면서 선을 행하신지 오래 되었습니다. 아직도 빠뜨린 일이 있습니까? 왜 이렇게 숨어 있습니까?"라고 하였다.

실제 자로가 따진 것인지는 알 수 없지만 사실이라면 자로만이 할 수 있는 말이다. 자로의 성격뿐만 아니라 자로가 공자와 연령 차이가 크지 않았던 것도 영향을 끼쳤을 것이다. 이 이야기는 『장자』「양왕」편[887]과 『여씨춘추』「효행람, 신인」편[888]에도 소개되어 있는데, 여기서는 자로와 자공이 함께 공자에 대해 불평하는 것으로 설정되어 있다. 이 이야기는 『설원』「잡언」편에도 조금 다른 형태로 전해지고 있다.[889]

『사기』「공자세가」는 진채지간의 고난 중에 공자가 제자들의 마음이 상했다는 것을 알고 자로, 자공 그리고 안연을 불러 각자에게 동일한

....

[887] 『莊子』「讓王」: 孔子窮於陳蔡之間, 七日不火食, 藜羹不糝, 顔色甚憊, 而猶弦歌於室. 顔回擇菜於外, 子路子貢相與言曰, 夫子再逐於魯, 削迹於衛, 伐樹於宋, 窮於商周, 圍於陳蔡, 殺夫子者無罪, 藉夫子者無禁. 弦歌鼓琴, 未嘗絶音, 君子之無恥也, 若此乎.
[888] 『呂氏春秋』「孝行覽, 愼人」: 孔子窮於陳蔡之間, 七日不嘗食, 藜羹不糝. 宰予備矣, 孔子弦歌於室. 顔回擇菜於外. 子路與子貢相與而言曰, 夫子逐於魯, 削迹於衛, 伐樹於宋, 窮於陳蔡, 殺夫子者無罪, 藉夫子者不禁, 夫子弦歌鼓舞, 未嘗絶音, 蓋君子之無所醜也若此乎.
[889] 『說苑』「雜言」: 孔子遭難陳蔡之境, 絶糧, 弟子皆有饑色, 孔子歌兩柱之間. 子路入見曰, 夫子之歌禮乎. 孔子不應, 曲終而曰, 由, 君子好樂爲無驕也, 小人好樂爲無懾也, 其誰知之, 子不我知而從我者乎. 子路不悅, 援干而舞, 三終而出. 及至七日, 孔子修樂不休. 子路慍見曰, 夫子之修樂, 時乎. 孔子不應, 樂終而曰, 由, 昔者齊桓霸心生於莒, 句踐霸心生於會稽, 晉文霸心生於驪氏, 故居不幽, 則思不遠, 身不約則智不廣, 庸知而不遇之. 於是興, 明日免於厄. 子貢執轡曰, 二三子從夫子而遇此難也, 其不可忘也. 孔子曰, 惡是何也. 語不雲乎. 三折肱而成良醫. 夫陳蔡之間, 丘之幸也. 二三子從丘者皆幸人也. 吾聞人君不困不成王, 列士不困不成行. 昔者湯困於呂, 文王困於羑裡, 秦穆公困於殽, 齊桓困於長勺, 句踐困於會稽, 晉文困於驪氏. 夫困之爲道, 從寒之及暖, 暖之及寒也, 唯賢者獨知而難言之也. 易曰, 困亨貞, 大人吉, 無咎. 有言不信. 聖人所與人難言信也.

질문을 했다고 전한다.[890] 공자는 『시경』「소아小雅」편에 나오는 '코뿔소도 아니고 호랑이도 아닌 것이 광야에서 헤매고 있네'라는 구절을 인용하면서, "무엇이 잘못되어 나와 우리 일행들이 이런 일을 당하고 있지?"라고 질문했다. 이 질문에 대해 자로는 "아마도 우리가 어질지 못하기 때문에 그런 것이 아니겠습니까? 그래서 사람들이 우리를 믿지 못하는 것이겠지요. 아마도 우리가 지혜롭지 못하기 때문에 그런 것이 아니겠습니까? 그래서 사람들이 우리를 가지 못하도록 하는 것이겠지요."라고 당돌하게 대답했다고 전한다. 자로다운 직설 화법이다. 자로의 이 대답에 대해 공자는 "유由(자로)는 이렇다니까. 어진 사람이라고 반드시 믿음을 준다면 백이伯夷와 숙제叔齊는 왜 그렇게 되었는지 생각해봐라. 지혜로운 사람들이 반드시 갈 수 있다면 왕자 비간比干은 왜 그렇게 되었는지 생각해봐라."라고 반박했다고 전한다. 어진 사람들인 백이와 숙제도 수양산에서 굶어죽었고, 지혜로운 사람인 왕자 비간도 은나라의 마지막 왕 주왕紂王에게 죽임을 당하고 심장이 꺼내지는 곤욕을 치렀다는 고사를 이야기한 것이다.

자로가 공자에게 대든 사건 중에서 가장 심한 경우는 아마도 『논어』「자로」편 3장에 나오는 사건일 것이다.[891] 자로가 "위衛나라 임금이 선생님께 정치를 맡길 생각이 있는 것 같은데, 선생님께서는 무엇을 먼저 하시겠습니까?"라고 묻자 공자는 "반드시 명분을 바로잡을 것이다."라

---

890 『史記』「孔子世家」: 孔子知弟子有慍心, 乃召子路而問曰, 詩云, 匪兕匪虎, 率彼曠野. 吾道非邪, 吾何爲於此. 子路曰, 意者吾未仁邪, 人之不我信也. 意者吾未知邪, 人之不我行也. 孔子曰, 有是乎, 由. 譬使仁者而必信, 安有伯夷·叔齊. 使知者而必行, 安有王子比干.
891 『論語』「子路」: 子路曰, 衛君待子而爲政, 子將奚先. 子曰, 必也正名乎. 子路曰, 有是哉, 子之迂也, 奚其正. 子曰, 野哉由也, 君子於其所不知, 蓋闕如也. 名不正則言不順, 言不順則事不成, 事不成則禮樂不興, 禮樂不興則刑罰不中, 刑罰不中則民無所措手足. 故君子名之, 必可言也, 言之必可行也, 君子於其言, 無所苟而已矣.

고 대답한다. 이 말에 대해 자로는 "아유, 선생님은 이러신다니까. 정말 세상 물정을 모르시네요. 어떻게 명분을 바로잡는단 말씀입니까?" 하고 공자에게 핀잔을 준다. 여기에 대한 공자의 대답도 만만찮았다. 일단 "너, 정말 상스럽구나."라고 반격을 한 후, "군자는 자기가 모르는 일에 대해서는 말하지 않는 법이야. 명분이 바르지 않으면 말이 도리에 맞지 않게 되고, 말이 도리에 맞지 않으면 일이 이루어지지 않으며, 일이 이루어지지 않으면 예악이 일어날 수 없고, 예악이 일어나지 않으면 형벌이 적절하지 않게 되며, 형벌이 적절하지 않으면 백성들이 어디에 손발을 두어야 할지 모르게 되지. 그래서 군자가 먼저 명분을 바르게 하면 반드시 도리에 맞게 말할 수 있게 되고, 말이 도리에 맞으면 반드시 행할 수 있게 되는 것이니, 군자는 그 말에 있어서 구차한 바가 없을 뿐이야."라고 설명해준다. 『사기』「공자세가」는 이 사건을 위나라의 임금인 첩輒(출공出公)이 그 아버지가 외국에 쫓겨나 있는데도 그 아들이 아버지를 국내로 모셔오지 않는 상황에서 나온 이야기로 소개하고 있다. 즉, 출공이 국외에 있는 아버지 괴외蒯聵(장공莊公)에게 임금 자리를 돌려주어야 한다는 의미로 위의 말을 했다고 보는 것이다.

『외전』 2권,[892] 『설원』「존현」편[893]과 『가어』「치사」편[894]에는 길에서

---

[892] 『韓詩外傳』券二 : 傳曰, 孔子遭齊程本子於郊之間, 傾蓋而語終日, 有間, 顧子路曰, 由, 束帛十匹, 以贈先生. 子路不對. 有間, 又顧曰, 束帛十匹, 以贈先生. 子路率爾而對曰, 昔者, 由也聞之於夫子, 士不中道相見, 女無媒而嫁者, 君子不行也. 孔子曰, 夫詩不云乎. 野有蔓草, 零露溥兮, 有美一人, 淸揚婉兮, 邂逅相遇, 適我願兮. 且夫齊程本子, 天下之賢士也, 吾於是而不贈, 終身不之見也. 大德不踰閑, 小德出入可也.

[893] 『說苑』「尊賢」: 孔子之郊, 遭程子於塗, 傾蓋而語終日. 有間, 顧子路曰, 取束帛一以贈先生. 子路不對. 有間, 又顧曰, 取束帛一以贈先生. 子路屑然對曰, 由聞之, 士不中而見, 女無媒而嫁, 君子不行也. 孔子曰, 由, 詩不云乎, 野有蔓草, 零露溥兮. 有美一人, 淸揚婉兮, 邂逅相遇, 適我願兮. 今程子天下之賢士也, 於是不贈, 終身不見. 大德母踰閑, 小德出入可也.

[894] 『孔子家語』「致思」: 孔子之郊, 遭程子於塗, 傾蓋而語, 終日甚相親. 顧謂子路曰, 取

만난 어진 선비인 정본자程本子에게 선물을 주라는 공자의 지시에 대해, 선비는 길에서 사람을 만나 인사하지 않는다고 배웠다면서 지시를 거부하며 대들다가 공자의 훈계를 듣는 자로의 모습도 보인다.

의지가 강한 자로였지만 진채지간에서 곤경에 처해 있을 때 갈등이 없었을 수는 없다. 「어리바리한 메신저 무마기」 부분에서 소개한, 『외전』 2권의 이야기는 자로의 갈등을 잘 보여주는 전승이라고 하겠다. 고난이 계속되는 천하주유는 자로로 하여금 공자를 떠날까 말까 하는 갈등을 하게 만들었을 수도 있다. 그런 갈등 후에 다시 자신을 부끄러워하는 자로의 모습이 인간적이다.

6 죽음

사마천은 「제자열전」에서 자로의 죽음을 자세하게 소개하고 있다. 이 이야기는 『춘추좌씨전』 노나라 정공 14년(기원전 496) 조의 경經에 '위나라 세자 괴외蕢聵가 송나라로 도망갔다'는 기록에서 출발한다.[895] 이 기록의 전傳을 보면 태자 괴외는 송나라 귀족과 바람을 피우는 남자南子를 죽이려다 실패해서 송나라로 도망을 갔다.[896] 여기 등장

束帛以贈先生. 子路屑然對曰, 由聞之, 士不中間見, 女嫁無媒, 君子不以交, 禮也. 有間, 又顧謂子路. 子路又對如初. 孔子曰, 由, 詩不云乎. 有美一人, 清揚宛兮, 邂逅相遇, 適我願兮. 今程子, 天下賢士也, 於斯不贈, 則終身弗能見也. 小子行之.

895 『春秋左氏傳』魯定公 十四年 經:衛世子蕢聵出奔宋.

896 『春秋左氏傳』魯定公 十四年 傳:衛侯爲夫人南子召宋朝. 會于洮, 大子蕢聵獻盂于齊, 過宋野, 野人歌之曰, 既定爾婁豬, 盍歸吾艾豭. 大子羞之, 謂戲陽速曰, 從我而朝少君, 少君見我, 我顧, 乃殺之. 速曰, 諾. 乃朝夫人, 夫人見大子. 大子三顧, 速不進. 夫人見其色, 啼而走曰, 蕢聵將殺余. 公執其手以登臺, 大子奔宋. 盡逐其黨, 故公孟彄出奔鄭, 自鄭奔齊.

하는 남자는 위衛나라 영공靈公이 총애하던 부인으로, 공자도 만난 일이 있다. 『사기』「위강숙세가」 영공靈公 39년 기록에도 동일한 사건이 기록되어 있는데, 남자가 바람을 피운 이야기는 없고, 그냥 태자 괴외가 남자를 미워해서 죽이려고 했다고만 기록되어 있고, 송나라로 간 다음에 진晉나라의 대부 조 씨趙氏에게 갔다고 되어있다.[897] 『사기』「위강숙세가」 영공 42년 기록에는 영공이 작은아들 영郢에게 임금 자리를 물려주겠다는 제안을 했지만 영이 사양하고, 영공이 죽은 후 남자 역시 영에게 임금 자리를 받으라고 제안했지만 영은 태자 괴외의 아들 첩輒이 있으니 자신이 임금이 될 수 없다고 사양했다는 이야기가 기록되어 있다. 결국 태자 괴외의 아들 첩이 임금이 되었는데 이 사람이 출공出公이다. 아버지인 태자 괴외를 보호하고 있던 진晉나라의 대부 조간자趙簡子는 양호陽虎를 시켜 괴외를 위나라에 입국시키려고 했지만 실패했다.[898] 그리고 『춘추좌씨전』 노나라 애공哀公 16년(기원전 479)의 경經에 '위나라 세자 괴외가 척戚에서 위나라로 갔고 위나라 임금(출공)은 노나라로 도망쳐왔다'는 기록이 있는데, 괴외가 아들을 쫓아내고 임금이 되었다는 뜻이다.[899] 괴외가 아들로부터 제후의 지위를 뺏는 자세한 과정

---

[897] 『史記』「衛康叔世家」:三十九年, 太子蒯聵與靈公夫人南子有惡, 欲殺南子. 蒯聵與其徒戲陽遬謀, 朝使殺夫人, 戲陽後悔, 不果. 蒯聵數目之, 夫人覺之, 懼呼曰, 太子欲殺我, 靈公怒, 太子蒯聵犇宋, 已而之晉趙氏.(밑줄은 中華書局(1982) 판본의 한자를 따랐다.

[898] 『史記』「衛康叔世家」:四十二年春, 靈公游于郊, 令子郢僕. 郢, 靈公少子也, 字子南. 靈公怨太子出犇, 謂郢曰, 我將立若爲後. 郢對曰, 郢不足以辱社稷, 君更圖之. 夏, 靈公卒, 夫人命子郢爲太子曰, 此靈公命也. 郢曰, 亡人太子蒯聵之子輒在也, 不敢當. 於是衛乃以輒爲君, 是爲出公. 六月乙酉, 趙簡子欲入蒯聵, 乃令陽虎詐命衛十餘人衰絰歸, 簡子送蒯聵. 衛人聞之, 發兵擊蒯聵. 蒯聵不得入, 入宿而保, 衛人亦罷兵. (밑줄은 中華書局(1982) 판본의 한자를 따랐다.

[899] 『春秋左氏傳』 魯哀公 十六年 經:十有六年春, 王正月己卯, 衛世子蒯聵自戚入于衛, 衛侯輒來奔.

은『사기』「위강숙세가」출공 12년 조[900]의 기록과『춘추좌씨전』애공哀
公 15년 조[901]의 전傳에서 볼 수 있다. 괴외는 임금으로 즉위하여 장공
莊公이 되었다. 자로는 이 과정에서 죽게 된다. 괴외가 아들 출공을 쫓
아내고 임금(장공)이 되었다는 소식을 들은 자로는 급히 위나라의 수도
안으로 들어가려고 한다. 이때 변란을 피해 성 밖으로 도망가던 공자의
다른 제자 자고가 만류하지만 자로는 성 안으로 들어가 새로 임금이
된 장공을 찾아간다. 그리고 새 임금을 '태자'라고 부르면서 이 사태에
협박을 받고 끌려 다니는 공회孔悝를 풀어달라고 한다.[902] 장공이 거절
하자 자로는 장공이 있는 누대에 불을 지르려고 하였고, 겁이 난 장공

---

[900] 『史記』「衛康叔世家」出公 十二年: 十二年, 初, 孔圉文子取太子蒯聵之姊生悝. 孔氏之豎渾良夫美好, 孔文子卒, 良夫通於悝母. 太子在宿, 悝母使良夫於太子. 太子與良夫言曰, 苟能入我國, 報子以乘軒, 免子三死, 毋所與. 與之盟, 許以悝母爲妻. 閏月, 良夫與太子入, 舍孔氏之外圃. 昏, 二人蒙衣而乘, 宦者羅御, 如孔氏. 孔氏之老欒甯問之, 稱姻妾以告. 遂入, 適伯姬氏. 既食, 悝母杖戈而先, 太子與五人介, 輿猳從之. 伯姬劫悝於廁, 彊盟之, 遂劫以登臺. 欒甯將飲酒, 炙未熟, 聞亂, 使告仲由. 召護駕乘車, 行爵食炙, 奉出公輒奔魯. 仲由將入, 遇子羔將出, 曰, 門已閉矣. 子路曰, 吾姑至矣. 子羔曰, 不及, 莫踐其難. 子路曰, 食焉不辟其難. 子羔遂出. 子路入, 及門, 公孫敢闔門曰, 毋入爲也. 子路曰, 是公孫也, 求利而逃其難, 由不然, 利其祿, 必救其患. 有使者出, 子路乃得入曰, 太子焉用孔悝. 雖殺之, 必或繼之. 且曰, 太子無勇, 若燔臺, 必舍孔叔. 太子聞之懼, 下石乞·盂黶敵子路, 以戈擊之, 割纓. 子路曰, 君子死, 冠不免. 結纓而死. 孔子聞衛亂曰, 嗟乎, 柴也其來乎, 由也其死矣. 孔悝竟立太子蒯聵, 是爲莊公.

[901] 『春秋左氏傳』哀公 十五年 傳: 衛孔圉取大子蒯聵之姊, 生悝. 孔氏之豎, 渾良夫長而美, 孔文子卒, 通於內. 大子在戚, 孔姬使之焉. 大子與之言曰, 苟使我入獲國, 服冕, 乘軒, 三死無與. 與之盟, 爲請於伯姬. 閏月, 良夫與大子入, 舍於孔氏之外圃. 昏, 二人蒙衣而乘, 寺人羅御, 如孔氏. 孔氏之老欒寧問之, 稱姻妾以告, 遂入, 適伯姬氏. 既食, 孔伯姬杖戈而先, 大子與五人介, 輿猳從之. 迫孔悝於厠, 强盟之, 遂劫以登臺. 欒寧將飲酒, 炙未熟, 聞亂, 使告季子, 召獲駕乘車, 行爵食炙, 奉衛侯輒來奔. 季子將入, 遇子羔將出曰, 門已閉矣. 季子曰, 吾姑至焉. 子羔曰, 弗及, 不踐其難. 季子曰, 食焉, 不辟其難. 子羔遂出, 子路入. 及門, 公孫敢門焉曰, 無入爲也. 季子曰, 是公孫也, 求利焉, 而逃其難. 由不然, 利其祿, 必救其患. 有使者出, 乃入曰, 大子焉用孔悝. 雖殺之, 必或繼之. 且曰, 大子無勇, 若燔臺, 半, 必舍孔叔. 大子聞之, 懼, 下石乞·盂黶適子路, 以戈擊之, 斷纓. 子路, 君子死, 冠不免, 結纓而死. 孔子聞衛亂曰, 柴也其來, 由也死矣. 孔悝立莊公. 莊公害故政, 欲盡去之, 先謂司徒瞞成曰, 寡人離病於外久矣, 子請亦嘗之. 歸告褚師比, 欲與之伐公, 不果.

[902] 「제자열전」에는 자로가 공회를 죽여야한다고 말한 것으로 기록되어 있다.

은 석걸石乞·우염盂黶 두 사람을 보내 자로를 공격한다. 싸우는 중에 자로의 갓끈이 떨어졌다. 자로는 "군자는 죽더라도 갓을 벗을 수 없다."라는 유명한 말을 남기며 갓끈을 고쳐 매고 죽음을 맞이한다.

그런데 『장자』 「도척」편은 자로가 임금을 죽이려다가 실패해 죽었고, 죽은 뒤 젓갈로 담가졌다고 전하고 있다.[903] 새로 즉위한 장공의 반대편에 있었으니 임금을 죽이려고 했다고 해석할 여지는 있다. 자로가 죽은 뒤 젓갈로 담가졌다는 이야기는 계속 전승되어 『회남자』 「정신훈」편[904]과 「전언훈」편[905]에도 언급되어 있다. 『예기』 「단궁상」편[906]과 『공자가어』 「곡례자하문」편[907]에는 자로가 젓갈로 담가졌다는 소식을 들은 공자가 주변의 젓갈을 모두 엎어 버리도록 했다고 전하고 있다.

「제자열전」 자로 조의 마지막 부분은 '이 때 자공은 노나라를 위하여 제나라에 사자로 파견되었다'라는 뜬금없는 구절로 마무리된다. 자로 소개 마지막을 자공이 장식하고 있으니 편집 과정에서 엉뚱한 문장이 들어온 것은 아닐까 하는 의심도 할 수 있다. 전후 관계를 자세히 살펴보면 뜬금없는 이야기가 아니다. 자로의 죽음 직후에 이루어진 노나라와 제나라의 우호 조약에 자로와 자공의 활약이 숨어있었다는 의미

---

[903] 『莊子』「盜跖」: 其卒之也, 子路欲殺衛君, 而事不成, 身菹於衛東門之上. 是子教之不至也. 子自謂才士聖人邪. 則再逐於魯, 削跡於衛, 窮於齊, 圍於陳蔡, 不容身於天下. 子教子路菹此患, 上無以爲身, 下無以爲人. 子之道豈足貴邪.

[904] 『淮南子』「精神訓」: 夫顏回·季路·子夏·冉伯牛孔子之通學也, 然顏淵夭死, 季路菹於衛, 子夏失明, 冉伯牛爲厲. 此皆迫性拂情, 而不得其和也.

[905] 『淮南子』「詮言訓」: 王子慶忌死於劍, 羿死於桃棓, 子路菹於衛, 蘇秦死於口.

[906] 『禮記』「檀弓上」: 孔子哭子路於中庭, 有人弔者, 而夫子拜之. 旣哭, 進使者而問故. 使者曰, 醢之矣. 遂命覆醢.

[907] 『孔子家語』「曲禮子夏問」: 子路與子羔仕於衛, 衛有蒯聵之難. 孔子在魯聞之曰, 柴也其來, 由也死矣. 旣而衛使至曰, 子路死焉. 夫子哭之於中庭, 有人弔者, 而夫子拜之. 已哭, 進使者而問故, 使者曰, 醢之矣. 遂令左右皆覆醢, 曰, 吾何忍食此.

다. 자로는 국제정세를 잘 파악하고 있었다. 이웃나라인 제나라에서 진성자가 제후의 지위를 빼앗으려고 한다는 것도 알고 있었다.『춘추좌씨전』애공 15년 조의 전傳[908]에는 자로의 외교적 재질을 보여주는 내용이 있다. 가을에 제나라 진성자의 형 진관陳瓘이 초나라에 사신으로 가다가 위나라를 지나갈 때, 자로는 진관에게 진 씨 가문이 제나라 제후의 지위를 차지하기 위해서는 제나라와 노나라가 잘 지내는 것이 좋지 않겠느냐고 제안했다. 진관은 이 제안을 좋게 받아들였고, 자신은 사신으로 가는 길이니 실권자인 자신의 동생과 협의하라고 했다. 이때 자공이 부사로 제나라에 파견되었다. 자공의 활약으로 노나라는 제나라와 평화협정을 맺고 빼앗긴 성成 읍을 되찾았다.「제자열전」자로 조의 마지막 부분에 자공이 등장하는 것은 이런 역사서의 기록을 참고하면 이해가 된다.

7   기타 전승

자로는 나름대로 매력 있는 인물로 받아들여져 다양한 문헌에서 다양한 모습으로 소개되고 있다.『장자』「천도」편은 공자가 주나라로

---

908 『春秋左氏傳』哀公 十五年 傳:秋, 齊陳瓘如楚, 過衛, 仲由見之曰, 天或者以陳氏爲斧斤, 旣斲喪公室, 而他人有之, 不可知也. 其使終饗之, 亦不可知也. 若善魯以待時, 不亦可乎. 何必惡焉. 子玉曰, 然. 吾受命矣, 子使告我弟. 冬, 及齊平. 子服景伯如齊, 子贛爲介, 見公孫成曰, 人皆臣人, 而有背人之心, 況齊人. 雖爲子役, 其有不貳乎. 子周公之孫也, 多饗大利, 猶思不義, 利不可得, 而喪宗國, 將焉用之. 成曰, 善哉, 吾不早聞命. 陳成子館客曰, 寡君使恒告以, 寡人願事君如事衛君. 景伯揖, 子贛而進之, 對曰, 寡君之願也. 昔晉人伐衛, 齊爲衛故, 伐晉冠氏, 喪車五百, 因與衛地, 自濟以西, 禚媚杏以南, 書社五百. 吳人加敝邑以亂, 齊因其病, 取讙與闡, 寡君是以寒心. 若得視衛君之事君也, 則固所願也. 成子病之, 乃歸成. 公孫宿以其兵甲入于嬴.

가서 노자를 만난 것이 자로의 건의로 이루어졌다고 설정하고 있다.[909] 『설원』「선설」편에는 자로가 멋진 비유를 드는 인물로 설정되어 있기도 하다.[910] 조양자趙襄子가 자신의 질문에 대답을 해주지 않는 공자를 폄하하자 자로는 "천하에서 가장 잘 울리는 큰 종을 세워두고 나무줄기로 두드린다면 어떻게 제소리를 내겠습니까? 임금께서 선생님께 질문한 것은 나무줄기로 종을 두드린 것과 같지 않겠습니까?"라고 일침을 가하는 모습을 보여준다. 『여씨춘추』「선식람, 찰미」편에는 보상금과 관련된 재미있는 일화에 자로가 등장하기도 한다.[911] 노나라에는 다른 나라에 잡혀있는 사람을 구해오면 나라에서 보상금을 주는 제도가 있었다. 자공이 사람들을 구해왔는데 보상금을 사양했다. 공자는 그렇게 하면 다른 사람들이 사람을 구해오려고 노력하지 않을 것이라고 비판한다. 반면 자로가 물에 빠진 사람을 구해주었는데 그 사람이 사례를 하자 사례를 받았다. 공자는 그렇게 하면 다른 사람들도 물에 빠진 사람을 구해줄 것이라고 칭찬했다는 이야기다. 이 이야기는 『회남자』「제속

....

[909] 『莊子』「天道」: 孔子西藏書於周室. 子路謀曰, 由聞周之徵藏史有老聃者, 免而歸居, 夫子欲藏書, 則試往因焉. 孔子曰, 善.

[910] 『說苑』「善說」: 趙襄子謂仲尼曰, 先生委質以見人主七十君矣, 而無所通, 不識. 世無明君乎, 意先生之道, 固不通乎. 仲尼不對. 異日, 襄子見子路曰, 嘗問先生以道, 先生不對, 知而不對則隱也. 隱則安得爲仁, 若信不知, 安得爲聖. 子路曰, 建天下之鳴鐘, 而撞之以筳, 豈能發其聲乎哉. 君問先生, 無乃猶以筳撞乎. (밑줄은 동양고전종합DB(http://db.cyberseodang.or.kr/)의 한자를 따랐다.

[911] 『呂氏春秋』「先識覽, 察微」: 魯國之法, 魯人爲人臣妾於諸侯, 有能贖之者, 取其金於府. 子貢贖魯人於諸侯, 來而讓不取其金. 孔子曰, 賜失之矣. 自今以往, 魯人不贖人矣. 取其金則無損於行, 不取其金則不復贖人矣. 子路拯溺者, 其人拜之以牛, 子路受之. 孔子曰, 魯人必拯溺者矣. 孔子見之以細, 觀化遠也.

훈」,[912]과 「도응훈」[913]에도 소개되어 있다. 『설원』 「경신」편에는 자로에게 성회라는 나이 많은 제자가 있었다고 설정되어 있기도 하다.[914] 『예기』 「단궁하」편에는 '가혹한 정치는 호랑이보다 무섭다'는 의미를 가진 가정 맹어호苛政猛於虎라는 고사성어가 만들어진 일화가 소개되어 있는데 그 때 공자를 대신해 울고 있는 여인에게 그 이유를 물어본 사람이 자로로 설정되어 있다.[915]

---

[912] 『淮南子』「齊俗訓」: 子路撜溺, 而受牛謝. 孔子曰, 魯國必好救人於患. 子贛贖人, 而不受金於府. 孔子曰, 魯國不復贖人矣. 子路受而勸德, 子贛讓而止善. 孔子之明, 以小知大, 以近知遠, 通於論者也.

[913] 『淮南子』「道應訓」: 魯國之法, 魯人爲人妾於諸侯, 有能贖之者, 取金於府. 子贛贖魯人於諸侯來, 而辭不受金. 孔子曰, 賜失之矣. 夫聖人之擧事也, 可以移風易俗, 而敎順可施後世, 非獨以適身之行也. 今國之富者寡, 而貧者衆, 購而受金, 則爲不廉, 不受金, 則不復購人. 自今以來, 魯人不復購人於諸侯矣. 孔子亦可謂化矣. 故老子曰, 見小曰明.

[914] 『說苑』「敬愼」: 成回學於子路三年, 回恭敬不已. 子路問其故, 何也. 回對曰, 臣聞之, 行者比於鳥, 上畏鷹鸇, 下畏網羅. 夫人爲善者少, 爲讒者多, 若身不死, 安知禍罪不施. 行年七十, 常恐行節之虧, 回是以恭敬待大命. 子路稽首曰, 君子哉.

[915] 『禮記』「檀弓下」: 孔子過泰山側, 有婦人哭於墓者而哀. 夫子式而聽之, 使子路問之曰, 子之哭也壹似重有憂者. 而曰, 然, 昔者吾舅死於虎, 吾夫又死焉, 今吾子又死焉. 夫子曰, 何爲不去也. 曰, 無苛政. 夫子曰, 小子識之, 苛政猛於虎也.
　　『공자가어』 「정론해」 편에는 울고 있는 여인에게 그 이유를 물어본 사람이 자공으로 설정되어 있다. 『孔子家語』「正論解」: 孔子適齊, 過泰山之側, 有婦人哭於野者而哀. 夫子式而聽之曰, 此哀一似重有憂者. 子貢往問之. 而曰, 昔ము死於虎, 吾夫又死焉, 今吾子又死焉. 子貢曰, 何不去乎. 婦人曰, 無苛政. 子貢以告孔子, 子曰, 小子識之, 苛政猛於暴虎.

참고 문헌

국내 단행본

1. 『원본비지 논어집주(乾, 坤)』, 대전:학민문화사, 1996.
2. 성백효 역주, 『현토완역 논어집주』, 서울:전통문화연구회, 2007.
3. 정약용, 이지형 역주, 『역주 논어고금주 (1)』, 서울:사암, 2010.
4. 孟子, 성백효 역주, 『현토완역 맹자집주』, 서울:전통문화연구회, 2008.
5. 孟子, 박경환 역, 『맹자』, 서울:홍익출판사, 2005.
6. 지재희·이준영 해역, 『주례』, 서울:자유문고, 2002.
7. 김영수 역해, 『예기』, 서울:신한출판사, 1976.
8. 『예기(영인본)』, 서울:보경문화사, 1984.
9. 임동석 역주, 『안자춘추』, 서울:동문선, 1997.
10. 김학주 역주, 『신완역 묵자(상, 하)』, 서울:명문당, 2003.
11. 장기근·이석호 역, 『노자·장자』, 서울:삼성출판사, 1984.
12. 김학주 역, 『열자』, 서울:신화사, 1983.
13. 荀況, 이운구 역, 『순자(1, 2)』, 파주:한길사, 2006.
14. 韓非, 이운구역, 『한비자』, 서울:한길사, 2002.
15. 尸佼, 신용철 해역, 『시자』, 서울:자유문고, 1997.
16. 김근 역주, 『여씨춘추 제1권·십이기』, 서울:민음사, 1993.
17. 김근 역주, 『여씨춘추 제2권·팔람』, 서울:민음사, 1994.
18. 김근 역주, 『여씨춘추 제3권·육론』, 서울:민음사, 1995.
19. 劉安, 안길환 편역, 『신완역 회남자(상, 중, 하)』, 서울:명문당, 2013.
20. 司馬遷, 신동준 역『완역 사기서』, 고양:위즈덤하우스, 2015.
21. 司馬遷, 신동준 역『완역 사기세가』, 고양:위즈덤하우스, 2015.
22. 司馬遷, 신동준 역『완역사기열전(1, 2)』, 고양:위즈덤하우스, 2015.
23. 司馬遷, 김원중 역, 『사기열전(상, 하)』, 서울(주):을유문화사, 1999.

24. 韓嬰, 임동석 역주,『한시외전(1, 2, 3)』, 서울:동서문화사, 2009.
25. 劉向, 임동석 역주,『신서(1, 2)』, 서울:동서문화사, 2009.
26. 이세열 해역,『한서예문지』, 서울:자유문고, 1995.
27. 王肅, 임동석 역주,『공자가어(1, 2, 3)』, 서울:동서문화사, 2009.
28. 최부, 서인범┌주성지 역,『표해록』, 서울:한길사, 2004.

해외 단행본

1. 司馬遷, 裴駰集解, 司馬貞索隱, 張守節正義,『史記』, 北京:中華書局出版, 1982
2. 馬辛民 責任編輯,『十三經注疏(整理本) 7, 公羊傳·穀梁傳)』, 北京:北京大學出版部, 2000.
3. 山田勝美,『論衡(上)』, 明治書院, 1976.
4. 山田勝美,『論衡(中)』, 明治書院, 1979.
5. 山田勝美,『論衡(下)』, 明治書院, 1984.
6. 班固, 顔師古 注,『漢西』, 台北:宏業書局有限公司, 1978.
7. 魏徵·令孤德棻 撰,『隋書』, 北京:中華書局出版, 1973.
8. 渡辺卓,『古代中国思想の研究』, 創文社, 1973.

논문

1. 김병모(2000). 금관의 의미. **중원문화연구**, 4, 317-322.
2. 임종진(2006). 증점(曾點)의 사상적 좌표에 대한 검토. **퇴계학과 유교문화**, 39, 363-409.
3. 임태승(2018). "季氏將伐顓臾"장의 實狀과 孔子비판의 함의. **동양철학연구**, 96, 109-132.
4. 김영기(2011). 공자 사후 공문 후계구도와『논어』의 편찬. **中國語文學**, 58, 23-63.
5. 배병삼(1999). 공자 대 재아. **한국정치학회보**, 33(2), 49-67.
6. 손세제(2017). 자로(子路)의 인물됨과 사승(師承) 관계 고찰. **동방학**, 37, 9-41.

인터넷 사이트

동양고전종합DB(http://db.cyberseodang.or.kr/)
한국고전종합DB(http://db.itkc.or.kr/)